中华人民共和国
新法规汇编

2016

第 3 辑

国务院法制办公室　编

中国法制出版社

编辑说明

一、《中华人民共和国新法规汇编》是国家出版的法律、行政法规汇编正式版本，是刊登报国务院备案的部门规章的指定出版物。

二、本汇编收集的内容包括：上一个月内由全国人民代表大会及其常务委员会通过的法律和有关法律问题的决定，国务院公布的行政法规和法规性文件，报国务院备案的部门规章，最高人民法院和最高人民检察院公布的司法解释。另外，还收入了上一个月内报国务院备案的地方性法规和地方政府规章目录。

三、本汇编所收的内容，按下列分类顺序编排：法律，行政法规，法规性文件，国务院部门规章，司法解释。每类中按公布的时间顺序排列。报国务院备案的地方性法规和地方政府规章目录按1987年国务院批准的行政区划顺序排列；同一行政区域报备两件以上者，按公布时间顺序排列。

四、本汇编每年出版12辑，每月出版1辑。本辑为2016年度第3辑，收入2016年2月份内公布的法律1件，行政法规1件，法规性文件15件，报国务院备案的部门规章25件，司法解释8件。补收2016年1月份内公布的法规性文件1件，2015年12月份至2016年1月份内公布的司法解释3件，共计54件。

五、本汇编在编辑出版过程中，得到了国务院有关部门和有关方面以及广大读者的大力支持和协助，在此谨致谢意。

国务院法制办公室

2016年3月

目　录

法　律

行政法规

法规性文件

国务院部门规章

司法解释

法　　律

中华人民共和国深海海底区域资源勘探开发法

（2016年2月26日第十二届全国人民代表大会常务委员会第十九次会议通过　2016年2月26日中华人民共和国主席令第42号公布　自2016年5月1日起施行）

目　　录

第一章　总　　则

第一条　为了规范深海海底区域资源勘探、开发活动，推进深海科学技术研究、资源调查，保护海洋环境，促进深海海底区域资源可持续利用，维护人类共同利益，制定本法。

第二条　中华人民共和国的公民、法人或者其他组织从事深海海底区域资源勘探、开发和相关环境保护、科学技术研究、资源调查活动，适用本法。

本法所称深海海底区域，是指中华人民共和国和其他国家管辖范围以外的海床、洋底及其底土。

第三条　深海海底区域资源勘探、开发活动应当坚持和平利用、合作共享、保护环境、维护人类共同利益的原则。

国家保护从事深海海底区域资源勘探、开发和资源调查活动的中华人民共和国公民、法人或者其他组织的正当权益。

第四条 国家制定有关深海海底区域资源勘探、开发规划，并采取经济、技术政策和措施，鼓励深海科学技术研究和资源调查，提升资源勘探、开发和海洋环境保护的能力。

第五条 国务院海洋主管部门负责对深海海底区域资源勘探、开发和资源调查活动的监督管理。国务院其他有关部门按照国务院规定的职责负责相关管理工作。

第六条 国家鼓励和支持在深海海底区域资源勘探、开发和相关环境保护、资源调查、科学技术研究和教育培训等方面，开展国际合作。

第二章 勘探、开发

第七条 中华人民共和国的公民、法人或者其他组织在向国际海底管理局申请从事深海海底区域资源勘探、开发活动前，应当向国务院海洋主管部门提出申请，并提交下列材料：

（一）申请者基本情况；

（二）拟勘探、开发区域位置、面积、矿产种类等说明；

（三）财务状况、投资能力证明和技术能力说明；

（四）勘探、开发工作计划，包括勘探、开发活动可能对海洋环境造成影响的相关资料，海洋环境严重损害等的应急预案；

（五）国务院海洋主管部门规定的其他材料。

第八条 国务院海洋主管部门应当对申请者提交的材料进行审查，对于符合国家利益并具备资金、技术、装备等能力条件的，应当在六十个工作日内予以许可，并出具相关文件。

获得许可的申请者在与国际海底管理局签订勘探、开发合同成为承包者后，方可从事勘探、开发活动。

承包者应当自勘探、开发合同签订之日起三十日内，将合同副本报国务院海洋主管部门备案。

国务院海洋主管部门应当将承包者及其勘探、开发的区域位置、面积等信息通报有关机关。

第九条 承包者对勘探、开发合同区域内特定资源享有相应的专属勘探、开发权。

承包者应当履行勘探、开发合同义务，保障从事勘探、开发作业人员的人身安全，保护海洋环境。

承包者从事勘探、开发作业应当保护作业区域内的文物、铺设物等。

承包者从事勘探、开发作业还应当遵守中华人民共和国有关安全生产、劳动保护方面的法律、行政法规。

第十条 承包者在转让勘探、开发合同的权利、义务前，或者在对勘探、开发合同作出重大变更前，应当报经国务院海洋主管部门同意。

承包者应当自勘探、开发合同转让、变更或者终止之日起三十日内，报国务院海洋主管部门备案。

国务院海洋主管部门应当及时将勘探、开发合同转让、变更或者终止的信息通报有关机关。

第十一条 发生或者可能发生严重损害海洋环境等事故，承包者应当立即启动应急预案，并采取下列措施：

（一）立即发出警报；

（二）立即报告国务院海洋主管部门，国务院海洋主管部门应当及时通报有关机关；

（三）采取一切实际可行与合理的措施，防止、减少、控制对人身、财产、海洋环境的损害。

第三章 环境保护

第十二条 承包者应当在合理、可行的范围内，利用可获得的先进技术，采取必要措施，防止、减少、控制勘探、开发区域内的活动对海洋环境造成的污染和其他危害。

第十三条 承包者应当按照勘探、开发合同的约定和要求、国务院海洋主管部门规定，调查研究勘探、开发区域的海洋状况，确定环境基线，评估勘探、开发活动可能对海洋环境的影响；制定和执行环境监测方案，监测勘探、开发活动对勘探、开发区域海洋环境的影响，并保证监测设备正常运行，保存原始监测记录。

第十四条 承包者从事勘探、开发活动应当采取必要措施，保护和保全稀有或者脆弱的生态系统，以及衰竭、受威胁或者有灭绝危险的物种和其他海洋生物的生存环境，保护海洋生物多样性，维护海洋资源的可持续利用。

第四章　科学技术研究与资源调查

第十五条　国家支持深海科学技术研究和专业人才培养，将深海科学技术列入科学技术发展的优先领域，鼓励与相关产业的合作研究。

国家支持企业进行深海科学技术研究与技术装备研发。

第十六条　国家支持深海公共平台的建设和运行，建立深海公共平台共享合作机制，为深海科学技术研究、资源调查活动提供专业服务，促进深海科学技术交流、合作及成果共享。

第十七条　国家鼓励单位和个人通过开放科学考察船舶、实验室、陈列室和其他场地、设施，举办讲座或者提供咨询等多种方式，开展深海科学普及活动。

第十八条　从事深海海底区域资源调查活动的公民、法人或者其他组织，应当按照有关规定将有关资料副本、实物样本或者目录汇交国务院海洋主管部门和其他相关部门。负责接受汇交的部门应当对汇交的资料和实物样本进行登记、保管，并按照有关规定向社会提供利用。

承包者从事深海海底区域资源勘探、开发活动取得的有关资料、实物样本等的汇交，适用前款规定。

第五章　监督检查

第十九条　国务院海洋主管部门应当对承包者勘探、开发活动进行监督检查。

第二十条　承包者应当定期向国务院海洋主管部门报告下列履行勘探、开发合同的事项：

（一）勘探、开发活动情况；

（二）环境监测情况；

（三）年度投资情况；

（四）国务院海洋主管部门要求的其他事项。

第二十一条　国务院海洋主管部门可以检查承包者用于勘探、开发活动的船舶、设施、设备以及航海日志、记录、数据等。

第二十二条　承包者应当对国务院海洋主管部门的监督检查予以协助、配合。

第六章　法律责任

第二十三条　违反本法第七条、第九条第二款、第十条第一款规定，有下列行为之一的，国务院海洋主管部门可以撤销许可并撤回相关文件：

（一）提交虚假材料取得许可的；

（二）不履行勘探、开发合同义务或者履行合同义务不符合约定的；

（三）未经同意，转让勘探、开发合同的权利、义务或者对勘探、开发合同作出重大变更的。

承包者有前款第二项行为的，还应当承担相应的赔偿责任。

第二十四条　违反本法第八条第三款、第十条第二款、第十八条、第二十条、第二十二条规定，有下列行为之一的，由国务院海洋主管部门责令改正，处二万元以上十万元以下的罚款：

（一）未按规定将勘探、开发合同副本报备案的；

（二）转让、变更或者终止勘探、开发合同，未按规定报备案的；

（三）未按规定汇交有关资料副本、实物样本或者目录的；

（四）未按规定报告履行勘探、开发合同事项的；

（五）不协助、配合监督检查的。

第二十五条　违反本法第八条第二款规定，未经许可或者未签订勘探、开发合同从事深海海底区域资源勘探、开发活动的，由国务院海洋主管部门责令停止违法行为，处十万元以上五十万元以下的罚款；有违法所得的，并处没收违法所得。

第二十六条　违反本法第九条第三款、第十一条、第十二条规定，造成海洋环境污染损害或者作业区域内文物、铺设物等损害的，由国务院海洋主管部门责令停止违法行为，处五十万元以上一百万元以下的罚款；构成犯罪的，依法追究刑事责任。

第七章　附　　则

第二十七条　本法下列用语的含义：

（一）勘探，是指在深海海底区域探寻资源，分析资源，使用和测试资源采集系统和设备、加工设施及运输系统，以及对开发时应当考虑的环境、技术、经济、商业和其他有关因素的研究。

（二）开发，是指在深海海底区域为商业目的收回并选取资源，包括建造和操作为生产和销售资源服务的采集、加工和运输系统。

（三）资源调查，是指在深海海底区域搜寻资源，包括估计资源成分、多少和分布情况及经济价值。

第二十八条 深海海底区域资源开发活动涉税事项，依照中华人民共和国税收法律、行政法规的规定执行。

第二十九条 本法自2016年5月1日起施行。

行政法规

国务院关于修改部分行政法规的决定

（2016 年 1 月 13 日国务院第 119 次常务会议通过　2016 年 2 月 6 日中华人民共和国国务院令第 666 号公布　自公布之日起施行）

为了依法推进简政放权、放管结合、优化服务改革，国务院对取消和调整行政审批项目、价格改革和实施普遍性降费措施涉及的行政法规进行了清理。经过清理，国务院决定：对 66 部行政法规的部分条款予以修改。

一、删去《中华人民共和国计量法实施细则》第十六条中的“后方可申请办理营业执照”。

第二十九条第一款中的“县级以上人民政府计量行政部门”修改为“县级以上地方人民政府计量行政部门”。

删去第五十条。

二、将《公共场所卫生管理条例》第八条修改为：“除公园、体育场（馆）、公共交通工具外的公共场所，经营单位应当及时向卫生行政部门申请办理‘卫生许可证’。‘卫生许可证’两年复核一次。”

三、将《防止拆船污染环境管理条例》第六条第一款修改为：“设置拆船厂，必须编制环境影响报告书（表）。其内容包括：拆船厂的地理位置、周围环境状况、拆船规模和条件、拆船工艺、防污措施、预期防治效果等。未依法进行环境影响评价的拆船厂，不得开工建设。”

删去第十七条第一款第一项。第二款修改为：“违反本条例规定，擅自在第五条第二款所指的区域设置拆船厂并进行拆船的，按照分级管理的原则，由县级以上人民政府责令限期关闭或者搬迁。”增加一款，作为第三款：“拆船厂未依法进行环境影响评价擅自开工建设的，依照《中华人民共和国环境保护法》的规定处罚。”

四、删去《中华人民共和国企业法人登记管理条例》第二十六条。

五、将《中华人民共和国国境卫生检疫法实施细则》第五十七条第一款中的“经卫生检疫机关签发尸体、骸骨入境、出境许可证后”修改为“经卫生检疫合格后”。

第一百零七条第二项修改为:“(二)国境口岸内的涉外宾馆,以及向入境、出境的交通工具提供饮食服务的部门,必须取得卫生检疫机关发放的卫生许可证”。第三项修改为:“(三)国境口岸内涉外的宾馆和入境、出境交通工具上的食品、饮用水从业人员应当持有有效健康证明”。

六、将《中华人民共和国进口计量器具监督管理办法》第十三条、第十四条中的“国务院计量行政部门”修改为“省、自治区、直辖市人民政府计量行政部门”。

删去“第四章 进口计量器具的检定”(第十五条、第十六条、第十七条、第十八条)。

删去第二十条。

第二十五条改为第二十条,修改为:“申请进口计量器具的型式批准和定型鉴定,应按国家有关规定缴纳费用。”

七、将《中华人民共和国考古涉外工作管理办法》第十三条第一款修改为:“外国公民、外国组织和国际组织在中国境内参观尚未公开接待参观者的文物点,在开放地区的,需由文物点所在地的管理单位或者接待参观者的中央国家机关及其直属单位,在参观一个月以前向文物点所在地的省、自治区、直辖市人民政府文物行政管理部门申报参观计划,经批准后方可进行;在未开放地区的,需由文物点所在地的管理单位或者接待参观者的中央国家机关及其直属单位,在参观一个月以前向文物点所在地的省、自治区、直辖市人民政府文物行政管理部门申报参观计划,经批准并按照有关涉外工作管理规定向有关部门办理手续后方可进行。”第二款修改为:“参观正在进行工作的考古发掘现场,接待单位须征求主持发掘单位的意见,经考古发掘现场所在地的省、自治区、直辖市人民政府文物行政管理部门批准后方可进行。”

八、将《中华人民共和国城镇集体所有制企业条例》第十四条第一款修改为:“设立集体企业应当经省、自治区、直辖市人民政府规定的审批部门批准。”

删去第十五条中的“依法向原登记机关办理变更登记”。

删去第五十六条第一项。

九、将《中华人民共和国陆生野生动物保护实施条例》第七条第二款修改为:“野生动物资源普查每十年进行一次。”

第十五条第二款中的“县级以上地方人民政府”修改为“县级人民政府”。

删去第十九条。

第二十二条改为第二十一条,第一款修改为:“驯养繁殖国家重点保护野生动物的,应当持有驯养繁殖许可证。”

第二十六条改为第二十五条，删去第二款。

十、删去《关于外商参与打捞中国沿海水域沉船沉物管理办法》第七条。

第九条改为第八条，修改为："中华人民共和国交通部负责统一组织与外商洽谈打捞中国沿海水域沉船沉物的事宜，确立打捞项目，并组织中方打捞人与外商依法签订共同打捞合同或者中外合作打捞企业合同；涉及军事禁区、军事管理区的，应当符合《中华人民共和国军事设施保护法》的有关规定。"

第十条改为第九条，第一款修改为："外商与中方打捞人签订共同打捞合同，应当符合《中华人民共和国合同法》的有关规定。共同打捞合同签订后，外商应当按照规定向工商行政管理部门申请营业登记，并向当地税务机关办理税务登记手续。"

删去第十一条、第十二条。

十一、将《中华人民共和国增值税暂行条例》第十三条修改为："小规模纳税人以外的纳税人应当向主管税务机关办理登记。具体登记办法由国务院税务主管部门制定。

"小规模纳税人会计核算健全，能够提供准确税务资料的，可以向主管税务机关办理登记，不作为小规模纳税人，依照本条例有关规定计算应纳税额。"

十二、删去《医疗机构管理条例》第九条中的"方可向有关部门办理其他手续"。

十三、删去《中华人民共和国公司登记管理条例》第五十五条。

十四、删去《电力供应与使用条例》第九条第一款中的"供电营业机构持《供电营业许可证》向工商行政管理部门申请领取营业执照，方可营业。"

第三十七条第二款修改为："承装、承修、承试供电设施和受电设施的单位，必须经电力管理部门审核合格，取得电力管理部门颁发的《承装(修)电力设施许可证》。"

十五、删去《血液制品管理条例》第四十六条。

十六、删去《中华人民共和国烟草专卖法实施条例》第六条第二款第四项、第十条、第十五条。

第十八条改为第十六条，将其中的"省级烟草专卖行政主管部门"修改为"设区的市级烟草专卖行政主管部门"。

第三十八条改为第三十六条，删去第一款中的"特种烟草专卖经营企业许可证"。

第四十二条改为第四十条，修改为："进口烟草专卖品的计划应当报国务院烟草专卖行政主管部门审查批准。"

第五十条改为第四十八条，删去第一款中的"参与外国烟草制品拍卖的竞买人，应当持有特种烟草专卖经营企业许可证”。

第五十三条改为第五十一条，第一项修改为：“（一）擅自收购烟叶的，可以处非法收购烟叶价值20%以上50%以下的罚款，并按照查获地省级烟草专卖行政主管部门出具的上年度烟叶平均收购价格的70%收购违法收购的烟叶”。

第五十四条改为第五十二条，第一项修改为：“（一）无准运证或者超过准运证规定的数量托运或者自运烟草专卖品的，处以违法运输的烟草专卖品价值20%以上50%以下的罚款，可以按照查获地省级烟草专卖行政主管部门出具的上年度烟叶平均收购价格的70%收购违法运输的烟叶，以及按照市场批发价格的70%收购违法运输的除烟叶外的其他烟草专卖品”。

删去第五十七条。

第六十四条改为第六十一条，将其中的“第三十八条”修改为“第三十六条”，删去其中的“特种烟草专卖经营企业许可证”。

删去第六十八条。

十七、将《生猪屠宰管理条例》第三条、第二十一条、第二十二条、第二十三条、第二十四条、第二十五条、第二十六条、第二十七条、第二十八条、第三十条、第三十一条、第三十五条中的“商务主管部门”修改为“畜牧兽医行政主管部门”。

第四条中的“由国务院商务主管部门征求国务院畜牧兽医主管部门意见后制定”修改为“由国务院畜牧兽医行政主管部门制定”。

第五条中的“由省、自治区、直辖市人民政府商务主管部门会同畜牧兽医主管部门、环境保护部门以及其他有关部门”修改为“由省、自治区、直辖市人民政府畜牧兽医行政主管部门会同环境保护主管部门以及其他有关部门”。

第六条第一款修改为：“生猪定点屠宰厂（场）由设区的市级人民政府根据设置规划，组织畜牧兽医行政主管部门、环境保护主管部门以及其他有关部门，依照本条例规定的条件进行审查，经征求省、自治区、直辖市人民政府畜牧兽医行政主管部门的意见确定，并颁发生猪定点屠宰证书和生猪定点屠宰标志牌。”删去第三款。

第二十九条修改为：“从事生猪产品销售、肉食品生产加工的单位和个人以及餐饮服务经营者、集体伙食单位，销售、使用非生猪定点屠宰厂（场）屠宰的生猪产品、未经肉品品质检验或者经肉品品质检验不合格的生猪产品以及注水或者注入其他物质的生猪产品的，由食品药品监督管理部门没收尚未销售、使用的相关生猪产品以及违法所得，并处货值金额3倍以上5倍以下的罚款；货值金额难以确定的，对单位处5万元以上10万元以下的罚款，对个人处1万元以上2万元以下的罚款；情节严重的，由发证（照）机关吊销有关证照；

构成犯罪的，依法追究刑事责任。”

十八、将《社会团体登记管理条例》第九条中的“由发起人向登记管理机关申请筹备”修改为“由发起人向登记管理机关申请登记”。增加一款，作为第二款：“筹备期间不得开展筹备以外的活动。”

第十一条中的“申请筹备成立社会团体”修改为“申请登记社会团体”，“筹备申请书”修改为“登记申请书”。

第十二条修改为：“登记管理机关应当自收到本条例第十一条所列全部有效文件之日起60日内，作出准予或者不予登记的决定。准予登记的，发给《社会团体法人登记证书》；不予登记的，应当向发起人说明理由。

“社会团体登记事项包括：名称、住所、宗旨、业务范围、活动地域、法定代表人、活动资金和业务主管单位。

“社会团体的法定代表人，不得同时担任其他社会团体的法定代表人。”

第十三条中的“不予批准筹备”修改为“不予登记”，“申请筹备”修改为“申请登记”。

删去第十四条、第十六条。

第十七条改为第十五条，第一款修改为：“依照法律规定，自批准成立之日起即具有法人资格的社会团体，应当自批准成立之日起60日内向登记管理机关提交批准文件，申领《社会团体法人登记证书》。登记管理机关自收到文件之日起30日内发给《社会团体法人登记证书》。”删去第二款。

第十九条改为第十七条，删去第一款。

第二十条改为第十八条，删去第一款中的“备案事项”和“变更备案（以下统称变更登记）”。

第二十一条改为第十九条，删去其中的“注销备案（以下统称注销登记）”。

删去第二十四条。

第二十七条改为第二十四条，删去其中的“或者备案”。

第二十八条改为第二十五条，删去第一款第一项中的“筹备申请”。

第三十三条改为第三十条，第一款第五项中的“擅自设立分支机构、代表机构”修改为“违反规定设立分支机构、代表机构”。

第三十五条改为第三十二条，将其中的“未经批准，擅自开展社会团体筹备活动”修改为“筹备期间开展筹备以外的活动”。

十九、将《饲料和饲料添加剂管理条例》第十五条第一款中的“申请设立饲料、饲料添加剂生产企业”修改为“申请从事饲料、饲料添加剂生产的企业”。删去第二款。

二十、将《中华人民共和国森林法实施条例》第二十八条第一款中的“由国务院林业主管部门审核后，报国务院批准”修改为“由国务院林业主管部门报国务院批准”。

第三十五条第二款中的“国务院林业主管部门”修改为“省、自治区、直辖市人民政府林业主管部门”。

二十一、删去《证券交易所风险基金管理暂行办法》第十条中的“证券交易所动用本基金时，必须报经证监会商财政部后批准。”

二十二、将《中华人民共和国电信条例》第十六条修改为：“专用电信网运营单位在所在地区经营电信业务的，应当依照本条例规定的条件和程序提出申请，经批准，取得电信业务经营许可证。”

二十三、《印刷业管理条例》增加一条，作为第七条：“印刷企业应当定期向出版行政部门报送年度报告。出版行政部门应当依法及时将年度报告中的有关内容向社会公示。”

第八条改为第九条，第一款中的“设立印刷企业”修改为“企业从事印刷经营活动”。第二款中的“审批设立印刷企业”修改为“审批从事印刷经营活动申请”。

第九条改为第十条，修改为：“设立从事出版物印刷经营活动的企业，应当向所在地省、自治区、直辖市人民政府出版行政部门提出申请。申请人经审核批准的，取得印刷经营许可证，并持印刷经营许可证向工商行政管理部门申请登记注册，取得营业执照。

“企业申请从事包装装潢印刷品和其他印刷品印刷经营活动，应当持营业执照向所在地设区的市级人民政府出版行政部门提出申请，经审核批准的，发给印刷经营许可证。

“个人不得从事出版物、包装装潢印刷品印刷经营活动；个人从事其他印刷品印刷经营活动的，依照本条第二款的规定办理审批手续。”

第十条改为第十一条，第一款修改为：“出版行政部门应当自收到依据本条例第十条提出的申请之日起60日内作出批准或者不批准的决定。批准申请的，应当发给印刷经营许可证；不批准申请的，应当通知申请人并说明理由。”

第十一条改为第十二条，第二款修改为：“印刷业经营者变更名称、法定代表人或者负责人、住所或者经营场所等主要登记事项，或者终止印刷经营活动，应当报原批准设立的出版行政部门备案。”

第三十四条改为第三十五条，第一款修改为：“违反本条例规定，擅自设立从事出版物印刷经营活动的企业或者擅自从事印刷经营活动的，由出版行政部门、工商行政管理部门依据法定职权予以取缔，没收印刷品和违法所得以及进行违法活动的专用工具、设备，违法经营额1万元以上的，并处违法经营额5倍以上10倍以下的罚款；违法经营额不足1万元的，并处1万元以上5万元以下的罚款；构成犯罪的，依法追究刑事责任。”

删去第四十三条。

第四十六条修改为：“出版行政部门、工商行政管理部门或者其他有关部门违反本条例规定，擅自批准不符合法定条件的申请人取得许可证、批准文件，或者不履行监督职责，或者发现违法行为不予查处，造成严重后果的，对负责的主管人员和其他直接责任人员给予降级或者撤职的处分；构成犯罪的，依法追究刑事责任。”

二十四、将《外商投资电信企业管理规定》第十六条修改为：“外商投资电信企业的中方主要投资者凭《外商投资企业批准证书》向工商行政管理机关申请企业注册登记后，凭《外商投资企业批准证书》和营业执照向国务院工业和信息化主管部门申请电信业务经营许可。”

二十五、《中华人民共和国国际海运条例》第五条、第九条各增加一项，作为第一项：“（一）取得企业法人资格”。

删去第十一条。

二十六、将《中华人民共和国外资保险公司管理条例》第二十条第一款修改为：“除经中国保监会批准外，外资保险公司不得与其关联企业进行资产买卖或者其他交易。”

二十七、将《音像制品管理条例》第十七条第一款修改为：“音像出版单位以外的单位设立的独立从事音像制品制作业务的单位（以下简称音像制作单位）申请从事音像制品制作业务，由所在地省、自治区、直辖市人民政府出版行政主管部门审批。省、自治区、直辖市人民政府出版行政主管部门应当自受理申请之日起60日内作出批准或者不批准的决定，并通知申请人。批准的，发给《音像制品制作许可证》；不批准的，应当说明理由。广播、电视节目制作经营单位的设立，依照有关法律、行政法规的规定办理。”第三款中的“审批设立音像制作单位”修改为“审批从事音像制品制作业务申请”。

删去第十八条第一款中的“并到原登记的工商行政管理部门办理相应的登记手续”。第二款修改为：“音像制作单位变更地址、法定代表人或者主要负责人，或者终止制作经营活动的，应当向所在地省、自治区、直辖市人民政府出版行政主管部门备案。”

第二十条第一款中的“设立音像复制单位”修改为“申请从事音像制品复制业务”。第二款中的“审批设立音像复制单位”修改为“审批从事音像制品复制业务申请”。

第二十一条第一款修改为:“申请从事音像制品复制业务,由所在地省、自治区、直辖市人民政府出版行政主管部门审批。省、自治区、直辖市人民政府出版行政主管部门应当自受理申请之日起20日内作出批准或者不批准的决定,并通知申请人。批准的,发给《复制经营许可证》;不批准的,应当说明理由。”

删去第二十二条第一款中的“并到工商行政管理部门办理相应的登记手续”。第二款修改为:“音像复制单位变更名称、地址、法定代表人或者主要负责人,或者终止复制经营活动的,应当向所在地省、自治区、直辖市人民政府出版行政主管部门备案。”

第三十一条中的“设立音像制品批发、零售单位”修改为“申请从事音像制品批发、零售业务”。

第三十二条第一款修改为:“申请从事音像制品批发业务,应当报所在地省、自治区、直辖市人民政府出版行政主管部门审批。申请从事音像制品零售业务,应当报县级地方人民政府出版行政主管部门审批。出版行政主管部门应当自受理申请书之日起30日内作出批准或者不批准的决定,并通知申请人。批准的,应当发给《出版物经营许可证》;不批准的,应当说明理由。”

删去第三十三条第一款中的“并到原登记的工商行政管理部门办理相应的登记手续”。第二款修改为:“音像制品批发、零售单位变更地址、法定代表人或者主要负责人或者终止经营活动,从事音像制品零售经营活动的个体工商户变更业务范围、地址或者终止经营活动的,应当向原批准的出版行政主管部门备案。”

删去第三十四条中的“并到原登记的工商行政管理部门办理登记手续”。

第三十七条中的“批准不符合法定设立条件的音像制品出版、制作、复制、进口、批发、零售单位”修改为“批准不符合法定条件的申请人取得许可证、批准文件”。

第三十九条中的“擅自设立音像制品出版、制作、复制、进口、批发、零售单位”修改为“擅自设立音像制品出版、进口单位”。

删去第四十六条。

二十八、将《出版管理条例》第三十五条修改为:“单位从事出版物批发业务的,须经省、自治区、直辖市人民政府出版行政主管部门审核许可,取得《出版物经营许可证》。

“单位和个体工商户从事出版物零售业务的,须经县级人民政府出版行政主管部门审核许可,取得《出版物经营许可证》。”

删去第三十七条第一款中的“并持批准文件到工商行政管理部门办理相应的登记手续”。第二款修改为:“从事出版物发行业务的单位和个体工商户终止经营活动的,应当向原批准的出版行政主管部门备案。”

第六十条中的“批准不符合法定设立条件的出版、印刷或者复制、进口、发行单位”修改为“批准不符合法定条件的申请人取得许可证、批准文件”。

第六十一条中的“擅自设立出版物的出版、印刷或者复制、进口、发行单位”修改为“擅自设立出版物的出版、印刷或者复制、进口单位”。

删去第七十条。

二十九、将《地质资料管理条例》第十一条修改为:“因不可抗力,地质资料汇交人不能按照本条例第十条规定的期限汇交地质资料的,应当将造成延期汇交地质资料的不可抗力事实书面告知负责接收地质资料的地质矿产主管部门。”

三十、将《中华人民共和国药品管理法实施条例》第三条修改为:“开办药品生产企业,申办人应当向拟办企业所在地省、自治区、直辖市人民政府药品监督管理部门提出申请。省、自治区、直辖市人民政府药品监督管理部门应当自收到申请之日起30个工作日内,依据《药品管理法》第八条规定的开办条件组织验收;验收合格的,发给《药品生产许可证》。”

删去第四条中的“申请人凭变更后的《药品生产许可证》到工商行政管理部门依法办理变更登记手续。”

删去第十一条中的“申办人凭《药品经营许可证》到工商行政管理部门依法办理登记注册。”

删去第十二条中的“申办人凭《药品经营许可证》到工商行政管理部门依法办理登记注册。”

第十三条修改为:“省、自治区、直辖市人民政府药品监督管理部门和设区的市级药品监督管理机构负责组织药品经营企业的认证工作。药品经营企业应当按照国务院药品监督管理部门规定的实施办法和实施步骤,通过省、自治区、直辖市人民政府药品监督管理部门或者设区的市级药品监督管理机构组织的《药品经营质量管理规范》的认证,取得认证证书。《药品经营质量管理规范》认证证书的格式由国务院药品监督管理部门统一规定。

“新开办药品批发企业和药品零售企业,应当自取得《药品经营许可证》之日起30日内,向发给其《药品经营许可证》的药品监督管理部门或者药品监督管理机构申请《药品经营质量管理规范》认证。受理申请的药品监督管理部门或者药品监督管理机构应当自收到申请之日起3个月内,按照国务院药品监督管理部门的规定,组织对申请认证的药品批发企业或者药品零售企业是否符合《药品经营质量管理规范》进行认证;认证合格的,发给认证证书。”

删去第十六条中的“申请人凭变更后的《药品经营许可证》到工商行政管理部门依法办理变更登记手续。”

删去第三十二条。

第三十三条改为第三十二条,修改为:“变更研制新药、生产药品和进口药品已获批准证明文件及其附件中载明事项的,应当向国务院药品监督管理部门提出补充申请;国务院药品监督管理部门经审核符合规定的,应当予以批准。其中,不改变药品内在质量的,应当向省、自治区、直辖市人民政府药品监督管理部门提出补充申请;省、自治区、直辖市人民政府药品监督管理部门经审核符合规定的,应当予以批准,并报国务院药品监督管理部门备案。不改变药品内在质量的补充申请事项由国务院药品监督管理部门制定。”

第四十二条改为第四十一条,增加一款,作为第二款:“药品批准文号的再注册由省、自治区、直辖市人民政府药品监督管理部门审批,并报国务院药品监督管理部门备案;《进口药品注册证》、《医药产品注册证》的再注册由国务院药品监督管理部门审批。”

删去第四十八条、第四十九条、第五十条、第五十一条、第七十五条。

三十一、将《中华人民共和国税收征收管理法实施细则》第四十三条修改为:“享受减税、免税优惠的纳税人,减税、免税期满,应当自期满次日起恢复纳税;减税、免税条件发生变化的,应当在纳税申报时向税务机关报告;不再符合减税、免税条件的,应当依法履行纳税义务;未依法纳税的,税务机关应当予以追缴。”

三十二、删去《互联网上网服务营业场所管理条例》第七条中的“不得设立互联网上网服务营业场所”。

第八条第一款中的“设立互联网上网服务营业场所经营单位,应当采用企业的组织形式,并具备下列条件”修改为“互联网上网服务营业场所经营单位从事互联网上网服务经营活动,应当具备下列条件”。第三款中的“审批设立互联网上网服务营业场所经营单位”修改为“审批从事互联网上网服务经营活动”。

第十条修改为:“互联网上网服务营业场所经营单位申请从事互联网上网服务经营活动,应当向县级以上地方人民政府文化行政部门提出申请,并提交下列文件:

“(一)企业营业执照和章程;

“(二)法定代表人或者主要负责人的身份证明材料;

“(三)资金信用证明;

“（四）营业场所产权证明或者租赁意向书；

“（五）依法需要提交的其他文件。”

删去第十一条第一款中的“设立”。删去第五款。

第二十七条修改为：“违反本条例的规定，擅自从事互联网上网服务经营活动的，由文化行政部门或者由文化行政部门会同公安机关依法予以取缔，查封其从事违法经营活动的场所，扣押从事违法经营活动的专用工具、设备；触犯刑律的，依照刑法关于非法经营罪的规定，依法追究刑事责任；尚不够刑事处罚的，由文化行政部门没收违法所得及其从事违法经营活动的专用工具、设备；违法经营额1万元以上的，并处违法经营额5倍以上10倍以下的罚款；违法经营额不足1万元的，并处1万元以上5万元以下的罚款。”

增加一条，作为第二十八条：“文化行政部门应当建立互联网上网服务营业场所经营单位的经营活动信用监管制度，建立健全信用约束机制，并及时公布行政处罚信息。”

删去第三十四条。

三十三、删去《退耕还林条例》第二十条第一款中的“经国务院林业行政主管部门审核后”。

三十四、将《中华人民共和国文物保护法实施条例》第四十一条、第四十二条中的“国务院文物行政主管部门”修改为“省、自治区、直辖市人民政府文物行政主管部门”。

三十五、删去《物业管理条例》第三十三条、第六十一条。

三十六、将《中央储备粮管理条例》第十九条第一款第四项修改为：“（四）具有经过专业培训的粮油保管员、粮油质量检验员等管理技术人员”。

三十七、将《中华人民共和国认证认可条例》第九条第一款修改为：“取得认证机构资质，应当经国务院认证认可监督管理部门批准，并在批准范围内从事认证活动。”

第十条第一款修改为：“取得认证机构资质，应当符合下列条件：

“（一）取得法人资格；

“（二）有固定的场所和必要的设施；

“（三）有符合认证认可要求的管理制度；

“（四）注册资本不得少于人民币300万元；

“（五）有10名以上相应领域的专职认证人员。”

第十一条修改为：“外商投资企业取得认证机构资质，除应当符合本条例第十条规定的条件外，还应当符合下列条件：

“（一）外方投资者取得其所在国家或者地区认可机构的认可；

“（二）外方投资者具有3年以上从事认证活动的业务经历。

“外商投资企业取得认证机构资质的申请、批准和登记，还应当符合有关外商投资法律、行政法规和国家有关规定。”

第十二条修改为：“认证机构资质的申请和批准程序：

“（一）认证机构资质的申请人，应当向国务院认证认可监督管理部门提出书面申请，并提交符合本条例第十条规定条件的证明文件；

“（二）国务院认证认可监督管理部门自受理认证机构资质申请之日起45日内，应当作出是否批准的决定。涉及国务院有关部门职责的，应当征求国务院有关部门的意见。决定批准的，向申请人出具批准文件，决定不予批准的，应当书面通知申请人，并说明理由。

“国务院认证认可监督管理部门应当公布依法取得认证机构资质的企业名录。”

第十三条修改为：“境外认证机构在中华人民共和国境内设立代表机构，须向工商行政管理部门依法办理登记手续后，方可从事与所从属机构的业务范围相关的推广活动，但不得从事认证活动。

“境外认证机构在中华人民共和国境内设立代表机构的登记，按照有关外商投资法律、行政法规和国家有关规定办理。”

第二十六条修改为：“认证机构可以自行制定认证标志。认证机构自行制定的认证标志的式样、文字和名称，不得违反法律、行政法规的规定，不得与国家推行的认证标志相同或者近似，不得妨碍社会管理，不得有损社会道德风尚。”

删去第四十六条第二款。

第五十五条中的“省、自治区、直辖市人民政府质量技术监督部门”修改为“县级以上地方人民政府质量技术监督部门”。

第五十八条修改为：“境外认证机构未经登记在中华人民共和国境内设立代表机构的，予以取缔，处5万元以上20万元以下的罚款。

“经登记设立的境外认证机构代表机构在中华人民共和国境内从事认证活动的，责令改正，处10万元以上50万元以下的罚款，有违法所得的，没收违法所得；情节严重的，撤销批准文件，并予公布。”

三十八、将《中华人民共和国进出口关税条例》第三十九条中的“经海关批准”修改为“经依法提供税款担保后”。

三十九、将《兽药管理条例》第十一条第一款中的“设立兽药生产企业”修改为“从事兽药生产的企业”。第二款修改为：“符合前款规定条件的，申请人方可向省、自治区、直辖市人民政府兽医行政管理部门提出申请，并附具符合前款规定条件的证明材料；省、自治区、直辖市人民政府兽医行政管理部门应当自收到申请之日起40个工作日内完成审查。经审查合格的，发给兽药生产许可证；不合格的，应当书面通知申请人。”删去第三款。

第十二条第二款中的“原发证机关”修改为“发证机关”。

第十三条修改为：“兽药生产企业变更生产范围、生产地点的，应当依照本条例第十一条的规定申请换发兽药生产许可证；变更企业名称、法定代表人的，应当在办理工商变更登记手续后15个工作日内，到发证机关申请换发兽药生产许可证。”

第十四条第二款中的“国务院兽医行政管理部门”修改为“省级以上人民政府兽医行政管理部门”。

删去第二十二条第三款中的“申请人凭兽药经营许可证办理工商登记手续。”

第二十三条第二款中的“原发证机关”修改为“发证机关”。

删去第二十四条中的“申请人凭换发的兽药经营许可证办理工商变更登记手续”，“原发证机关”修改为“发证机关”。

第三十四条中的“原发证机关”修改为“发证机关”。

第四十六条第一款中的“需要暂停生产、经营和使用的，由国务院兽医行政管理部门或者省、自治区、直辖市人民政府兽医行政管理部门按照权限作出决定”修改为“需要暂停生产的，由国务院兽医行政管理部门或者省、自治区、直辖市人民政府兽医行政管理部门按照权限作出决定；需要暂停经营、使用的，由县级以上人民政府兽医行政管理部门按照权限作出决定”。

第五十一条修改为：“兽药生产企业、经营企业停止生产、经营超过6个月或者关闭的，由发证机关责令其交回兽药生产许可证、兽药经营许可证。”

第七十条第一款中的“原发证、批准部门”修改为“发证、批准部门”。

四十、将《中华人民共和国道路运输条例》第十条第一款中的“申请从事客运经营的，应当按照下列规定提出申请并提交符合本条例第八条规定条件的相关材料”修改为“申请从事客运经营的，应当依法向工商行政管理机关办理有关登记手续后，按照下列规定提出申请并提交符合本条例第八条规定条件的相关材料”。删去第四款。

第二十五条第一款中的“申请从事货运经营的，应当按照下列规定提出申请并分别提交符合本条例第二十二条、第二十四条规定条件的相关材料”修改为“申请从事货运经营的，应当依法向工商行政管理机关办理有关登记手续后，按照下列规定提出申请并分别提交符合本条例第二十二条、第二十四条规定条件的相关材料”。删去第三款。

第三十九条增加一项，作为第一项：“（一）取得企业法人资格”。

第四十条第一款中的“应当向所在地县级道路运输管理机构提出申请”修改为“应当在依法向工商行政管理机关办理有关登记手续后，向所在地县级道路运输管理机构提出申请”。删去第二款。

第五十三条修改为：“外国国际道路运输经营者依法在中国境内设立的常驻代表机构不得从事经营活动。”

四十一、将《粮食流通管理条例》第九条第一款修改为：“依照《中华人民共和国公司登记管理条例》等规定办理登记的经营者，取得粮食收购资格后，方可从事粮食收购活动。”

删去第十条。

第四十一条改为第四十条，修改为：“未经粮食行政管理部门许可擅自从事粮食收购活动的，由粮食行政管理部门没收非法收购的粮食；情节严重的，并处非法收购粮食价值1倍以上5倍以下的罚款；构成犯罪的，依法追究刑事责任。”

第四十二条改为第四十一条，删去第一款中的“工商行政管理部门吊销营业执照”。

第四十五条改为第四十四条，删去第一款中的“工商行政管理部门可以吊销营业执照”。

第四十六条改为第四十五条，删去其中的“工商行政管理部门可以吊销营业执照”。

四十二、删去《危险废物经营许可证管理办法》第九条第三款、第二十九条第一款。

四十三、将《病原微生物实验室生物安全管理条例》第二十二条第二款修改为：“实验室申报或者接受与高致病性病原微生物有关的科研项目，应当符合科研需要和生物安全要求，具有相应的生物安全防护水平。与动物间传染的高致病性病原微生物有关的科研项目，应当经国务院兽医主管部门同意；与人体健康有关的高致病性病原微生物科研项目，实验室应当将立项结果告知省级以上人民政府卫生主管部门。”

四十四、将《营业性演出管理条例》第六条、第七条合并为一条，作为第六条，修改为：“文艺表演团体申请从事营业性演出活动，应当有与其业务相适应的专职演员和器材设备，并向县级人民政府文化主管部门提出申请；演出经纪机构申请从事营业性演出经营活动，应当有3名以上专职演出经纪人员和与其业务相适应的资金，并向省、自治区、直辖市人民政府文化主管部门提出申请。文化主管部门应当自受理申请之日起20日内作出决定。批准的，颁发营业性演出许可证；不批准的，应当书面通知申请人并说明理由。”

第十一条改为第十条，增加一款，作为第三款：“设立中外合资经营、中外合作经营的演出经纪机构、演出场所经营单位，应当依照有关外商投资的法律、法规的规定办理审批手续。”第三款改为第四款，修改为：“中外合资经营、中外合作经营的演出经纪机构申请从事营业性演出经营活动，中外合资经营、中外合作经营的演出场所经营单位申请从事演出场所经营活动，应当通过省、自治区、直辖市人民政府文化主管部门向国务院文化主管部门提出申请；省、自治区、直辖市人民政府文化主管部门应当自收到申请之日起20日内出具审查意见报国务院文化主管部门审批。国务院文化主管部门应当自收到省、自治区、直辖市人民政府文化主管部门的审查意见之日起20日内作出决定。批准的，颁发营业性演出许可证；不批准的，应当书面通知申请人并说明理由。”

第十二条改为第十一条，第三款修改为：“依照本条规定设立的演出经纪机构申请从事营业性演出经营活动，依照本条规定设立的演出场所经营单位申请从事演出场所经营活动，应当向省、自治区、直辖市人民政府文化主管部门提出申请。省、自治区、直辖市人民政府文化主管部门应当自收到申请之日起20日内作出决定。批准的，颁发营业性演出许可证；不批准的，应当书面通知申请人并说明理由。”增加一款，作为第四款：“依照本条规定设立演出经纪机构、演出场所经营单位的，还应当遵守我国其他法律、法规的规定。”

增加一条，作为第三十五条：“文化主管部门应当建立营业性演出经营主体的经营活动信用监管制度，建立健全信用约束机制，并及时公布行政处罚信息。”

第四十三条第一款第一项修改为：“（一）违反本条例第六条、第十条、第十一条规定，擅自从事营业性演出经营活动的”。第二项中的“第十三条、第十五条”修改为“第十二条、第十四条”。第三项中的“第九条”修改为“第八条”。

删去第五十二条第一款。

四十五、将《麻醉药品和精神药品管理条例》第十六条修改为：“从事麻醉药品、精神药品生产的企业，应当经所在地省、自治区、直辖市人民政府药品监督管理部门批准。”

第五十二条第一款、第五十四条第一款中的“省、自治区、直辖市人民政府药品监督管理部门”修改为“设区的市级药品监督管理部门”。

四十六、将《易制毒化学品管理条例》第八条第一款中的“国务院食品药品监督管理部门”修改为“省、自治区、直辖市人民政府食品药品监督管理部门”。

删去第二十六条第一款第一项中的“（外商投资企业联合年检合格证书）”。

四十七、删去《中华人民共和国进出口商品检验法实施条例》第二十二条第二款中的“国家允许进口的旧机电产品的收货人在签订对外贸易合同前，应当向国家质检总局或者出入境检验检疫机构办理备案手续。”

第三十一条第一款修改为：“出入境检验检疫机构根据便利对外贸易的需要，可以对列入目录的出口商品进行出厂前的质量监督管理和检验。”

第三十七条修改为：“在中华人民共和国境内设立从事进出口商品检验鉴定业务的检验机构，应当依法办理工商登记，并符合有关法律、行政法规、规章规定的注册资本、技术能力等条件，经国家质检总局和有关主管部门审核批准，获得许可，方可接受委托办理进出口商品检验鉴定业务。”

删去第四十九条。

第五十一条改为第五十条，删去第三款中的“未办理备案或者”。

四十八、删去《烟花爆竹安全管理条例》第十九条第一款中的“省、自治区、直辖市人民政府安全生产监督管理部门或者其委托的”。删去第四款。

四十九、将《娱乐场所管理条例》第九条第一款修改为：“娱乐场所申请从事娱乐场所经营活动，应当向所在地县级人民政府文化主管部门提出申请；中外合资经营、中外合作经营的娱乐场所申请从事娱乐场所经营活动，应当向所在地省、自治区、直辖市人民政府文化主管部门提出申请。”第二款中的“申请设立娱乐场所”修改为“娱乐场所申请从事娱乐场所经营活动”。

第十一条修改为：“娱乐场所依法取得营业执照和相关批准文件、许可证后，应当在15日内向所在地县级公安部门备案。”

增加一条，作为第三十五条：“文化主管部门应当建立娱乐场所的经营活动信用监管制度，建立健全信用约束机制，并及时公布行政处罚信息。”

第四十条改为第四十一条，删去其中的“工商行政管理部门”。

删去第五十四条。

五十、删去《机动车交通事故责任强制保险条例》第五条第一款中的“经保监会批准”。第三款中的“未经保监会批准”修改为“除保险公司外”。

删去第十条中的“具备”和“资格”。

第三十六条中的“未经保监会批准”修改为“保险公司以外的单位或者个人”。

删去第三十七条。

五十一、将《风景名胜区条例》第二十八条和第四十二条中的“国务院建设主管部门”修改为“省、自治区人民政府建设主管部门和直辖市人民政府风景名胜区主管部门”。

五十二、删去《期货交易管理条例》第十三条第一款第三项、第四项和第五项。

第十五条第一款中的“经国务院期货监督管理机构批准，并在公司登记机关登记注册”修改为“在公司登记机关登记注册，并经国务院期货监督管理机构批准”。

第十六条第一款第二项中的“任职资格”修改为“任职条件”。

删去第十九条第一款第五项。第二款中的“第六项”修改为“第五项”。

删去第二十条。

第五十四条改为第五十三条，修改为：“国务院期货监督管理机构对期货交易所和期货保证金安全存管监控机构的董事、监事、高级管理人员，实行资格管理制度。”

第五十六条改为第五十五条，删去第二款第二项中的“或者分支机构”。

第六十七条改为第六十六条，删去第一款第三项中的“第二十条”和第二款中的“任职资格”。

第六十八条改为第六十七条，删去第二款中的“任职资格”。

五十三、删去《中华人民共和国水文条例》第二十四条第二款中的“并取得国务院水行政主管部门或者省、自治区、直辖市人民政府水行政主管部门颁发的资质证书”。

第三十八条修改为：“不符合本条例第二十四条规定的条件从事水文活动的，责令停止违法行为，没收违法所得，并处 5 万元以上 10 万元以下罚款。”

删去第三十九条。

五十四、将《民用核安全设备监督管理条例》第二十五条第二款修改为：“民用核安全设备焊工、焊接操作工和无损检验人员由国务院核安全监管部门核准颁发资格证书。”

第五十四条修改为：“民用核安全设备无损检验人员违反操作规程导致无损检验结果报告严重错误的，由国务院核安全监管部门吊销其资格证书。”

五十五、将《土地调查条例》第十二条中的“报上一级人民政府国土资源主管部门会同同级有关部门核准后施行”修改为“报上一级人民政府国土资源主管部门备案”。

五十六、将《证券公司风险处置条例》第十二条第一款中的“可以直接向国务院证券监督管理机构申请进行行政重组”修改为“可以由国务院证券监督管理机构对其进行行政重组”。第二款中的“也可以向国务院证券监督管理机构申请进行行政重组”修改为“也可以由国务院证券监督管理机构对其进行行政重组”。删去第三款。

第十三条第二款中的“证券公司可以向国务院证券监督管理机构申请延长行政重组期限”修改为“国务院证券监督管理机构可以决定延长行政重组期

限”。

五十七、将《旅行社条例》第六条修改为:“申请经营国内旅游业务和入境旅游业务的,应当取得企业法人资格,并且注册资本不少于30万元。”

第七条修改为:“申请经营国内旅游业务和入境旅游业务的,应当向所在地省、自治区、直辖市旅游行政管理部门或者其委托的设区的市级旅游行政管理部门提出申请,并提交符合本条例第六条规定的相关证明文件。受理申请的旅游行政管理部门应当自受理申请之日起20个工作日内作出许可或者不予许可的决定。予以许可的,向申请人颁发旅行社业务经营许可证;不予许可的,书面通知申请人并说明理由。”

删去第九条中的“旅行社应当持换发的旅行社业务经营许可证到工商行政管理部门办理变更登记”。

删去第十条第一款中的“持旅行社业务经营许可证副本”。

第二十二条修改为:“外商投资企业申请经营旅行社业务,应当向所在地省、自治区、直辖市旅游行政管理部门提出申请,并提交符合本条例第六条规定条件的相关证明文件。省、自治区、直辖市旅游行政管理部门应当自受理申请之日起30个工作日内审查完毕。予以许可的,颁发旅行社业务经营许可证;不予许可的,书面通知申请人并说明理由。

“设立外商投资旅行社,还应当遵守有关外商投资的法律、法规。”

第四十六条第二项修改为:“(二)分社超出设立分社的旅行社的经营范围经营旅游业务的”。第三项修改为:“(三)旅行社服务网点从事招徕、咨询以外的旅行社业务经营活动的”。

删去第四十七条中的“或者工商行政管理部门”。

五十八、将《中华人民共和国食品安全法实施条例》第二十条修改为:“食品生产经营者应当依法取得相应的食品生产经营许可。法律、法规对食品生产加工小作坊和食品摊贩另有规定的,依照其规定。

“食品生产经营许可的有效期为3年。”

五十九、将《全民健身条例》第三十二条第一款中的“经营高危险性体育项目的”修改为“企业、个体工商户经营高危险性体育项目的”。删去第三款。

六十、将《防治船舶污染海洋环境管理条例》第三十三条第一款修改为:“载运散装液体污染危害性货物的船舶和1万总吨以上的其他船舶,其经营人应当在作业前或者进出港口前与符合国家有关技术规范的污染清除作业单位签订污染清除作业协议,明确双方在发生船舶污染事故后污染清除的权利和义务。”

删去第三十四条。

第六十七条改为第六十六条，第二项修改为：“（二）污染清除作业单位不符合国家有关技术规范从事污染清除作业的”。

六十一、删去《农业机械安全监督管理条例》第十八条第一款中的“并依法办理工商登记手续”。第二款第二项中的“企业名称预先核准通知书”修改为“营业执照”。

删去第四十八条中的“并通知工商行政管理部门依法处理”。

六十二、删去《城镇燃气管理条例》第十五条第三款。

六十三、删去《个体工商户条例》第十三条。

六十四、删去《气象设施和气象探测环境保护条例》第十七条第一款中的“国务院气象主管机构或者”。

六十五、将《国内水路运输管理条例》第六条第一项、第二十六条第一项修改为：“（一）取得企业法人资格”。

删去第八条第四款、第二十七条第四款。

六十六、删去《农业保险条例》第十七条第一款中的“并经国务院保险监督管理机构依法批准”。第二款中的“未经依法批准”修改为“除保险机构外”。

第二十六条第一款修改为：“保险机构不符合本条例第十七条第一款规定条件经营农业保险业务的，由保险监督管理机构责令限期改正，停止接受新业务；逾期不改正或者造成严重后果的，处10万元以上50万元以下的罚款，可以责令停业整顿或者吊销经营保险业务许可证。”

删去第二十七条、第二十八条第一款中的“或者取消经营农业保险业务资格”。

此外，对相关行政法规的条文顺序作相应调整。

本决定自公布之日起施行。

法规性文件

国务院办公厅关于印发
强制性标准整合精简工作方案的通知

（2016年1月30日　国办发〔2016〕3号）

《强制性标准整合精简工作方案》已经国务院同意，现印发给你们，请认真贯彻执行。

强制性标准整合精简工作方案

强制性标准事关人身健康和生命财产安全、国家安全和生态环境安全，是经济社会运行的底线要求。强制性标准整合精简工作是标准化改革的重中之重，是建立新型强制性国家标准体系的首要任务。按照《国务院关于印发深化标准化工作改革方案的通知》（国发〔2015〕13号）和《国务院办公厅关于印发贯彻实施〈深化标准化工作改革方案〉行动计划（2015－2016年）的通知》（国办发〔2015〕67号）的要求，制定本工作方案。

一、工作目标

按照强制性标准制定原则和范围，对现行强制性国家标准、行业标准和地方标准及制修订计划开展清理评估。2016年底前，提出整合精简工作结论，不再适用的予以废止，不宜强制的转化为推荐性标准，确需强制的提出继续有效或整合修订的建议，同时研究提出各领域强制性国家标准体系框架。通过废止一批、转化一批、整合一批、修订一批，逐步解决现行强制性标准存在的交叉重复矛盾、超范围制定等主要问题，为构建结构合理、规模适度、内容科学的新型强制性国家标准体系奠定基础，实现“一个市场、一条底线、一个标准”。

二、工作范围

强制性标准整合精简工作的范围包括现行强制性国家标准、强制性行业标准、强制性地方标准,以及已经立项、正在制定过程中的强制性国家标准、强制性行业标准、强制性地方标准制修订计划项目。

三、工作原则

(一)统一管理,分工负责。在国务院标准化协调推进部际联席会议(以下简称联席会议)的统一部署下,按照统一的工作程序、技术方法和时间进度,组织开展强制性标准的整合精简工作。国务院有关部门依据相关法律法规,分工负责各自职责范围内的整合精简工作。充分发挥有关标准化技术委员会、行业协会和技术专家的作用。积极做好跨部门、跨领域标准的协调,形成工作合力。各省级人民政府负责本行政区域内的整合精简工作,充分发挥省级标准化协调推进机制的作用。

(二)平稳推进,兼顾应用。全面掌握强制性标准的应用实施情况,充分考虑标准与相关法律法规、产业政策、监管制度的衔接,有效保障相关标准间的协同配套。在新标准制定发布前,确保原标准正常实施和发挥作用,不造成监管真空,不降低安全底线。

(三)试点引领,点面结合。国务院有关部门和各省级人民政府在不影响总体进度的情况下,可选择典型领域先行开展强制性标准整合精简试点工作,充分发挥试点工作的引领作用,及时总结试点工作经验,改进整合精简的组织实施工作,点面结合,确保顺利有序开展。

四、职责分工

(一)联席会议及其办公室。强制性标准整合精简工作中需协调的重大问题和整合精简结论,报请联席会议审定。联席会议办公室按照联席会议要求,督促指导国务院有关部门和各省级人民政府开展工作,负责确定强制性标准整合精简的范围和责任部门,开发强制性标准整合精简工作平台,审核国务院有关部门和各省级人民政府提出的整合精简结论并提交联席会议审定。

(二)专家咨询组。设立专家咨询组,为整合精简工作提供技术指导,必要时为联席会议提供咨询意见。专家咨询组由国家标准委、国务院有关部门和各省级人民政府推荐的专家组成。

(三)国务院有关部门。国务院有关部门负责对本部门职责范围内的强制性国家标准、强制性行业标准进行整合精简,提出整合精简结论及本领域强制性国家标准体系框架。可根据需要成立强制性标准整合精简工作组(以下简称工作组)。可依据本方案制定整合精简工作实施细则,并报联席会议办公室备案。根据整合精简工作需要,可成立由专家组成的一个或多个专业组,对强制性国家标准、强制性行业标准逐项进行评估,提出废止、转化、整合、修订或继续有效的建议,提出本专业领域强制性国家标准体系框架建议。专业组由涉及的标准化技术委员会、行业协会和科研机构的专家组成。

（四）省级人民政府。省级人民政府负责对本行政区域内强制性地方标准进行整合精简，提出整合精简结论。可依据实际需要成立工作组，并充分发挥地方标准化协调推进机制的作用。可依据本方案制定整合精简工作实施细则，并报联席会议办公室备案。根据整合精简工作需要，可成立由专家组成的一个或多个专业组，对强制性地方标准逐项进行评估，提出废止、转化、整合、修订或继续有效的建议。

（五）协调机制。整合精简过程中，部门内跨领域标准协调问题，由本部门负责；跨部门的协调问题，由相关部门先行协调，协调不一致的，由联席会议办公室负责协调，必要时提交联席会议协调。地方标准的协调应充分发挥地方标准化协调推进机制的作用。

五、进度安排

（一）准备阶段（2016年1月—2月）。

1. 成立组织机构。国家标准委会同相关部门成立专家咨询组，国务院有关部门和各省级人民政府根据需要成立工作组和专业组。

2. 摸底调查。国家标准委、国务院有关部门和各省级人民政府分别对现行有效的强制性国家标准、强制性行业标准、强制性地方标准进行摸底，分别提供强制性标准目录和标准全文（对于强制性标准制修订计划项目，提供标准草案或标准大纲），提出负责整合精简的责任部门建议，报送联席会议办公室。除涉密内容外，上述信息统一上传至强制性标准整合精简工作平台。

3. 协调确定责任部门。国务院有关部门依据职责提出整合精简责任部门的调整建议，联席会议办公室协调确定需整合精简的强制性标准清单和责任部门。

4. 培训工作人员。国家标准委组织对国务院有关部门和各省级人民政府整合精简工作人员进行培训，以统一工作尺度和要求。

（二）评估阶段（2016年3月—5月）。

1. 开展评估。国务院有关部门和各省级人民政府首先要对强制性标准的现状、问题以及应用实施情况进行充分调查研究，包括强制性标准是否被法律法规、规章及政府文件引用，是否有明确的实施监督部门和执行措施，以及在相关行业领域的应用情况等；其次依据《强制性标准整合精简评估方法》（由国家标准委印发）对强制性标准开展技术评估；最后提出废止、转化、整合、修订或继续有效的结论。国务院有关部门同时研究提出本领域强制性国家标准体系框架。整合精简结论应在强制性标准整合精简工作平台填报。

2. 报送强制性国家标准制修订建议。其中，对于现有强制性地方标准中可在全国范围内统一的技术要求，省级人民政府可提出强制性国家标准的制修订建议，说明制修订强制性国家标准的必要性和强制内容，报送联席会议办公室，由联席会议办公室按职责分工转国务院有关部门处理。

3. 形成文字记录。国务院有关部门和各省级人民政府在组织开展强制性标准评估时，对评估过程、评估依据、评估结论、参加评估人员均应有文字记录，形成会议纪要或工作报告。

4. 协调处理意见。对于建议废止的标准，责任部门要与相关应用部门充分沟通，避免出现与现行法律法规、政策文件不衔接的情况。对于省级人民政府提出的强制性国家标准制修订建议，国务院有关部门应统筹考虑，及时反馈处理意见。

（三）结论处理阶段（2016 年 6 月—11 月）。

1. 联席会议办公室确认。联席会议办公室要对国务院有关部门和各省级人民政府报送的强制性标准整合精简结论和强制性国家标准体系框架进行汇总。其中，国务院有关部门对所负责的工程建设强制性标准提出的整合精简结论，由住房城乡建设部统一协调审核后，报送联席会议办公室。

2. 征求意见。联席会议办公室将整合精简结论送国务院有关部门和各省级人民政府征求意见。

3. 社会公示。征求意见结束后，联席会议办公室将拟废止、转化的强制性国家标准、行业标准清单向社会公示 60 天。拟废止、转化的强制性地方标准，由省级人民政府在本行政区域内向社会公示 60 天。涉及国家安全和秘密的强制性标准，可结合实际情况在适当范围内公示。

（四）审定发布阶段（2016 年 12 月）。

1. 联席会议审定。国务院有关部门和各省级人民政府协调处理各方意见后，形成强制性标准整合精简工作报告，由联席会议办公室审核后报联席会议审定。

2. 发布。联席会议审定后，对于需废止、转化的强制性标准，由原发布主体或负责整合精简工作的责任部门在规定期限内各自发布废止、转化公告，需转化的按照推荐性标准制修订程序进行转化；对于需整合、修订的强制性标准，由国家标准委对外发布结果，并据此安排新的强制性标准制修订计划。

六、保障措施

（一）人员保障。国家标准委、国务院有关部门和各省级人民政府应根据方案要求和实际需要，安排专人具体负责此项工作。充分依托标准化专业机构为整合精简工作提供技术支撑。

（二）平台保障。国家标准委在整合精简工作方案的基础上，组织开发统一的强制性标准整合精简工作平台，为国务院有关部门和各省级人民政府的数据报送、信息查询、汇总统计、交流反馈提供信息化支撑。

（三）经费投入。国务院有关部门和各省级人民政府要加大整合精简工作的经费投入，确保整合精简工作顺利开展。

（四）其他要求。在整合精简工作期间，除法律法规另有规定或《国务院关于印发深化标准化工作改革方案的通知》已明确按照或暂时按照现有模式管理的领域外，停止新的强制性行业标准和强制性地方标准立项。除符合标准体系、经济社会发展和国际贸易急需的项目外，原则上不再下达新的强制性国家标准制修订计划。已立项的强制性国家标准在符合标准体系和归口部门同意的情况下，可以继续批准发布。

国务院关于钢铁行业化解过剩产能实现脱困发展的意见

（2016 年 2 月 1 日　国发〔2016〕6 号）

钢铁产业是国民经济的重要基础原材料产业，投资拉动作用大、吸纳就业能力强、产业关联度高，为我国经济社会发展作出了重要贡献。近年来，随着经济下行压力加大，钢材市场需求回落，钢铁行业快速发展过程中积累的矛盾和问题逐渐暴露，其中产能过剩问题尤为突出，钢铁企业生产经营困难加剧、亏损面和亏损额不断扩大。为贯彻落实党中央、国务院关于推进结构性改革、抓好去产能任务的决策部署，进一步化解钢铁行业过剩产能、推动钢铁企业实现脱困发展，现提出以下意见：

一、总体要求

（一）指导思想。全面贯彻党的十八大和十八届三中、四中、五中全会以及中央经济工作会议精神，按照“五位一体”总体布局和“四个全面”战略布局，牢固树立和贯彻落实创新、协调、绿色、开放、共享的发展理念，着眼于推动钢铁行业供给侧结构性改革，坚持市场倒逼、企业主体，地方组织、中央支持，突出重点、依法依规，综合运用市场机制、经济手段和法治办法，因地制宜、分类施策、标本兼治，积极稳妥化解过剩产能，建立市场化调节产能的长效机制，促进钢铁行业结构优化、脱困升级、提质增效。

（二）基本原则。

坚持市场倒逼、企业主体。健全公平开放透明的市场规则，强化市场竞争机制和倒逼机制，提高有效供给能力，引导消费结构升级。发挥企业主体作用，保障企业自主决策权。

坚持地方组织、中央支持。加强政策引导，完善体制机制，规范政府行为，取消政府对市场的不当干预和对企业的地方保护。发挥中央和地方两个积极性，积极有序化解过剩产能，确保社会稳定。

坚持突出重点、依法依规。整体部署、重点突破，统筹推进各地区开展化解过剩产能工作，产钢重点省份和工作基础较好的地区率先取得突破。强化法治意识，依法依规化解过剩产能，切实保障企业和职工的合法权益，落实好各项就业和社会保障政策，处置好企业资产债务。

（三）工作目标。在近年来淘汰落后钢铁产能的基础上，从 2016 年开始，用 5 年时间再压减粗钢产能 1 亿—1.5 亿吨，行业兼并重组取得实质性进展，产业结构得到优化，资源利用效率明显提高，产能利用率趋于合理，产品质量和高端产品供给能力显著提升，企业经济效益好转，市场预期明显向好。

二、主要任务

（四）严禁新增产能。严格执行《国务院关于化解产能严重过剩矛盾的指导意见》（国发〔2013〕41 号），各地区、各部门不得以任何名义、任何方式备案新增产能的钢铁项目，各相关部门和机构不得办理土地供应、能评、环评审批和新增授信支持等相关业务。对违法违规建设的，要严肃问责。已享受奖补资金和有关政策支持的退出产能不得用于置换。

（五）化解过剩产能。

1. 依法依规退出。严格执行环保、能耗、质量、安全、技术等法律法规和产业政策，达不到标准要求的钢铁产能要依法依规退出。

——环保方面：严格执行环境保护法，对污染物排放达不到《钢铁工业水污染物排放标准》、《钢铁烧结、球团工业大气污染物排放标准》、《炼铁工业大气污染物排放标准》、《炼钢工业大气污染物排放标准》、《轧钢工业大气污染物排放标准》等要求的钢铁产能，实施按日连续处罚；情节严重的，报经有批准权的人民政府批准，责令停业、关闭。

——能耗方面：严格执行节约能源法，对达不到《粗钢生产主要工序单位产品能源消耗限额》等强制性标准要求的钢铁产能，应在 6 个月内进行整改，确需延长整改期限的可提出不超过 3 个月的延期申请，逾期未整改或未达到整改要求的，依法关停退出。

——质量方面：严格执行产品质量法，对钢材产品质量达不到强制性标准要求的，依法查处并责令停产整改，在 6 个月内未整改或未达到整改要求的，依法关停退出。

——安全方面：严格执行安全生产法，对未达到企业安全生产标准化三级、安全条件达不到《炼铁安全规程》、《炼钢安全规程》、《工业企业煤气安全规程》等标准要求的钢铁产能，要立即停产整改，在6个月内未整改或整改后仍不合格的，依法关停退出。

——技术方面：按照《产业结构调整指导目录（2011年本）（修正）》的有关规定，立即关停并拆除400立方米及以下炼铁高炉、30吨及以下炼钢转炉、30吨及以下炼钢电炉等落后生产设备。对生产地条钢的企业，要立即关停，拆除设备，并依法处罚。

2. 引导主动退出。完善激励政策，鼓励企业通过主动压减、兼并重组、转型转产、搬迁改造、国际产能合作等途径，退出部分钢铁产能。

——企业主动压减产能。鼓励有条件的企业根据市场情况和自身发展需要，调整企业发展战略，尽快退出已停产的产能。鼓励钢铁产能规模较大的重点地区支持属地企业主动承担更多的压减任务。

——兼并重组压减产能。鼓励有条件的钢铁企业实施跨行业、跨地区、跨所有制减量化兼并重组，重点推进产钢大省的企业实施兼并重组，退出部分过剩产能。

——转产搬迁压减产能。对不符合所在城市发展规划的城市钢厂，不具备搬迁价值和条件的，鼓励其实施转型转产；具备搬迁价值和条件的，支持其实施减量、环保搬迁。

——国际产能合作转移产能。鼓励有条件的企业结合“一带一路”建设，通过开展国际产能合作转移部分产能，实现互利共赢。

3. 拆除相应设备。钢铁产能退出须拆除相应冶炼设备。具备拆除条件的应立即拆除；暂不具备拆除条件的设备，应立即断水、断电，拆除动力装置，封存冶炼设备，企业向社会公开承诺不再恢复生产，同时在省级人民政府或省级主管部门网站公示，接受社会监督，并限时拆除。

（六）严格执法监管。强化环保执法约束作用，全面调查钢铁行业环保情况，严格依法处置环保不达标的钢铁企业，进一步完善钢铁行业主要污染物在线监控体系，覆盖所有钢铁企业。加大能源消耗执法检查力度，全面调查钢铁行业能源消耗情况，严格依法处置生产工序单位产品能源消耗不达标的钢铁企业。加强产品质量管理执法，全面调查钢铁生产许可获证企业生产状况和生产条件，严厉打击无证生产等违法行为。对因工艺装备落后、环保和能耗不达标被依法关停的企业，注销生产许可证；对重组“僵尸企业”、实施减量化重组的企业办理生产许可证的，优化程序，简化办理。严格安全生产监督执法，全面调查钢铁行业安全生产情况，及时公布钢铁企业安全生产不良记录“黑名单”信息，依法查处不具备安全生产条件的钢铁企业。加大信息公开力度，依法公开监测信息，接受社会公众监督。

（七）推动行业升级。

1. 推进智能制造。引导钢铁制造业与“互联网 + ”融合发展，与大众创业、万众创新紧密结合，实施钢铁企业智能制造示范工程，制定钢铁生产全流程“两化融合”解决方案。提升企业研发、生产和服务的智能化水平，建设一批智能制造示范工厂。推广以互联网订单为基础，满足客户多品种小批量的个性化、柔性化产品定制新模式。

2. 提升品质品牌。树立质量标杆，升级产品标准，加强品牌建设，全面提升主要钢铁产品的质量稳定性和性能一致性，形成一批具有较大国际影响力的企业品牌和产品品牌。

3. 研发高端品种。加强钢铁行业生产加工与下游用钢行业需求对接，引导钢铁企业按照“先期研发介入、后续跟踪改进”的模式，重点推进高速铁路、核电、汽车、船舶与海洋工程等领域重大技术装备所需高端钢材品种的研发和推广应用。

4. 促进绿色发展。实施节能环保改造升级，开展环保、节能对标活动，加快企业能源管理信息系统建设。所有钢铁企业实现环保节能稳定达标，全行业污染物排放总量稳步下降。

5. 扩大市场消费。推广应用钢结构建筑，结合棚户区改造、危房改造和抗震安居工程实施，开展钢结构建筑推广应用试点，大幅提高钢结构应用比例。稳定重点用钢行业消费，促进钢铁企业与下游用户合作，推进钢材在汽车、机械装备、电力、船舶等领域扩大应用和升级。

三、政策措施

（八）加强奖补支持。设立工业企业结构调整专项奖补资金，按规定统筹对地方化解过剩产能中的人员分流安置给予奖补，引导地方综合运用兼并重组、债务重组和破产清算等方式，加快处置“僵尸企业”，实现市场出清。使用专项奖补资金要结合地方任务完成进度（主要与退出产能挂钩）、困难程度、安置职工情况等因素，对地方实行梯级奖补，由地方政府统筹用于符合要求企业的职工安置。具体办法由相关部门另行制定。

（九）完善税收政策。加快铁矿石资源税从价计征改革，推动扩大增值税抵扣范围。将营改增范围扩大到建筑业等领域。钢铁企业利用余压余热发电，按规定享受资源综合利用增值税优惠政策。统筹研究钢铁企业利用余压余热发电适用资源综合利用企业所得税优惠政策问题。落实公平税赋政策，取消加工贸易项下进口钢材保税政策。

（十）加大金融支持。

1. 落实有保有控的金融政策，对化解过剩产能、实施兼并重组以及有前景、有效益的钢铁企业，按照风险可控、商业可持续原则加大信贷支持力度，支持各类社会资本参与钢铁企业并购重组；对违规新增钢铁产能的企业停止贷款。

2. 运用市场化手段妥善处置企业债务和银行不良资产，落实金融机构呆账核销的财税政策，完善金融机构加大抵债资产处置力度的财税支持政策。研究完善不良资产批量转让政策，支持银行加快不良资产处置进度，支持银行向金融资产管理公司打包转让不良资产，提高不良资产处置效率。

3. 支持社会资本参与企业并购重组。鼓励保险资金等长期资金创新产品和投资方式，参与企业并购重组，拓展并购资金来源。完善并购资金退出渠道，加快发展相关产权的二级交易市场，提高资金使用效率。

4. 严厉打击企业逃废银行债务行为，依法保护债权人合法权益。地方政府建立企业金融债务重组和不良资产处置协调机制，组织协调相关部门支持金融机构做好企业金融债务重组和不良资产处置工作。

（十一）做好职工安置。要把职工安置作为化解过剩产能工作的重中之重，通过企业主体作用与社会保障相结合，多措并举做好职工安置。安置计划不完善、资金保障不到位以及未经职工代表大会或全体职工讨论通过的职工安置方案，不得实施。

1. 挖掘企业内部潜力。充分发挥企业主体作用，采取协商薪酬、灵活工时、培训转岗等方式，稳定现有工作岗位，缓解职工分流压力。支持创业平台建设和职工自主创业，积极培育适应钢铁企业职工特点的创业创新载体，扩大返乡创业试点范围，提升创业服务孵化能力，培育接续产业集群，引导职工就地就近创业就业。

2. 对符合条件的职工实行内部退养。对距离法定退休年龄 5 年以内的职工经自愿选择、企业同意并签订协议后，依法变更劳动合同，企业为其发放生活费并缴纳基本养老保险费和基本医疗保险费。职工在达到法定退休年龄前，不得领取基本养老金。

3. 依法依规解除、终止劳动合同。企业确需与职工解除劳动关系的，应依法支付经济补偿，偿还拖欠的职工在岗期间工资和补缴社会保险费用，并做好社会保险关系转移接续手续等工作。企业主体消亡时，依法与职工终止劳动合同，对于距离法定退休年龄 5 年以内的职工，可以由职工自愿选择领取经济补偿金，或由单位一次性预留为其缴纳至法定退休年龄的社会保险费和基本生活费，由政府指定的机构代发基本生活费、代缴基本养老保险费和基本医疗保险费。

4. 做好再就业帮扶。通过技能培训、职业介绍等方式，促进失业人员再就业或自主创业。对就业困难人员，要加大就业援助力度，通过开发公益性岗位等多种方式予以帮扶。对符合条件的失业人员按规定发放失业保险金，符合救助条件的应及时纳入社会救助范围，保障其基本生活。

（十二）盘活土地资源。钢铁产能退出后的划拨用地，可以依法转让或由地方政府收回，地方政府收回原划拨土地使用权后的土地出让收入，可按规定通过预算安排支付产能退出企业职工安置费用。钢铁产能退出后的工业用地，在符合城乡规划的前提下，可用于转产发展第三产业，地方政府收取的土地出让收入，可按规定通过预算安排用于职工安置和债务处置；其中转产为生产性服务业等国家鼓励发展行业的，可在5年内继续按原用途和土地权利类型使用土地。

四、组织实施

（十三）加强组织领导。相关部门要建立化解钢铁过剩产能和脱困升级工作协调机制，加强综合协调，制定实施细则，督促任务落实，统筹推进各项工作。各有关省级人民政府要成立领导小组，任务重的市、县和重点企业要建立相应领导机构和工作推进机制。各有关省级人民政府、国务院国资委分别对本地区、有关中央企业化解钢铁过剩产能工作负总责，要根据本意见研究提出产能退出总规模、分企业退出规模及时间表，据此制订实施方案及配套政策，报送国家发展改革委、工业和信息化部。国家发展改革委、工业和信息化部根据全国化解钢铁过剩产能的目标任务和时间要求，综合平衡，并与各有关地区、国务院国资委进行协调，将化解过剩产能任务落实到位。各有关省级人民政府、国务院国资委据此制定实施方案并组织实施，同时报国务院备案。

（十四）强化监督检查。建立健全目标责任制，把各地区化解过剩产能目标落实情况列为落实中央重大决策部署监督检查的重要内容，加强对化解过剩产能工作全过程的监督检查。各地区要将化解过剩产能任务年度完成情况向社会公示，建立举报制度。强化考核机制，引入第三方机构对各地区任务完成情况进行评估，对未完成任务的地方和企业要予以问责。国务院相关部门要适时组织开展专项督查。

（十五）做好行业自律。充分发挥行业协会熟悉行业、贴近企业的优势，及时反映企业诉求，反馈政策落实情况，引导和规范企业做好自律工作。引入相关中介、评级、征信机构参与标准确认、公示监督等工作。化解钢铁过剩产能标准和结果向社会公示，加强社会监督，实施守信激励、失信惩戒。

（十六）加强宣传引导。要通过报刊、广播、电视、互联网等方式，广泛深入宣传化解钢铁过剩产能的重要意义和经验做法,加强政策解读,回应社会关切,形成良好的舆论环境。

国务院关于煤炭行业化解过剩产能实现脱困发展的意见

(2016 年 2 月 1 日　国发〔2016〕7 号)

煤炭是我国主体能源。煤炭产业是国民经济基础产业,涉及面广、从业人员多,关系经济发展和社会稳定大局。近年来,受经济增速放缓、能源结构调整等因素影响,煤炭需求大幅下降,供给能力持续过剩,供求关系严重失衡,导致企业效益普遍下滑,市场竞争秩序混乱,安全生产隐患加大,对经济发展、职工就业和社会稳定造成了不利影响。为贯彻落实党中央、国务院关于推进结构性改革、抓好去产能任务的决策部署,进一步化解煤炭行业过剩产能、推动煤炭企业实现脱困发展,现提出以下意见:

一、总体要求

(一)指导思想。全面贯彻党的十八大和十八届三中、四中、五中全会以及中央经济工作会议精神,按照"五位一体"总体布局和"四个全面"战略布局,牢固树立和贯彻落实创新、协调、绿色、开放、共享的发展理念,着眼于推动煤炭行业供给侧结构性改革,坚持市场倒逼、企业主体,地方组织、中央支持,综合施策、标本兼治,因地制宜、分类处置,将积极稳妥化解过剩产能与结构调整、转型升级相结合,实现煤炭行业扭亏脱困升级和健康发展。

(二)基本原则。

市场倒逼与政府支持相结合。充分发挥市场机制作用和更好发挥政府引导作用,用法治化和市场化手段化解过剩产能。企业承担化解过剩产能的主体责任,地方政府负责制定落实方案并组织实施,中央给予资金奖补和政策支持。

化解产能与转型升级相结合。严格控制新增产能,切实淘汰落后产能,有序退出过剩产能,探索保留产能与退出产能适度挂钩。通过化解过剩产能,促进企业优化组织结构、技术结构、产品结构,创新体制机制,提升综合竞争力,推动煤炭行业转型升级。

整体推进与重点突破相结合。在重点产煤省份和工作基础较好的地区率先突破,为整体推进探索有益经验。以做好职工安置为重点,挖掘企业内部潜力，做好转岗分流工作，落实好各项就业和社会保障政策，保障职工合法权益，处理好企业资产债务。

（三）工作目标。在近年来淘汰落后煤炭产能的基础上，从 2016 年开始，用 3 至 5 年的时间，再退出产能 5 亿吨左右、减量重组 5 亿吨左右，较大幅度压缩煤炭产能，适度减少煤矿数量，煤炭行业过剩产能得到有效化解，市场供需基本平衡，产业结构得到优化，转型升级取得实质性进展。

二、主要任务

（四）严格控制新增产能。从 2016 年起，3 年内原则上停止审批新建煤矿项目、新增产能的技术改造项目和产能核增项目；确需新建煤矿的，一律实行减量置换。在建煤矿项目应按一定比例与淘汰落后产能和化解过剩产能挂钩，已完成淘汰落后产能和化解过剩产能任务的在建煤矿项目应由省级人民政府有关部门予以公告。

（五）加快淘汰落后产能和其他不符合产业政策的产能。安全监管总局等部门确定的 13 类落后小煤矿，以及开采范围与自然保护区、风景名胜区、饮用水水源保护区等区域重叠的煤矿，要尽快依法关闭退出。产能小于 30 万吨/年且发生重大及以上安全生产责任事故的煤矿，产能 15 万吨/年及以下且发生较大及以上安全生产责任事故的煤矿，以及采用国家明令禁止使用的采煤方法、工艺且无法实施技术改造的煤矿，要在 1 至 3 年内淘汰。

（六）有序退出过剩产能。

1. 属于以下情况的，通过给予政策支持等综合措施，引导相关煤矿有序退出。

——安全方面：煤与瓦斯突出、水文地质条件极其复杂、具有强冲击地压等灾害隐患严重，且在现有技术条件下难以有效防治的煤矿；开采深度超过《煤矿安全规程》规定的煤矿；达不到安全质量标准化三级的煤矿。

——质量和环保方面：产品质量达不到《商品煤质量管理暂行办法》要求的煤矿。开采范围与依法划定、需特别保护的相关环境敏感区重叠的煤矿。

——技术和资源规模方面：非机械化开采的煤矿；晋、蒙、陕、宁等 4 个地区产能小于 60 万吨/年，冀、辽、吉、黑、苏、皖、鲁、豫、甘、青、新等 11 个地区产能小于 30 万吨/年，其他地区产能小于 9 万吨/年的煤矿；开采技术和装备列入《煤炭生产技术与装备政策导向（2014 年版）》限制目录且无法实施技术改造的煤矿；与大型煤矿井田平面投影重叠的煤矿。

——其他方面：长期亏损、资不抵债的煤矿；长期停产、停建的煤矿；资源枯竭、资源赋存条件差的煤矿；不承担社会责任、长期欠缴税款和社会保障费用的煤矿；其他自愿退出的煤矿。

2. 对有序退出范围内属于满足林区、边远山区居民生活用煤需要或承担特殊供应任务的煤矿，经省级人民政府批准，可以暂时保留。保留的煤矿原则上要实现机械化开采。

3. 探索实行煤炭行业“存去挂钩”。除工艺先进、生产效率高、资源利用率高、安全保障能力强、环境保护水平高、单位产品能源消耗低的先进产能外，对其他保留产能探索实行“存去挂钩”，通过重新确定产能、实行减量生产等多种手段压减部分现有产能。

（七）推进企业改革重组。稳妥推动具备条件的国有煤炭企业发展混合所有制经济，完善现代企业制度，提高国有资本配置和运行效率。鼓励大型煤炭企业兼并重组中小型企业，培育一批大型煤炭企业集团，进一步提高安全、环保、能耗、工艺等办矿标准和生产水平。利用3年时间，力争单一煤炭企业生产规模全部达到300万吨/年以上。

（八）促进行业调整转型。鼓励发展煤电一体化，引导大型火电企业与煤炭企业之间参股。火电企业参股的煤炭企业产能超过该火电企业电煤实际消耗量的一定比例时，在发电量计划上给予该火电企业奖励。加快研究制定商品煤系列标准和煤炭清洁利用标准。鼓励发展煤炭洗选加工转化，提高产品附加值；按照《现代煤化工建设项目环境准入条件（试行）》，有序发展现代煤化工。鼓励利用废弃的煤矿工业广场及其周边地区，发展风电、光伏发电和现代农业。加快煤层气产业发展，合理确定煤层气勘查开采区块，建立煤层气、煤炭协调开发机制，处理好煤炭、煤层气矿业权重叠地区资源开发利用问题，对一定期限内规划建井开采的区域，按照煤层气开发服务于煤炭开发的原则，采取合作或调整煤层气矿业权范围等方式，优先保证煤炭开发需要，并有效利用煤层气资源。开展低浓度瓦斯采集、提纯和利用技术攻关，提高煤矿瓦斯利用率。

（九）严格治理不安全生产。进一步加大煤矿安全监管监察工作力度，开展安全生产隐患排查治理，对存在重大安全隐患的煤矿责令停产整顿。严厉打击证照不全、数据资料造假等违法生产行为，对安全监控系统不能有效运行、煤与瓦斯突出矿井未按规定落实区域防突措施、安全费用未按要求提取使用、不具备安全生产条件的煤矿，一律依法依规停产整顿。

（十）严格控制超能力生产。全面实行煤炭产能公告和依法依规生产承诺制度，督促煤矿严格按公告产能组织生产，对超能力生产的煤矿，一律责令停产整改。引导企业实行减量化生产，从2016年开始，按全年作业时间不超过276个工作日重新确定煤矿产能，原则上法定节假日和周日不安排生产。对于生产特定煤种、与下游企业机械化连续供应以及有特殊安全要求的煤矿企业，可在276个工作日总量内实行适度弹性工作日制度，但应制定具体方案，并向当地市级以上煤炭行业管理部门、行业自律组织及指定的征信机构备案，自觉接受行业监管和社会监督。

（十一）严格治理违法违规建设。对基本建设手续不齐全的煤矿，一律责令停工停产，对拒不停工停产、擅自组织建设生产的，依法实施关闭。强化事中事后监管，建立和完善煤炭生产要素采集、登记、公告与核查制度，落实井下生产布局和技术装备管理规定，达不到国家规定要求的煤矿一律停产并限期整改，整改后仍达不到要求的，限期退出。有关部门要联合惩戒煤矿违法违规建设生产行为。

（十二）严格限制劣质煤使用。完善煤炭产业发展规划，停止核准高硫高灰煤项目，依法依规引导已核准的项目暂缓建设、正在建设的项目压缩规模、已投产的项目限制产量。落实商品煤质量管理有关规定，加大对京津冀、长三角、珠三角等地区销售使用劣质散煤情况的检查力度。按照有关规定继续限制劣质煤进口。

三、政策措施

（十三）加强奖补支持。设立工业企业结构调整专项奖补资金，按规定统筹对地方化解煤炭过剩产能中的人员分流安置给予奖补，引导地方综合运用兼并重组、债务重组和破产清算等方式，加快处置"僵尸企业"，实现市场出清。使用专项奖补资金要结合地方任务完成进度、困难程度、安置职工情况等因素，对地方实行梯级奖补，由地方政府统筹用于符合要求企业的职工安置。具体办法由相关部门另行制定。

（十四）做好职工安置。要把职工安置作为化解过剩产能工作的重中之重，坚持企业主体作用与社会保障相结合，细化措施方案，落实保障政策，维护职工合法权益。安置计划不完善、资金保障不到位以及未经职工代表大会或全体职工讨论通过的职工安置方案，不得实施。

1. 挖掘企业内部潜力。采取协商薪酬、灵活工时、培训转岗等方式，稳定现有工作岗位，对采取措施不裁员或少裁员的生产经营困难企业，通过失业保险基金发放稳岗补贴。支持创业平台建设和职工自主创业，积极培育适应煤矿职工特点的创业创新载体，将返乡创业试点范围扩大到矿区，通过加大专项建设基金投入等方式，提升创业服务孵化能力，培育接续产业集群，引导职工就地就近创业就业。

2. 对符合条件的职工实行内部退养。对距离法定退休年龄5年以内的职工经自愿选择、企业同意并签订协议后，依法变更劳动合同，企业为其发放生活费并缴纳基本养老保险费和基本医疗保险费。职工在达到法定退休年龄前，不得领取基本养老金。

3. 依法依规解除、终止劳动合同。企业确需与职工解除劳动关系的，应依法支付经济补偿，偿还拖欠的职工在岗期间工资和补缴社会保险费用，并做好社会保险关系转移接续手续等工作。企业主体消亡时，依法与职工终止劳动合同，对于距离法定退休年龄5年以内的职工，可以由职工自愿选择领取经济补偿金，或由单位一次性预留为其缴纳至法定退休年龄的社会保险费和基本生活费，由政府指定的机构代发基本生活费、代缴基本养老保险费和基本医疗保险费。

4. 做好再就业帮扶。通过技能培训、职业介绍等方式，促进失业人员再就业或自主创业。对就业困难人员，要加大就业援助力度，通过开发公益性岗位等多种方式予以帮扶。对符合条件的失业人员按规定发放失业保险金，符合救助条件的应及时纳入社会救助范围，保障其基本生活。

（十五）加大金融支持。

1. 金融机构对经营遇到困难但经过深化改革、加强内部管理仍能恢复市场竞争力的骨干煤炭企业，要加强金融服务，保持合理融资力度，不搞“一刀切”。支持企业通过发债替代高成本融资，降低资金成本。

2. 运用市场化手段妥善处置企业债务和银行不良资产，落实金融机构呆账核销的财税政策，完善金融机构加大抵债资产处置力度的财税支持政策。研究完善不良资产批量转让政策，支持银行加快不良资产处置进度，支持银行向金融资产管理公司打包转让不良资产，提高不良资产处置效率。

3. 支持社会资本参与企业并购重组，鼓励保险资金等长期资金创新产品和投资方式，参与企业并购重组，拓展并购资金来源。完善并购资金退出渠道，加快发展相关产权的二级交易市场，提高资金使用效率。

4. 严厉打击企业逃废银行债务行为，依法保护债权人合法权益。地方政府建立企业金融债务重组和不良资产处置协调机制，组织协调相关部门支持金融机构做好企业金融债务重组和不良资产处置工作。

（十六）盘活土地资源。支持退出煤矿用好存量土地，促进矿区更新改造和土地再开发利用。煤炭产能退出后的划拨用地，可以依法转让或由地方政府收回。地方政府收回原划拨土地使用权后的出让收入，可按规定通过预算安排用于支付产能退出企业职工安置费用。对用地手续完备的腾让土地，转产为生产性服务业等国家鼓励发展行业的，可在5年内继续按原用途和土地权利类型使用土地。

（十七）鼓励技术改造。鼓励和支持煤矿企业实施机械化、自动化改造，重点创新煤炭地质保障与高效建井关键技术，煤炭无人和无害化、无煤柱自成巷开采技术，推广保水充填开采、智能开采和特殊煤层开采等绿色智慧矿山关键技术，提升大型煤炭开采先进装备制造水平。

（十八）其他支持政策。加快推进国有煤炭企业分离办社会职能，尽快移交“三供一业”（供水、供电、供热和物业管理），解决政策性破产遗留问题。支持煤炭企业按规定缓缴采矿权价款。支持煤炭企业以采矿权抵押贷款，增加周转资金。改进国有煤炭企业业绩考核机制，根据市场变化情况科学合理确定企业经营业绩考核目标。调整完善煤炭出口政策，鼓励优势企业扩大对外出口。严格执行反不正当竞争法、反垄断法，严肃查处违法违规竞争行为，维护公平竞争市场秩序。

四、组织实施

（十九）加强组织领导。相关部门要建立化解煤炭过剩产能和脱困升级工作协调机制，加强综合协调，制定实施细则，督促任务落实，统筹推进各项工作。各有关省级人民政府对本地区化解煤炭过剩产能工作负总责，要成立领导小组，任务重的市、县和重点企业要建立相应领导机构和工作推进机制。国务院国资委牵头组织实施中央企业化解煤炭过剩产能工作。各有关省级人民政府、国务院国资委要根据本意见研究提出产能退出总规模、分企业退出规模及时间表，据此制订实施方案及配套政策，报送国家发展改革委。

（二十）强化监督检查。建立健全目标责任制，把各地区化解过剩产能目标落实情况列为落实中央重大决策部署监督检查的重要内容，加强对化解过剩产能工作全过程的监督检查。各地区要将化解过剩产能任务年度完成情况向社会公示，建立举报制度。强化考核机制，引入第三方机构对各地区任务完成情况进行评估，对未完成任务的地方和企业要予以问责。国务院相关部门要适时组织开展专项督查。

（二十一）做好行业自律。行业协会要引导煤炭企业依法经营、理性竞争，在“信用中国”网站和全国企业信用信息公示系统上公示企业依法依规生产承诺书，引入相关中介、评级、征信机构参与标准确认、公示监督等工作。化解煤炭过剩产能标准和结果向社会公示，加强社会监督，实施守信激励、失信惩戒。

（二十二）加强宣传引导。要通过报刊、广播、电视、互联网等方式，广泛深入宣传化解煤炭过剩产能的重要意义和经验做法，加强政策解读，回应社会关切，形成良好的舆论环境。

国务院关于深入推进新型城镇化建设的若干意见

(2016年2月2日　国发〔2016〕8号)

新型城镇化是现代化的必由之路,是最大的内需潜力所在,是经济发展的重要动力,也是一项重要的民生工程。《国家新型城镇化规划(2014—2020年)》发布实施以来,各地区、各部门抓紧行动、改革探索,新型城镇化各项工作取得了积极进展,但仍然存在农业转移人口市民化进展缓慢、城镇化质量不高、对扩大内需的主动力作用没有得到充分发挥等问题。为总结推广各地区行之有效的经验,深入推进新型城镇化建设,现提出如下意见。

一、总体要求

全面贯彻党的十八大和十八届二中、三中、四中、五中全会以及中央经济工作会议、中央城镇化工作会议、中央城市工作会议、中央扶贫开发工作会议、中央农村工作会议精神,按照"五位一体"总体布局和"四个全面"战略布局,牢固树立创新、协调、绿色、开放、共享的发展理念,坚持走以人为本、四化同步、优化布局、生态文明、文化传承的中国特色新型城镇化道路,以人的城镇化为核心,以提高质量为关键,以体制机制改革为动力,紧紧围绕新型城镇化目标任务,加快推进户籍制度改革,提升城市综合承载能力,制定完善土地、财政、投融资等配套政策,充分释放新型城镇化蕴藏的巨大内需潜力,为经济持续健康发展提供持久强劲动力。

坚持点面结合、统筹推进。统筹规划、总体布局,促进大中小城市和小城镇协调发展,着力解决好"三个1亿人"城镇化问题,全面提高城镇化质量。充分发挥国家新型城镇化综合试点作用,及时总结提炼可复制经验,带动全国新型城镇化体制机制创新。

坚持纵横联动、协同推进。加强部门间政策制定和实施的协调配合,推动户籍、土地、财政、住房等相关政策和改革举措形成合力。加强部门与地方政策联动,推动地方加快出台一批配套政策,确保改革举措和政策落地生根。

坚持补齐短板、重点突破。加快实施"一融双新"工程,以促进农民工融入城镇为核心,以加快新生中小城市培育发展和新型城市建设为重点,瞄准短板,加快突破,优化政策组合,弥补供需缺口,促进新型城镇化健康有序发展。

二、积极推进农业转移人口市民化

（一）加快落实户籍制度改革政策。围绕加快提高户籍人口城镇化率，深化户籍制度改革，促进有能力在城镇稳定就业和生活的农业转移人口举家进城落户，并与城镇居民享有同等权利、履行同等义务。鼓励各地区进一步放宽落户条件，除极少数超大城市外，允许农业转移人口在就业地落户，优先解决农村学生升学和参军进入城镇的人口、在城镇就业居住5年以上和举家迁徙的农业转移人口以及新生代农民工落户问题，全面放开对高校毕业生、技术工人、职业院校毕业生、留学归国人员的落户限制，加快制定公开透明的落户标准和切实可行的落户目标。除超大城市和特大城市外，其他城市不得采取要求购买房屋、投资纳税、积分制等方式设置落户限制。加快调整完善超大城市和特大城市落户政策，根据城市综合承载能力和功能定位，区分主城区、郊区、新区等区域，分类制定落户政策；以具有合法稳定就业和合法稳定住所（含租赁）、参加城镇社会保险年限、连续居住年限等为主要指标，建立完善积分落户制度，重点解决符合条件的普通劳动者的落户问题。加快制定实施推动1亿非户籍人口在城市落户方案，强化地方政府主体责任，确保如期完成。

（二）全面实行居住证制度。推进居住证制度覆盖全部未落户城镇常住人口，保障居住证持有人在居住地享有义务教育、基本公共就业服务、基本公共卫生服务和计划生育服务、公共文化体育服务、法律援助和法律服务以及国家规定的其他基本公共服务；同时，在居住地享有按照国家有关规定办理出入境证件、换领补领居民身份证、机动车登记、申领机动车驾驶证、报名参加职业资格考试和申请授予职业资格以及其他便利。鼓励地方各级人民政府根据本地承载能力不断扩大对居住证持有人的公共服务范围并提高服务标准，缩小与户籍人口基本公共服务的差距。推动居住证持有人享有与当地户籍人口同等的住房保障权利，将符合条件的农业转移人口纳入当地住房保障范围。各城市要根据《居住证暂行条例》，加快制定实施具体管理办法，防止居住证与基本公共服务脱钩。

（三）推进城镇基本公共服务常住人口全覆盖。保障农民工随迁子女以流入地公办学校为主接受义务教育，以公办幼儿园和普惠性民办幼儿园为主接受学前教育。实施义务教育“两免一补”和生均公用经费基准定额资金随学生流动可携带政策，统筹人口流入地与流出地教师编制。组织实施农民工职业技能提升计划，每年培训2000万人次以上。允许在农村参加的养老保险和医疗保险规范接入城镇社保体系，加快建立基本医疗保险异地就医医疗费用结算制度。

（四）加快建立农业转移人口市民化激励机制。切实维护进城落户农民在农村的合法权益。实施财政转移支付同农业转移人口市民化挂钩政策，实施城镇建设用地增加规模与吸纳农业转移人口落户数量挂钩政策，中央预算内投资安排向吸纳农业转移人口落户数量较多的城镇倾斜。各省级人民政府要出台相应配套政策，加快推进农业转移人口市民化进程。

三、全面提升城市功能

（五）加快城镇棚户区、城中村和危房改造。围绕实现约1亿人居住的城镇棚户区、城中村和危房改造目标，实施棚户区改造行动计划和城镇旧房改造工程，推动棚户区改造与名城保护、城市更新相结合，加快推进城市棚户区和城中村改造，有序推进旧住宅小区综合整治、危旧住房和非成套住房（包括无上下水、北方地区无供热设施等的住房）改造，将棚户区改造政策支持范围扩大到全国重点镇。加强棚户区改造工程质量监督，严格实施质量责任终身追究制度。

（六）加快城市综合交通网络建设。优化街区路网结构，建设快速路、主次干路和支路级配合理的路网系统，提升城市道路网络密度，优先发展公共交通。大城市要统筹公共汽车、轻轨、地铁等协同发展，推进城市轨道交通系统和自行车等慢行交通系统建设，在有条件的地区规划建设市郊铁路，提高道路的通达性。畅通进出城市通道，加快换乘枢纽、停车场等设施建设，推进充电站、充电桩等新能源汽车充电设施建设，将其纳入城市旧城改造和新城建设规划同步实施。

（七）实施城市地下管网改造工程。统筹城市地上地下设施规划建设，加强城市地下基础设施建设和改造，合理布局电力、通信、广电、给排水、热力、燃气等地下管网，加快实施既有路面城市电网、通信网络架空线入地工程。推动城市新区、各类园区、成片开发区的新建道路同步建设地下综合管廊，老城区要结合地铁建设、河道治理、道路整治、旧城更新、棚户区改造等逐步推进地下综合管廊建设，鼓励社会资本投资运营地下综合管廊。加快城市易涝点改造，推进雨污分流管网改造与排水和防洪排涝设施建设。加强供水管网改造，降低供水管网漏损率。

（八）推进海绵城市建设。在城市新区、各类园区、成片开发区全面推进海绵城市建设。在老城区结合棚户区、危房改造和老旧小区有机更新，妥善解决城市防洪安全、雨水收集利用、黑臭水体治理等问题。加强海绵型建筑与小区、海绵型道路与广场、海绵型公园与绿地、绿色蓄排与净化利用设施等建设。加强自然水系保护与生态修复，切实保护良好水体和饮用水源。

（九）推动新型城市建设。坚持适用、经济、绿色、美观方针，提升规划水平，增强城市规划的科学性和权威性，促进“多规合一”，全面开展城市设计，加快建设绿色城市、智慧城市、人文城市等新型城市，全面提升城市内在品质。实施“宽带中国”战略和“互联网＋”城市计划，加速光纤入户，促进宽带网络提速降费，发展智能交通、智能电网、智能水务、智能管网、智能园区。推动分布式太阳能、风能、生物质能、地热能多元化规模化应用和工业余热供暖，推进既有建筑供热计量和节能改造，对大型公共建筑和政府投资的各类建筑全面执行绿色建筑标准和认证，积极推广应用绿色新型建材、装配式建筑和钢结构建筑。加强垃圾处理设施建设，基本建立建筑垃圾、餐厨废弃物、园林废弃物等回收和再生利用体系，建设循环型城市。划定永久基本农田、生态保护红线和城市开发边界，实施城市生态廊道建设和生态系统修复工程。制定实施城市空气质量达标时间表，努力提高优良天数比例，大幅减少重污染天数。落实最严格水资源管理制度，推广节水新技术和新工艺，积极推进中水回用，全面建设节水型城市。促进国家级新区健康发展，推动符合条件的开发区向城市功能区转型，引导工业集聚区规范发展。

（十）提升城市公共服务水平。根据城镇常住人口增长趋势，加大财政对接收农民工随迁子女较多的城镇中小学校、幼儿园建设的投入力度，吸引企业和社会力量投资建学办学，增加中小学校和幼儿园学位供给。统筹新老城区公共服务资源均衡配置。加强医疗卫生机构、文化设施、体育健身场所设施、公园绿地等公共服务设施以及社区服务综合信息平台规划建设。优化社区生活设施布局，打造包括物流配送、便民超市、银行网点、零售药店、家庭服务中心等在内的便捷生活服务圈。建设以居家为基础、社区为依托、机构为补充的多层次养老服务体系，推动生活照料、康复护理、精神慰藉、紧急援助等服务全覆盖。加快推进住宅、公共建筑等的适老化改造。加强城镇公用设施使用安全管理，健全城市抗震、防洪、排涝、消防、应对地质灾害应急指挥体系，完善城市生命通道系统，加强城市防灾避难场所建设，增强抵御自然灾害、处置突发事件和危机管理能力。

四、加快培育中小城市和特色小城镇

（十一）提升县城和重点镇基础设施水平。加强县城和重点镇公共供水、道路交通、燃气供热、信息网络、分布式能源等市政设施和教育、医疗、文化等公共服务设施建设。推进城镇生活污水垃圾处理设施全覆盖和稳定运行，提高县城垃圾资源化、无害化处理能力，加快重点镇垃圾收集和转运设施建设，利用水泥窑协同处理生活垃圾及污泥。推进北方县城和重点镇集中供热全覆盖。加大对中西部地区发展潜力大、吸纳人口多的县城和重点镇的支持力度。

（十二）加快拓展特大镇功能。开展特大镇功能设置试点，以下放事权、扩大财权、改革人事权及强化用地指标保障等为重点，赋予镇区人口10万以上的特大镇部分县级管理权限，允许其按照相同人口规模城市市政设施标准进行建设发展。同步推进特大镇行政管理体制改革和设市模式创新改革试点，减少行政管理层级、推行大部门制，降低行政成本、提高行政效率。

（十三）加快特色镇发展。因地制宜、突出特色、创新机制，充分发挥市场主体作用，推动小城镇发展与疏解大城市中心城区功能相结合、与特色产业发展相结合、与服务"三农"相结合。发展具有特色优势的休闲旅游、商贸物流、信息产业、先进制造、民俗文化传承、科技教育等魅力小镇，带动农业现代化和农民就近城镇化。提升边境口岸城镇功能，在人员往来、加工物流、旅游等方面实行差别化政策，提高投资贸易便利化水平和人流物流便利化程度。

（十四）培育发展一批中小城市。完善设市标准和市辖区设置标准，规范审核审批程序，加快启动相关工作，将具备条件的县和特大镇有序设置为市。适当放宽中西部地区中小城市设置标准，加强产业和公共资源布局引导，适度增加中西部地区中小城市数量。

（十五）加快城市群建设。编制实施一批城市群发展规划，优化提升京津冀、长三角、珠三角三大城市群，推动形成东北地区、中原地区、长江中游、成渝地区、关中平原等城市群。推进城市群基础设施一体化建设，构建核心城市1小时通勤圈，完善城市群之间快速高效互联互通交通网络，建设以高速铁路、城际铁路、高速公路为骨干的城市群内部交通网络，统筹规划建设高速联通、服务便捷的信息网络，统筹推进重大能源基础设施和能源市场一体化建设，共同建设安全可靠的水利和供水系统。做好城镇发展规划与安全生产规划的统筹衔接。

五、辐射带动新农村建设

（十六）推动基础设施和公共服务向农村延伸。推动水电路等基础设施城乡联网。推进城乡配电网建设改造，加快信息进村入户，尽快实现行政村通硬化路、通班车、通邮、通快递，推动有条件地区燃气向农村覆盖。开展农村人居环境整治行动，加强农村垃圾和污水收集处理设施以及防洪排涝设施建设，强化河湖水系整治，加大对传统村落民居和历史文化名村名镇的保护力度，建设美丽宜居乡村。加快农村教育、医疗卫生、文化等事业发展，推进城乡基本公共服务均等化。深化农村社区建设试点。

（十七）带动农村一二三产业融合发展。以县级行政区为基础，以建制镇为支点，搭建多层次、宽领域、广覆盖的农村一二三产业融合发展服务平台，完善利益联结机制，促进农业产业链延伸，推进农业与旅游、教育、文化、健康养老等产业深度融合，大力发展农业新型业态。强化农民合作社和家庭农场基础作用，支持龙头企业引领示范，鼓励社会资本投入，培育多元化农业产业融合主体。推动返乡创业集聚发展。

（十八）带动农村电子商务发展。加快农村宽带网络和快递网络建设，加快农村电子商务发展和“快递下乡”。支持适应乡村特点的电子商务服务平台、商品集散平台和物流中心建设，鼓励电子商务第三方交易平台渠道下沉，带动农村特色产业发展，推进农产品进城、农业生产资料下乡。完善有利于中小网商发展的政策措施，在风险可控、商业可持续的前提下支持发展面向中小网商的融资贷款业务。

（十九）推进易地扶贫搬迁与新型城镇化结合。坚持尊重群众意愿，注重因地制宜，搞好科学规划，在县城、小城镇或工业园区附近建设移民集中安置区，推进转移就业贫困人口在城镇落户。坚持加大中央财政支持和多渠道筹集资金相结合，坚持搬迁和发展两手抓，妥善解决搬迁群众的居住、看病、上学等问题，统筹谋划安置区产业发展与群众就业创业，确保搬迁群众生活有改善、发展有前景。

六、完善土地利用机制

（二十）规范推进城乡建设用地增减挂钩。总结完善并推广有关经验模式，全面实行城镇建设用地增加与农村建设用地减少相挂钩的政策。高标准、高质量推进村庄整治，在规范管理、规范操作、规范运行的基础上，扩大城乡建设用地增减挂钩规模和范围。运用现代信息技术手段加强土地利用变更情况监测监管。

（二十一）建立城镇低效用地再开发激励机制。允许存量土地使用权人在不违反法律法规、符合相关规划的前提下，按照有关规定经批准后对土地进行再开发。完善城镇存量土地再开发过程中的供应方式，鼓励原土地使用权人自行改造，涉及原划拨土地使用权转让需补办出让手续的，经依法批准，可采取规定方式办理并按市场价缴纳土地出让价款。在国家、改造者、土地权利人之间合理分配“三旧”（旧城镇、旧厂房、旧村庄）改造的土地收益。

（二十二）因地制宜推进低丘缓坡地开发。在坚持最严格的耕地保护制度、确保生态安全、切实做好地质灾害防治的前提下，在资源环境承载力适宜地区开展低丘缓坡地开发试点。通过创新规划计划方式、开展整体整治、土地分批供应等政策措施，合理确定低丘缓坡地开发用途、规模、布局和项目用地准入门槛。

（二十三）完善土地经营权和宅基地使用权流转机制。加快推进农村土地确权登记颁证工作，鼓励地方建立健全农村产权流转市场体系，探索农户对土地承包权、宅基地使用权、集体收益分配权的自愿有偿退出机制，支持引导其依法自愿有偿转让上述权益，提高资源利用效率，防止闲置和浪费。深入推进农村土地征收、集体经营性建设用地入市、宅基地制度改革试点，稳步开展农村承包土地的经营权和农民住房财产权抵押贷款试点。

七、创新投融资机制

（二十四）深化政府和社会资本合作。进一步放宽准入条件，健全价格调整机制和政府补贴、监管机制，广泛吸引社会资本参与城市基础设施和市政公用设施建设和运营。根据经营性、准经营性和非经营性项目不同特点，采取更具针对性的政府和社会资本合作模式，加快城市基础设施和公共服务设施建设。

（二十五）加大政府投入力度。优化政府投资结构，安排专项资金重点支持农业转移人口市民化相关配套设施建设。编制公开透明的政府资产负债表，允许有条件的地区通过发行地方政府债券等多种方式拓宽城市建设融资渠道。省级政府举债使用方向要向新型城镇化倾斜。

（二十六）强化金融支持。专项建设基金要扩大支持新型城镇化建设的覆盖面，安排专门资金定向支持城市基础设施和公共服务设施建设、特色小城镇功能提升等。鼓励开发银行、农业发展银行创新信贷模式和产品，针对新型城镇化项目设计差别化融资模式与偿债机制。鼓励商业银行开发面向新型城镇化的金融服务和产品。鼓励公共基金、保险资金等参与具有稳定收益的城市基础设施项目建设和运营。鼓励地方利用财政资金和社会资金设立城镇化发展基金，鼓励地方整合政府投资平台设立城镇化投资平台。支持城市政府推行基础设施和租赁房资产证券化，提高城市基础设施项目直接融资比重。

八、完善城镇住房制度

（二十七）建立购租并举的城镇住房制度。以满足新市民的住房需求为主要出发点，建立购房与租房并举、市场配置与政府保障相结合的住房制度，健全以市场为主满足多层次需求、以政府为主提供基本保障的住房供应体系。对具备购房能力的常住人口，支持其购买商品住房。对不具备购房能力或没有购房意愿的常住人口，支持其通过住房租赁市场租房居住。对符合条件的低收入住房困难家庭，通过提供公共租赁住房或发放租赁补贴保障其基本住房需求。

（二十八）完善城镇住房保障体系。住房保障采取实物与租赁补贴相结合并逐步转向租赁补贴为主。加快推广租赁补贴制度，采取市场提供房源、政府发放补贴的方式，支持符合条件的农业转移人口通过住房租赁市场租房居住。归并实物住房保障种类。完善住房保障申请、审核、公示、轮候、复核制度，严格保障性住房分配和使用管理，健全退出机制，确保住房保障体系公平、公正和健康运行。

（二十九）加快发展专业化住房租赁市场。通过实施土地、规划、金融、税收等相关支持政策，培育专业化市场主体，引导企业投资购房用于租赁经营，支持房地产企业调整资产配置持有住房用于租赁经营，引导住房租赁企业和房地产开发企业经营新建租赁住房。支持专业企业、物业服务企业等通过租赁或购买社会闲置住房开展租赁经营，落实鼓励居民出租住房的税收优惠政策，激活存量住房租赁市场。鼓励商业银行开发适合住房租赁业务发展需要的信贷产品，在风险可控、商业可持续的原则下，对购买商品住房开展租赁业务的企业提供购房信贷支持。

（三十）健全房地产市场调控机制。调整完善差别化住房信贷政策，发展个人住房贷款保险业务，提高对农民工等中低收入群体的住房金融服务水平。完善住房用地供应制度，优化住房供应结构。加强商品房预售管理，推行商品房买卖合同在线签订和备案制度，完善商品房交易资金监管机制。进一步提高城镇棚户区改造以及其他房屋征收项目货币化安置比例。鼓励引导农民在中小城市就近购房。

九、加快推进新型城镇化综合试点

（三十一）深化试点内容。在建立农业转移人口市民化成本分担机制、建立多元化可持续城镇化投融资机制、改革完善农村宅基地制度、建立创新行政管理和降低行政成本的设市设区模式等方面加大探索力度，实现重点突破。鼓励试点地区有序建立进城落户农民农村土地承包权、宅基地使用权、集体收益分配权依法自愿有偿退出机制。有可能突破现行法规和政策的改革探索，在履行必要程序后，赋予试点地区相应权限。

（三十二）扩大试点范围。按照向中西部和东北地区倾斜、向中小城市和小城镇倾斜的原则，组织开展第二批国家新型城镇化综合试点。有关部门在组织开展城镇化相关领域的试点时，要向国家新型城镇化综合试点地区倾斜，以形成改革合力。

（三十三）加大支持力度。地方各级人民政府要营造宽松包容环境，支持试点地区发挥首创精神，推动顶层设计与基层探索良性互动、有机结合。国务院有关部门和省级人民政府要强化对试点地区的指导和支持，推动相关改革举措在试点地区先行先试，及时总结推广试点经验。各试点地区要制定实施年度推进计划，明确年度任务，建立健全试点绩效考核评价机制。

十、健全新型城镇化工作推进机制

（三十四）强化政策协调。国家发展改革委要依托推进新型城镇化工作部际联席会议制度，加强政策统筹协调，推动相关政策尽快出台实施，强化对地方新型城镇化工作的指导。各地区要进一步完善城镇化工作机制，各级发展改革部门要统筹推进本地区新型城镇化工作,其他部门要积极主动配合,共同推动新型城镇化取得更大成效。

(三十五)加强监督检查。有关部门要对各地区新型城镇化建设进展情况进行跟踪监测和监督检查,对相关配套政策实施效果进行跟踪分析和总结评估,确保政策举措落地生根。

(三十六)强化宣传引导。各地区、各部门要广泛宣传推进新型城镇化的新理念、新政策、新举措,及时报道典型经验和做法,强化示范效应,凝聚社会共识,为推进新型城镇化营造良好的社会环境和舆论氛围。

国务院关于取消13项国务院部门行政许可事项的决定

(2016年2月3日　国发〔2016〕10号)

经研究论证,国务院决定取消13项行政许可事项,现予公布。

附件:国务院决定取消的国务院部门行政许可事项目录(共计13项)

(此件公开发布)

附件

国务院决定取消的国务院部门行政许可事项目录

(共计13项)

序号	项目名称	审批部门	设定依据
1	价格鉴证师注册核准	国家发展改革委	《国务院对确需保留的行政审批项目设定行政许可的决定》(国务院令第412号)
2	甲级价格评估机构资质认定	国家发展改革委	《国务院对确需保留的行政审批项目设定行政许可的决定》(国务院令第412号)

续表

序号	项目名称	审批部门	设定依据
3	开采黄金矿产资质认定	工业和信息化部	《矿产资源开采登记管理办法》(国务院令第241号) 《国务院关于对黄金矿产实行保护性开采的通知》(国发〔1988〕75号) 《关于解释重要矿产资源管理有关问题的复函》(中编办函〔1999〕107号)
4	地质资料保护登记	国土资源部	《地质资料管理条例》(国务院令第349号)
5	经营流通人民币审批	中国人民银行	《中华人民共和国人民币管理条例》(国务院令第280号)
6	进入全国银行间同业拆借市场审批	中国人民银行	《中华人民共和国中国人民银行法》 《同业拆借管理办法》(中国人民银行令〔2007〕第3号)
7	商业银行跨境调运人民币现钞审核	中国人民银行	《中华人民共和国国家货币出入境管理办法》(国务院令第108号) 《海关总署关于明确进出境货币现钞管理有关问题的通知》(署法〔1999〕394号)
8	中药材生产质量管理规范(GAP)认证	食品药品监管总局	《国务院对确需保留的行政审批项目设定行政许可的决定》(国务院令第412号)
9	被清算的外资金融机构提取生息资产审批	银监会	《国务院对确需保留的行政审批项目设定行政许可的决定》(国务院令第412号) 《中华人民共和国外资银行管理条例实施细则》(银监会令2015年第7号)
10	其他期货经营机构从事期货投资咨询业务资格审批	证监会	《期货交易管理条例》(国务院令第489号)
11	聘请外国专家单位资格认可	国家外专局	《国务院对确需保留的行政审批项目设定行政许可的决定》(国务院令第412号)

续表

序号	项目名称	审批部门	设定依据
12	民航计量检定员资格认可	中国民航局	《中华人民共和国计量法实施细则》(1987年1月19日国务院批准，1987年2月1日国家计量局发布)
13	资产管理公司对外处置不良资产备案登记、汇兑核准	国家外汇局	《国务院对确需保留的行政审批项目设定行政许可的决定》(国务院令第412号)

国务院关于第二批清理规范192项国务院部门行政审批中介服务事项的决定

(2016年2月3日　国发〔2016〕11号)

经研究论证，国务院决定第二批清理规范192项国务院部门行政审批中介服务事项，不再作为行政审批的受理条件。

各有关部门要认真做好清理规范行政审批中介服务事项的落实工作，加快推进配套改革和相关制度建设，切实加强事中事后监管。对于涉及公共安全的行政审批事项，中介服务清理规范后，要进一步强化相关监管措施，确保安全责任落实到位。

附件

国务院决定第二批清理规范的国务院部门行政审批中介服务事项目录(共计192项)

序号	中介服务事项名称	涉及的审批事项项目名称	审批部门	中介服务设定依据	中介服务实施机构	处理决定
1	实施本科以上高等学历教育的中外合作办学项目以及内地与香港特别行政区、澳门特别行政区和台湾地区合作办学项目申请人验资	实施本科以上高等学历教育的中外合作办学项目以及内地与香港特别行政区、澳门特别行政区和台湾地区合作办学项目审批	教育部	《中华人民共和国中外合作办学条例实施办法》(教育部令第20号)	会计师事务所或者审计事务所及其他具有相关资格的审计机构	不再要求申请人提供验资证明
2	无线电台(站)设置所需的电磁环境测试	无线电台(站)设置、使用审批	工业和信息化部	《中华人民共和国无线电管理条例》(国务院、中央军委令第128号)	具有电磁环境测试资质的单位	申请人可按要求自行编制电磁环境测试报告,也可委托有关机构编制,审批部门不得以任何形式要求申请人必须委托特定中介机构提供服务;保留审批部门现有的可行性研究报告技术评估、评审

续表

序号	中介服务事项名称	涉及的审批事项项目名称	审批部门	中介服务设定依据	中介服务实施机构	处理决定
3	地球站站址电磁环境测试	建立卫星通信网和设置卫星地球站审批	工业和信息化部	《中华人民共和国无线电管理条例》（国务院、中央军委令第128号） 注：审批工作中要求申请人委托有关机构编制地球站站址电磁环境测试报告	具有电磁环境测试资质的单位	申请人可按要求自行编制电磁环境测试报告，也可委托有关机构编制，审批部门不得以任何形式要求申请人必须委托特定中介机构提供服务；保留审批部门现有的可行性研究报告技术评估、评审
4	民用爆炸物品生产企业主要负责人、安全生产管理人员任职安全资格认定	民用爆炸物品生产许可	工业和信息化部	《民用爆炸物品安全管理条例》（国务院令第466号）	安全监管总局认定的具有国家二级培训资质的安全培训机构	不再要求申请人提供主要负责人、安全生产管理人员任职安全资格证书；对其安全生产知识和管理能力的考核依法由民爆行业主管部门开展

续表

序号	中介服务事项名称	涉及的审批事项项目名称	审批部门	中介服务设定依据	中介服务实施机构	处理决定
5	提交民用爆炸物品生产许可所需的项目环境影响评价报告	民用爆炸物品生产许可	工业和信息化部	《民用爆炸物品生产许可实施办法》（国防科工委令第16号）	具有环境监管部门授予环境影响评价资质的中介机构	不再要求申请人提供项目环境影响评价报告；环境影响评价审批依法由环保部门开展
6	基金会法定代表人离任审计	基金会变更登记（基金会及其分支机构、代表机构、境外基金会代表机构设立、变更、注销登记及修改章程核准的子项）	民政部	《基金会管理条例》（国务院令第400号） 注：审批工作中要求申请人委托有关机构出具法定代表人离任审计报告	会计师事务所	不再要求申请人提供法定代表人离任审计报告，改由审批部门委托有关机构开展基金会法定代表人离任审计
7	基金会注销清算报告审计	基金会注销登记（基金会及其分支机构、代表机构、境外基金会代表机构设立、变更、注销登记及修改章程核准的子项）	民政部	《基金会管理条例》（国务院令第400号） 注：审批工作中要求申请人委托有关机构出具基金会注销清算审计报告	会计师事务所	不再要求申请人提供清算审计报告，改由审批部门委托有关机构开展基金会注销清算审计

续表

序号	中介服务事项名称	涉及的审批事项项目名称	审批部门	中介服务设定依据	中介服务实施机构	处理决定
8	社会团体法定代表人离任审计	全国性社会团体变更登记（全国性社会团体成立、变更、注销登记及修改章程核准的子项）	民政部	《社会团体登记管理条例》（国务院令第250号） 注：审批工作中要求申请人委托有关机构出具法定代表人离任审计报告	会计师事务所	不再要求申请人提供法定代表人离任审计报告，改由审批部门委托有关机构开展社会团体法定代表人离任审计
9	社会团体注销清算报告审计	全国性社会团体注销登记（全国性社会团体成立、变更、注销登记及修改章程核准的子项）	民政部	《社会团体登记管理条例》（国务院令第250号） 注：审批工作中要求申请人委托有关机构出具社会团体注销清算审计报告	会计师事务所	不再要求申请人提供清算审计报告，改由审批部门委托有关机构开展社会团体注销清算审计
10	民办非企业单位法定代表人离任审计	民办非企业单位变更登记（民办非企业单位成立、变更、注销登记及修改章程核准的子项）	民政部	《民办非企业单位登记管理暂行条例》（国务院令第251号） 注：审批工作中要求申请人委托有关机构出具法定代表人离任审计报告	会计师事务所	不再要求申请人提供法定代表人离任审计报告，改由审批部门委托有关机构开展民办非企业单位法定代表人离任审计

续表

序号	中介服务事项名称	涉及的审批事项项目名称	审批部门	中介服务设定依据	中介服务实施机构	处理决定
11	民办非企业单位注销清算报告审计	民办非企业单位注销登记（民办非企业单位成立、变更、注销登记及修改章程核准的子项）	民政部	《民办非企业单位登记管理暂行条例》（国务院令第251号） 注：审批工作中要求申请人委托有关机构出具民办非企业单位注销清算审计报告	会计师事务所	不再要求申请人提供清算审计报告，改由审批部门委托有关机构开展民办非企业单位注销清算审计
12	外国商会拟任负责人无犯罪记录证明	外国商会成立登记（外国商会成立、变更、注销登记及修改章程核准的子项）	民政部	注：审批工作中要求申请人委托有关机构提供拟任负责人无犯罪记录证明	申请人所在地公证处	不再要求申请人提供外国商会拟任负责人无犯罪记录证明，改由外国商会拟任负责人提供无犯罪承诺或审批部门商公安部门获取外国商会拟任负责人无犯罪相关信息

续表

序号	中介服务事项名称	涉及的审批事项项目名称	审批部门	中介服务设定依据	中介服务实施机构	处理决定
13	彩票品种开设、变更所需的技术检测	彩票品种开设、停止、变更审批（彩票发行管理事项审批的子项）	财政部	《彩票管理条例实施细则》（财政部、民政部、体育总局令第67号）	具有从事计算机系统和软件测试、检测或者评测资质的机构	不再要求申请人提供彩票品种开设、变更所需的技术检测报告；审批部门制定标准，督促彩票发行机构制定完善有关管理制度，开展数据资金稽核，及时发现问题，加强事中事后监管
14	补充保险经办机构资格申请人财务审计	补充保险经办机构资格认定	人力资源社会保障部	注：审批工作中要求申请人提供有关机构出具的财务审计报告	会计师事务所	不再要求申请人提供财务审计报告
15	出具补充保险经办机构资格认定法律意见书	补充保险经办机构资格认定	人力资源社会保障部	注：审批工作中要求申请人提供有关机构出具的法律意见书	律师事务所	不再要求申请人提供法律意见书；审批部门重点审核公司章程、决议等文书的合规性，保障审批质量

续表

序号	中介服务事项名称	涉及的审批事项项目名称	审批部门	中介服务设定依据	中介服务实施机构	处理决定
16	矿业权转让鉴证和公示	开采矿产资源审批	国土资源部	《国土资源部关于建立健全矿业权有形市场的通知》(国土资发〔2010〕145号) 《矿业权交易规则(试行)》(国土资发〔2011〕242号) 《国土资源部办公厅关于做好矿业权有形市场出让转让信息公示公开有关工作的通知》(国土资厅发〔2011〕19号)	省级矿业权交易机构	不再要求申请人委托矿业权交易机构进行鉴证和公示,改由省级国土资源主管部门负责发布矿业权转让公示信息并出具公示无异议的意见
17	矿产资源开采地质报告编制	开采矿产资源审批	国土资源部	《国土资源部关于矿产资源勘查登记、开采登记有关规定的通知》(国土资发〔1998〕7号)	具有相应地质勘查资质的单位	申请人可按要求自行编制矿产资源开采地质报告,也可委托有关机构编制,审批部门不得以任何形式要求申请人必须委托特定中介机构提供服务;保留审批部门现有的地质报告技术评估、评审和备案

续表

序号	中介服务事项名称	涉及的审批事项项目名称	审批部门	中介服务设定依据	中介服务实施机构	处理决定
18	收费公路权益转让所需的会计报告编制	国道收费权转让审批	交通运输部	《中华人民共和国公路法》 《收费公路权益转让办法》(交通运输部令2008年第11号)	会计师事务所或者审计事务所及其他具有相关资格的审计机构	不再要求申请人提供会计报告;审批部门严格审核收费公路权益转让资产评估报告
19	收费公路权益首次转让所需的公路竣工财务决算编制	国道收费权转让审批	交通运输部	《中华人民共和国公路法》 《收费公路权益转让办法》(交通运输部令2008年第11号) 注:审批工作中要求申请人委托有关机构编制竣工财务决算	会计师事务所	不再要求申请人提供公路竣工财务决算;审批部门严格审核收费公路权益转让资产评估报告
20	收费公路权益首次转让所需的公路竣工审计报告编制	国道收费权转让审批	交通运输部	《中华人民共和国公路法》 《收费公路权益转让办法》(交通运输部令2008年第11号) 注:审批工作中要求申请人委托有关机构编制竣工审计报告	会计师事务所	不再要求申请人提供公路竣工审计报告;审批部门严格审核收费公路权益转让资产评估报告

续表

序号	中介服务事项名称	涉及的审批事项项目名称	审批部门	中介服务设定依据	中介服务实施机构	处理决定
21	航运公司安全管理体系审核	航运公司安全营运与防污染能力符合证明核发	交通运输部	《防治船舶污染海洋环境管理条例》(国务院令第561号) 《中华人民共和国航运公司安全与防污染管理规定》(交通部令2007年第6号) 注:审批工作中要求申请人提供有关机构出具的安全管理体系审核报告	交通安全质量管理体系审核中心	不再要求申请人提供安全管理体系审核报告;由海事管理机构直接承担审核工作
22	港口设施保安计划编制	国际船舶及港口设施保安证书核发	交通运输部	《中华人民共和国港口设施保安规则》(交通部令2007年第10号)	交通运输部水运科学研究所	申请人可自行编制港口设施保安计划,也可委托有关机构编制,审批部门不得以任何形式要求申请人必须委托特定中介机构提供服务;保留审批部门现有的保安计划技术评估、评审

续表

序号	中介服务事项名称	涉及的审批事项项目名称	审批部门	中介服务设定依据	中介服务实施机构	处理决定
23	长江河道采砂可行性论证	长江河道采砂许可	水利部	《长江河道采砂管理条例实施办法》(水利部令第19号)	具有水利水电工程勘察甲级资质的单位	申请人可按要求自行编制长江河道采砂可行性论证报告,也可委托有关机构编制,审批部门不得以任何形式要求申请人必须委托特定中介机构提供服务;保留审批部门现有的长江河道采砂可行性论证报告技术评估、评审
24	建设工程对水文监测影响程度分析评价	国家基本水文测站上下游建设影响水文监测工程的审批	水利部	《水文监测环境和设施保护办法》(水利部令第43号)	具有从事水文水资源调查评价工作相应能力且具有独立法人资格的企事业单位	申请人可按要求自行编制建设工程对水文监测影响程度分析评价报告,也可委托有关机构编制,审批部门不得以任何形式要求申请人必须委托特定中介机构提供服务;保留审批部门现有的建设工程对水文监测影响程度分析评价报告技术评估、评审

续表

序号	中介服务事项名称	涉及的审批事项项目名称	审批部门	中介服务设定依据	中介服务实施机构	处理决定
25	出具新饲料、新饲料添加剂菌株保藏编号	新饲料、新饲料添加剂证书核发	农业部	《新饲料和新饲料添加剂管理办法》（农业部令2012年第4号）	国家级微生物菌种保藏机构	不再要求申请人提供菌株保藏编号；审批时加强对微生物分类鉴定报告的核查
26	新饲料、新饲料添加剂有效组分、化学结构鉴定或动物、植物、微生物分类鉴定	新饲料、新饲料添加剂证书核发	农业部	《新饲料和新饲料添加剂管理办法》（农业部令2012年第4号） 注：审批工作中要求申请人委托有关机构开展新饲料、新饲料添加剂有效组分、化学结构鉴定或动物、植物、微生物分类鉴定	大专院校、科研单位或检测机构等	申请人可按要求自行编制新饲料、新饲料添加剂有效组分、化学结构鉴定或动物、植物、微生物分类鉴定报告，也可委托有关机构编制，审批部门不得以任何形式要求申请人必须委托特定中介机构提供服务；保留审批部门现有的新饲料、新饲料添加剂有效组分、化学结构鉴定或动物、植物、微生物分类鉴定报告技术评估、评审

续表

序号	中介服务事项名称	涉及的审批事项项目名称	审批部门	中介服务设定依据	中介服务实施机构	处理决定
27	进口饲料和饲料添加剂登记代理	进口饲料和饲料添加剂登记	农业部	《饲料和饲料添加剂管理条例》（国务院令第609号）《进口饲料和饲料添加剂登记管理办法》（农业部令2014年第2号）	境外企业常驻中国代表机构或其他中国境内代理机构	申请人可按要求自行办理，也可委托有关机构办理，审批部门不得以任何形式要求申请人必须委托特定中介机构提供服务
28	出具进口饲料和饲料添加剂菌株保藏编号	进口饲料和饲料添加剂登记	农业部	《新饲料和新饲料添加剂管理办法》（农业部令2012年第4号）	生产地认证的菌种保藏机构	不再要求申请人提供菌株保藏编号；审批时加强对微生物分类鉴定报告的核查
29	进口饲料和饲料添加剂有效组分、化学结构鉴定或动物、植物、微生物分类鉴定	进口饲料和饲料添加剂登记	农业部	《新饲料和新饲料添加剂管理办法》（农业部令2012年第4号） 注：审批工作中要求申请人委托有关机构开展进口饲料和饲料添加剂有效组分、化学结构鉴定或动物、植物、微生物分类鉴定	生产地认证的机构或中国具有相应资质的机构	申请人可按要求自行编制进口饲料和饲料添加剂有效组分、化学结构鉴定或动物、植物、微生物分类鉴定报告，也可委托有关机构编制，审批部门不得以任何形式要求申请人必须委托特定中介机构提供服务；保留审批部门现

续表

序号	中介服务事项名称	涉及的审批事项项目名称	审批部门	中介服务设定依据	中介服务实施机构	处理决定
						有的进口饲料和饲料添加剂有效组分、化学结构鉴定或动物、植物、微生物分类鉴定报告技术评估、评审
30	进口兽药注册代理	进口兽药注册（兽药注册）（向中国出口兽药注册和兽药进口审批的子项）	农业部	《兽药管理条例》（国务院令第404号）	国内法人单位	申请人可按要求自行办理，也可委托有关机构办理，审批部门不得以任何形式要求申请人必须委托特定中介机构提供服务
31	新兽用生物制品中间试制生产	新兽用生物制品临床试验审批（研制新兽药使用一类病原微生物审批、新兽用生物制品临床试验及新兽药注册审批的子项）	农业部	《新兽药研制管理办法》（农业部令2005年第55号）	具有相应兽药生产质量管理规范（GMP）生产条件并取得《兽药生产许可证》的兽用生物制品企业	申请人可按要求自行开展新兽用生物制品中间试制生产，也可委托有关机构开展，审批部门不得以任何形式要求申请人必须委托特定中介机构提供服务；保留审批部门现有的新兽用生物制品中间试制生产技术评估、评审

续表

序号	中介服务事项名称	涉及的审批事项项目名称	审批部门	中介服务设定依据	中介服务实施机构	处理决定
32	出口含国家重点保护农业野生植物成分的产品成分检验	进出口农业主管部门管理的国家重点保护或者国际公约限制进出口的野生植物审批	农业部	《农业野生植物保护办法》(农业部令2002年第21号,2004年7月1日予以修改)	省级以上专业检验机构	申请人可按要求自行编制产品成分检验报告,也可委托有关机构编制,审批部门不得以任何形式要求申请人必须委托特定中介机构提供服务;保留审批部门现有的产品成分检验报告技术评估、评审
33	肥料安全性评价试验(包括毒性试验、抗爆性能试验、菌种毒理学报告和产品毒性报告编制、肥料菌种鉴定)	肥料登记(农药和肥料登记的子项)	农业部	《肥料登记管理办法》(农业部令2000年第32号,2004年7月1日予以修改) 《肥料登记资料要求》(农业部公告第161号)	省级以上卫生行政部门认定单位(或具有计量认证资质的单位)、具有抗爆性能试验检验计量认证资质的单位、农业部微生物产品质量安全风险评估	

续表

序号	中介服务事项名称	涉及的审批事项项目名称	审批部门	中介服务设定依据	中介服务实施机构	处理决定
					实验室（北京）、农业部微生物肥料和食用菌菌种质量监督检验测试中心、中国科学院微生物研究所和中国普通微生物菌种保藏管理中心（或具有菌种鉴定条件或安全评价能力的单位）	不再要求申请人进行肥料安全性评价试验，改由审批部门委托有关机构开展肥料安全性评价试验
34	肥料产品检测	肥料登记（农药和肥料登记的子项）	农业部	《肥料登记管理办法》（农业部令2000年第32号，2004年7月1日予以修改）	省级以上经计量认证的具备肥料承检能力的检验机构	不再要求申请人进行肥料产品检测，改由审批部门委托有关机构开展肥料产品检测

续表

序号	中介服务事项名称	涉及的审批事项项目名称	审批部门	中介服务设定依据	中介服务实施机构	处理决定
35	农药产品化学分析、毒理学试验、药效试验、环境影响试验、残留试验	农药临时登记（农药和肥料登记的子项）	农业部	《农药管理条例》（国务院令第216号） 注：审批工作中要求申请人委托有关机构开展化学分析、毒理学试验、药效试验、环境影响试验、残留试验	具有相应资质的试验单位	待涉及的行政审批事项取消后相应取消该中介服务事项
36	高致病性病原微生物实验室建筑工程质量检验	高致病性病原微生物实验活动资格认定	农业部	《病原微生物实验室生物安全管理条例》（国务院令第424号） 注：审批工作中要求申请人委托有关机构编制实验室建筑工程质量检验报告	具有相应资质的单位	不再要求申请人提供实验室建筑工程质量检验报告；实验室建筑工程质量检验依法由住房城乡建设部门开展
37	援外项目实施企业会计报表审计	援外项目实施企业资格认定	商务部	《对外援助成套项目施工任务实施企业资格认定办法（试行）》（商务部令2004年第9号） 《对外援助物资项目实施企业资格管理办法》（商务部令2011年第2号）	会计师事务所或者审计事务所及其他具有相关资格的审计机构	不再要求申请人提供经审计的企业会计报表

续表

序号	中介服务事项名称	涉及的审批事项项目名称	审批部门	中介服务设定依据	中介服务实施机构	处理决定
38	石油成品油供应方年经营量、进口量证明	石油成品油批发经营资格审批（石油成品油批发、仓储经营资格审批的子项）	商务部	《国务院对确需保留的行政审批项目设定行政许可的决定》（国务院令第412号） 《成品油市场管理办法》（商务部令2006年第23号） 《原油市场管理办法》（商务部令2006年第24号） 注：审批工作中要求申请人提供有关机构出具的石油成品油供应方年经营量、进口量证明文件	会计师事务所	不再要求申请人提供中介机构出具的石油成品油供应方年经营量、进口量证明；审批部门通过审查申请人提交的海关、税务等证明文件获取相关信息
39	石油成品油批发经营申请人油库转让、买卖证明	石油成品油批发经营资格审批（石油成品油批发、仓储经营资格审批的子项）	商务部	《国务院对确需保留的行政审批项目设定行政许可的决定》（国务院令第412号） 《成品油市场管理办法》（商务部令2006年第23号） 《原油市场管理办法》（商务部令2006年第24号） 注：审批工作中要求申请人提供有关机构出具的能证明油库转让、买卖真实性的材料	拍卖公司、会计师事务所、资产评估公司、公证机构等	不再要求申请人提供中介机构出具的油库转让、买卖证明；审批部门通过审查申请人提交的转让、买卖合同等其他证明文件获取相关信息

续表

序号	中介服务事项名称	涉及的审批事项项目名称	审批部门	中介服务设定依据	中介服务实施机构	处理决定
40	石油成品油仓储经营注册资本证明	石油成品油仓储经营资格审批（石油成品油批发、仓储经营资格审批的子项）	商务部	《成品油市场管理办法》（商务部令2006年第23号） 《原油市场管理办法》（商务部令2006年第24号） 注：审批工作中要求申请人提供有关机构出具的注册资本证明	会计师事务所或者审计事务所及其他具有相关资格的审计机构	不再要求申请人提供注册资本证明
41	石油成品油仓储经营申请人油库转让、买卖证明	石油成品油仓储经营资格审批（石油成品油批发、仓储经营资格审批的子项）	商务部	《国务院对确需保留的行政审批项目设定行政许可的决定》（国务院令第412号） 《成品油市场管理办法》（商务部令2006年第23号） 《原油市场管理办法》（商务部令2006年第24号） 注：审批工作中要求申请人提供有关机构出具的能证明油库转让、买卖真实性的材料	拍卖公司、会计师事务所、资产评估公司、公证机构等	不再要求申请人提供中介机构出具的油库转让、买卖证明；审批部门通过审查申请人提交的转让、买卖合同等其他证明文件获取相关信息

续表

序号	中介服务事项名称	涉及的审批事项项目名称	审批部门	中介服务设定依据	中介服务实施机构	处理决定
42	出具对外承包工程项目投标（议标）核准所需的行业商会协调意见	对外承包工程项目投标（议标）核准	商务部	《对外承包工程项目投标（议标）管理办法》（商务部、银监会、保监会令2011年第3号）	承包商会、机电商会	不再要求申请人提供行业商会协调意见；审批部门依企业申请征求相关行业协会商会意见
43	办理进出口许可证电子认证机构（CA）证书	限制进出口货物的许可证审批	商务部	《中华人民共和国货物进出口管理条例》（国务院令第332号） 注：审批工作中要求申请人委托有关机构办理进出口许可证电子认证机构（CA）证书	中国国际电子商务中心	不再要求申请人委托有关机构办理进出口许可证电子认证机构（CA）证书，改由审批部门委托有关机构制作后向申请人发放
44	办理进出口许可证电子钥匙	限制进出口货物的许可证审批	商务部	《中华人民共和国货物进出口管理条例》（国务院令第332号） 注：审批工作中要求申请人委托有关机构办理进出口许可证电子钥匙	中国国际电子商务中心	不再要求申请人委托有关机构办理进出口许可证电子钥匙，改由审批部门委托有关机构制作后向申请人发放

续表

序号	中介服务事项名称	涉及的审批事项项目名称	审批部门	中介服务设定依据	中介服务实施机构	处理决定
45	农产品出口配额招标投标	限制进出口货物的配额审批	商务部	《中华人民共和国货物进出口管理条例》(国务院令第332号) 《出口商品配额招标办法》(外经贸部令2001年第11号)	蔺草及蔺草制品出口配额招标投标办公室	不再要求申请人委托有关机构开展农产品出口配额招标投标，改由审批部门委托有关机构开展农产品出口配额招标投标
46	工业品出口配额招标投标	限制进出口货物的配额审批	商务部	《中华人民共和国货物进出口管理条例》(国务院令第332号) 《出口商品配额招标办法》(外经贸部令2001年第11号)	镁砂、滑石块(粉)、甘草及甘草制品出口配额招标投标办公室	不再要求申请人委托有关机构开展工业品出口配额招标投标，改由审批部门委托有关机构开展工业品出口配额招标投标
47	办理进出口许可证电子认证机构(CA)证书	货物自动进口许可	商务部	《中华人民共和国货物进出口管理条例》(国务院令第332号) 注：审批工作中要求申请人委托有关机构办理进出口许可证电子认证机构(CA)证书	中国国际电子商务中心	不再要求申请人委托有关机构办理进出口许可证电子认证机构(CA)证书，改由审批部门委托有关机构制作后向申请人发放

续表

序号	中介服务事项名称	涉及的审批事项项目名称	审批部门	中介服务设定依据	中介服务实施机构	处理决定
48	办理进出口许可证电子钥匙	货物自动进口许可	商务部	《中华人民共和国货物进出口管理条例》(国务院令第332号) 注:审批工作中要求申请人委托有关机构办理进出口许可证电子钥匙	中国国际电子商务中心	不再要求申请人委托有关机构办理进出口许可证电子钥匙,改由审批部门委托有关机构制作后向申请人发放
49	办理大宗农产品进口报告系统电子认证机构(CA)证书	货物自动进口许可	商务部	《大宗农产品进口报告和信息发布管理办法(试行)》(商务部令2008年第10号)	中国国际电子商务中心	不再要求申请人委托有关机构办理大宗农产品进口报告系统电子认证机构(CA)证书,改由审批部门委托有关机构制作后向申请人发放
50	办理大宗农产品进口报告系统电子钥匙	货物自动进口许可	商务部	《大宗农产品进口报告和信息发布管理办法(试行)》(商务部令2008年第10号)	中国国际电子商务中心	不再要求申请人委托有关机构办理大宗农产品进口报告系统电子钥匙,改由审批部门委托有关机构制作后向申请人发放

续表

序号	中介服务事项名称	涉及的审批事项项目名称	审批部门	中介服务设定依据	中介服务实施机构	处理决定
51	办理加工贸易电子联网审批管理系统电子认证机构(CA)证书	重点敏感商品加工贸易业务进出口审批和内销审批	商务部	《中华人民共和国对外贸易法》 《中华人民共和国海关法》 注:审批工作中要求申请人委托有关机构办理加工贸易电子联网审批管理系统电子认证机构(CA)证书	中国国际电子商务中心	不再要求申请人委托有关机构办理加工贸易电子联网审批管理系统电子认证机构(CA)证书,改由审批部门委托有关机构制作后向申请人发放
52	办理加工贸易电子联网审批管理系统电子钥匙	重点敏感商品加工贸易业务进出口审批和内销审批	商务部	《中华人民共和国对外贸易法》 《中华人民共和国海关法》 注:审批工作中要求申请人委托有关机构办理加工贸易电子联网审批管理系统电子钥匙	中国国际电子商务中心	不再要求申请人委托有关机构办理加工贸易电子联网审批管理系统电子钥匙,改由审批部门委托有关机构制作后向申请人发放
53	新食品原料安全性评估材料中文译文公证	新食品原料审批	国家卫生计生委	《新食品原料安全性审查管理办法》(国家卫生计生委令2013年第1号) 《新食品原料申报与受理规定》(国卫食品发〔2013〕23号)	中国公证机构	不再要求申请人提供相关材料中文译文公证

续表

序号	中介服务事项名称	涉及的审批事项项目名称	审批部门	中介服务设定依据	中介服务实施机构	处理决定
54	进口尚无食品安全国家标准食品相关资料中文译文公证	进口尚无食品安全国家标准食品审批	国家卫生计生委	《进口无食品安全国家标准食品许可管理规定》（卫监督发〔2010〕76号）	中国公证机构	根据2015年10月1日起施行的《中华人民共和国食品安全法》，该行政审批事项已取消，该中介服务事项相应取消
55	进口尚无食品安全国家标准食品验证试验	进口尚无食品安全国家标准食品审批	国家卫生计生委	《进口无食品安全国家标准食品许可管理规定》（卫监督发〔2010〕76号）	取得资质认定的检验机构	根据2015年10月1日起施行的《中华人民共和国食品安全法》，该行政审批事项已取消，该中介服务事项相应取消
56	新消毒产品申请材料中文译文公证	利用新材料、新工艺技术和新杀菌原理生产消毒剂和消毒器械的审批	国家卫生计生委	《新消毒产品和新涉水产品卫生行政许可管理规定》（国卫办监督发〔2014〕14号）	中国公证机构	不再要求申请人提供相关材料中文译文公证

续表

序号	中介服务事项名称	涉及的审批事项项目名称	审批部门	中介服务设定依据	中介服务实施机构	处理决定
57	新消毒产品验证试验	利用新材料、新工艺技术和新杀菌原理生产消毒剂和消毒器械的审批	国家卫生计生委	《新消毒产品和新涉水产品卫生行政许可管理规定》（国卫办监督发〔2014〕14号）	取得资质认定的检验机构	不再要求申请人提供验证试验报告，改由审批部门委托有关机构开展验证试验
58	新涉及饮用水卫生安全产品验证试验	利用新材料、新工艺技术和新化学物质生产的涉及饮用水卫生安全产品的审批	国家卫生计生委	《新消毒产品和新涉水产品卫生行政许可管理规定》（国卫办监督发〔2014〕14号）	取得资质认定的检验机构	不再要求申请人提供验证试验报告，改由审批部门委托有关机构开展验证试验
59	新涉及饮用水卫生安全产品材料中文译文公证	利用新材料、新工艺技术和新化学物质生产的涉及饮用水卫生安全产品的审批	国家卫生计生委	《新消毒产品和新涉水产品卫生行政许可管理规定》（国卫办监督发〔2014〕14号）	中国公证机构	不再要求申请人提供相关材料中文译文公证

续表

序号	中介服务事项名称	涉及的审批事项项目名称	审批部门	中介服务设定依据	中介服务实施机构	处理决定
60	支付业务许可申请人实缴货币资本验资证明	支付业务许可证核发	中国人民银行	《非金融机构支付服务管理办法》(中国人民银行令〔2010〕第2号)	会计师事务所	不再要求申请人提供实缴货币资本验资证明;审批部门严格审核申请人提交的工商注册材料、财务报告等可证明其资本符合相关要求的材料,督促申请人加强信息披露,按要求开展现场检查
61	非金融机构支付业务技术安全检测认证	支付业务许可证核发	中国人民银行	《非金融机构支付服务管理办法》(中国人民银行令〔2010〕第2号)	具有相应资质的检测认证机构	申请人可自行编制证明其支付业务设施安全性的材料,也可委托有关机构开展安全检测认证,审批部门不得以任何形式要求申请人必须委托特定中介机构提供服务;审批机构完善标准,加强对申请人机房设备等业务设施安全性的现场核查

续表

序号	中介服务事项名称	涉及的审批事项项目名称	审批部门	中介服务设定依据	中介服务实施机构	处理决定
62	经营流通人民币申请人验资证明或者资金担保	经营流通人民币审批	中国人民银行	《经营、装帧流通人民币管理办法》(中国人民银行令〔2005〕第4号)	会计师事务所或者审计事务所及其他具有验资资格的机构	不再要求申请人提供验资证明或者资金担保;审批部门完善审核标准,按要求开展现场核查,同时加强与相关市场监管部门的信息沟通,及时了解申请人信用状况,并通过不定期抽检加强事中事后监管
63	装帧流通人民币申请人验资证明或者资金担保	装帧流通人民币审批	中国人民银行	《经营、装帧流通人民币管理办法》(中国人民银行令〔2005〕第4号)	会计师事务所或者审计事务所及其他具有验资资格的机构	不再要求申请人提供验资证明或者资金担保;审批部门完善审核标准,按要求开展现场核查,同时加强与相关市场监管部门的信息沟通,及时了解申请人信用状况,并通过不定期抽检加强事中事后监管

续表

序号	中介服务事项名称	涉及的审批事项项目名称	审批部门	中介服务设定依据	中介服务实施机构	处理决定
64	协助发行人安排发行、承销工作	在银行间债券市场或到境外发行金融债券审批	中国人民银行	《全国银行间债券市场金融债券发行管理办法》（中国人民银行令〔2005〕第1号）	具有承销能力的承销商	申请人可自行安排发行、承销工作，也可委托有关机构协助，审批部门不得要求申请人提供承销协议；审批部门督促申请人加强信息披露，按要求开展现场核查，切实维护投资人利益
65	出具在银行间债券市场或到境外发行金融债券的法律意见书	在银行间债券市场或到境外发行金融债券审批	中国人民银行	《全国银行间债券市场金融证券发行管理办法》（中国人民银行令〔2005〕第1号）	律师事务所	在金融债券发行核准阶段，审批部门不再要求申请人提供法律意见书；审批部门严格对申请材料的完整性、齐备性进行审核，督促申请人加强信息披露，按要求开展现场核查，切实维护投资人利益

续表

序号	中介服务事项名称	涉及的审批事项项目名称	审批部门	中介服务设定依据	中介服务实施机构	处理决定
66	在银行间债券市场或到境外发行金融债券机构财务报告审计	在银行间债券市场或到境外发行金融债券审批	中国人民银行	《全国银行间债券市场金融证券发行管理办法》（中国人民银行令〔2005〕第1号）	会计师事务所	在金融债券发行核准阶段，审批部门不再要求申请人提供审计报告；审批部门严格对申请材料的完整性、齐备性进行审核，督促申请人加强信息披露，按要求开展现场核查，切实维护投资人利益，必要时商相关机构监管部门获取申请人相关信息
67	出具在银行间债券市场或到境外发行金融债券机构信用评级报告	在银行间债券市场或到境外发行金融债券审批	中国人民银行	《全国银行间债券市场金融债券发行管理办法》（中国人民银行令〔2005〕第1号）	具有债券评级能力的信用评级机构	不再要求申请人提供信用评级报告；审批部门通过内部信息系统或商金融监管机构获取申请人相关信用信息，督促申请人加强信息披露，按要求开展现场核查

续表

序号	中介服务事项名称	涉及的审批事项项目名称	审批部门	中介服务设定依据	中介服务实施机构	处理决定
68	金融机构进入全国银行间同业拆借市场验资	进入全国银行间同业拆借市场审批	中国人民银行	《证券公司进入银行间同业市场管理规定》(银发〔1999〕288 号) 《财务公司进入全国银行间同业拆借市场和债券市场管理规定》(银发〔2000〕194 号)	会计师事务所	不再要求申请人提供验资报告;审批部门严格审核申请人财务报告、财务报表等关于存款余额、实收资本等情况的说明材料,督促申请人加强信息披露,按要求开展现场核查
69	保险资产管理公司进入全国银行间同业拆借市场所需的受托资金来源与运用表、受托资金投资收益表审计	进入全国银行间同业拆借市场审批	中国人民银行	《保险公司等六类非银行金融机构进入全国银行间同业拆借市场审核规则》(中国人民银行上海总部公告〔2007〕第 5 号)	会计师事务所	不再要求申请人提供对受托资金来源与运用表和受托资金投资收益表的审计意见;审批部门严格审核申请人相关受托资金来源与运用表和受托资金投资收益表,督促申请人加强信息披露,按要求开展现场核查

续表

序号	中介服务事项名称	涉及的审批事项项目名称	审批部门	中介服务设定依据	中介服务实施机构	处理决定
70	金融机构进入全国银行间同业拆借市场财务报表审计	进入全国银行间同业拆借市场审批	中国人民银行	《证券公司进入银行间同业市场管理规定》（银发〔1999〕288 号） 《银行业金融机构进入全国银行间同业拆借市场审核规则》（中国人民银行公告〔2005〕第 3 号） 《保险公司等六类非银行金融机构进入全国银行间同业拆借市场审核规则》（中国人民银行上海总部公告〔2007〕第 5 号）	会计师事务所	不再要求申请人提供财务审计报告和审计意见；审批部门严格审核申请人相关财务报表、财务报告，督促申请人加强信息披露，按要求开展现场核查
71	保险公司进入全国银行间同业拆借市场的偿付能力报告审计	进入全国银行间同业拆借市场审批	中国人民银行	《保险公司等六类非银行金融机构进入全国银行间同业拆借市场审核规则》（中国人民银行上海总部公告〔2007〕第 5 号） 注：审批工作中要求申请人提供会计师事务所对偿付能力报告的审计意见	会计师事务所	不再要求申请人提供偿付能力报告审计意见；审批部门严格审核申请人偿付能力报告，督促申请人加强信息披露，按要求开展现场核查

续表

序号	中介服务事项名称	涉及的审批事项项目名称	审批部门	中介服务设定依据	中介服务实施机构	处理决定
72	申请成为做市商的金融机构资产负债表、利润分配表和现金流量表审计	银行间债券市场做市商审批	中国人民银行	注：审批工作中要求申请人提供会计师事务所对资产负债表、利润分配表和现金流量表的审计意见	会计师事务所	不再要求申请人提供资产负债表、利润分配表和现金流量表审计意见；审批部门严格审核申请人资产负债表、利润分配表和现金流量表，通过公开途径核查申请人年报、财务信息，必要时商金融监管机构获取申请人相关信息
73	申请债券结算代理人的金融机构资产负债表、利润分配表和现金流量表审计	银行间债券市场结算代理人审批	中国人民银行	注：审批工作中要求申请人提供会计师事务所对金融机构资产负债表、利润分配表和现金流量表的审计意见	会计师事务所	不再要求申请人提供资产负债表、利润分配表和现金流量表审计意见；审批部门严格审核申请人资产负债表、利润分配表和现金流量表，通过公开途径核查申请人年报、财务信息，必要时商金融监管机构获取申请人相关信息

续表

序号	中介服务事项名称	涉及的审批事项项目名称	审批部门	中介服务设定依据	中介服务实施机构	处理决定
74	个人信用信息系统安全测评	经营个人征信业务的征信机构审批	中国人民银行	《征信业管理条例》(国务院令第631号) 《征信机构管理办法》(中国人民银行令〔2013〕第1号)	具有国家信息安全等级保护测评资质的机构	不再要求申请人提供个人信用信息系统安全测评报告，改由审批部门委托有关机构开展个人信用信息系统安全测评
75	强制性产品认证机构、检查机构及实验室认可	从事强制性认证以及相关活动的认证机构、检查机构及实验室指定	质检总局	《中华人民共和国认证认可条例》(国务院令第390号)	中国国家合格评定认可中心	不再要求申请人委托有关机构开展认可，改由审批部门委托有关机构对申请人进行技术能力审查
76	广播电视设备器材生产企业质量管理体系认证	广播电视设备器材入网认定	新闻出版广电总局	《广播电视设备器材入网认定管理办法》(新闻出版广电总局令第25号)	BSI、DNV、TUV、CQC等第三方认证机构	不再要求申请人提供质量管理体系认证证书；审批部门完善标准，按要求开展现场核查或质量管理体系材料审查

续表

序号	中介服务事项名称	涉及的审批事项项目名称	审批部门	中介服务设定依据	中介服务实施机构	处理决定
77	广播电视设备器材入网检测	广播电视设备器材入网认定	新闻出版广电总局	《广播电视设备器材入网认定管理办法》(新闻出版广电总局令第25号) 注:审批工作中要求申请人委托有关机构编制广播电视设备器材入网检测报告	新闻出版广电总局广播科学研究院广播电视检测中心、中国计量科学研究院广播电视设备检测中心等7家事业单位	不再要求申请人提供广播电视设备器材入网检测报告,改由审批部门委托有关机构开展广播电视设备器材入网检测
78	跨省经营广播电视节目传送业务技术评估报告编制	跨省经营广播电视节目传送业务审批	新闻出版广电总局	《广播电视无线传输覆盖网管理办法》(国家广播电影电视总局令第45号) 注:审批工作中要求申请人委托有关机构编制技术评估报告	新闻出版广电总局广播电视计量检测中心	申请人可按要求自行编制技术评估报告,也可委托有关机构编制,审批部门不得以任何形式要求申请人必须委托特定中介机构提供服务;保留审批部门现有的评估报告技术评估、评审

续表

序号	中介服务事项名称	涉及的审批事项项目名称	审批部门	中介服务设定依据	中介服务实施机构	处理决定
79	著作权合同登记	进口用于出版的音像制品审批（进口用于出版的音像制品及音像制品成品审批的子项）	新闻出版广电总局	《音像制品进口管理办法》（新闻出版总署、海关总署令第53号） 注：审批工作中由中国版权保护中心依申请开展著作权合同登记	中国版权保护中心	不再要求申请人向中国版权保护中心申请著作权合同登记，改由审批部门委托该中心开展合同登记工作
80	拟建机构或设施对自然保护区自然资源、自然生态系统和主要保护对象影响评价	在林业部门管理的国家级自然保护区建立机构和修筑设施审批	国家林业局	《森林和野生动物类型自然保护区管理办法》（1985年6月21日国务院批准，1985年7月6日林业部发布）	具有甲级咨询资质的编制单位	申请人可按要求自行编制拟建机构或设施对自然保护区自然资源、自然生态系统和主要保护对象影响评价报告，也可委托有关机构编制，审批部门不得以任何形式要求申请人必须委托特定中介机构提供服务；保留审批部门现有的影响评价报告技术评估、评审

续表

序号	中介服务事项名称	涉及的审批事项项目名称	审批部门	中介服务设定依据	中介服务实施机构	处理决定
81	建设项目使用林地可行性报告编制	勘查、开采矿藏和各项建设工程占用或者征收、征用林地审核	国家林业局	《建设项目使用林地审核审批管理办法》(国家林业局令第35号)	具有林业调查规划设计资质的单位	申请人可按要求自行编制建设项目使用林地可行性报告,也可委托有关机构编制,审批部门不得以任何形式要求申请人必须委托特定中介机构提供服务;保留审批部门现有的建设项目使用林地可行性报告技术评估、评审
82	转基因林木植株检测	开展林木转基因工程活动审批	国家林业局	《开展林木转基因工程活动审批管理办法》(国家林业局令第20号)	具有转基因检测能力的科研机构和公司	不再要求申请人提供转基因林木植株检测报告,改由审批部门委托有关机构开展转基因林木植株检测
83	导游人员从业健康证明	导游人员从业资格证书核发	国家旅游局	注:审批工作中要求申请人提供县级以上医院出具的近期健康状况证明	县级以上医院	申请人可按要求出具健康证明材料,审批部门不得以任何形式要求申请人必须委托县级以上医院提供服务

续表

序号	中介服务事项名称	涉及的审批事项项目名称	审批部门	中介服务设定依据	中介服务实施机构	处理决定
84	中央国家机关现有土地开发利用所需的社会稳定风险评估报告编制	中央国家机关现有土地开发利用审批	国管局	《中央办公厅 国务院办公厅关于建立健全重大决策社会稳定风险评估机制的指导意见(试行)》	具备资质的工程咨询机构	申请人可按要求自行编制社会稳定风险评估报告,也可委托有关机构编制,审批部门不得以任何形式要求申请人必须委托特定中介机构提供服务;审批部门对申请人提供的评估报告中的相关内容进行必要审查,不符合要求的及时请申请人调整完善
85	中央国家机关土地规划利用处置所需的建设项目设计方案编制	中央国家机关现有土地开发利用审批	国管局	《国务院机关事务管理局关于规范中央国家机关在京单位建设项目用地程序的通知》(国管房地〔2008〕156号)	具备资质的工程设计机构	申请人可按要求自行编制中央国家机关土地规划利用处置建设项目设计方案,也可委托有关机构编制,审批部门不得以任何形式要求申请人必须委托特定中介机构提供服务;审批部门对

续表

序号	中介服务事项名称	涉及的审批事项项目名称	审批部门	中介服务设定依据	中介服务实施机构	处理决定
						申请人提供的项目设计方案中的相关内容进行必要审查，不符合要求的及时请申请人调整完善
86	中央国家机关利用自用土地建设职工住宅所需的项目设计方案编制	中央国家机关现有土地开发利用审批	国管局	《国务院机关事务管理局关于规范中央国家机关在京单位建设项目用地程序的通知》（国管房地〔2008〕156号）	具备资质的工程设计机构	申请人可按要求自行编制中央国家机关利用自用土地建设职工住宅项目设计方案，也可委托有关机构编制，审批部门不得以任何形式要求申请人必须委托特定中介机构提供服务；审批部门对申请人提供的项目设计方案中的相关内容进行必要审查，不符合要求的及时请申请人调整完善

续表

序号	中介服务事项名称	涉及的审批事项项目名称	审批部门	中介服务设定依据	中介服务实施机构	处理决定
87	中央国家机关现有土地开发利用所需的房屋安全鉴定报告编制	中央国家机关现有土地开发利用审批	国管局	《北京市房屋建筑使用安全管理办法》(北京市人民政府令第229号)	具备资质的房屋安全鉴定机构	申请人可按要求自行编制房屋安全鉴定报告,也可委托有关机构编制,审批部门不得以任何形式要求申请人必须委托特定中介机构提供服务;审批部门对申请人提供的鉴定报告中的相关内容进行必要审查,不符合要求的及时请申请人调整完善
88	中央国家机关现有土地处置所需的土地评估报告编制	中央国家机关现有土地开发利用审批	国管局	《国务院办公厅转发国管局中直管理局关于进一步加强和改进中央单位用地管理工作意见的通知》(国办发〔2006〕84号)	具备资质的土地评估机构	不再要求申请人提供拟处置土地的评估报告,改由审批部门委托有关机构开展拟处置土地的评估

续表

序号	中介服务事项名称	涉及的审批事项项目名称	审批部门	中介服务设定依据	中介服务实施机构	处理决定
89	绘制新迁建气象站现址现状图、新址规划图	气象台站迁建审批	中国气象局	《国家级地面气象观测站迁建撤暂行规定》（气发〔2012〕93 号）	规划、测绘、设计机构	不再要求申请人提供新迁建气象站现址现状图、新址规划图；审批部门完善标准，按要求开展现场核查
90	气象台站迁建电磁环境测试	气象台站迁建审批	中国气象局	《气象探测环境保护规范 高空气象观测站》（GB 31222－2014） 《气象探测环境保护规范 天气雷达站》（GB 31223－2014） 注：审批工作中要求申请人委托有关机构开展电磁环境测试	省、市级无线电监测机构	不再要求申请人提供气象台站迁建电磁环境测试报告，改由审批部门委托有关机构开展气象台站拟迁新址电磁环境测试
91	气象台站迁建地理位置测绘	气象台站迁建审批	中国气象局	《国家级地面气象观测站迁建撤暂行规定》（气发〔2012〕93 号） 注：审批工作中要求申请人委托有关机构开展气象台站迁建地理位置测绘	具有测绘资质的单位	不再要求申请人提供气象台站迁建地理位置测绘报告，改由审批部门委托有关机构开展气象台站拟迁新址地理位置测绘

续表

序号	中介服务事项名称	涉及的审批事项项目名称	审批部门	中介服务设定依据	中介服务实施机构	处理决定
92	新建、扩建、改建建设工程电磁环境测试	新建、扩建、改建建设工程避免危害气象探测环境审批	中国气象局	《气象探测环境保护规范 高空气象观测站》（GB 31222－2014） 《气象探测环境保护规范 天气雷达站》（GB 31223－2014） 注：审批工作中要求申请人委托有关机构开展电磁环境测试	省、市级无线电监测机构	不再要求申请人提供新建、扩建、改建建设工程电磁环境测试报告，改由审批部门委托有关机构开展新建、扩建、改建建设工程电磁环境测试
93	人工影响天气新设备性能检测、试用	气象专用技术装备（含人工影响天气作业设备）使用审批	中国气象局	《气象专用技术装备使用许可管理办法》（中国气象局令第14号）	航天部门、兵器部门等相关具备资质的检测机构	不再要求申请人提供人工影响天气新设备性能检测、试用报告，改由审批部门委托有关机构开展人工影响天气新设备性能检测、试用

续表

序号	中介服务事项名称	涉及的审批事项项目名称	审批部门	中介服务设定依据	中介服务实施机构	处理决定
94	气象专用技术装备的检定、检测和测试	气象专用技术装备（含人工影响天气作业设备）使用审批	中国气象局	《气象专用技术装备使用许可管理办法》（中国气象局令第14号）	具备相关资质的检定、检测、测试机构	不再要求申请人提供气象专用技术装备的检定、检测和测试报告，改由审批部门委托有关机构开展气象专用技术装备的检定、检测和测试
95	新建、改建、扩建建（构）筑物防雷装置检测	防雷装置设计审核和竣工验收	中国气象局	《防雷减灾管理办法》（中国气象局令第20号，2013年5月31日予以修改） 《防雷装置设计审核和竣工验收规定》（中国气象局令第21号）	取得相应防雷装置检测资质的单位	不再要求申请人提供新建、改建、扩建建（构）筑物防雷装置检测报告，改由审批部门委托有关机构开展新建、改建、扩建建（构）筑物防雷装置检测
96	外国组织和个人在华从事气象活动电磁环境测试	外国组织和个人在华从事气象活动审批	中国气象局	《气象探测环境保护规范 高空气象观测站》（GB 31222－2014） 《气象探测环境保护规范 天气雷达站》（GB 31223－2014） 注：审批工作中要求申请人委托有关机构开展电磁环境测试	省、市级无线电监测机构	不再要求申请人提供气象活动电磁环境测试报告，改由审批部门委托有关机构开展气象活动电磁环境测试

续表

序号	中介服务事项名称	涉及的审批事项项目名称	审批部门	中介服务设定依据	中介服务实施机构	处理决定
97	出具外资银行调整业务范围和增加业务品种法律意见书	外资银行调整业务范围和增加业务品种审批	银监会	《金融机构信贷资产证券化试点监督管理办法》(银监会令 2005 年第 3 号) 《中国银监会外资银行行政许可事项实施办法》(银监会令 2015 年第 4 号)	律师事务所	申请人可按要求自行编制法律意见材料,也可委托有关机构编制法律意见书,审批部门不得以任何形式要求申请人必须委托特定中介机构提供服务;审批部门严格审核申请人提供的法律意见和说明材料,同时通过走访、检查等事中事后监管方式,督促银行依法合规开展相关业务
98	出具中资银行业金融机构及非银行金融机构董事和高级管理人员任职法律意见书	中资银行业金融机构及非银行金融机构董事和高级管理人员任职资格核准	银监会	《中国银监会办公厅关于印发行政许可事项申请材料目录及格式要求的通知》(银监办发〔2015〕118 号) 注:审批工作中要求申请人委托律师事务所出具中资银行业金融机构及非银行金融机构董事和高级管理人员任职法律意见书	律师事务所	申请人可按要求自行编制法律意见材料,也可委托有关机构编制法律意见书,审批部门不得以任何形式要求申请人必须委托特定中介机构提供服务;审批部门严格审

续表

序号	中介服务事项名称	涉及的审批事项项目名称	审批部门	中介服务设定依据	中介服务实施机构	处理决定
						核申请人提供的法律意见和说明材料，加强与拟任人原任职机构监管部门的信息沟通和共享，按要求开展监督和检查
99	中资银行业金融机构及非银行金融机构董事和高级管理人员离任审计或经济责任审计	中资银行业金融机构及非银行金融机构董事和高级管理人员任职资格核准	银监会	《中国银监会中资商业银行行政许可事项实施办法》（银监会令 2015 年第 2 号） 《中国银监会农村中小金融机构行政许可事项实施办法》（银监会令 2015 年第 3 号） 《中国银监会办公厅关于印发行政许可事项申请材料目录及格式要求的通知》（银监办发〔2015〕118 号） 注：审批工作中要求申请人委托有关机构出具审计报告	会计师事务所	申请人可按要求自行编制相关审计报告，也可委托有关机构编制，审批部门不得以任何形式要求申请人必须委托特定中介机构提供服务；审批部门通过严格审核申请人提供的内部审计报告或国家有关部门的审计报告，加强与拟任人原任职机构监管部门的信息沟通和共享，按要求开展监督和检查

续表

序号	中介服务事项名称	涉及的审批事项项目名称	审批部门	中介服务设定依据	中介服务实施机构	处理决定
100	出具中资银行业金融机构及其分支机构设立、变更、终止以及业务范围法律意见书	中资银行业金融机构及其分支机构设立、变更、终止以及业务范围审批	银监会	《全国银行间债券市场金融债券发行管理办法》（中国人民银行令〔2005〕第1号） 《信贷资产证券化试点管理办法》（中国人民银行、银监会公告〔2005〕第7号） 《中国银监会办公厅关于印发行政许可事项申请材料目录及格式要求的通知》（银监办发〔2015〕118号） 《中国银监会 中国证监会关于商业银行发行优先股补充一级资本的指导意见》（银监发〔2014〕12号）	律师事务所	申请人可按要求自行编制法律意见材料，也可委托有关机构编制法律意见书，审批部门不得以任何形式要求申请人必须委托特定中介机构提供服务；审批部门严格审核申请人提供的法律意见和说明材料，同时按要求开展监督和检查
101	中资银行业金融机构及其分支机构系统安全性和技术标准合格测试	中资银行业金融机构及其分支机构设立、变更、终止以及业务范围审批	银监会	《中国银监会办公厅关于印发行政许可事项申请材料目录及格式要求的通知》（银监办发〔2015〕118号）	经认可的评估机构	申请人可按要求自行编制系统安全性和技术标准合格测试报告，也可委托有关机构编制，审批部门不得以任何形式要求申

续表

序号	中介服务事项名称	涉及的审批事项项目名称	审批部门	中介服务设定依据	中介服务实施机构	处理决定
						请人必须委托特定中介机构提供服务；保留审批部门现有的系统安全性和技术标准合格测试报告技术评估、评审
102	中资银行业金融机构及其分支机构资信证明	中资银行业金融机构及其分支机构设立、变更、终止以及业务范围审批	银监会	《中国银监会办公厅关于印发行政许可事项申请材料目录及格式要求的通知》（银监办发〔2015〕118号） 注：审批工作中要求申请人委托有关机构出具资信证明	金融机构	申请人可按要求自行编制资信证明材料，也可委托有关机构编制，审批部门不得以任何形式要求申请人必须委托特定中介机构提供服务；审批部门严格审核申请人提供的诚信状况说明，同时按要求开展监督和检查

续表

序号	中介服务事项名称	涉及的审批事项项目名称	审批部门	中介服务设定依据	中介服务实施机构	处理决定
103	出具中资银行业金融机构及其分支机构设立、变更、终止以及业务范围会计意见书	中资银行业金融机构及其分支机构设立、变更、终止以及业务范围审批	银监会	《信贷资产证券化试点管理办法》(中国人民银行、银监会公告〔2005〕第7号)	会计师事务所	申请人可按要求自行编制会计意见材料,也可委托有关机构编制会计意见书,审批部门不得以任何形式要求申请人必须委托特定中介机构提供服务;审批部门严格审核申请人提供的会计意见和说明材料,同时按要求开展监督和检查
104	商业银行、政策性银行、金融资产管理公司对外从事股权投资及商业银行综合化经营审批所需的被收购机构评估	商业银行、政策性银行、金融资产管理公司对外从事股权投资及商业银行综合化经营审批	银监会	《中国银监会办公厅关于印发行政许可事项申请材料目录及格式要求的通知》(银监办发〔2015〕118号)	具备资质的中介机构	申请人可按要求自行编制被收购机构评估报告,也可委托有关机构编制,审批部门不得以任何形式要求申请人必须委托特定中介机构提供服务;审批部门完善标准,督促申请人自行做好尽职调查工作,同时按要求开展监督和检查

续表

序号	中介服务事项名称	涉及的审批事项项目名称	审批部门	中介服务设定依据	中介服务实施机构	处理决定
105	出具商业银行、政策性银行、金融资产管理公司对外从事股权投资及商业银行综合化经营法律意见书	商业银行、政策性银行、金融资产管理公司对外从事股权投资及商业银行综合化经营审批	银监会	《中国银监会办公厅关于印发行政许可事项申请材料目录及格式要求的通知》(银监办发〔2015〕118号)	律师事务所	申请人可按要求自行编制法律意见材料,也可委托有关机构编制法律意见书,审批部门不得以任何形式要求申请人必须委托特定中介机构提供服务;审批部门严格审核申请人提供的法律意见和说明材料,同时按要求开展监督和检查
106	出具非银行金融机构(分支机构)设立、变更、终止以及业务范围法律意见书	非银行金融机构(分支机构)设立、变更、终止以及业务范围审批	银监会	《银行业金融机构衍生产品交易业务管理办法》(银监会令2011年第1号) 注:审批工作中要求申请人委托有关机构出具法律意见书	律师事务所	申请人可按要求自行编制法律意见材料,也可委托有关机构编制法律意见书,审批部门不得以任何形式要求申请人必须委托特定中介机构提供服务;审批部门严格审核申请人提供的法律

续表

序号	中介服务事项名称	涉及的审批事项项目名称	审批部门	中介服务设定依据	中介服务实施机构	处理决定
						意见和说明材料，通过内部系统调阅申请人相关信息、开展现场检查核实相关情况
107	非银行金融机构（分支机构）信用评级	非银行金融机构（分支机构）设立、变更、终止以及业务范围审批	银监会	《中国银监会办公厅关于印发行政许可事项申请材料目录及格式要求的通知》（银监办发〔2015〕118号） 注：审批工作中要求申请人委托有关机构出具信用评级材料	资信评级机构	申请人可按要求自行编制信用证明材料，也可委托有关机构编制，审批部门不得以任何形式要求申请人必须委托特定中介机构提供服务；审批部门严格审核申请人提供的信用证明材料，通过内部系统调阅申请人相关信息、开展现场检查核实相关情况

续表

序号	中介服务事项名称	涉及的审批事项项目名称	审批部门	中介服务设定依据	中介服务实施机构	处理决定
108	非银行金融机构（分支机构）资产评估	非银行金融机构（分支机构）设立、变更、终止以及业务范围审批	银监会	《中国银监会办公厅关于印发行政许可事项申请材料目录及格式要求的通知》（银监办发〔2015〕118号） 注：审批工作中要求申请人委托有关机构编制资产评估报告	具备资质的资产评级机构	申请人可按要求自行编制资产评估报告，也可委托有关机构编制，审批部门不得以任何形式要求申请人必须委托特定中介机构提供服务；审批部门严格审核申请人提供的评估报告材料，通过内部系统调阅申请人相关信息、开展现场检查核实相关情况
109	非银行金融机构（分支机构）交易场所、设备和系统的安全性和稳定性测试	非银行金融机构（分支机构）设立、变更、终止以及业务范围审批	银监会	《中国银监会办公厅关于印发行政许可事项申请材料目录及格式要求的通知》（银监办发〔2015〕118号） 注：审批工作中要求申请人委托有关机构编制安全性和稳定性测试报告	第三方机构	申请人可按要求自行编制安全性和稳定性测试报告，也可委托有关机构编制，审批部门不得以任何形式要求申请人必须委托特定中介机构提供服务；保留审批部门现有的安全性和稳定性

续表

序号	中介服务事项名称	涉及的审批事项项目名称	审批部门	中介服务设定依据	中介服务实施机构	处理决定
						测试报告技术评估、评审，同时通过内部系统调阅申请人相关信息、开展现场检查核实相关情况
110	出具保荐机构审计报告	保荐机构注册	证监会	《证券公司监督管理条例》（国务院令第522号）	会计师事务所	不再要求申请人提供审计报告；审批部门严格审核申请人提交的符合规定的最近一年度净资本计算表、风险资本准备计算表和风险控制指标监管报表等材料
111	出具公募基金管理公司设立、公募基金管理人资格法律意见书	公募基金管理公司设立、公募基金管理人资格审批	证监会	《中华人民共和国证券投资基金法》 《资产管理机构开展公募证券投资基金管理业务暂行规定》（证监会公告〔2013〕10号） 注：审批工作中要求申请人提供有关机构出具的法律意见书	律师事务所	不再要求申请人提供公募基金管理公司设立、公募基金管理人资格法律意见书；审批部门通过完善审核标准程序，严格核查申请人股东会议决议、国有资产管理部门

续表

序号	中介服务事项名称	涉及的审批事项项目名称	审批部门	中介服务设定依据	中介服务实施机构	处理决定
						相关批复等材料，就重大法律问题内部征求意见等方式加强监管
112	出具基金托管人资格法律意见书	基金托管人资格核准	证监会	《证券投资基金托管业务管理办法》（证监会令第92号）《非银行金融机构开展证券投资基金托管业务暂行规定》（证监会公告〔2013〕15号）	律师事务所	不再要求申请人提供基金托管人资格法律意见书；审批部门通过完善审核标准程序，严格核查申请人股东会议决议、国有资产管理部门相关批复等材料，就重大法律问题内部征求意见等方式加强监管
113	出具公募基金管理公司变更重大事项法律意见书	公募基金管理公司变更重大事项审批	证监会	《中华人民共和国证券投资基金法》 《国务院关于管理公开募集基金的基金管理公司有关问题的批复》（国函〔2013〕132号） 《基金管理公司特定客户资产管理业务试点办法》（证监会令第83号）	律师事务所	不再要求申请人提供变更重大事项法律意见书；审批部门通过完善审核标准程序，严格核查申请人股东会议决议、国有资产管理部门相关批复等材料，就重大法律问题

续表

序号	中介服务事项名称	涉及的审批事项项目名称	审批部门	中介服务设定依据	中介服务实施机构	处理决定
				《证券投资基金管理公司管理办法》(证监会令第84号) 《关于证券投资基金管理公司在香港设立机构的规定》(证监会公告〔2008〕12号)		内部征求意见等方式加强监管
114	出具基金服务机构注册法律意见书	基金服务机构注册	证监会	《证券投资基金销售管理办法》(证监会令第91号)	律师事务所	不再要求申请人提供法律意见书;审批部门通过完善审核标准程序,严格核查申请人股东会议决议、国有资产管理部门相关批复等材料,就重大法律问题内部征求意见等方式加强监管

续表

序号	中介服务事项名称	涉及的审批事项项目名称	审批部门	中介服务设定依据	中介服务实施机构	处理决定
115	出具证券公司变更业务范围、增加注册资本且股权结构发生重大调整、减少注册资本、变更持有5%以上股权的股东、实际控制人、变更公司章程重要条款及合并、分立法律意见书	证券公司变更业务范围、增加注册资本且股权结构发生重大调整、减少注册资本、变更持有5%以上股权的股东、实际控制人、变更公司章程重要条款及合并、分立审批	证监会	《中华人民共和国证券法》 《证券公司监督管理条例》(国务院令第522号) 《合格境内机构投资者境外证券投资管理试行办法》(证监会令第46号) 《证券公司业务范围审批暂行规定》(证监会公告〔2008〕42号)	律师事务所	不再要求申请人提供变更业务范围、增加注册资本且股权结构发生重大调整、减少注册资本、变更持有5%以上股权的股东、实际控制人、变更公司章程重要条款及合并、分立法律意见书;审批部门通过完善审核标准程序,严格核查申请人股东会议决议、国有资产管理部门相关批复等材料,就重大法律问题内部征求意见等方式加强监管

续表

序号	中介服务事项名称	涉及的审批事项项目名称	审批部门	中介服务设定依据	中介服务实施机构	处理决定
116	出具期货公司合并资产评估报告	期货公司设立、合并、分立、停业、解散或者破产，变更业务范围、注册资本、5%以上股权以及设立收购、参股或者终止境外期货类经营机构的审批	证监会	《中华人民共和国企业国有资产法》	资产评估机构	不再要求申请人提供期货公司合并资产评估报告；审批部门通过严格核查国有资产管理部门相关批复、备案等材料加强监管
117	保险经纪机构设立审计（验资）	保险经纪机构设立审批	保监会	《关于贯彻落实〈保险专业代理机构监管规定〉、〈保险经纪机构监管规定〉、〈保险公估机构监管规定〉有关事宜的通知》（保监发〔2009〕130号） 注：审批工作中要求申请人委托有关机构编制审计（验资）报告	会计师事务所	不再要求申请人提供审计（验资）报告；审批部门严格审核申请人的银行入资单、银行账单等注册资本证明文件及法人股东财务报告等材料

续表

序号	中介服务事项名称	涉及的审批事项项目名称	审批部门	中介服务设定依据	中介服务实施机构	处理决定
118	设立保险公估机构审计（验资）	设立保险公估机构审批	保监会	《关于贯彻落实〈保险专业代理机构监管规定〉、〈保险经纪机构监管规定〉、〈保险公估机构监管规定〉有关事宜的通知》（保监发〔2009〕130号） 注：审批工作中要求申请人委托有关机构编制审计（验资）报告	会计师事务所	不再要求申请人提供审计（验资）报告；审批部门严格审核申请人的银行入资单、银行账单等注册资本证明文件及法人股东财务报告等材料
119	保险代理机构设立审计（验资）	保险代理机构设立审批	保监会	《关于贯彻落实〈保险专业代理机构监管规定〉、〈保险经纪机构监管规定〉、〈保险公估机构监管规定〉有关事宜的通知》（保监发〔2009〕130号） 注：审批工作中要求申请人委托有关机构编制审计（验资）报告	会计师事务所	不再要求申请人提供审计（验资）报告；审批部门严格审核申请人的银行入资单、银行账单等注册资本证明文件及法人股东财务报告等材料

续表

序号	中介服务事项名称	涉及的审批事项项目名称	审批部门	中介服务设定依据	中介服务实施机构	处理决定
120	设立外资保险公司相关材料公证	保险公司及其分支机构设立、保险公司终止（解散、破产）审批	保监会	《中华人民共和国外资保险公司管理条例实施细则》（保监会令 2004 年第 4 号）	申请人所在国家或者地区依法设立的公证机构	不再要求申请人提供设立外资保险公司相关材料公证，保留申请人相关材料需经中国驻该国使、领馆认证的要求
121	外国保险机构驻华代表机构设立及重大事项变更相关材料公证	外国保险机构驻华代表机构设立及重大事项变更审批	保监会	《外国保险机构驻华代表机构管理办法》（保监会令 2006 年第 5 号） 《中国保监会关于适用〈外国保险机构驻华代表机构管理办法〉若干问题的解释》（保监发〔2008〕101 号）	申请人所在国家或者地区依法设立的公证机构	不再要求申请人提供设立及重大事项变更相关材料公证，保留申请人相关材料需经中国驻该国使、领馆认证的要求
122	保险公司的董事、监事和高级管理人员任职材料中文译本公证	保险公司的董事、监事和高级管理人员任职资格审批	保监会	《保险公司董事、监事和高级管理人员任职资格管理规定》（保监会令 2014 年第 1 号）	中国的公证机构	不再要求申请人提供中文译本公证

续表

序号	中介服务事项名称	涉及的审批事项项目名称	审批部门	中介服务设定依据	中介服务实施机构	处理决定
123	出具保险公司重大事项变更财务意见	保险公司重大事项变更审批	保监会	《保险公司收购合并管理办法》(保监发〔2014〕26号)	会计师事务所	不再要求申请人提供重大事项变更财务意见;审批部门严格审核与重大事项变更相关的股东的审计报告
124	出具保险公司重大事项变更法律意见书	保险公司重大事项变更审批	保监会	《保险公司收购合并管理办法》(保监发〔2014〕26号)	律师事务所	不再要求申请人提供重大事项变更法律意见书;审批部门严格审核申请人公司章程、决议等文书的合法性、合规性
125	保险公司国有股权转让资产评估	保险公司重大事项变更审批	保监会	《保险公司收购合并管理办法》(保监发〔2014〕26号)	专业评估机构	不再要求申请人提供国有股权转让资产评估报告;国有股权转让审批、备案等工作依法由国有资产监督管理、财政等部门开展

续表

序号	中介服务事项名称	涉及的审批事项项目名称	审批部门	中介服务设定依据	中介服务实施机构	处理决定
126	出具保险资产管理公司重大事项变更财务意见	保险资产管理公司重大事项变更审批	保监会	《保险公司收购合并管理办法》(保监发〔2014〕26号)	会计师事务所	不再要求申请人提供重大事项变更财务意见;审批部门严格审核与重大事项变更相关的股东的审计报告
127	出具保险资产管理公司重大事项变更法律意见书	保险资产管理公司重大事项变更审批	保监会	《保险公司收购合并管理办法》(保监发〔2014〕26号)	律师事务所	不再要求申请人提供重大事项变更法律意见书;审批部门严格审核申请人公司章程、决议等文书的合法性、合规性
128	保险资产管理公司国有股权转让资产评估	保险资产管理公司重大事项变更审批	保监会	《保险公司收购合并管理办法》(保监发〔2014〕26号)	专业评估机构	不再要求申请人提供国有股权转让资产评估报告;国有股权转让审批、备案等工作依法由国有资产监督管理、财政等部门开展

续表

序号	中介服务事项名称	涉及的审批事项项目名称	审批部门	中介服务设定依据	中介服务实施机构	处理决定
129	出具保险公司发行私募次级债法律意见书	保险公司次级定期债发行审批	保监会	《保险公司次级定期债务管理办法》（保监会令2011年第2号）	律师事务所	不再要求申请人提供发行私募次级债法律意见书；审批部门严格审核申请人申请材料的真实性、合规性，加强对申请人发债合规性的事后检查
130	出具保险公司公开发行次级债法律意见书	保险公司次级定期债发行审批	保监会	中国人民银行、保监会公告〔2015〕第3号	律师事务所	不再要求申请人提供公开发行次级债法律意见书；审批部门严格审核申请人申请材料的真实性、合规性，加强对申请人发债合规性的事后检查
131	保险公司公开发行次级债信用评级	保险公司次级定期债发行审批	保监会	中国人民银行、保监会公告〔2015〕第3号	信用评级机构	不再要求申请人提供公开发行次级债信用评级材料；审批部门严格审核申请人发债条款，通过系统内部信息核查申请人有关信用情况，防范信用风险

续表

序号	中介服务事项名称	涉及的审批事项项目名称	审批部门	中介服务设定依据	中介服务实施机构	处理决定
132	中央储备粮代储资格申请人资信证明	中央储备粮代储资格认定	国家粮食局	《中央储备粮代储资格认定办法实施细则》(国家粮食局公告2010年第8号)	金融机构	不再要求申请人提供资信证明
133	中央储备粮代储资格申请人财务审计	中央储备粮代储资格认定	国家粮食局	《中央储备粮代储资格认定办法实施细则》(国家粮食局公告2010年第8号)	会计师事务所或者审计事务所及其他具有相关资格的审计机构	不再要求申请人提供财务审计报告
134	国防科技工业固定资产投资项目招标代理	国防科技工业固定资产投资项目审批	国家国防科工局	《国防科技工业固定资产投资项目招标投标管理暂行办法》(科工计〔2008〕39号) 《国防科技工业固定资产投资项目招标投标管理暂行办法实施细则》(科工财审〔2012〕1402号)	具有相应资质的招投标代理单位	申请人可按要求自行开展项目招标,也可委托有关机构代理招标,审批部门不得以任何形式要求申请人必须委托特定中介机构提供服务

续表

序号	中介服务事项名称	涉及的审批事项项目名称	审批部门	中介服务设定依据	中介服务实施机构	处理决定
135	国防科技工业保密技防设施建设项目可行性研究阶段技术方案评价	国防科技工业固定资产投资项目审批	国家国防科工局	《关于保密技防设施建设项目可行性研究阶段开展技术方案评价的通知》(局计函〔2009〕145号)	国家国防科工局保密资格审查认证中心	不再要求申请人提供技术方案评价报告,改由审批部门委托有关机构开展技术方案评价
136	国防科技工业核设施实物保护建设项目(内容)可行性研究阶段技术方案评价	国防科技工业固定资产投资项目审批	国家国防科工局	《关于核设施实物保护建设项目可行性研究阶段开展技术方案评价的通知》(局计函〔2012〕244号)	国家核安保技术中心	不再要求申请人提供技术方案评价报告,改由审批部门委托有关机构开展技术方案评价
137	外商投资设立烟草专卖生产企业非货币资产价值评估	外商投资设立烟草专卖生产企业审批	国家烟草局	注:审批工作中要求申请人委托有关机构编制非货币资产价值评估报告	会计师事务所	不再要求申请人提供非货币资产价值评估报告
138	烟草制品生产企业为扩大生产能力进行基本建设或者技术改造项目申请报告编制	烟草制品生产企业为扩大生产能力进行基本建设或者技术改造审批	国家烟草局	《政府核准投资项目管理办法》(国家发展改革委令2014年第11号)	具有甲级资质的咨询单位	申请人可按要求自行编制项目申请报告,也可委托有关机构编制,审批部门不得以任何形式要求申请人必须委托特定中介机构提供服务;保留审批部门现有的项目申请报告技术评估、评审

续表

序号	中介服务事项名称	涉及的审批事项项目名称	审批部门	中介服务设定依据	中介服务实施机构	处理决定
139	卷烟、烟用二醋酸纤维素及丝束项目申请报告编制	卷烟、烟用二醋酸纤维素及丝束项目核准	国家烟草局	《中华人民共和国企业国有资产法》 《企业国有资产评估管理暂行办法》(国务院国资委令第12号) 《烟草行业国有资产监督管理办法》(财建〔2012〕635号) 《中国烟草总公司国有资产管理办法》(中烟办〔2012〕276号)	具有甲级资质的咨询单位	申请人可按要求自行编制项目申请报告,也可委托有关机构编制,审批部门不得以任何形式要求申请人必须委托特定中介机构提供服务;保留审批部门现有的项目申请报告技术评估、评审
140	海洋石油勘探开发化学消油剂性能检验	海洋石油勘探开发化学消油剂使用核准	国家海洋局	注:审批工作中要求申请人委托有关机构开展化学消油剂性能检验	行政主管部门认可的有资质的实验室	不再要求申请人提供化学消油剂性能检验报告;审批部门按要求开展监督和检查
141	领海基点保护范围内工程建设项目论证报告书编制	海岛领海基点保护范围内确需进行以保护领海基点为目的的工程建设项目审批	国家海洋局	注:审批工作中要求申请人委托有关机构编制领海基点保护范围内工程建设项目论证报告书	具备领海基点保护范围内工程建设项目论证报告书编制能力的机构	申请人可按要求自行编制项目论证报告书,也可委托有关机构编制,审批部门不得以任何形式要求申请人必须委托特定中介机构提供服务;保留审批部门现有的项目论证报告书技术评估、评审

续表

序号	中介服务事项名称	涉及的审批事项项目名称	审批部门	中介服务设定依据	中介服务实施机构	处理决定
142	南极考察活动环境影响评估报告编制	南、北极考察活动审批	国家海洋局	注：审批工作中要求申请人委托有关机构编制环境影响评估报告	具备开展南北极考察活动环境影响评估报告编制能力的机构	申请人可按要求自行编制环境影响评估报告，也可委托有关机构编制，审批部门不得以任何形式要求申请人必须委托特定中介机构提供服务；保留审批部门现有的环境影响评估报告技术评估、评审
143	填海项目竣工验收测量	填海项目竣工验收	国家海洋局	《填海项目竣工海域使用验收管理办法》（国海发〔2007〕16号） 《国务院办公厅关于印发国家海洋局主要职责内设机构和人员编制规定的通知》（国办发〔2013〕52号）	具有海洋测绘资质的技术单位	申请人可按要求自行编制填海项目竣工验收测量报告，也可委托有关机构编制，审批部门不得以任何形式要求申请人必须委托特定中介机构提供服务；保留审批部门现有的填海项目竣工验收测量报告技术评估、评审

续表

序号	中介服务事项名称	涉及的审批事项项目名称	审批部门	中介服务设定依据	中介服务实施机构	处理决定
144	海域使用论证	海域使用权审核	国家海洋局	《国务院对确需保留的行政审批项目设定行政许可的决定》(国务院令第412号) 注:审批工作中要求申请人委托有关机构编制海洋使用论证报告	具有海域使用论证资质的单位	申请人可按要求自行编制海域使用论证报告,也可委托有关机构编制,审批部门不得以任何形式要求申请人必须委托特定中介机构提供服务;保留审批部门现有的海域使用论证报告技术评估、评审
145	废弃物特性和成分检验	废弃物海洋倾倒许可证核发	国家海洋局	《委托签发废弃物海洋倾倒许可证管理办法》(国土资源部令第25号) 注:审批工作中要求申请人委托有关机构编制废弃物特性和成分检验报告	符合中国计量认证(CMA)资质要求的机构	不再要求申请人提供废弃物特性和成分检验报告,改由审批部门委托有关机构开展废弃物特性和成分检验

续表

序号	中介服务事项名称	涉及的审批事项项目名称	审批部门	中介服务设定依据	中介服务实施机构	处理决定
146	临时性海洋倾倒区选划报告编制	临时性海洋倾倒区审批	国家海洋局	《倾倒区管理暂行规定》（国海发〔2003〕23 号）	主管部门认可的选划技术单位	不再要求申请人提供临时性海洋倾倒区选划报告，改由审批部门委托有关机构开展临时性海洋倾倒区选划论证
147	海洋石油勘探开发含油钻井泥浆和钻屑样品检验	海洋石油勘探开发含油钻井泥浆和钻屑向海中排放审批	国家海洋局	《中华人民共和国海洋石油勘探开发环境保护管理条例实施办法》（国家海洋局令第 1 号） 注：审批工作中要求申请人委托有关机构编制含油钻井泥浆和钻屑样品检验报告	符合中国计量认证（CMA）资质要求的机构	不再要求申请人提供含油钻井泥浆和钻屑样品检验报告，改由审批部门委托有关机构开展含油钻井泥浆和钻屑样品检验
148	铁路运输基础设备生产申请企业产品质量检测、检验	铁路运输基础设备生产企业审批	国家铁路局	《铁路安全管理条例》（国务院令第 639 号） 《铁路运输基础设备生产企业审批办法》（交通运输部令 2013 年第 21 号）	国家认监委认证的第三方专业技术机构	不再要求申请人提供产品质量检测、检验报告，改由审批部门委托有关机构开展产品质量检测、检验

续表

序号	中介服务事项名称	涉及的审批事项项目名称	审批部门	中介服务设定依据	中介服务实施机构	处理决定
149	铁路机车车辆驾驶资格考试	铁路机车车辆驾驶人员资格许可	国家铁路局	《铁路安全管理条例》(国务院令第639号) 《铁路机车车辆驾驶人员资格许可办法》(交通运输部令2013年第14号) 注:审批工作中要求申请人委托有关考试机构提供考试服务	国家铁路局铁路机车车辆驾驶员资格考试中心	不再要求申请人委托考试机构提供考试服务,改由审批部门委托有关机构对申请人进行考试
150	动车组驾驶适应性测试	铁路机车车辆驾驶人员资格许可	国家铁路局	《铁路安全管理条例》(国务院令第639号) 《铁路机车车辆驾驶人员资格许可办法》(交通运输部令2013年第14号)	具备相应测试条件和专业能力的测试机构	不再要求申请人委托有关机构提供动车组驾驶适应性测试服务,改由审批部门委托有关机构向申请人提供动车组驾驶适应性测试服务

续表

序号	中介服务事项名称	涉及的审批事项项目名称	审批部门	中介服务设定依据	中介服务实施机构	处理决定
151	外航在华设立机构的批准和延长手续代办	外航驻华常设机构设立审批	中国民航局	《外国航空运输企业常驻代表机构审批管理办法》(民航总局令第165号) 注:审批工作中要求申请人委托有关机构提供代办服务	中国民航局国际合作服务中心	申请人可自行办理有关手续,也可委托有关机构代办;审批部门不得以任何形式要求申请人必须委托特定中介机构提供服务
152	境外飞行员执照确认	航空人员资格认定	中国民航局	《民用航空器驾驶员和地面教员合格审定规则》(中国民航局令第224号) 注:审批工作中要求申请人委托有关机构提供执照确认服务	中国民航科学技术研究院	不再要求申请人提供执照确认材料,改由审批部门根据申请人执业和护照信息委托有关机构开展执照确认
153	民航空中交通通信导航监视设备合格审定	民航通信导航监视设备使用许可和导航设备开放运行许可	中国民航局	《中华人民共和国民用航空法》 《中华人民共和国飞行基本规则》(国务院、中央军委令第288号) 《民用航空通信导航监视工作规则》(中国民航局令第226号) 注:审批工作中要求申请人委托有关机构开展设备合格审定	中国民航局空中交通管理局技术中心、民航第二研究所(中国民航局测试中心)	不再要求申请人提供民航空中交通通信导航监视设备合格审定材料,改由审批部门委托有关机构开展民航空中交通通信导航监视设备合格审定

续表

序号	中介服务事项名称	涉及的审批事项项目名称	审批部门	中介服务设定依据	中介服务实施机构	处理决定
154	民航无线电台（站）坐标测量	民航无线电台（站）址审批、频率及呼号指配、航空器电台执照核发	中国民航局	《中华人民共和国无线电管理条例》（国务院、中央军委令第128号） 《民用机场管理条例》（国务院令第553号） 注：审批工作中要求申请人委托有关机构编制无线电台（站）坐标测量报告	具有测绘资质的单位	不再要求申请人提供民航无线电台（站）坐标测量报告，改由审批部门委托有关机构开展民航无线电台（站）坐标测量
155	民航无线电台（站）电磁环境测试	民航无线电台（站）址审批、频率及呼号指配、航空器电台执照核发	中国民航局	《中华人民共和国无线电管理条例》（国务院、中央军委令第128号） 注：审批工作中要求申请人委托有关机构编制无线电台（站）电磁环境测试报告	具有电磁环境测试资质的单位	不再要求申请人提供民航无线电台（站）电磁环境测试报告，改由审批部门委托有关机构开展民航无线电台（站）电磁环境测试
156	飞行模拟设备技术鉴定	用于民用航空器驾驶员训练、考试或检查的飞机模拟机、飞行训练器鉴定审批	中国民航局	《飞行模拟设备的鉴定和使用规则》（民航总局令第141号） 注：审批工作中要求申请人委托有关机构开展飞行模拟设备技术鉴定	中国民航科学技术研究院	不再要求申请人提供飞行模拟设备技术鉴定报告，改由审批部门委托有关机构开展飞行模拟设备技术鉴定

续表

序号	中介服务事项名称	涉及的审批事项项目名称	审批部门	中介服务设定依据	中介服务实施机构	处理决定
157	民航安检设备鉴定检测	民用航空安全检查仪器设备使用许可	中国民航局	《中国民用航空安全检查设备管理规定》(民航发〔2012〕23号)	中国民航局航空安全技术中心民航安全检查设备鉴定办公室	不再要求申请人提供民航安检设备鉴定检测报告,改由审批部门委托有关机构开展民航安检设备鉴定检测
158	仿印邮票图案及其制品材质鉴定	仿印邮票图案及其制品审批	国家邮政局	《国家邮政局关于进一步做好仿印邮票图案及其制品审批工作的若干意见》(国邮发〔2015〕87号)	珠宝玉石及贵金属专业检测机构	不再要求申请人提供仿印邮票图案及其制品的材质鉴定报告
159	全国重点文物保护单位修缮方案编制	全国重点文物保护单位修缮审批	国家文物局	《中华人民共和国文物保护法》 《文物保护工程管理办法》(文化部令第26号)	中国文化遗产研究院、中国城市规划设计研究院等单位	申请人可按要求自行编制全国重点文物保护单位修缮方案,也可委托有关机构编制,审批部门不得以任何形式要求申请人必须委托特定中介机构提供服务;保留审批部门现有的修缮方案技术评估、评审

续表

序号	中介服务事项名称	涉及的审批事项项目名称	审批部门	中介服务设定依据	中介服务实施机构	处理决定
160	建设单位在省级和全国重点文物保护单位保护范围内作业需委托开展的考古勘探发掘	省级和全国重点文物保护单位保护范围内其他建设工程或者爆破、钻探、挖掘等作业审批	国家文物局	《中华人民共和国文物保护法》	考古发掘单位、科研事业单位	不再要求申请人委托有关机构开展考古勘探发掘，改由审批部门委托有关机构开展考古勘探发掘
161	建设单位在全国重点文物保护单位控制地带内进行建设工程需委托开展的考古勘探发掘	全国重点文物保护单位建设控制地带内建设工程设计方案审批	国家文物局	《中华人民共和国文物保护法》	考古发掘单位、科研事业单位	不再要求申请人委托有关机构开展考古勘探发掘，改由审批部门委托有关机构开展考古勘探发掘
162	境内机构（不含商业银行）向境外提供商业贷款财务审计	境内机构（不含商业银行）向境外提供商业贷款审批与登记	国家外汇局	《中华人民共和国外汇管理条例》（国务院令第193号，1997年1月4日、2008年8月5日予以修改）《国家外汇管理局关于境内企业境外放款外汇管理有关问题的通知》（汇发〔2009〕24号）	会计师事务所	不再要求申请人提供借款人财务审计报告；审批部门严格审核申请人财务报告，督促申请人按年度办理境外直接投资存量权益登记，加强对申请人的事后监管

续表

序号	中介服务事项名称	涉及的审批事项项目名称	审批部门	中介服务设定依据	中介服务实施机构	处理决定
163	境内直接投资项下外汇登记清算审计	境内直接投资项下外汇登记核准	国家外汇局	《中华人民共和国外汇管理条例》(国务院令第193号,1997年1月4日、2008年8月5日予以修改) 《国家外汇管理局关于印发〈外国投资者境内直接投资外汇管理规定〉及配套文件的通知》(汇发〔2013〕21号) 注:审批工作中要求申请人委托有关机构编制清算审计报告	会计师事务所	不再要求申请人提供清算审计报告;审批部门严格审核申请人清算报告,通过电子化信息系统加强对相关跨境资金流动的事中事后监管
164	外资股东持股情况变化证明	境内直接投资项下外汇登记核准	国家外汇局	《中华人民共和国外汇管理条例》(国务院令第193号,1997年1月4日、2008年8月5日予以修改) 《国家外汇管理局关于印发〈外国投资者境内直接投资外汇管理规定〉及配套文件的通知》(汇发〔2013〕21号) 注:审批工作中要求申请人委托有关机构出具外资股东持股情况变化证明	证券登记结算机构	不再要求申请人提供外资股东持股情况变化证明;审批部门严格审核申请人提供的外资股东持股情况变化材料,并通过电子化信息系统加强对相关跨境资金流动的事中事后监管

续表

序号	中介服务事项名称	涉及的审批事项项目名称	审批部门	中介服务设定依据	中介服务实施机构	处理决定
165	货币出资确认申请表编制	境内直接投资项下外汇登记核准	国家外汇局	《中华人民共和国外汇管理条例》(国务院令第193号,1997年1月4日、2008年8月5日予以修改) 《国家外汇管理局关于印发〈外国投资者境内直接投资外汇管理规定〉及配套文件的通知》(汇发〔2013〕21号) 注:审批工作中要求申请人委托有关机构编制货币出资确认申请表	会计师事务所	不再要求申请人委托会计师事务所编制货币出资确认申请表;审批部门严格审核申请人提供的货币出资确认有关材料,并通过电子化信息系统加强对相关跨境资金流动的事中事后监管
166	境内直接投资出资确认申请表编制	境内直接投资项下外汇登记核准	国家外汇局	《中华人民共和国外汇管理条例》(国务院令第193号,1997年1月4日、2008年8月5日予以修改) 《国家外汇管理局关于印发〈外国投资者境内直接投资外汇管理规定〉及配套文件的通知》(汇发〔2013〕21号) 注:审批工作中要求申请人委托有关机构编制境内直接投资出资确认申请表	会计师事务所	不再要求申请人委托会计师事务所编制境内直接投资出资确认申请表;审批部门严格审核申请人提供的境内直接投资出资确认有关材料,并通过电子化信息系统加强对相关跨境资金流动的事中事后监管

续表

序号	中介服务事项名称	涉及的审批事项项目名称	审批部门	中介服务设定依据	中介服务实施机构	处理决定
167	外国投资者非货币出资无形资产价值评估报告编制	境内直接投资项下外汇登记核准	国家外汇局	《中华人民共和国外汇管理条例》(国务院令第193号,1997年1月4日、2008年8月5日予以修改) 《国家外汇管理局关于印发〈外国投资者境内直接投资外汇管理规定〉及配套文件的通知》(汇发〔2013〕21号) 注:审批工作中要求申请人委托有关机构编制无形资产价值评估报告	会计师事务所	不再要求申请人提供无形资产价值评估报告;审批部门通过电子化信息系统加强对相关跨境资金流动的事中事后监管
168	境外直接投资项下外汇登记清算审计	境外直接投资项下外汇登记核准	国家外汇局	《中华人民共和国外汇管理条例》(国务院令第193号,1997年1月4日、2008年8月5日予以修改) 《境内机构境外直接投资外汇管理规定》(汇发〔2009〕30号) 注:审批工作中要求申请人委托有关机构编制清算审计报告	会计师事务所	不再要求申请人提供清算审计报告;审批部门严格审核申请人提供的清算情况说明,并通过电子化信息系统加强对相关跨境资金流动的事中事后监管

续表

序号	中介服务事项名称	涉及的审批事项项目名称	审批部门	中介服务设定依据	中介服务实施机构	处理决定
169	外国投资者收购中方股权出资无形资产价值评估报告编制	境内直接投资项下外汇登记核准	国家外汇局	《中华人民共和国外汇管理条例》(国务院令第193号,1997年1月4日、2008年8月5日予以修改) 《国家外汇管理局关于印发〈外国投资者境内直接投资外汇管理规定〉及配套文件的通知》(汇发〔2013〕21号) 注:审批工作中要求申请人委托有关机构编制无形资产价值评估报告	会计师事务所	不再要求申请人提供无形资产价值评估报告;审批部门通过电子化信息系统加强对相关跨境资金流动的事中事后监管
170	非银行金融机构外方股东减(撤)资购付汇核准所需的验资	资本项目外汇资金汇出境外的购付汇核准	国家外汇局	《中华人民共和国外汇管理条例》(国务院令第193号,1997年1月4日、2008年8月5日予以修改) 《国家外汇管理局关于外资参股基金管理公司有关外汇管理问题的通知》(汇发〔2003〕44号)	会计师事务所	不再要求申请人提供验资和审计报告;审批部门严格审核申请人提供的资金入账材料,并通过电子化信息系统加强对相关跨境资金流动的事中事后监管

续表

序号	中介服务事项名称	涉及的审批事项项目名称	审批部门	中介服务设定依据	中介服务实施机构	处理决定
171	非银行金融机构外方股东减(撤)资购付汇审计	资本项目外汇资金汇出境外的购付汇核准	国家外汇局	《中华人民共和国外汇管理条例》(国务院令第193号,1997年1月4日、2008年8月5日予以修改)《国家外汇管理局关于外资参股基金管理公司有关外汇管理问题的通知》(汇发〔2003〕44号)	会计师事务所	不再要求申请人提供审计报告;审批部门通过电子化信息系统加强对相关跨境资金流动的事中事后监管
172	非银行金融机构中方股东受让外方股权购付汇审计或资产评估	资本项目外汇资金汇出境外的购付汇核准	国家外汇局	《中华人民共和国外汇管理条例》(国务院令第193号,1997年1月4日、2008年8月5日予以修改)《国家外汇管理局关于外资参股基金管理公司有关外汇管理问题的通知》(汇发〔2003〕44号) 注:审批工作中要求申请人委托有关机构编制审计或资产评估报告	会计师事务所	不再要求申请人提供审计报告或资产评估报告;审批部门通过电子化信息系统加强对相关跨境资金流动的事中事后监管

续表

序号	中介服务事项名称	涉及的审批事项项目名称	审批部门	中介服务设定依据	中介服务实施机构	处理决定
173	非银行金融机构中方股东向外方股东转让股权结汇审计或资产评估	资本项目外汇资金结汇核准	国家外汇局	《中华人民共和国外汇管理条例》(国务院令第193号,1997年1月4日、2008年8月5日予以修改) 《国家外汇管理局关于外资参股基金管理公司有关外汇管理问题的通知》(汇发〔2003〕44号) 注:审批工作中要求申请人委托有关机构编制审计或资产评估报告	会计师事务所	不再要求申请人提供审计报告或资产评估报告;审批部门通过电子化信息系统加强对相关跨境资金流动的事中事后监管
174	非银行金融机构(不含保险公司)外汇利润结汇核准所需的财务报表审计	资本项目外汇资金结汇核准	国家外汇局	《中华人民共和国外汇管理条例》(国务院令第193号,1997年1月4日、2008年8月5日予以修改) 《国家外汇管理局关于下放部分资本项目外汇业务审批权限有关问题的通知》(汇发〔2005〕63号) 注:审批工作中要求申请人提供经会计师事务所审计的财务报表	会计师事务所	不再要求申请人提供经审计的财务报表;审批部门严格审核申请人提供的财务报告,并通过电子化信息系统加强对相关跨境资金流动的事中事后监管

续表

序号	中介服务事项名称	涉及的审批事项项目名称	审批部门	中介服务设定依据	中介服务实施机构	处理决定
175	非银行金融机构(不含保险公司)外汇与人民币资产不匹配的购汇、结汇审批所需的财务报表审计	金融机构外汇与人民币资产不匹配的购汇、结汇审批	国家外汇局	《中华人民共和国外汇管理条例》(国务院令第193号,1997年1月4日、2008年8月5日予以修改) 《非银行金融机构外汇业务管理规定》(国家外汇局1993年1月1日发布) 《境内企业内部成员外汇资金集中运营管理规定》(汇发〔2009〕49号)	会计师事务所	不再要求申请人提供经审计的财务报表;审批部门严格审核申请人提供的财务报告,并通过电子化信息系统加强对相关跨境资金流动的事中事后监管
176	制作、复制国家秘密载体定点单位质量管理体系认证	制作、复制国家秘密载体定点单位甲级资质认定(制作、复制、维修、销毁国家秘密载体定点单位甲级资质认定的子项)	国家保密局	《国家秘密载体印制资质管理办法》(国保发〔2012〕7号) 注:审批工作中要求申请人委托有关机构出具质量管理体系认证材料	相应认证机构	不再要求申请人提供质量管理体系认证材料;审批部门完善标准,严格年审制度,开展经常性保密检查,督促资质单位执行保密规定

续表

序号	中介服务事项名称	涉及的审批事项项目名称	审批部门	中介服务设定依据	中介服务实施机构	处理决定
177	制作、复制国家秘密载体定点单位环境管理体系认证	制作、复制国家秘密载体定点单位甲级资质认定（制作、复制、维修、销毁国家秘密载体定点单位甲级资质认定的子项）	国家保密局	《国家秘密载体印制资质管理办法》（国保发〔2012〕7号） 注：审批工作中要求申请人委托有关机构出具环境管理体系认证材料	相应认证机构	不再要求申请人提供环境管理体系认证材料；审批部门完善标准，严格年审制度，开展经常性保密检查，督促资质单位执行保密规定
178	制作、复制国家秘密载体定点单位职业健康安全管理体系认证	制作、复制国家秘密载体定点单位甲级资质认定（制作、复制、维修、销毁国家秘密载体定点单位甲级资质认定的子项）	国家保密局	《国家秘密载体印制资质管理办法》（国保发〔2012〕7号） 注：审批工作中要求申请人委托有关机构出具职业健康安全管理体系认证材料	相应认证机构	不再要求申请人提供职业健康安全管理体系认证材料；审批部门完善标准，严格年审制度，开展经常性保密检查，督促资质单位执行保密规定

续表

序号	中介服务事项名称	涉及的审批事项项目名称	审批部门	中介服务设定依据	中介服务实施机构	处理决定
179	制作、复制国家秘密载体定点单位信息安全管理体系认证	制作、复制国家秘密载体定点单位甲级资质认定（制作、复制、维修、销毁国家秘密载体定点单位甲级资质认定的子项）	国家保密局	注：审批工作中要求申请人委托有关机构出具信息安全管理体系认证材料	相应认证机构	不再要求申请人提供信息安全管理体系认证材料；审批部门完善标准，严格年审制度，开展经常性保密检查，督促资质单位执行保密规定
180	申请涉密信息系统集成单位甲级资质所需的计算机信息系统集成企业资质认定	涉密信息系统集成单位甲级资质认定	国家保密局	《涉密信息系统集成资质管理办法》（国保发〔2013〕7号） 注：审批工作中要求申请人委托有关机构出具计算机信息系统集成企业资质认定材料	中国电子信息行业联合会	不再要求申请人提供计算机信息系统集成企业资质认定材料；审批部门完善标准，按要求开展现场审查

续表

序号	中介服务事项名称	涉及的审批事项项目名称	审批部门	中介服务设定依据	中介服务实施机构	处理决定
181	申请涉密信息系统集成单位甲级资质所需的软件企业认定和软件产品登记	涉密信息系统集成单位甲级资质认定	国家保密局	《涉密信息系统集成资质管理办法》（国保发〔2013〕7号） 注：审批工作中要求申请人委托有关机构出具软件企业认定和软件产品登记材料	中国软件行业协会	不再要求申请人开展软件企业认定和软件产品登记；审批部门完善标准，按要求开展现场审查
182	申请涉密信息系统集成单位甲级资质所需的信息技术服务标准认证	涉密信息系统集成单位甲级资质认定	国家保密局	《涉密信息系统集成资质管理办法》（国保发〔2013〕7号） 注：审批工作中要求申请人委托有关机构出具信息技术服务标准认证材料	全国信息技术标准化技术委员会	不再要求申请人提供信息技术服务标准认证材料；审批部门完善标准，按要求开展现场审查
183	申请涉密信息系统集成单位甲级资质所需的安全技术防范资质认定	涉密信息系统集成单位甲级资质认定	国家保密局	《涉密信息系统集成资质管理办法》（国保发〔2013〕7号） 注：审批工作中要求申请人委托有关机构出具安全技术防范资质认定材料	省级安全技术防范行业协会	不再要求申请人提供安全技术防范资质认定材料；审批部门完善标准，按要求开展现场审查

续表

序号	中介服务事项名称	涉及的审批事项项目名称	审批部门	中介服务设定依据	中介服务实施机构	处理决定
184	申请涉密信息系统集成单位甲级资质所需的安防工程企业资质认定	涉密信息系统集成单位甲级资质认定	国家保密局	《涉密信息系统集成资质管理办法》(国保发〔2013〕7号) 注:审批工作中要求申请人委托有关机构出具安防工程企业资质认定材料	中国安全防范产品协会	不再要求申请人提供安防工程企业资质认定材料;审批部门完善标准,按要求开展现场审查
185	申请涉密信息系统集成单位甲级资质所需的信息系统工程监理单位资质认定	涉密信息系统集成单位甲级资质认定	国家保密局	《涉密信息系统集成资质管理办法》(国保发〔2013〕7号) 注:审批工作中要求申请人委托有关机构出具信息系统工程监理单位资质认定材料	中国电子信息行业联合会	不再要求申请人提供信息系统工程监理单位资质认定材料;审批部门完善标准,按要求开展现场审查
186	商用密码产品生产单位财务审计	商用密码产品生产单位审批	国家密码局	《商用密码管理条例》(国务院令第273号) 《商用密码产品生产管理规定》(国家密码局公告第5号) 注:审批工作中要求申请人委托有关机构编制财务审计报告	会计师事务所	不再要求申请人提供财务审计报告

续表

序号	中介服务事项名称	涉及的审批事项项目名称	审批部门	中介服务设定依据	中介服务实施机构	处理决定
187	商用密码产品质量检测机构实验室认可	商用密码产品质量检测机构审批	国家密码局	《商用密码管理条例》(国务院令第273号) 注:审批工作中要求申请人委托有关机构开展实验室认可	中国合格评定国家认可委员会	不再要求申请人提供实验室认可证书;审批部门完善标准,按要求开展现场核查
188	商用密码产品例行试验和环境适应性报告编制	商用密码产品品种和型号审批	国家密码局	《商用密码管理条例》(国务院令第273号) 《商用密码产品生产管理规定》(国家密码局公告第5号) 注:审批工作中要求申请人委托有关机构编制例行试验和环境适应性报告	有相关资质的第三方检测机构	申请人可按要求自行编制商用密码产品例行试验和环境适应性报告,也可委托有关机构编制,审批部门不得以任何形式要求申请人必须委托特定中介机构提供服务;审批部门完善标准,按要求加强核查
189	商用密码产品检测	商用密码产品品种和型号审批	国家密码局	《商用密码管理条例》(国务院令第273号) 《商用密码产品生产管理规定》(国家密码局公告第5号)	国家密码局商用密码检测中心	不再要求申请人提供商用密码产品检测报告,改由审批部门委托有关机构开展商用密码产品检测

续表

序号	中介服务事项名称	涉及的审批事项项目名称	审批部门	中介服务设定依据	中介服务实施机构	处理决定
190	商用密码出口型产品检测	商用密码产品出口许可	国家密码局	《商用密码管理条例》(国务院令第273号) 注:审批工作中要求申请人委托有关机构编制出口型产品检测报告	国家密码局商用密码检测中心	不再要求申请人提供商用密码出口型产品检测报告,改由审批部门委托有关机构开展商用密码出口型产品检测
191	电子认证服务系统互联互通测试	电子认证服务使用密码许可	国家密码局	《中华人民共和国电子签名法》 《电子认证服务密码管理办法》(国家密码局公告第17号) 注:审批工作中要求申请人委托有关机构编制互联互通测试报告	国家密码局商用密码检测中心	不再要求申请人提供电子认证服务系统互联互通测试报告,改由审批部门委托有关机构开展电子认证服务系统互联互通测试
192	机房屏蔽效能检测	电子认证服务使用密码许可	国家密码局	《中华人民共和国电子签名法》 《电子认证服务密码管理办法》(国家密码局公告第17号) 注:审批工作中要求申请人委托有关机构编制机房屏蔽效能检测报告	中国人民解放军信息安全测评认证中心,中国计量科学研究院,安全、保密有关测评部门	不再要求申请人提供机房屏蔽效能检测报告,改由审批部门委托有关机构开展机房屏蔽效能检测

国务院关于整合调整餐饮服务场所的公共场所卫生许可证和食品经营许可证的决定

（2016年2月3日　国发〔2016〕12号）

为贯彻落实简政放权、放管结合、优化服务协同推进的部署，减少对餐饮企业重复发证、重复监管，切实减轻企业负担，同时进一步明确和强化监管责任，保障食品安全，现作出如下决定：

一、取消餐饮服务场所公共场所卫生许可证

取消地方卫生部门对饭馆、咖啡馆、酒吧、茶座4类公共场所核发的卫生许可证，有关食品安全许可内容整合进食品药品监管部门核发的食品经营许可证，由食品药品监管部门一家许可、统一监管。

二、规范和改进食品经营许可证管理

取消餐饮服务场所的公共场所卫生许可证后，各级食品药品监管部门要切实落实对餐饮企业的监管责任，进一步规范食品经营许可证审批和发放行为，依法依规依标准进行事前审查，编制服务指南，制定内部审查细则，优化审批流程，缩短审批时限，实行办理时限承诺制，着力提高办证效率。

三、加强对餐饮服务场所的事中事后监管

地方食品药品监管部门要加强对餐饮服务场所的监管，改进监管方式，建立信用体系，完善科学的抽查制度、责任追溯制度、黑名单制度和市场退出机制等，确保餐饮服务场所食品安全。食品药品监管部门接到传染病疫情及隐患的报告后，要及时向卫生部门通报。卫生部门要主动监测、收集、分析、调查、核实相关传染病疫情，依据传染病防治法等法律法规指导采取预防和应对措施。

卫生计生委、食品药品监管总局要联合制定具体实施办法，明确各地整合调整工作具体完成时限，对涉及的部门规章等进行清理修订。国务院办公厅将适时组织督查，督促各地在规定时限内落实改革要求。

本决定自印发之日起施行，已有规定与本决定不一致的，按照本决定执行。

国务院关于加强农村留守儿童关爱保护工作的意见

（2016年2月4日　国发〔2016〕13号）

近年来，随着我国经济社会发展和工业化、城镇化进程推进，一些地方农村劳动力为改善家庭经济状况、寻求更好发展，走出家乡务工、创业，但受工作不稳定和居住、教育、照料等客观条件限制，有的选择将未成年子女留在家乡交由他人监护照料，导致大量农村留守儿童出现。农村劳动力外出务工为我国经济建设作出了积极贡献，对改善自身家庭经济状况起到了重要作用，客观上为子女的教育和成长创造了一定的物质基础和条件，但也导致部分儿童与父母长期分离，缺乏亲情关爱和有效监护，出现心理健康问题甚至极端行为，遭受意外伤害甚至不法侵害。这些问题严重影响儿童健康成长，影响社会和谐稳定，各方高度关注，社会反响强烈。进一步加强农村留守儿童关爱保护工作，为广大农村留守儿童健康成长创造更好的环境，是一项重要而紧迫的任务。现提出以下意见：

一、充分认识做好农村留守儿童关爱保护工作的重要意义

留守儿童是指父母双方外出务工或一方外出务工另一方无监护能力、不满十六周岁的未成年人。农村留守儿童问题是我国经济社会发展中的阶段性问题，是我国城乡发展不均衡、公共服务不均等、社会保障不完善等问题的深刻反映。近年来，各地区、各有关部门积极开展农村留守儿童关爱保护工作，对促进广大农村留守儿童健康成长起到了积极作用，但工作中还存在一些薄弱环节，突出表现在家庭监护缺乏监督指导、关爱服务体系不完善、救助保护机制不健全等方面，农村留守儿童关爱保护工作制度化、规范化、机制化建设亟待加强。

农村留守儿童和其他儿童一样是祖国的未来和希望，需要全社会的共同关心。做好农村留守儿童关爱保护工作，关系到未成年人健康成长，关系到家庭幸福与社会和谐，关系到全面建成小康社会大局。党中央、国务院对做好农村留守儿童关爱保护工作高度重视。加强农村留守儿童关爱保护工作、维护未成年人合法权益，是各级政府的重要职责，也是家庭和全社会的共同责任。各地区、各有关部门要充分认识加强农村留守儿童关爱保护工作的重要性和紧迫性，增强责任感和使命感，加大工作力度，采取有效措施，确保农村留守儿童得到妥善监护照料和更好关爱保护。

二、总体要求

(一)指导思想。全面落实党的十八大和十八届二中、三中、四中、五中全会精神，深入贯彻习近平总书记系列重要讲话精神，按照国务院决策部署，以促进未成年人健康成长为出发点和落脚点，坚持依法保护，不断健全法律法规和制度机制，坚持问题导向，强化家庭监护主体责任，加大关爱保护力度，逐步减少儿童留守现象，确保农村留守儿童安全、健康、受教育等权益得到有效保障。

(二)基本原则。

坚持家庭尽责。落实家庭监护主体责任，监护人要依法尽责，在家庭发展中首先考虑儿童利益；加强对家庭监护和委托监护的督促指导，确保农村留守儿童得到妥善监护照料、亲情关爱和家庭温暖。

坚持政府主导。把农村留守儿童关爱保护工作作为各级政府重要工作内容，落实县、乡镇人民政府属地责任，强化民政等有关部门的监督指导责任，健全农村留守儿童关爱服务体系和救助保护机制，切实保障农村留守儿童合法权益。

坚持全民关爱。充分发挥村(居)民委员会、群团组织、社会组织、专业社会工作者、志愿者等各方面积极作用，着力解决农村留守儿童在生活、监护、成长过程中遇到的困难和问题，形成全社会关爱农村留守儿童的良好氛围。

坚持标本兼治。既立足当前，完善政策措施，健全工作机制，着力解决农村留守儿童监护缺失等突出问题；又着眼长远，统筹城乡发展，从根本上解决儿童留守问题。

(三)总体目标。家庭、政府、学校尽职尽责，社会力量积极参与的农村留守儿童关爱保护工作体系全面建立，强制报告、应急处置、评估帮扶、监护干预等农村留守儿童救助保护机制有效运行，侵害农村留守儿童权益的事件得到有效遏制。到2020年，未成年人保护法律法规和制度体系更加健全，全社会关爱保护儿童的意识普遍增强，儿童成长环境更为改善、安全更有保障，儿童留守现象明显减少。

三、完善农村留守儿童关爱服务体系

(一)强化家庭监护主体责任。父母要依法履行对未成年子女的监护职责和抚养义务。外出务工人员要尽量携带未成年子女共同生活或父母一方留家照料，暂不具备条件的应当委托有监护能力的亲属或其他成年人代为监护，不得让不满十六周岁的儿童脱离监护单独居住生活。外出务工人员要与留守未成年子女常联系、多见面，及时了解掌握他们的生活、学习和心理状况，给予更多亲情关爱。父母或受委托监护人不履行监护职责的，村（居）民委员会、公安机关和有关部门要及时予以劝诫、制止；情节严重或造成严重后果的，公安等有关机关要依法追究其责任。

（二）落实县、乡镇人民政府和村（居）民委员会职责。县级人民政府要切实加强统筹协调和督促检查，结合本地实际制定切实可行的农村留守儿童关爱保护政策措施，认真组织开展关爱保护行动，确保关爱保护工作覆盖本行政区域内所有农村留守儿童。乡镇人民政府（街道办事处）和村（居）民委员会要加强对监护人的法治宣传、监护监督和指导，督促其履行监护责任，提高监护能力。村（居）民委员会要定期走访、全面排查，及时掌握农村留守儿童的家庭情况、监护情况、就学情况等基本信息，并向乡镇人民政府（街道办事处）报告；要为农村留守儿童通过电话、视频等方式与父母联系提供便利。乡镇人民政府（街道办事处）要建立翔实完备的农村留守儿童信息台账，一人一档案，实行动态管理、精准施策，为有关部门和社会力量参与农村留守儿童关爱保护工作提供支持；通过党员干部上门家访、驻村干部探访、专业社会工作者随访等方式，对重点对象进行核查，确保农村留守儿童得到妥善照料。县级民政部门及救助管理机构要对乡镇人民政府（街道办事处）、村（居）民委员会开展的监护监督等工作提供政策指导和技术支持。

（三）加大教育部门和学校关爱保护力度。县级人民政府要完善控辍保学部门协调机制，督促监护人送适龄儿童、少年入学并完成义务教育。教育行政部门要落实免费义务教育和教育资助政策，确保农村留守儿童不因贫困而失学；支持和指导中小学校加强心理健康教育，促进学生心理、人格积极健康发展，及早发现并纠正心理问题和不良行为；加强对农村留守儿童相对集中学校教职工的专题培训，着重提高班主任和宿舍管理人员关爱照料农村留守儿童的能力；会同公安机关指导和协助中小学校完善人防、物防、技防措施，加强校园安全管理，做好法治宣传和安全教育，帮助儿童增强防范不法侵害的意识、掌握预防意外伤害的安全常识。中小学校要对农村留守儿童受教育情况实施全程管理，利用电话、家访、家长会等方式加强与家长、受委托监护人的沟通交流，了解农村留守儿童生活情况和思想动态，帮助监护人掌握农村留守儿童学习情况，提升监护人责任意识和教育管理能力；及时了解无故旷课农村留守儿童情况，落实辍学学生登记、劝返复学和书面报告制度，劝返无效的，应书面报告县级教育行政部门和乡镇人民政府，依法采取措施劝返复学；帮助农村留守儿童通过电话、视频等方式加强与父母的情感联系和亲情交流。寄宿制学校要完善教职工值班制度，落实学生宿舍安全管理责任，丰富校园文化生活，引导寄宿学生积极参与体育、艺术、社会实践等活动，增强学校教育吸引力。

（四）发挥群团组织关爱服务优势。各级工会、共青团、妇联、残联、关工委等群团组织要发挥自身优势，积极为农村留守儿童提供假期日间照料、课后辅导、心理疏导等关爱服务。工会、共青团要广泛动员广大职工、团员青年、少先队员等开展多种形式的农村留守儿童关爱服务和互助活动。妇联要依托妇女之家、儿童之家等活动场所，为农村留守儿童和其他儿童提供关爱服务，加强对农村留守儿童父母、受委托监护人的家庭教育指导，引导他们及时关注农村留守儿童身心健康状况，加强亲情关爱。残联要组织开展农村留守残疾儿童康复等工作。关工委要组织动员广大老干部、老战士、老专家、老教师、老模范等离退休老同志，协同做好农村留守儿童的关爱与服务工作。

（五）推动社会力量积极参与。加快孵化培育社会工作专业服务机构、公益慈善类社会组织、志愿服务组织，民政等部门要通过政府购买服务等方式支持其深入城乡社区、学校和家庭，开展农村留守儿童监护指导、心理疏导、行为矫治、社会融入和家庭关系调适等专业服务。充分发挥市场机制作用，支持社会组织、爱心企业依托学校、社区综合服务设施举办农村留守儿童托管服务机构，财税部门要依法落实税费减免优惠政策。

四、建立健全农村留守儿童救助保护机制

（一）建立强制报告机制。学校、幼儿园、医疗机构、村（居）民委员会、社会工作服务机构、救助管理机构、福利机构及其工作人员，在工作中发现农村留守儿童脱离监护单独居住生活或失踪、监护人丧失监护能力或不履行监护责任、疑似遭受家庭暴力、疑似遭受意外伤害或不法侵害等情况的，应当在第一时间向公安机关报告。负有强制报告责任的单位和人员未履行报告义务的，其上级机关和有关部门要严肃追责。其他公民、社会组织积极向公安机关报告的，应及时给予表扬和奖励。

（二）完善应急处置机制。公安机关要及时受理有关报告，第一时间出警调查，有针对性地采取应急处置措施，强制报告责任人要协助公安机关做好调查和应急处置工作。属于农村留守儿童单独居住生活的，要责令其父母立即返回或确定受委托监护人，并对父母进行训诫；属于监护人丧失监护能力或不履行监护责任的，要联系农村留守儿童父母立即返回或委托其他亲属监护照料；上述两种情形联系不上农村留守儿童父母的，要就近护送至其他近亲属、村（居）民委员会或救助管理机构、福利机构临时监护照料，并协助通知农村留守儿童父母立即返回或重新确定受委托监护人。属于失踪的，要按照儿童失踪快速查找机制及时开展调查。属于遭受家庭暴力的，要依法制止，必要时通知并协助民政部门将其安置到临时庇护场所、救助管理机构或者福利机构实施保护;属于遭受其他不法侵害、意外伤害的,要依法制止侵害行为、实施保护;对于上述两种情形,要按照有关规定调查取证,协助其就医、鉴定伤情,为进一步采取干预措施、依法追究相关法律责任打下基础。公安机关要将相关情况及时通报乡镇人民政府(街道办事处)。

(三)健全评估帮扶机制。乡镇人民政府(街道办事处)接到公安机关通报后,要会同民政部门、公安机关在村(居)民委员会、中小学校、医疗机构以及亲属、社会工作专业服务机构的协助下,对农村留守儿童的安全处境、监护情况、身心健康状况等进行调查评估,有针对性地安排监护指导、医疗救治、心理疏导、行为矫治、法律服务、法律援助等专业服务。对于监护人家庭经济困难且符合有关社会救助、社会福利政策的,民政及其他社会救助部门要及时纳入保障范围。

(四)强化监护干预机制。对实施家庭暴力、虐待或遗弃农村留守儿童的父母或受委托监护人,公安机关应当给予批评教育,必要时予以治安管理处罚,情节恶劣构成犯罪的,依法立案侦查。对于监护人将农村留守儿童置于无人监管和照看状态导致其面临危险且经教育不改的,或者拒不履行监护职责六个月以上导致农村留守儿童生活无着的,或者实施家庭暴力、虐待或遗弃农村留守儿童导致其身心健康严重受损的,其近亲属、村(居)民委员会、县级民政部门等有关人员或者单位要依法向人民法院申请撤销监护人资格,另行指定监护人。

五、从源头上逐步减少儿童留守现象

(一)为农民工家庭提供更多帮扶支持。各地要大力推进农民工市民化,为其监护照料未成年子女创造更好条件。符合落户条件的要有序推进其本人及家属落户。符合住房保障条件的要纳入保障范围,通过实物配租公共租赁住房或发放租赁补贴等方式,满足其家庭的基本居住需求。不符合上述条件的,要在生活居住、日间照料、义务教育、医疗卫生等方面提供帮助。倡导用工单位、社会组织和专业社会工作者、志愿者队伍等社会力量,为其照料未成年子女提供便利条件和更多帮助。公办义务教育学校要普遍对农民工未成年子女开放,要通过政府购买服务等方式支持农民工未成年子女接受义务教育;完善和落实符合条件的农民工子女在输入地参加中考、高考政策。

(二)引导扶持农民工返乡创业就业。各地要大力发展县域经济,落实国务院关于支持农民工返乡创业就业的一系列政策措施。中西部地区要充分发挥比较优势,积极承接东部地区产业转移,加快发展地方优势特色产业,加强基本公共服务,制定和落实财政、金融等优惠扶持政策,落实定向减税和普遍性降费政策,为农民工返乡创业就业提供便利条件。人力资源社会保障等有关部门要广泛宣传农民工返乡创业就业政策，加强农村劳动力的就业创业技能培训，对有意愿就业创业的，要有针对性地推荐用工岗位信息或创业项目信息。

六、强化农村留守儿童关爱保护工作保障措施

（一）加强组织领导。各地要将农村留守儿童关爱保护工作纳入重要议事日程，建立健全政府领导，民政部门牵头，教育、公安、司法行政、卫生计生等部门和妇联、共青团等群团组织参加的农村留守儿童关爱保护工作领导机制，及时研究解决工作中的重大问题。民政部要牵头建立农村留守儿童关爱保护工作部际联席会议制度，会同有关部门在 2016 年上半年开展一次全面的农村留守儿童摸底排查，依托现有信息系统完善农村留守儿童信息管理功能，健全信息报送机制。各级妇儿工委和农民工工作领导小组要将农村留守儿童关爱保护作为重要工作内容，统筹推进相关工作。各地民政、公安、教育等部门要强化责任意识，督促有关方面落实相关责任。要加快推动完善未成年人保护相关法律法规，进一步明确权利义务和各方职责，特别要强化家庭监护主体责任，为农村留守儿童关爱保护工作提供有力法律保障。

（二）加强能力建设。统筹各方资源，充分发挥政府、市场、社会的作用，逐步完善救助管理机构、福利机构场所设施，满足临时监护照料农村留守儿童的需要。加强农村寄宿制学校建设，促进寄宿制学校合理分布，满足农村留守儿童入学需求。利用现有公共服务设施开辟儿童活动场所，提供必要托管服务。各级财政部门要优化和调整支出结构，多渠道筹措资金，支持做好农村留守儿童关爱保护工作。各地要积极引导社会资金投入，为农村留守儿童关爱保护工作提供更加有力的支撑。各地区、各有关部门要加强农村留守儿童关爱保护工作队伍建设，配齐配强工作人员，确保事有人干、责有人负。

（三）强化激励问责。各地要建立和完善工作考核和责任追究机制，对认真履责、工作落实到位、成效明显的，要按照国家有关规定予以表扬和奖励；对工作不力、措施不实、造成严重后果的，要追究有关领导和人员责任。对贡献突出的社会组织和个人，要适当给予奖励。

（四）做好宣传引导。加强未成年人保护法律法规和政策措施宣传工作，开展形式多样的宣传教育活动，强化政府主导、全民关爱的责任意识和家庭自觉履行监护责任的法律意识。建立健全舆情监测预警和应对机制，理性引导社会舆论，及时回应社会关切，宣传报道先进典型，营造良好社会氛围。

各省（区、市）要结合本地实际，制定具体实施方案。对本意见的执行情况，国务院将适时组织专项督查。

国务院办公厅关于加强旅游市场综合监管的通知

（2016年2月4日　国办发〔2016〕5号）

为全面贯彻党的十八大和十八届二中、三中、四中、五中全会精神，按照党中央、国务院决策部署，加快建立权责明确、执法有力、行为规范、保障有效的旅游市场综合监管机制，进一步解决扰乱旅游市场秩序、侵害旅游者权益等突出问题，经国务院同意，现就加强旅游市场综合监管有关事项通知如下：

一、依法落实旅游市场监管责任

（一）强化政府的领导责任。国务院旅游工作部际联席会议下设旅游市场综合监管工作小组，由国家旅游局牵头负责统筹旅游市场综合监管的指导、协调、监督等工作。地方各级人民政府要建立健全旅游综合协调、旅游案件联合查办、旅游投诉统一受理等综合监管机制，统筹旅游市场秩序整治工作。要进一步落实游客不文明行为记录制度，大力营造诚信经营、公平竞争、文明有序的旅游市场环境，加快形成全国一盘棋的旅游市场综合监管格局。

（二）明确各相关部门的监管责任。按照“属地管理、部门联动、行业自律、各司其职、齐抓共管”的原则，建立旅游行政主管部门对旅游市场执法、投诉受理工作的有效协调机制，明确各相关部门责任。各有关部门配合旅游行政主管部门，做好相关行业指导、协调和督促检查工作。

（三）落实旅游企业的主体责任。各旅游企业要依照法律法规主动规范经营服务行为。旅行社要坚决抵制“不合理低价游”、强迫消费等违法行为。在线旅游企业要遵守公平竞争规则。购物店要自觉抵制商业贿赂。饭店、景区、交通、餐饮等企业要保障旅游者出游安全，提高服务品质。各市场主体要积极践行旅游行业“游客为本、服务至诚”的核心价值观，在旅游服务工作中诚实守信、礼貌待客，共同维护旅游市场秩序，让旅游者体验到优质服务。

（四）发挥社会公众的监督作用。要充分发挥“12301”等旅游服务热线和旅游投诉举报网络平台作用，鼓励社会各界积极提供各类违法违规行为线索。发挥旅游服务质量社会监督员和旅游志愿者的监督作用，提醒旅游者遵守旅游文明行为公约和行为指南，自觉抵制参加“不合理低价游”。要充分发挥旅游行业协会的自律作用，引导旅游经营者注重质量和诚信。强化媒体的舆论监督,支持媒体曝光扰乱旅游市场秩序的典型事件。

二、创新旅游市场综合监管机制

(五)制定旅游市场综合监管责任清单。各地区、各有关部门要尽快制定旅游市场综合监管责任清单,通过政府公告、政府网站、公开通报等方式,向社会公开旅游部门及相关部门职能、法律依据、实施主体、执法权限、监督方式等事项,加强部门间对旅游市场违法违规行为的信息沟通,强化联合执法协调监管的相关工作机制,提升综合监管效率和治理效果。

旅游部门:依法承担规范旅游市场秩序、监督管理服务质量、维护旅游消费者和经营者合法权益的责任;负责牵头组织对旅游市场秩序的整治工作;负责对组织“不合理低价游”、强迫和变相强迫消费、违反旅游合同等违法违规行为的监管和查处;负责联合相关部门组织查处“黑社”、“黑导”等非法经营行为;主动配合参与打击涉及旅游行业的“黑车”、“黑店”等非法经营行为;负责对涉及其他职能部门职责的投诉及案件进行转办等。

公安部门:依法严厉打击在旅游景区、旅游交通站点等侵害旅游者权益的违法犯罪团伙,及时查处强迫消费、敲诈勒索等违法犯罪行为等。

工商部门:依法查处旅游市场中的虚假广告、虚假或者引人误解的宣传、销售假冒伪劣商品、利用合同格式条款侵害消费者合法权益、垄断行为(价格垄断行为除外)、商业贿赂等不正当竞争行为及其他违法违规行为等。

交通运输部门:负责道路、水路运输市场监管,依法查处违法违规行为;负责对交通运输部门在管养公路沿线范围内依法设置的景区、景点指示牌被遮挡的投诉处理等。

文化部门:负责对旅游演出、娱乐场所文化经营活动等方面的投诉处理和案件查处等。

税务部门:依法承担组织实施法律法规规定的税、费征收管理责任,力争税款应收尽收;依照法定职权和程序对从事旅游市场经营的纳税人偷逃税款、虚开发票等税收违法行为严厉查处,涉嫌犯罪的依法移送司法机关处理等。

质检部门:依法对旅游场所大型游乐设施、客运索道等特种设备实施安全监察,对涉及特种设备安全的投诉举报及违法违规行为进行调查处理等。

价格主管部门:负责旅游市场价格行为监管,严肃查处旅游行业经营者不执行政府定价和政府指导价、不按规定明码标价、欺诈宰客、低价倾销,以及达成垄断协议、滥用市场支配地位等问题。充分发挥“12358”价格举报系统的作用,依法受理游客对价格违法行为的投诉举报,切实保护消费者合法权益,整顿规范旅游市场价格秩序等。

商务部门:发挥打击侵犯知识产权和制售假冒伪劣商品工作领导小组办

公室的职能作用，协调有关成员单位，针对旅游纪念品市场侵权假冒问题，加大市场监管力度，维护消费者合法权益等。

通信主管部门：依法对电信和互联网等信息通信服务实行监管，承担互联网行业管理责任；督促电信企业和旅游互联网企业落实网络与信息安全管理责任，配合开展在线旅游网络环境和信息治理，配合处理网上虚假旅游广告信息等。

网信部门（互联网信息办公室）：依法清理网上虚假旅游信息，查处发布各类误导、欺诈消费者等虚假旅游信息的违法违规网站和账号等。

民航部门：依法承担航空运输和通用航空市场监管责任；依法查处民用航空企业侵害航空消费者权益的行为，维护旅游者机票退改签的合法权益；配合旅游部门共同治理旅游不文明行为等。

（六）完善旅游法律规范体系。及时修订《旅行社条例》、《导游人员管理条例》、《中国公民出国旅游管理办法》等法规、规章和规范性文件。完善《中华人民共和国旅游法》配套制度，针对在线旅游、邮轮旅游、露营地旅游等新情况，出台具有针对性的管理规范。探索建立综合监管机构法律顾问、第三方评价等制度。

（七）健全完善旅游市场监管标准。全面推进旅游业国家标准、行业标准和地方标准的制定修订工作，尽快编制《全国旅游标准化发展规划（2016－2020年）》，建立涵盖旅游要素各领域的旅游标准体系。加快旅游新业态、新产品管理服务标准的制定，使标准化工作适应旅游监管的新要求。持续推进旅游标准化试点工作，全面提升旅游企业和从业人员的管理和服务水平。探索建立旅游标准化管理与旅游市场准入、退出相结合的制度。

（八）推进旅游市场监管随机抽查。各有关部门在各自职责范围内，规范相关市场秩序执法检查工作，提高监管效能。要配合旅游部门建立旅游市场主体分类名录库和旅游市场主体异常对象名录库，将行业市场秩序监管与各部门诚信体系建设、全国旅游市场秩序综合水平指数等工作结合起来，及时公布相关市场秩序监管情况。综合运用行政处罚、信用惩戒等措施，加大对违法失信行为的惩处力度，强化随机抽查威慑力，引导相关市场主体自觉守法。

（九）建立健全旅游诚信体系。加快建立旅游行业失信惩戒制度，建立旅游信用信息公示制度，将旅游经营服务不良信息记录与企业信用信息公示系统对接，将旅游行政主管部门对旅游企业作出的行政许可准予、变更、延续信息和行政处罚信息在企业信用信息公示系统上公示，定期公布违法违规旅游经营者和从业人员旅游经营服务不良信息记录；依托全国统一的信用信息共享交换平台，加强信息互通，建立失信企业协同监管和联合惩戒机制，使旅游失信行为人付出巨大代价。

（十）推进综合监管体制改革试点。要根据深化行政管理体制改革的精神，创新执法形式和管理机制，加快理顺旅游执法机构与政府职能部门职责关系，在2016年底前将旅游市场执法列入综合行政执法体制改革试点。

（十一）加强执法与司法相衔接。加强相关部门间的执法协作，建立旅游市场执法机构与公安机关案情通报机制，及时查处侵害旅游者权益的违法犯罪行为。主动引导旅游者通过司法、人民调解等途径解决纠纷，提升旅游者依法维权、理性消费的能力。

三、全面提高旅游市场综合监管水平

（十二）加强《中华人民共和国旅游法》普法工作。各地区、各有关部门应加强《中华人民共和国旅游法》等法律法规普法宣传教育，加强对旅游市场综合监管人员的法律法规和执法程序培训，加大对旅游从业人员的依法经营培训力度，使其准确把握法律法规主要内容，牢固树立依法兴旅、依法治旅的观念和意识，提醒广大旅游者理性消费、文明出游。

（十三）加强对旅游市场综合监管的监督。各地区、各有关部门要将旅游市场秩序整治和服务质量提升工作纳入政府质量工作考核。对接到旅游投诉举报查处不及时、不依法对旅游违法行为实施处罚的，对涉嫌犯罪案件不移送的，以及在履行监督管理职责中滥用职权、玩忽职守、徇私舞弊的，要依法依纪追究有关单位和人员的责任；构成犯罪的，依法追究刑事责任。

（十四）严格规范旅游执法行为。各地区、各有关部门要建立健全旅游市场综合监管的长效机制，对重大处罚决定建立合法性审查机制，对旅游执法裁量权要有基准制度，进一步细化、量化行政裁量标准，合理规范裁量种类、幅度。对影响旅游市场秩序的重大事件要实行督办问责制度。

四、提高旅游市场综合监管保障能力

（十五）健全旅游市场综合监管协调机构。建立健全旅游执法机构，强化旅游质监执法队伍建设，承担全面受理旅游投诉、开展旅游服务质量现场检查和旅游行政执法工作。国家旅游局负责指定机构统一受理全国旅游投诉工作，向社会公开投诉电话，承担向有关部门或地方政府转办、跟踪、协调、督办旅游投诉处理情况的职责。各级政府要在2016年底前建立或指定统一的旅游投诉受理机构，实现机构到位、职能到位、编制到位、人员到位，根治旅游投诉渠道不畅通、互相推诿、拖延扯皮等问题。

（十六）加强旅游市场综合监管基础保障。各级政府要积极做好执法经费保障工作。利用旅游大数据开展旅游市场舆情监测分析工作，提升统计分析旅游投诉举报案件数据的水平。建立旅游市场综合监管过程记录制度，切实做到严格执法、科学执法、文明执法。

（十七）提升旅游市场综合监管能力。地方各级人民政府要加强对基层旅游市场综合监管人员的培训。所有旅游市场综合执法人员须经执法资格培训考试合格后方可执证上岗，全面提高执法能力和水平。

各地区、各有关部门要充分认识进一步加强旅游市场综合监管的重要意义，切实强化组织领导，积极抓好工作落实。国家旅游局要会同有关部门加强对本通知落实情况的监督检查，重大情况及时向国务院报告。

中共中央办公厅　国务院办公厅印发《关于全面推进政务公开工作的意见》

（2016 年 2 月 4 日　中办发[2016]8 号）

公开透明是法治政府的基本特征。全面推进政务公开，让权力在阳光下运行，对于发展社会主义民主政治，提升国家治理能力，增强政府公信力执行力，保障人民群众知情权、参与权、表达权、监督权具有重要意义。党中央、国务院高度重视政务公开，作出了一系列重大部署，各级政府认真贯彻落实，政务公开工作取得积极成效。但与人民群众的期待相比，与建设法治政府的要求相比，仍存在公开理念不到位、制度规范不完善、工作力度不够强、公开实效不理想等问题。为进一步做好当前和今后一个时期政务公开工作，现提出以下意见。

一、全面推进政务公开工作的总体要求

（一）指导思想。认真落实党的十八大和十八届三中、四中、五中全会精神，深入贯彻习近平总书记系列重要讲话精神，紧紧围绕“四个全面”战略布局，牢固树立创新、协调、绿色、开放、共享的发展理念，深入推进依法行政，全面落实党中央、国务院有关决策部署和政府信息公开条例，坚持以公开为常态、不公开为例外，推进行政决策公开、执行公开、管理公开、服务公开和结果公开，推动简政放权、放管结合、优化服务改革，激发市场活力和社会创造力，打造法治政府、创新政府、廉洁政府和服务型政府。

（二）基本原则。紧紧围绕经济社会发展和人民群众关注关切，以公开促落实，以公开促规范，以公开促服务。依法依规明确政务公开的主体、内容、标准、方式、程序，加快推进权力清单、责任清单、负面清单公开。坚持改革创新，注重精细化、可操作性，务求公开实效，让群众看得到、听得懂、能监督。以社会需求为导向，以新闻媒体为载体，推行“互联网 + 政务”，扩大公众参与，促进政府有效施政。

（三）工作目标。到2020年，政务公开工作总体迈上新台阶，依法积极稳妥实行政务公开负面清单制度，公开内容覆盖权力运行全流程、政务服务全过程，公开制度化、标准化、信息化水平显著提升，公众参与度高，用政府更加公开透明赢得人民群众更多理解、信任和支持。

二、推进政务阳光透明

（四）推进决策公开。把公众参与、专家论证、风险评估、合法性审查、集体讨论决定确定为重大行政决策法定程序。实行重大决策预公开制度，涉及群众切身利益、需要社会广泛知晓的重要改革方案、重大政策措施、重点工程项目，除依法应当保密的外，在决策前应向社会公布决策草案、决策依据，通过听证座谈、调查研究、咨询协商、媒体沟通等方式广泛听取公众意见，以适当方式公布意见收集和采纳情况。探索利益相关方、公众、专家、媒体等列席政府有关会议制度，增强决策透明度。决策作出后，按照规定及时公开议定事项和相关文件。

（五）推进执行公开。主动公开重点改革任务、重要政策、重大工程项目的执行措施、实施步骤、责任分工、监督方式，根据工作进展公布取得成效、后续举措，听取公众意见建议，加强和改进工作，确保执行到位。各级政府及其工作部门都要做好督查和审计发现问题及整改落实情况的公开，对不作为、慢作为、乱作为问责情况也要向社会公开，增强抓落实的执行力。

（六）推进管理公开。全面推行权力清单、责任清单、负面清单公开工作，建立健全清单动态调整公开机制。推行行政执法公示制度，各级政府要根据各自的事权和职能，按照突出重点、依法有序、准确便民的原则，推动执法部门公开职责权限、执法依据、裁量基准、执法流程、执法结果、救济途径等，规范行政裁量，促进执法公平公正。推进监管情况公开，重点公开安全生产、生态环境、卫生防疫、食品药品、保障性住房、质量价格、国土资源、社会信用、交通运输、旅游市场、国有企业运营、公共资源交易等监管信息。公开民生资金等分配使用情况，重点围绕实施精准扶贫、精准脱贫，加大扶贫对象、扶贫资金分配、扶贫资金使用等信息公开力度，接受社会监督。

（七）推进服务公开。把实体政务服务中心与网上办事大厅结合起来，推动政务服务向网上办理延伸。各地区各部门要全面公开服务事项，编制发布办事指南，简化优化办事流程，让群众不跑冤枉路，办事更明白、更舒心。公布行政审批中介服务事项清单，公开项目名称、设置依据、服务时限。推行政府购买公共服务、政府和社会资本合作（PPP）提供公共服务的公开。大力推进公共企事业单位办事公开，行业主管部门要加强分类指导，组织编制公开服务事项目录，制定完善具体办法，切实承担组织协调、监督指导职责。通过最大限度方便企业和群众办事，打通政府联系服务群众“最后一公里”。

（八）推进结果公开。各级行政机关都要主动公开重大决策、重要政策落实情况，加大对党中央、国务院决策部署贯彻落实结果的公开力度。推进发展规划、政府工作报告、政府决定事项落实情况的公开，重点公开发展目标、改革任务、民生举措等方面事项。建立健全重大决策跟踪反馈和评估制度，注重运用第三方评估、专业机构鉴定、社情民意调查等多种方式，科学评价政策落实效果，增强结果公开的可信度，以工作实绩取信于民。

（九）推进重点领域信息公开。着力推进财政预决算、公共资源配置、重大建设项目批准和实施、社会公益事业建设等领域的政府信息公开，有关部门要制定实施办法，明确具体要求。各级行政机关对涉及公民、法人或其他组织权利和义务的规范性文件，都要按照政府信息公开要求和程序予以公布。规范性文件清理结果要向社会公开。加强突发事件、公共安全、重大疫情等信息发布，负责处置的地方和部门是信息发布第一责任人，要快速反应、及时发声，根据处置进展动态发布信息。

三、扩大政务开放参与

（十）推进政府数据开放。按照促进大数据发展行动纲要的要求，实施政府数据资源清单管理，加快建设国家政府数据统一开放平台，制定开放目录和数据采集标准，稳步推进政府数据共享开放。优先推动民生保障、公共服务和市场监管等领域的政府数据向社会有序开放。制定实施稳步推进公共信息资源开放的政策意见。支持鼓励社会力量充分开发利用政府数据资源，推动开展众创、众包、众扶、众筹，为大众创业、万众创新提供条件。

（十一）加强政策解读。将政策解读与政策制定工作同步考虑，同步安排。各地区各部门要发挥政策参与制定者，掌握相关政策、熟悉有关领域业务的专家学者和新闻媒体的作用，注重运用数字化、图表图解、音频视频等方式，提高政策解读的针对性、科学性、权威性。对涉及面广、社会关注度高、实施难度大、专业性强的政策法规，要通过新闻发布、政策吹风、接受访谈、发表文章等方式做好解读，深入浅出地讲解政策背景、目标和要点。各省（自治区、直辖市）政府和国务院各部门要充分利用新闻发布会和政策吹风会进行政策解读，领导干部要带头宣讲政策，特别是遇有重大突发事件、重要社会关切等，主要负责人要带头接受媒体采访，表明立场态度，发出权威声音，当好“第一新闻发言人”。新闻媒体、新闻网站、研究机构要做好党中央、国务院重大政策解读工作。

（十二）扩大公众参与。通过政务公开让公众更大程度参与政策制定、执行和监督，汇众智定政策抓落实，不断完善政策，改进工作。研究探索不同层级、不同领域公众参与的事项种类和方式，搭建政民互动平台，问政于民、问需于民、问计于民，增进公众对政府工作的认同和支持。充分利用互联网优势，积极探索公众参与新模式，提高政府公共政策制定、公共管理、公共服务的响应速度。

（十三）回应社会关切。建立健全政务舆情收集、研判、处置和回应机制，加强重大政务舆情回应督办工作，开展效果评估。对涉及本地区本部门的重要政务舆情、媒体关切、突发事件等热点问题，要按程序及时发布权威信息，讲清事实真相、政策措施以及处置结果等，认真回应关切。依法依规明确回应主体，落实责任，确保在应对重大突发事件及社会热点事件时不失声、不缺位。

（十四）发挥媒体作用。把新闻媒体作为党和政府联系群众的桥梁纽带，运用主要新闻媒体及时发布信息，解读政策，引领社会舆论。安排中央和地方媒体、新闻网站负责人参与重要活动，了解重大决策；畅通采访渠道，积极为媒体采访提供便利。同时也要发挥新闻网站、商业网站以及微博微信、移动客户端等新媒体的网络传播力和社会影响力，提高宣传引导的针对性和有效性。

四、提升政务公开能力

（十五）完善制度规范。建立健全政务公开制度，注重将政务公开实践成果上升为制度规范，对不适应形势要求的规定及时予以调整清理。修订政府信息公开条例，完善主动公开、依申请公开信息等规定。建立公开促进依法行政的机制，推动相关部门解决行政行为不规范等问题。建立健全政务公开内容、流程、平台、时限等相关标准。推进政务服务中心标准化建设，统一名称标识、进驻部门、办理事项、管理服务等。制定政府网站发展指引，明确功能定位、栏目设置、内容保障等要求。

（十六）建立政务公开负面清单。各省（自治区、直辖市）政府和国务院各部门要依法积极稳妥制定政务公开负面清单，细化明确不予公开范围，对公开后危及国家安全、经济安全、公共安全、社会稳定等方面的事项纳入负面清单管理，及时进行调整更新。负面清单要详细具体，便于检查监督，负面清单外的事项原则上都要依法依规予以公开。健全公开前保密审查机制，规范保密审查程序，妥善处理好政务公开与保守秘密的关系，对依法应当保密的，要切实做好保密工作。

（十七）提高信息化水平。积极运用大数据、云计算、移动互联网等信息技术，提升政务公开信息化、集中化水平。加快推进"互联网+政务"，构建基于互联网的一体化政务服务体系，通过信息共享、互联互通、业务协同，实行审批和服务事项在线咨询、网上办理、电子监察，做到利企便民。推动信用信息互联共享，促进"信用中国"建设。充分利用政务微博微信、政务客户端等新平台，扩大信息传播，开展在线服务，增强用户体验。

（十八）加强政府门户网站建设。强化政府门户网站信息公开第一平台作用，整合政府网站信息资源，加强各级政府网站之间协调联动，强化与中央和地方主要新闻媒体、主要新闻网站、重点商业网站的联动，充分运用新媒体手段拓宽信息传播渠道，完善功能，健全制度，加强内容和技术保障，将政府网站打造成更加全面的信息公开平台、更加权威的政策发布解读和舆论引导平台、更加及时的回应关切和便民服务平台。

（十九）抓好教育培训。各级政府要把政务公开列入公务员培训科目，依托各级党校、行政学院、干部学院等干部教育培训机构，加强对行政机关工作人员特别是领导干部的培训，增强公开意识，提高发布信息、解读政策、回应关切的能力。制定业务培训计划，精心安排培训科目和内容，分级分层组织实施，力争3年内将全国从事政务公开工作人员轮训一遍，支持政务公开工作人员接受相关继续教育。教育主管部门要鼓励高等学校开设政务公开课程，培养政务公开方面的专门人才。

五、强化保障措施

（二十）加强组织领导。各级党委和政府要高度重视政务公开工作。各级政府要在党委统一领导下，牵头做好政务公开工作，确定一位政府领导分管，建立健全协调机制，明确责任分工，切实抓好工作落实。各级政府及其工作部门办公厅（室）是政务公开工作的主管部门，具体负责组织协调、指导推进、监督检查本地区本系统的政务公开工作，要整合政务公开方面的力量和资源，加强与新闻媒体、新闻网站等的沟通协调，做好统筹指导；进一步理顺机制，明确工作机构，配齐配强专职工作人员。有条件的应把政务公开、政务服务、政府数据开放、公共资源交易监督管理等工作统筹考虑、协同推进。要加强政务公开工作经费保障，为工作顺利开展创造条件。鼓励通过引进社会资源、购买服务等方式，提升政务公开专业化水平。

（二十一）加强考核监督。把政务公开工作纳入绩效考核体系，加大分值权重。鼓励支持第三方机构对政务公开质量和效果进行独立公正的评估。指导新闻媒体和政府网站做好发布政府信息、解读政策、回应关切的工作。充分发挥人大代表、政协委员、民主党派、人民团体、社会公众、新闻媒体对政务公开工作的监督作用。强化激励和问责，对政务公开工作落实好的，按照有关规定予以表彰；对公开工作落实不到位的，予以通报批评；对违反政务公开有关规定、不履行公开义务或公开不应当公开事项，并造成严重影响的，依法依规严肃追究责任。

国务院办公厅根据本意见制定相关实施细则。各地区各部门要结合实际，制定具体实施办法，细化任务措施，明确责任分工，认真抓好落实。

中共中央　国务院关于进一步加强城市规划建设管理工作的若干意见

（2016年2月6日）

城市是经济社会发展和人民生产生活的重要载体，是现代文明的标志。新中国成立特别是改革开放以来，我国城市规划建设管理工作成就显著，城市规划法律法规和实施机制基本形成，基础设施明显改善，公共服务和管理水平持续提升，在促进经济社会发展、优化城乡布局、完善城市功能、增进民生福祉等方面发挥了重要作用。同时务必清醒地看到，城市规划建设管理中还存在一些突出问题：城市规划前瞻性、严肃性、强制性和公开性不够，城市建筑贪大、媚洋、求怪等乱象丛生，特色缺失，文化传承堪忧；城市建设盲目追求规模扩张，节约集约程度不高；依法治理城市力度不够，违法建设、大拆大建问题突出，公共产品和服务供给不足，环境污染、交通拥堵等"城市病"蔓延加重。

积极适应和引领经济发展新常态，把城市规划好、建设好、管理好，对促进以人为核心的新型城镇化发展，建设美丽中国，实现"两个一百年"奋斗目标和中华民族伟大复兴的中国梦具有重要现实意义和深远历史意义。为进一步加强和改进城市规划建设管理工作，解决制约城市科学发展的突出矛盾和深层次问题，开创城市现代化建设新局面，现提出以下意见。

一、总体要求

（一）指导思想。全面贯彻党的十八大和十八届三中、四中、五中全会及中央城镇化工作会议、中央城市工作会议精神，深入贯彻习近平总书记系列重要讲话精神，按照"五位一体"总体布局和"四个全面"战略布局，牢固树立和贯彻落实创新、协调、绿色、开放、共享的发展理念，认识、尊重、顺应城市发展规律，更好发挥法治的引领和规范作用，依法规划、建设和管理城市，贯彻"适用、经济、绿色、美观"的建筑方针，着力转变城市发展方式，着力塑造城市特色风貌，着力提升城市环境质量，着力创新城市管理服务，走出一条中国特色城市发展道路。

（二）总体目标。实现城市有序建设、适度开发、高效运行，努力打造和谐宜居、富有活力、各具特色的现代化城市，让人民生活更美好。

（三）基本原则。坚持依法治理与文明共建相结合，坚持规划先行与建管并重相结合，坚持改革创新与传承保护相结合，坚持统筹布局与分类指导相结合，坚持完善功能与宜居宜业相结合，坚持集约高效与安全便利相结合。

二、强化城市规划工作

（四）依法制定城市规划。城市规划在城市发展中起着战略引领和刚性控制的重要作用。依法加强规划编制和审批管理，严格执行城乡规划法规定的原则和程序，认真落实城市总体规划由本级政府编制、社会公众参与、同级人大常委会审议、上级政府审批的有关规定。创新规划理念，改进规划方法，把以人为本、尊重自然、传承历史、绿色低碳等理念融入城市规划全过程，增强规划的前瞻性、严肃性和连续性，实现一张蓝图干到底。坚持协调发展理念，从区域、城乡整体协调的高度确定城市定位、谋划城市发展。加强空间开发管制，划定城市开发边界，根据资源禀赋和环境承载能力，引导调控城市规模，优化城市空间布局和形态功能，确定城市建设约束性指标。按照严控增量、盘活存量、优化结构的思路，逐步调整城市用地结构，把保护基本农田放在优先地位，保证生态用地，合理安排建设用地，推动城市集约发展。改革完善城市规划管理体制，加强城市总体规划和土地利用总体规划的衔接，推进两图合一。在有条件的城市探索城市规划管理和国土资源管理部门合一。

（五）严格依法执行规划。经依法批准的城市规划，是城市建设和管理的依据，必须严格执行。进一步强化规划的强制性，凡是违反规划的行为都要严肃追究责任。城市政府应当定期向同级人大常委会报告城市规划实施情况。城市总体规划的修改，必须经原审批机关同意，并报同级人大常委会审议通过，从制度上防止随意修改规划等现象。控制性详细规划是规划实施的基础，未编制控制性详细规划的区域，不得进行建设。控制性详细规划的编制、实施以及对违规建设的处理结果，都要向社会公开。全面推行城市规划委员会制度。健全国家城乡规划督察员制度，实现规划督察全覆盖。完善社会参与机制，充分发挥专家和公众的力量，加强规划实施的社会监督。建立利用卫星遥感监测等多种手段共同监督规划实施的工作机制。严控各类开发区和城市新区设立，凡不符合城镇体系规划、城市总体规划和土地利用总体规划进行建设的，一律按违法处理。用5年左右时间，全面清查并处理建成区违法建设，坚决遏制新增违法建设。

三、塑造城市特色风貌

（六）提高城市设计水平。城市设计是落实城市规划、指导建筑设计、塑造城市特色风貌的有效手段。鼓励开展城市设计工作，通过城市设计，从整体平面和立体空间上统筹城市建筑布局，协调城市景观风貌，体现城市地域特征、民族特色和时代风貌。单体建筑设计方案必须在形体、色彩、体量、高度等方面符合城市设计要求。抓紧制定城市设计管理法规，完善相关技术导则。支持高等学校开设城市设计相关专业，建立和培育城市设计队伍。

（七）加强建筑设计管理。按照“适用、经济、绿色、美观”的建筑方针，突出建筑使用功能以及节能、节水、节地、节材和环保，防止片面追求建筑外观形象。强化公共建筑和超限高层建筑设计管理，建立大型公共建筑工程后评估制度。坚持开放发展理念，完善建筑设计招投标决策机制，规范决策行为，提高决策透明度和科学性。进一步培育和规范建筑设计市场，依法严格实施市场准入和清出。为建筑设计院和建筑师事务所发展创造更加良好的条件，鼓励国内外建筑设计企业充分竞争，使优秀作品脱颖而出。培养既有国际视野又有民族自信的建筑师队伍，进一步明确建筑师的权利和责任，提高建筑师的地位。倡导开展建筑评论，促进建筑设计理念的交融和升华。

（八）保护历史文化风貌。有序实施城市修补和有机更新，解决老城区环境品质下降、空间秩序混乱、历史文化遗产损毁等问题，促进建筑物、街道立面、天际线、色彩和环境更加协调、优美。通过维护加固老建筑、改造利用旧厂房、完善基础设施等措施，恢复老城区功能和活力。加强文化遗产保护传承和合理利用，保护古遗址、古建筑、近现代历史建筑，更好地延续历史文脉，展现城市风貌。用5年左右时间，完成所有城市历史文化街区划定和历史建筑确定工作。

四、提升城市建筑水平

（九）落实工程质量责任。完善工程质量安全管理制度，落实建设单位、勘察单位、设计单位、施工单位和工程监理单位等五方主体质量安全责任。强化政府对工程建设全过程的质量监管，特别是强化对工程监理的监管，充分发挥质监站的作用。加强职业道德规范和技能培训，提高从业人员素质。深化建设项目组织实施方式改革，推广工程总承包制，加强建筑市场监管，严厉查处转包和违法分包等行为，推进建筑市场诚信体系建设。实行施工企业银行保函和工程质量责任保险制度。建立大型工程技术风险控制机制，鼓励大型公共建筑、地铁等按市场化原则向保险公司投保重大工程保险。

（十）加强建筑安全监管。实施工程全生命周期风险管理，重点抓好房屋建筑、城市桥梁、建筑幕墙、斜坡（高切坡）、隧道（地铁）、地下管线等工程运行使用的安全监管，做好质量安全鉴定和抗震加固管理，建立安全预警及应急控制机制。加强对既有建筑改扩建、装饰装修、工程加固的质量安全监管。全面排查城市老旧建筑安全隐患，采取有力措施限期整改，严防发生垮塌等重大事故，保障人民群众生命财产安全。

（十一）发展新型建造方式。大力推广装配式建筑，减少建筑垃圾和扬尘污染，缩短建造工期，提升工程质量。制定装配式建筑设计、施工和验收规范。完善部品部件标准，实现建筑部品部件工厂化生产。鼓励建筑企业装配式施工，现场装配。建设国家级装配式建筑生产基地。加大政策支持力度，力争用10年左右时间，使装配式建筑占新建建筑的比例达到30%。积极稳妥推广钢结构建筑。在具备条件的地方，倡导发展现代木结构建筑。

五、推进节能城市建设

（十二）推广建筑节能技术。提高建筑节能标准，推广绿色建筑和建材。支持和鼓励各地结合自然气候特点，推广应用地源热泵、水源热泵、太阳能发电等新能源技术，发展被动式房屋等绿色节能建筑。完善绿色节能建筑和建材评价体系，制定分布式能源建筑应用标准。分类制定建筑全生命周期能源消耗标准定额。

（十三）实施城市节能工程。在试点示范的基础上，加大工作力度，全面推进区域热电联产、政府机构节能、绿色照明等节能工程。明确供热采暖系统安全、节能、环保、卫生等技术要求，健全服务质量标准和评估监督办法。进一步加强对城市集中供热系统的技术改造和运行管理，提高热能利用效率。大力推行采暖地区住宅供热分户计量，新建住宅必须全部实现供热分户计量，既有住宅要逐步实施供热分户计量改造。

六、完善城市公共服务

（十四）大力推进棚改安居。深化城镇住房制度改革，以政府为主保障困难群体基本住房需求，以市场为主满足居民多层次住房需求。大力推进城镇棚户区改造，稳步实施城中村改造，有序推进老旧住宅小区综合整治、危房和非成套住房改造，加快配套基础设施建设，切实解决群众住房困难。打好棚户区改造三年攻坚战，到2020年，基本完成现有的城镇棚户区、城中村和危房改造。完善土地、财政和金融政策，落实税收政策。创新棚户区改造体制机制，推动政府购买棚改服务，推广政府与社会资本合作模式，构建多元化棚改实施主体，发挥开发性金融支持作用。积极推行棚户区改造货币化安置。因地制宜确定住房保障标准，健全准入退出机制。

（十五）建设地下综合管廊。认真总结推广试点城市经验，逐步推开城市地下综合管廊建设，统筹各类管线敷设，综合利用地下空间资源，提高城市综合承载能力。城市新区、各类园区、成片开发区域新建道路必须同步建设地下综合管廊，老城区要结合地铁建设、河道治理、道路整治、旧城更新、棚户区改造等，逐步推进地下综合管廊建设。加快制定地下综合管廊建设标准和技术导则。凡建有地下综合管廊的区域，各类管线必须全部入廊，管廊以外区域不得新建管线。管廊实行有偿使用，建立合理的收费机制。鼓励社会资本投资和运营地下综合管廊。各城市要综合考虑城市发展远景，按照先规划、后建设的原则，编制地下综合管廊建设专项规划，在年度建设计划中优先安排，并预留和控制地下空间。完善管理制度，确保管廊正常运行。

（十六）优化街区路网结构。加强街区的规划和建设，分梯级明确新建街区面积，推动发展开放便捷、尺度适宜、配套完善、邻里和谐的生活街区。新建住宅要推广街区制，原则上不再建设封闭住宅小区。已建成的住宅小区和单位大院要逐步打开，实现内部道路公共化，解决交通路网布局问题，促进土地节约利用。树立“窄马路、密路网”的城市道路布局理念，建设快速路、主次干路和支路级配合理的道路网系统。打通各类“断头路”，形成完整路网，提高道路通达性。科学、规范设置道路交通安全设施和交通管理设施，提高道路安全性。到2020年，城市建成区平均路网密度提高到8公里/平方公里，道路面积率达到15%。积极采用单行道路方式组织交通。加强自行车道和步行道系统建设，倡导绿色出行。合理配置停车设施，鼓励社会参与，放宽市场准入，逐步缓解停车难问题。

（十七）优先发展公共交通。以提高公共交通分担率为突破口，缓解城市交通压力。统筹公共汽车、轻轨、地铁等多种类型公共交通协调发展，到2020年，超大、特大城市公共交通分担率达到40%以上，大城市达到30%以上，中小城市达到20%以上。加强城市综合交通枢纽建设，促进不同运输方式和城市内外交通之间的顺畅衔接、便捷换乘。扩大公共交通专用道的覆盖范围。实现中心城区公交站点500米内全覆盖。引入市场竞争机制，改革公交公司管理体制，鼓励社会资本参与公共交通设施建设和运营，增强公共交通运力。

（十八）健全公共服务设施。坚持共享发展理念，使人民群众在共建共享中有更多获得感。合理确定公共服务设施建设标准，加强社区服务场所建设，形成以社区级设施为基础，市、区级设施衔接配套的公共服务设施网络体系。配套建设中小学、幼儿园、超市、菜市场，以及社区养老、医疗卫生、文化服务等设施，大力推进无障碍设施建设，打造方便快捷生活圈。继续推动公共图书馆、美术馆、文化馆（站）、博物馆、科技馆免费向全社会开放。推动社区内公共设施向居民开放。合理规划建设广场、公园、步行道等公共活动空间，方便居民文体活动，促进居民交流。强化绿地服务居民日常活动的功能，使市民在居家附近能够见到绿地、亲近绿地。城市公园原则上要免费向居民开放。限期清理腾退违规占用的公共空间。顺应新型城镇化的要求，稳步推进城镇基本公共服务常住人口全覆盖，稳定就业和生活的农业转移人口在住房、教育、文化、医疗卫生、计划生育和证照办理服务等方面，与城镇居民有同等权利和义务。

（十九）切实保障城市安全。加强市政基础设施建设，实施地下管网改造工程。提高城市排涝系统建设标准，加快实施改造。提高城市综合防灾和安全设施建设配置标准，加大建设投入力度，加强设施运行管理。建立城市备用饮用水水源地，确保饮水安全。健全城市抗震、防洪、排涝、消防、交通、应对地质灾害应急指挥体系，完善城市生命通道系统，加强城市防灾避难场所建设，增强抵御自然灾害、处置突发事件和危机管理能力。加强城市安全监管，建立专业化、职业化的应急救援队伍，提升社会治安综合治理水平，形成全天候、系统性、现代化的城市安全保障体系。

七、营造城市宜居环境

（二十）推进海绵城市建设。充分利用自然山体、河湖湿地、耕地、林地、草地等生态空间，建设海绵城市，提升水源涵养能力，缓解雨洪内涝压力，促进水资源循环利用。鼓励单位、社区和居民家庭安装雨水收集装置。大幅度减少城市硬覆盖地面，推广透水建材铺装，大力建设雨水花园、储水池塘、湿地公园、下沉式绿地等雨水滞留设施，让雨水自然积存、自然渗透、自然净化，不断提高城市雨水就地蓄积、渗透比例。

（二十一）恢复城市自然生态。制定并实施生态修复工作方案，有计划有步骤地修复被破坏的山体、河流、湿地、植被，积极推进采矿废弃地修复和再利用，治理污染土地，恢复城市自然生态。优化城市绿地布局，构建绿道系统，实现城市内外绿地连接贯通，将生态要素引入市区。建设森林城市。推行生态绿化方式，保护古树名木资源，广植当地树种，减少人工干预，让乔灌草合理搭配、自然生长。鼓励发展屋顶绿化、立体绿化。进一步提高城市人均公园绿地面积和城市建成区绿地率，改变城市建设中过分追求高强度开发、高密度建设、大面积硬化的状况，让城市更自然、更生态、更有特色。

（二十二）推进污水大气治理。强化城市污水治理，加快城市污水处理设施建设与改造，全面加强配套管网建设，提高城市污水收集处理能力。整治城市黑臭水体，强化城中村、老旧城区和城乡结合部污水截流、收集，抓紧治理城区污水横流、河湖水系污染严重的现象。到 2020 年，地级以上城市建成区力争实现污水全收集、全处理，缺水城市再生水利用率达到 20% 以上。以中水洁厕为突破口，不断提高污水利用率。新建住房和单体建筑面积超过一定规模的新建公共建筑应当安装中水设施，老旧住房也应当逐步实施中水利用改造。培育以经营中水业务为主的水务公司，合理形成中水回用价格，鼓励按市场化方式经营中水。城市工业生产、道路清扫、车辆冲洗、绿化浇灌、生态景观等生产和生态用水要优先使用中水。全面推进大气污染防治工作。加大城市工业源、面源、移动源污染综合治理力度，着力减少多污染物排放。加快调整城市能源结构，增加清洁能源供应。深化京津冀、长三角、珠三角等区域大气污染联防联控，健全重污染天气监测预警体系。提高环境监管能力，加大执法力度，严厉打击各类环境违法行为。倡导文明、节约、绿色的消费方式和生活习惯，动员全社会参与改善环境质量。

（二十三）加强垃圾综合治理。树立垃圾是重要资源和矿产的观念，建立政府、社区、企业和居民协调机制，通过分类投放收集、综合循环利用，促进垃圾减量化、资源化、无害化。到2020年，力争将垃圾回收利用率提高到35%以上。强化城市保洁工作，加强垃圾处理设施建设，统筹城乡垃圾处理处置，大力解决垃圾围城问题。推进垃圾收运处理企业化、市场化，促进垃圾清运体系与再生资源回收体系对接。通过限制过度包装，减少一次性制品使用，推行净菜入城等措施，从源头上减少垃圾产生。利用新技术、新设备，推广厨余垃圾家庭粉碎处理。完善激励机制和政策，力争用5年左右时间，基本建立餐厨废弃物和建筑垃圾回收和再生利用体系。

八、创新城市治理方式

（二十四）推进依法治理城市。适应城市规划建设管理新形势和新要求，加强重点领域法律法规的立改废释，形成覆盖城市规划建设管理全过程的法律法规制度。严格执行城市规划建设管理行政决策法定程序，坚决遏制领导干部随意干预城市规划设计和工程建设的现象。研究推动城乡规划法与刑法衔接，严厉惩处规划建设管理违法行为，强化法律责任追究，提高违法违规成本。

（二十五）改革城市管理体制。明确中央和省级政府城市管理主管部门，确定管理范围、权力清单和责任主体，理顺各部门职责分工。推进市县两级政府规划建设管理机构改革，推行跨部门综合执法。在设区的市推行市或区一级执法，推动执法重心下移和执法事项属地化管理。加强城市管理执法机构和队伍建设，提高管理、执法和服务水平。

（二十六）完善城市治理机制。落实市、区、街道、社区的管理服务责任，健全城市基层治理机制。进一步强化街道、社区党组织的领导核心作用，以社区服务型党组织建设带动社区居民自治组织、社区社会组织建设。增强社区服务功能，实现政府治理和社会调节、居民自治良性互动。加强信息公开，推进城市治理阳光运行，开展世界城市日、世界住房日等主题宣传活动。

（二十七）推进城市智慧管理。加强城市管理和服务体系智能化建设，促进大数据、物联网、云计算等现代信息技术与城市管理服务融合，提升城市治理和服务水平。加强市政设施运行管理、交通管理、环境管理、应急管理等城市管理数字化平台建设和功能整合，建设综合性城市管理数据库。推进城市宽带信息基础设施建设，强化网络安全保障。积极发展民生服务智慧应用。到2020年，建成一批特色鲜明的智慧城市。通过智慧城市建设和其他一系列城市规划建设管理措施，不断提高城市运行效率。

（二十八）提高市民文明素质。以加强和改进城市规划建设管理来满足人民群众日益增长的物质文化需要，以提升市民文明素质推动城市治理水平的不断提高。大力开展社会主义核心价值观学习教育实践，促进市民形成良好的道德素养和社会风尚，提高企业、社会组织和市民参与城市治理的意识和能力。从青少年抓起，完善学校、家庭、社会三结合的教育网络，将良好校风、优良家风和社会新风有机融合。建立完善市民行为规范，增强市民法治意识。

九、切实加强组织领导

（二十九）加强组织协调。中央和国家机关有关部门要加大对城市规划建设管理工作的指导、协调和支持力度，建立城市工作协调机制，定期研究相关工作。定期召开中央城市工作会议，研究解决城市发展中的重大问题。中央组织部、住房城乡建设部要定期组织新任市委书记、市长培训，不断提高城市主要领导规划建设管理的能力和水平。

（三十）落实工作责任。省级党委和政府要围绕中央提出的总目标，确定本地区城市发展的目标和任务，集中力量突破重点难点问题。城市党委和政府要制定具体目标和工作方案，明确实施步骤和保障措施，加强对城市规划建设管理工作的领导，落实工作经费。实施城市规划建设管理工作监督考核制度，确定考核指标体系，定期通报考核结果，并作为城市党政领导班子和领导干部综合考核评价的重要参考。

各地区各部门要认真贯彻落实本意见精神，明确责任分工和时间要求，确保各项政策措施落到实处。各地区各部门贯彻落实情况要及时向党中央、国务院报告。中央将就贯彻落实情况适时组织开展监督检查。

中共中央办公厅、国务院办公厅关于印发《省级党委和政府扶贫开发工作成效考核办法》的通知

（2016年2月9日　［厅字］6号）

第一条　为了确保到2020年现行标准下农村贫困人口实现脱贫，贫困县全部摘帽，解决区域性整体贫困，根据《中共中央、国务院关于打赢脱贫攻坚战

的决定》，制定本办法。

第二条 本办法适用于中西部22个省（自治区、直辖市）党委和政府扶贫开发工作成效的考核。

第三条 考核工作围绕落实精准扶贫、精准脱贫基本方略，坚持立足实际、突出重点，针对主要目标任务设置考核指标，注重考核工作成效；坚持客观公正、群众认可，规范考核方式和程序，充分发挥社会监督作用；坚持结果导向、奖罚分明，实行正向激励，落实责任追究，促使省级党委和政府切实履职尽责，改进工作，坚决打赢脱贫攻坚战。

第四条 考核工作从2016年到2020年，每年开展一次，由国务院扶贫开发领导小组组织进行，具体工作由国务院扶贫办、中央组织部牵头，会同国务院扶贫开发领导小组成员单位组织实施。

第五条 考核内容包括以下几个方面：

（一）减贫成效。考核建档立卡贫困人口数量减少、贫困县退出、贫困地区农村居民收入增长情况。

（二）精准识别。考核建档立卡贫困人口识别、退出精准度。

（三）精准帮扶。考核对驻村工作队和帮扶责任人帮扶工作的满意度。

（四）扶贫资金。依据财政专项扶贫资金绩效考评办法，重点考核各省（自治区、直辖市）扶贫资金安排、使用、监管和成效等。

第六条 考核工作于每年年底开始实施，次年2月底前完成，按以下步骤进行：

（一）省级总结。各省（自治区、直辖市）党委和政府，对照国务院扶贫开发领导小组审定的年度减贫计划，就工作进展情况和取得成效形成总结报告，报送国务院扶贫开发领导小组。

（二）第三方评估。国务院扶贫开发领导小组委托有关科研机构和社会组织，采取专项调查、抽样调查和实地核查等方式，对相关考核指标进行评估。

（三）数据汇总。国务院扶贫办会同有关部门对建档立卡动态监测数据、国家农村贫困监测调查数据、第三方评估和财政专项扶贫资金绩效考评情况等进行汇总整理。

（四）综合评价。国务院扶贫办会同有关部门对汇总整理的数据和各省（自治区、直辖市）的总结报告进行综合分析，形成考核报告。考核报告应当反映基本情况、指标分析、存在问题等，作出综合评价，提出处理建议，经国务院扶贫开发领导小组审议后，报党中央、国务院审定。

（五）沟通反馈。国务院扶贫开发领导小组向各省（自治区、直辖市）专题反馈考核结果，并提出改进工作的意见建议。

第七条 考核中发现下列问题的，由国务院扶贫开发领导小组提出处理意见：

（一）未完成年度减贫计划任务的；

（二）违反扶贫资金管理使用规定的；

（三）违反贫困县约束规定，发生禁止作为事项的；

（四）违反贫困退出规定，弄虚作假、搞"数字脱贫"的；

（五）贫困人口识别和退出准确率、帮扶工作群众满意度较低的；

（六）纪检、监察、审计和社会监督发现违纪违规问题的。

第八条 考核结果由国务院扶贫开发领导小组予以通报。对完成年度计划减贫成效显著的省份，给予一定奖励。对出现本办法第七条所列问题的，由国务院扶贫开发领导小组对省级党委、政府主要负责人进行约谈，提出限期整改要求；情节严重、造成不良影响的，实行责任追究。考核结果作为对省级党委、政府主要负责人和领导班子综合考核评价的重要依据。

第九条 参与考核工作的中央部门应当严守考核工作纪律，坚持原则、公道正派、敢于担当，保证考核结果的公正性和公信力。各省（自治区、直辖市）应当及时、准确提供相关数据、资料和情况，主动配合开展相关工作，确保考核顺利进行。对不负责任、造成考核结果失真失实的，应当追究责任。

第十条 各省（自治区、直辖市）应当参照本办法，结合本地区实际制定相关办法，加强对本地区各级扶贫开发工作的考核。

第十一条 本办法由国务院扶贫办商中央组织部负责解释。

第十二条 本办法自2016年2月9日起施行。2012年1月6日印发的《扶贫开发工作考核办法（试行）》同时废止。

附件：省级党委和政府扶贫开发工作成效考核指标

附件

省级党委和政府扶贫开发工作成效考核指标

考核内容		考核指标	数据来源	完成情况
1. 减贫成效	建档立卡贫困人口减少	计划完成情况	扶贫开发信息系统	
	贫困县退出	计划完成情况	各省提供（退出计划、完成情况）	
	贫困地区农村居民收入增长	贫困地区农村居民人均可支配收入增长率（%）	全国农村贫困监测	
2. 精准识别	贫困人口识别	准确率（%）	第三方评估	
	贫困人口退出			
3. 精准帮扶	因村因户帮扶工作	群众满意度（%）	第三方评估	
4. 扶贫资金	使用管理成效	绩效考评结果	财政部、扶贫办	

国务院关于进一步健全特困人员救助供养制度的意见

（2016 年 2 月 10 日　国发〔2016〕14 号）

保障城乡特困人员基本生活，是完善社会救助体系、编密织牢民生安全网的重要举措，是坚持共享发展、保障和改善民生的应有之义，也是打赢脱贫攻坚战、全面建成小康社会的必然要求。长期以来，在党和政府的高度重视下，我国先后建立起农村五保供养、城市"三无"人员救济和福利院供养制度，城乡特困人员基本生活得到了保障。2014 年，国务院公布施行了《社会救助暂行办法》，将城乡"三无"人员保障制度统一为特困人员供养制度，我国城乡特困人员保障工作进入新的发展阶段。为解决城乡发展不平衡、相关政策不衔接、工作机制不健全、资金渠道不通畅、管理服务不规范等问题，切实保障特困人员基本生活，根据《社会救助暂行办法》、《农村五保供养工作条例》，现就进一步健全特困人员救助供养制度提出以下意见。

一、总体要求和基本原则

（一）总体要求。

以党的十八大和十八届三中、四中、五中全会精神为指导，按照党中央、国务院决策部署，以解决城乡特困人员突出困难、满足城乡特困人员基本需求为目标，坚持政府主导，发挥社会力量作用，在全国建立起城乡统筹、政策衔接、运行规范、与经济社会发展水平相适应的特困人员救助供养制度，将符合条件的特困人员全部纳入救助供养范围，切实维护他们的基本生活权益。

（二）基本原则。

坚持托底供养。强化政府托底保障职责，为城乡特困人员提供基本生活、照料服务、疾病治疗和殡葬服务等方面保障，做到应救尽救、应养尽养。

坚持属地管理。县级以上地方人民政府统筹做好本行政区域内特困人员救助供养工作，分级管理，落实责任，强化管理服务和资金保障，为特困人员提供规范、适度的救助供养服务。

坚持城乡统筹。健全城乡特困人员救助供养工作管理体制，在政策目标、资金筹集、对象范围、供养标准、经办服务等方面实现城乡统筹，确保城乡特困人员都能获得救助供养服务。

坚持适度保障。立足经济社会发展水平，科学合理制定救助供养标准，加强与其他社会保障制度衔接，实现特困人员救助供养制度保基本、全覆盖、可持续。

坚持社会参与。鼓励、引导、支持社会力量通过承接政府购买服务、慈善捐赠以及提供志愿服务等方式，为特困人员提供服务和帮扶，形成全社会关心、支持、参与特困人员救助供养工作的良好氛围。

二、制度内容

（一）对象范围。

城乡老年人、残疾人以及未满16周岁的未成年人，同时具备以下条件的，应当依法纳入特困人员救助供养范围：

无劳动能力、无生活来源、无法定赡养抚养扶养义务人或者其法定义务人无履行义务能力。

具体认定办法由民政部负责制定。

（二）办理程序。

申请程序。申请特困人员救助供养，由本人向户籍所在地的乡镇人民政府（街道办事处）提出书面申请，按规定提交相关材料，书面说明劳动能力、生活来源以及赡养、抚养、扶养情况。本人申请有困难的，可以委托村（居）民委员会或者他人代为提出申请。

乡镇人民政府(街道办事处)以及村(居)民委员会应当及时了解掌握辖区内居民的生活情况,发现符合特困人员救助供养条件的人员,应当告知其救助供养政策,对无民事行为能力等无法自主申请的,应当主动帮助其申请。

审核程序。乡镇人民政府(街道办事处)应当通过入户调查、邻里访问、信函索证、群众评议、信息核查等方式,对申请人的收入状况、财产状况以及其他证明材料等进行调查核实,于20个工作日内提出初审意见,在申请人所在村(社区)公示后,报县级人民政府民政部门审批。申请人及有关单位、组织或者个人应当配合调查,如实提供有关情况。

审批程序。县级人民政府民政部门应当全面审查乡镇人民政府(街道办事处)上报的调查材料和审核意见,并随机抽查核实,于20个工作日内作出审批决定。对符合条件的申请予以批准,并在申请人所在村(社区)公布;对不符合条件的申请不予批准,并书面向申请人说明理由。

终止程序。特困人员不再符合救助供养条件的,村(居)民委员会或者供养服务机构应当及时告知乡镇人民政府(街道办事处),由乡镇人民政府(街道办事处)审核并报县级人民政府民政部门核准后,终止救助供养并予以公示。

县级人民政府民政部门、乡镇人民政府(街道办事处)在工作中发现特困人员不再符合救助供养条件的,应当及时办理终止救助供养手续。特困人员中的未成年人,满16周岁后仍在接受义务教育或在普通高中、中等职业学校就读的,可继续享有救助供养待遇。

(三)救助供养内容。

特困人员救助供养主要包括以下内容:

提供基本生活条件。包括供给粮油、副食品、生活用燃料、服装、被褥等日常生活用品和零用钱。可以通过实物或者现金的方式予以保障。

对生活不能自理的给予照料。包括日常生活、住院期间的必要照料等基本服务。

提供疾病治疗。全额资助参加城乡居民基本医疗保险的个人缴费部分。医疗费用按照基本医疗保险、大病保险和医疗救助等医疗保障制度规定支付后仍有不足的,由救助供养经费予以支持。

办理丧葬事宜。特困人员死亡后的丧葬事宜,集中供养的由供养服务机构办理,分散供养的由乡镇人民政府(街道办事处)委托村(居)民委员会或者其亲属办理。丧葬费用从救助供养经费中支出。

对符合规定标准的住房困难的分散供养特困人员,通过配租公共租赁住房、发放住房租赁补贴、农村危房改造等方式给予住房救助。对在义务教育阶段就学的特困人员,给予教育救助;对在高中教育(含中等职业教育)、普通高等教育阶段就学的特困人员，根据实际情况给予适当教育救助。

（四）救助供养标准。

特困人员救助供养标准包括基本生活标准和照料护理标准。

基本生活标准应当满足特困人员基本生活所需。照料护理标准应当根据特困人员生活自理能力和服务需求分类制定，体现差异性。

特困人员救助供养标准由省、自治区、直辖市或者设区的市级人民政府综合考虑地区、城乡差异等因素确定、公布，并根据当地经济社会发展水平和物价变化情况适时调整。民政部、财政部要加强对特困人员救助供养标准制定工作的指导。

（五）救助供养形式。

特困人员救助供养形式分为在家分散供养和在当地的供养服务机构集中供养。具备生活自理能力的，鼓励其在家分散供养；完全或者部分丧失生活自理能力的，优先为其提供集中供养服务。

分散供养。对分散供养的特困人员，经本人同意，乡镇人民政府（街道办事处）可委托其亲友或村（居）民委员会、供养服务机构、社会组织、社会工作服务机构等提供日常看护、生活照料、住院陪护等服务。有条件的地方，可为分散供养的特困人员提供社区日间照料服务。

集中供养。对需要集中供养的特困人员，由县级人民政府民政部门按照便于管理的原则，就近安排到相应的供养服务机构；未满16周岁的，安置到儿童福利机构。

供养服务机构管理。供养服务机构应当依法办理法人登记，建立健全内部管理、安全管理和服务管理等制度，为特困人员提供日常生活照料、送医治疗等基本救助供养服务。有条件的经卫生计生行政部门批准可设立医务室或者护理站。供养服务机构应当根据服务对象人数和照料护理需求，按照一定比例配备工作人员，加强社会工作岗位开发设置，合理配备使用社会工作者。

三、保障措施

（一）加强组织领导。

各地要将特困人员救助供养工作列入政府重要议事日程，将供养服务机构建设纳入经济社会发展总体规划，强化其托底保障功能，进一步完善工作协调机制，切实担负起资金投入、工作条件保障和监督检查责任。民政部门要切实履行主管部门职责，发挥好统筹协调作用，重点加强特困人员救助供养工作日常管理、能力建设，推动相关标准体系完善和信息化建设，实行特困人员“一人一档案”，提升管理服务水平；加强对特困人员救助供养等社会救助工作的绩效评价，将结果送组织部门，作为对地方政府领导班子和有关领导干部综合考核评价的重要参考。卫生计生、教育、住房城乡建设、人力资源社会保障等其他社会救助管理部门要依据职责分工,积极配合民政部门做好特困人员救助供养相关工作,实现社会救助信息互联互通、资源共享,形成齐抓共管、整体推进的工作格局。发展改革部门要将特困人员救助供养纳入相关专项规划,支持供养服务设施建设。财政部门要做好相关资金保障工作。

(二)做好制度衔接。

各地要统筹做好特困人员救助供养制度与城乡居民基本养老保险、基本医疗保障、最低生活保障、孤儿基本生活保障、社会福利等制度的有效衔接。符合相关条件的特困人员,可同时享受城乡居民基本养老保险、基本医疗保险等社会保险和高龄津贴等社会福利待遇。纳入特困人员救助供养范围的,不再适用最低生活保障政策。纳入孤儿基本生活保障范围的,不再适用特困人员救助供养政策。纳入特困人员救助供养范围的残疾人,不再享受困难残疾人生活补贴和重度残疾人护理补贴。

(三)强化资金保障。

县级以上地方人民政府要将政府设立的供养服务机构运转费用、特困人员救助供养所需资金列入财政预算。省级人民政府要优化财政支出结构,统筹安排特困人员救助供养资金。中央财政给予适当补助,并重点向特困人员救助供养任务重、财政困难、工作成效突出的地区倾斜。有农村集体经营等收入的地方,可从中安排资金用于特困人员救助供养工作。各地要完善救助供养资金发放机制,确保资金及时足额发放到位。

(四)加强监督管理。

各地区、各有关部门要将特困人员救助供养制度落实情况作为督查督办的重点内容,定期组织开展专项检查。加强对特困人员救助供养资金管理使用情况的监督检查,严肃查处挤占、挪用、虚报、冒领等违纪违法行为。充分发挥社会监督作用,对公众和媒体发现揭露的问题,要及时查处并公布处理结果。完善责任追究制度,加大行政问责力度,对因责任不落实造成严重后果的单位和个人,要依纪依法追究责任。

(五)鼓励社会参与。

鼓励群众团体、公益慈善等社会组织、社会工作服务机构和企事业单位、志愿者等社会力量参与特困人员救助供养工作。鼓励运用政府和社会资本合作(PPP)模式,采取公建民营、民办公助等方式,支持供养服务机构建设。加大政府购买服务和项目支持力度,落实各项财政补贴、税收优惠和收费减免等政策,引导、激励公益慈善组织、社会工作服务机构,以及社会力量举办的养老、医疗等服务机构,为特困人员提供专业化个性化服务。

（六）加强政策宣传。

各地区、各有关部门要采用群众喜闻乐见的形式，大力宣传特困人员救助供养政策，不断提高社会知晓度，积极营造全社会关心关爱特困人员的良好氛围。

民政部、财政部要加强对本意见执行情况的监督检查，重大情况及时向国务院报告。国务院将适时组织专项督查。

国务院办公厅关于加快众创空间发展服务实体经济转型升级的指导意见

（2016年2月14日　国办发〔2016〕7号）

推进大众创业万众创新是增强发展新动能、促进社会就业、提高发展质量效益的重要途径，是实施创新驱动发展战略的重要支撑，国务院陆续出台了一系列重要支持政策和举措，为经济平稳较快发展发挥了关键作用。当前，全国各地涌现出一批有亮点、有潜力、有特色的众创空间，已经成为大众创业万众创新的重要阵地和创新创业者的聚集地，呈现蓬勃发展的良好势头。为充分发挥各类创新主体的积极性和创造性，发挥科技创新的引领和驱动作用，紧密对接实体经济，有效支撑我国经济结构调整和产业转型升级，需要继续推动众创空间向纵深发展，在制造业、现代服务业等重点产业领域强化企业、科研机构和高校的协同创新，加快建设一批众创空间。经国务院同意，现就加快众创空间发展提出以下意见。

一、总体要求和基本原则

（一）总体要求。

促进众创空间专业化发展，为实施创新驱动发展战略、推进大众创业万众创新提供低成本、全方位、专业化服务，更大释放全社会创新创业活力，加快科技成果向现实生产力转化，增强实体经济发展新动能。通过龙头企业、中小微企业、科研院所、高校、创客等多方协同，打造产学研用紧密结合的众创空间，吸引更多科技人员投身科技型创新创业，促进人才、技术、资本等各类创新要素的高效配置和有效集成，推进产业链创新链深度融合，不断提升服务创新创业的能力和水平。

一是配套支持全程化。通过为创新创业者提供工业设计、检验检测、模型加工、知识产权、专利标准、中试生产、产品推广等研发、制造、销售相关服务，实现产业链资源开放共享和高效配置。

二是创新服务个性化。通过整合专业领域的技术、设备、信息、资本、市场、人力等资源，为创新创业者提供更高端、更具专业特色和定制化的增值服务。

三是创业辅导专业化。通过凝聚一批熟悉产业领域的创业导师和培训机构，开展创业培训，举办各类创业活动，为创新创业者提供更加适合产业特点的创业辅导服务，提高创新创业者的专业素质和能力，培养更多适应经济转型升级的创新人才。

（二）基本原则。

一是坚持发挥市场配置资源的决定性作用。要充分利用互联网等新一代信息技术，向创业者开放创新资源，降低创新创业成本，加强创新链与产业链、资金链的对接，让市场对科技成果作出评价。

二是坚持科技创新的引领作用。要以科技成果转移转化为重点，扩大“双创”的源头供给，推动科技型创新创业，使科技人员成为创新创业的主力军。

三是坚持服务和支撑实体经济发展。要与“互联网＋”行动计划、“中国制造2025”、大数据发展行动等相结合，促进龙头骨干企业在研发、生产、营销、服务、管理等方面改革创新，加快发展“制造＋服务”的智能工厂模式，培育更多富有活力的中小微企业，为经济发展注入新技术、新装备、新模式，培育新业态，催生新产业。

二、重点任务

（三）在重点产业领域发展众创空间。重点在电子信息、生物技术、现代农业、高端装备制造、新能源、新材料、节能环保、医药卫生、文化创意和现代服务业等产业领域先行先试，针对产业需求和行业共性技术难点，在细分领域建设众创空间。

（四）鼓励龙头骨干企业围绕主营业务方向建设众创空间。按照市场机制与其他创业主体协同聚集，优化配置技术、装备、资本、市场等创新资源，实现与中小微企业、高校、科研院所和各类创客群体有机结合，有效发挥引领带动作用，形成以龙头骨干企业为核心、高校院所积极参与、辐射带动中小微企业成长发展的产业创新生态群落。

（五）鼓励科研院所、高校围绕优势专业领域建设众创空间。发挥科研设施、专业团队、技术积累等优势，充分利用大学科技园、工程（技术）研究中心、重点实验室、工程实验室等创新载体，建设以科技人员为核心、以成果转移转化为主要内容的众创空间，通过聚集高端创新资源，增加源头技术创新有效供给，为科技型创新创业提供专业化服务。

（六）建设一批国家级创新平台和双创基地。依托国家自主创新示范区、国家高新技术产业开发区等试点建设一批国家级创新平台，推动各地发展各具特色的双创基地。国家高新技术产业开发区、国家级经济技术开发区、国家现代农业示范区、农业科技园区等要结合国家战略布局和当地产业发展实际，发挥重点区域创新创业要素集聚优势，打造一批具有当地特色的众创空间，与科技企业孵化器、加速器及产业园等共同形成创新创业生态体系。

（七）加强众创空间的国际合作。鼓励龙头骨干企业、高校、科研院所与国外先进创业孵化机构开展对接合作，共同建立高水平的众创空间，鼓励龙头骨干企业与国外创业孵化机构合作建立投资基金。支持众创空间引进国际先进的创业孵化理念，吸纳、整合和利用国外技术、资本和市场等资源，提升众创空间发展的国际化水平。大力吸引和支持港澳台科技人员以及海归人才、外国人才到众创空间创新创业，在居住、工作许可、居留等方面提供便利条件。

三、加大政策支持力度

充分利用现有创新政策工具，挖掘已有政策潜力，加大政策落实力度，形成支持众创空间发展的政策体系。

（八）实行奖励和补助政策。有条件的地方要综合运用无偿资助、业务奖励等方式，对众创空间的办公用房、用水、用能、网络等软硬件设施给予补助。支持国家科技基础条件平台为符合条件的众创空间提供服务。符合条件的众创空间可以申报承担国家科技计划项目。发挥财政资金的杠杆作用，采用市场机制引导社会资金和金融资本进入技术创新领域，支持包括中国创新创业大赛优胜项目在内的创新创业项目和团队，推动众创空间发展。

（九）落实促进创新的税收政策。众创空间的研发仪器设备符合相关规定条件的，可按照税收有关规定适用加速折旧政策；进口科研仪器设备符合规定条件的，适用进口税收优惠政策。众创空间发生的研发费用，企业和高校院所委托众创空间开展研发活动以及小微企业受委托或自身开展研发活动发生的研发费用，符合规定条件的可适用研发费用税前加计扣除政策。研究完善科技企业孵化器税收政策，符合规定条件的众创空间可适用科技企业孵化器税收政策。

（十）引导金融资本支持。引导和鼓励各类天使投资、创业投资等与众创空间相结合，完善投融资模式。鼓励天使投资群体、创业投资基金入驻众创空间和双创基地开展业务。鼓励国家自主创新示范区、国家高新技术产业开发区设立天使投资基金，支持众创空间发展。选择符合条件的银行业金融机构，在试点地区探索为众创空间内企业创新活动提供股权和债权相结合的融资服务，与创业投资、股权投资机构试点投贷联动。支持众创空间内科技创业企业通过资本市场进行融资。

（十一）支持科技人员到众创空间创新创业。高校、科研院所要按照《中华人民共和国促进科技成果转化法》有关规定，落实科技成果使用权、处置权和收益权政策。对本单位科研人员带项目和成果到众创空间创新创业的，经原单位同意，可在3年内保留人事关系，与原单位其他在岗人员同等享有参加职称评聘、岗位等级晋升和社会保障等方面的权利。探索完善众创空间中创新成果收益分配制度。对高校、科研院所的创业项目知识产权申请、转化和运用，按照国家有关政策给予支持。进一步改革科研项目和资金管理使用制度，使之更有利于激发广大科研人员的创造性和转化成果的积极性。

（十二）调动企业参与众创空间建设的积极性。企业建设众创空间的投入符合相关规定条件的，可享受研发费用加计扣除政策。国有企业对众创空间投入较大且符合有关规定的，可以适用有关科技创新考核政策。充分利用淘汰落后产能、处置"僵尸企业"过程中形成的闲置厂房、空余仓库以及生产设施，改造建设众创空间，鼓励企业通过集众智、汇众力等开放式创新，吸纳科技人员创业，创造就业岗位，实现转型发展。

（十三）促进军民技术双向转化。大力推动军民标准通用化，引导民用领域知识产权在国防和军队建设领域运用。军工技术向民用转移中的二次开发费用，符合相关规定条件的可以适用研发费用加计扣除政策。在符合保密规定的前提下，对向众创空间开放共享的专用设备、实验室等军工设施，按照国家统一政策，根据服务绩效探索建立后补助机制，促进军民创新资源融合共享。

四、组织实施

（十四）加强组织领导。各有关部门和各省（区、市）要加强对众创空间建设的宏观指导和工作协调，结合行业和地方发展实际，推进各具特色的众创空间建设和发展。加强对众创空间发展情况的监测、统计和评估。建立统一的政策信息发布平台。各地区各部门对众创空间等平台的扶持情况要上网公示，做到公开透明，避免多头重复支持。

（十五）加强示范引导。鼓励各地、各类主体积极探索支持众创空间发展的新政策、新机制和新模式，不断完善创新创业服务体系，持续提高创新创业服务能力。国家自主创新示范区、国家高新技术产业开发区等创新要素集聚区域的管理部门要率先行动起来，主动做好服务，为众创空间的专业化发展创造条件，开展先行先试，作出引领示范。

（十六）加强分类指导。要根据战略性新兴产业发展和传统产业升级的具体需求，聚焦重点领域和关键环节，采取有针对性的政策措施，实现重点突破，增强示范带动效应。要统筹考虑各地区经济发展、科技资源条件等实际情况，因地制宜推进众创空间在不同区域的建设和发展。

（十七）加强宣传推广。及时总结和交流众创空间建设的做法和经验，对模式新颖、绩效突出的案例进行宣传推广，树立品牌，扩大影响。对众创空间和中国创新创业大赛中涌现出来的优秀创业项目、创业人物加大宣传报道力度，在全社会弘扬创新创业文化，激发创新创业热情。

国务院办公厅转发国家发展改革委关于“十三五”期间实施新一轮农村电网改造升级工程意见的通知

（2016年2月16日　国办发〔2016〕9号）

国家发展改革委《关于“十三五”期间实施新一轮农村电网改造升级工程的意见》已经国务院同意，现转发给你们，请认真贯彻执行。

实施新一轮农村电网改造升级工程，是加强农村基础设施建设，加快城乡基本公共服务均等化进程的重要举措，对促进农村消费升级、带动相关产业发展和拉动有效投资具有积极意义。各地区、各有关部门和相关企业要进一步提高思想认识，加强组织、规范管理，落实责任、密切配合，切实完成好新一轮农村电网改造升级各项任务。

关于“十三五”期间实施新一轮农村电网改造升级工程的意见

农村电网是农村重要的基础设施，对促进农业农村发展、改善农民生产生活条件具有不可替代的作用。“十二五”时期实施农村电网改造升级工程以来，农村电网结构大幅改善，电力供应能力明显提升，管理体制基本理顺，同网同价基本实现，彻底解决了无电人口用电问题。但受自然环境条件、历史遗留问题等各种因素制约，城乡电力服务差距较为明显，农村地区电力保障能力与日益增长的用电需求不相适应，贫困地区以及偏远少数民族地区电网建设相对滞后，农村电网整体水平与全面建成小康社会目标仍有差距。为充分满足广大农民用电需求，加快城乡电力服务均等化进程，现就“十三五”期间实施新一轮农村电网改造升级工程提出以下意见：

一、总体要求

（一）指导思想。全面贯彻党的十八大和十八届三中、四中、五中全会以及中央经济工作会议、中央扶贫开发工作会议、中央农村工作会议精神，以邓小平理论、“三个代表”重要思想、科学发展观为指导，按照“五位一体”总体布局和“四个全面”战略布局，牢固树立和贯彻落实创新、协调、绿色、开放、共享的发展理念，积极适应农业生产和农村消费需求，按照统筹规划、协调发展，突出重点、共享均等，电能替代、绿色低碳，创新机制、加强管理的原则，突出重点领域和薄弱环节，实施新一轮农村电网改造升级工程，加快城乡电力服务均等化进程，为促进农村经济社会发展提供电力保障。

（二）主要目标。到2020年，全国农村地区基本实现稳定可靠的供电服务全覆盖，供电能力和服务水平明显提升，农村电网供电可靠率达到99.8%，综合电压合格率达到97.9%，户均配变容量不低于2千伏安，建成结构合理、技术先进、安全可靠、智能高效的现代农村电网，电能在农村家庭能源消费中的比重大幅提高。东部地区基本实现城乡供电服务均等化，中西部地区城乡供电服务差距大幅缩小，贫困及偏远少数民族地区农村电网基本满足生产生活需要。县级供电企业基本建立现代企业制度。

二、重点任务

（一）加快新型小城镇、中心村电网和农业生产供电设施改造升级。结合推进新型城镇化、农业现代化和扶贫搬迁等，积极适应农产品加工、乡村旅游、农村电商等新型产业发展以及农民消费升级的用电需求，科学确定改造标准，推进新型小城镇和中心村电网改造升级。结合高标准农田建设和推广农业节水灌溉等工作，完善农业生产供电设施，加快推进机井通电，到2017年底，完成中心村电网改造升级，实现平原地区机井用电全覆盖。

（二）稳步推进农村电网投资多元化。在做好电力普遍服务的前提下，结合售电侧改革拓宽融资渠道，探索通过政府和社会资本合作（PPP）等模式，运用商业机制引入社会资本参与农村电网建设改造。在西部偏远地区，鼓励相关企业因地制宜建设水能、太阳能、风能、生物质能等可再生能源局域电网。

（三）开展西藏、新疆以及四川、云南、甘肃、青海四省藏区农村电网建设攻坚。继续落实各项优先支持政策，集中力量加快孤网县城的联网进程，符合条件的地区电网延伸到乡到村，到2020年实现孤网县城联网或建成可再生能源局域电网。农牧区基本实现用电全覆盖，电力在当地能源消费中的比重显著提升，促进改善农牧区生产生活条件。

（四）加快西部及贫困地区农村电网改造升级。重点推进国家扶贫开发工作重点县、集中连片特困地区以及革命老区的农村电网改造升级，解决电压不达标、架构不合理、不通动力电等问题，提升电力普遍服务水平。结合新能源扶贫工程和微电网建设，提高农村电网接纳分布式新能源发电的能力，到2020年贫困地区供电服务水平接近本省（区、市）农村平均水平。继续实施农场、林场林区、小水电供区电网改造升级。

（五）推进东中部地区城乡供电服务均等化进程。东中部地区以及有条件的西部地区，在完善农村电网架构、缩短供电服务半径、提高户均配变容量的基础上，逐步提高农村电网信息化、自动化、智能化水平，进一步优化电力供给结构，缩小城乡供电服务差距，不断提高农村电气化水平，为农村经济社会发展、农民生活质量改善提供更好的电力保障。

三、政策措施

（一）多渠道筹集资金。“十三五”期间，继续安排中央预算内投资支持中西部地区农村电网改造升级工程，并通过项目法人自有资金、地方财政投入或专项建设基金等多种方式筹措项目资本金；东部地区农村电网改造升级工程主要通过项目法人自有资金或专项建设基金解决项目资本金。电网企业要加大对农村电网建设改造的资金投入。地方政府要按规定统筹使用相关财政资金和社会资金，承担相应的建设成本，支持农村电网改造升级。

（二）加强还贷资金管理。继续执行每千瓦时售电量收取2分钱的还贷资金政策，专项用于农村电网建设改造贷款的还本付息。有关部门要强化还贷资金管理，规范资金的征收使用，确保政策落实到位。

（三）深化电力体制改革。县级电网企业通过有限责任公司、股份有限公司等形式建立现代企业制度，到2020年全部取消“代管体制”。在有条件的地区开展县级电网企业股份制改革试点。

四、组织保障

（一）加强统筹协调。各省（区、市）人民政府要将农村电网改造升级作为扩大投资、改善民生的重要领域，纳入本地区经济社会发展总体部署，完善工作机制，加强统筹协调，规范和简化项目管理程序，切实解决工程实施中手续繁杂、效率不高等问题，为农村电网改造升级工程创造良好环境。各有关部门要结合深化电力体制改革要求，有针对性地调整完善投资、价格、财税、金融等支持政策。

（二）强化规划管理。各省（区、市）人民政府要在县级规划的基础上，组织编制本地区农村电网改造升级5年规划、建立3年滚动项目储备库，结合当地实际情况，明确任务目标、建设重点和工作措施，并与新型城镇化、新农村建设、扶贫搬迁、土地利用等规划做好衔接。国家发展改革委负责在各省（区、市）规划的基础上，编制全国农村电网改造升级5年规划和3年滚动投资计划，修订项目管理办法，加强中央预算内投资计划管理，根据项目进展统筹安排年度投资计划。

（三）抓好监督评价。国家发展改革委要建立健全工程实施监督制度，及时掌握工作进度，定期开展专项督查，确保工程质量和安全。各地区要建立监测评价体系，对农村电网的建设投资、管理服务等进行考核评价，督促企业做好电力普遍服务。国家电网公司、中国南方电网有限责任公司及相关企业要加大农村电网建设改造力度，科学安排计划，加强组织实施和绩效考核，确保建设资金及时到位、工程任务按时完成。

国务院关于印发中医药发展战略规划纲要（2016—2030年）的通知

（2016年2月22日　国发〔2016〕15号）

现将《中医药发展战略规划纲要（2016—2030年）》印发给你们，请认真贯彻执行。

中医药发展战略规划纲要（2016—2030年）

中医药作为我国独特的卫生资源、潜力巨大的经济资源、具有原创优势的科技资源、优秀的文化资源和重要的生态资源，在经济社会发展中发挥着重要作用。随着我国新型工业化、信息化、城镇化、农业现代化深入发展，人口老龄化进程加快，健康服务业蓬勃发展，人民群众对中医药服务的需求越来越旺盛，迫切需要继承、发展、利用好中医药，充分发挥中医药在深化医药卫生体制改革中的作用，造福人类健康。为明确未来十五年我国中医药发展方向和工作重点，促进中医药事业健康发展，制定本规划纲要。

一、基本形势

新中国成立后特别是改革开放以来，党中央、国务院高度重视中医药工作，制定了一系列政策措施，推动中医药事业发展取得了显著成就。中医药总体规模不断扩大，发展水平和服务能力逐步提高，初步形成了医疗、保健、科研、教育、产业、文化整体发展新格局，对经济社会发展贡献度明显提升。截至2014年底，全国共有中医类医院（包括中医、中西医结合、民族医医院，下同）

3732 所，中医类医院床位 75.5 万张，中医类执业(助理)医师 39.8 万人，2014 年中医类医院总诊疗人次 5.31 亿。中医药在常见病、多发病、慢性病及疑难病症、重大传染病防治中的作用得到进一步彰显，得到国际社会广泛认可。2014 年中药生产企业达到 3813 家，中药工业总产值 7302 亿元。中医药已经传播到 183 个国家和地区。

另一方面，我国中医药资源总量仍然不足，中医药服务领域出现萎缩现象，基层中医药服务能力薄弱，发展规模和水平还不能满足人民群众健康需求；中医药高层次人才缺乏，继承不足、创新不够；中药产业集中度低，野生中药材资源破坏严重，部分中药材品质下降，影响中医药可持续发展；适应中医药发展规律的法律政策体系有待健全；中医药走向世界面临制约和壁垒，国际竞争力有待进一步提升；中医药治理体系和治理能力现代化水平亟待提高，迫切需要加强顶层设计和统筹规划。

当前，我国进入全面建成小康社会决胜阶段，满足人民群众对简便验廉的中医药服务需求，迫切需要大力发展健康服务业，拓宽中医药服务领域。深化医药卫生体制改革，加快推进健康中国建设，迫切需要在构建中国特色基本医疗制度中发挥中医药独特作用。适应未来医学从疾病医学向健康医学转变、医学模式从生物医学向生物—心理—社会模式转变的发展趋势，迫切需要继承和发展中医药的绿色健康理念、天人合一的整体观念、辨证施治和综合施治的诊疗模式、运用自然的防治手段和全生命周期的健康服务。促进经济转型升级，培育新的经济增长动能，迫切需要加大对中医药的扶持力度，进一步激发中医药原创优势，促进中医药产业提质增效。传承和弘扬中华优秀传统文化，迫切需要进一步普及和宣传中医药文化知识。实施“走出去”战略，推进“一带一路”建设，迫切需要推动中医药海外创新发展。各地区、各有关部门要正确认识形势，把握机遇，扎实推进中医药事业持续健康发展。

二、指导思想、基本原则和发展目标

(一)指导思想。

认真落实党的十八大和十八届二中、三中、四中、五中全会精神，深入贯彻习近平总书记系列重要讲话精神，紧紧围绕“四个全面”战略布局和党中央、国务院决策部署，牢固树立创新、协调、绿色、开放、共享发展理念，坚持中西医并重，从思想认识、法律地位、学术发展与实践运用上落实中医药与西医药的平等地位，充分遵循中医药自身发展规律，以推进继承创新为主题，以提高中医药发展水平为中心，以完善符合中医药特点的管理体制和政策机制为重点，以增进和维护人民群众健康为目标，拓展中医药服务领域，促进中西医结合，发挥中医药在促进卫生、经济、科技、文化和生态文明发展中的独特作用，统筹推进中医药事业振兴发展，为深化医药卫生体制改革、推进健康中国建设、全面建成小康社会和实现“两个一百年”奋斗目标作出贡献。

（二）基本原则。

坚持以人为本、服务惠民。以满足人民群众中医药健康需求为出发点和落脚点，坚持中医药发展为了人民、中医药成果惠及人民，增进人民健康福祉，保证人民享有安全、有效、方便的中医药服务。

坚持继承创新、突出特色。把继承创新贯穿中医药发展一切工作，正确把握好继承和创新的关系，坚持和发扬中医药特色优势，坚持中医药原创思维，充分利用现代科学技术和方法，推动中医药理论与实践不断发展，推进中医药现代化，在创新中不断形成新特色、新优势，永葆中医药薪火相传。

坚持深化改革、激发活力。改革完善中医药发展体制机制，充分发挥市场在资源配置中的决定性作用，拉动投资消费，推进产业结构调整，更好发挥政府在制定规划、出台政策、引导投入、规范市场等方面的作用，积极营造平等参与、公平竞争的市场环境，不断激发中医药发展的潜力和活力。

坚持统筹兼顾、协调发展。坚持中医与西医相互取长补短，发挥各自优势，促进中西医结合，在开放中发展中医药。统筹兼顾中医药发展各领域、各环节，注重城乡、区域、国内国际中医药发展，促进中医药医疗、保健、科研、教育、产业、文化全面发展，促进中医中药协调发展，不断增强中医药发展的整体性和系统性。

（三）发展目标。

到2020年，实现人人基本享有中医药服务，中医医疗、保健、科研、教育、产业、文化各领域得到全面协调发展，中医药标准化、信息化、产业化、现代化水平不断提高。中医药健康服务能力明显增强，服务领域进一步拓宽，中医医疗服务体系进一步完善，每千人口公立中医类医院床位数达到0.55张，中医药服务可得性、可及性明显改善，有效减轻群众医疗负担，进一步放大医改惠民效果；中医基础理论研究及重大疾病攻关取得明显进展，中医药防治水平大幅度提高；中医药人才教育培养体系基本建立，凝聚一批学术领先、医术精湛、医德高尚的中医药人才，每千人口卫生机构中医执业类（助理）医师数达到0.4人；中医药产业现代化水平显著提高，中药工业总产值占医药工业总产值30%以上，中医药产业成为国民经济重要支柱之一；中医药对外交流合作更加广泛；符合中医药发展规律的法律体系、标准体系、监督体系和政策体系基本建立，中医药管理体制更加健全。

到2030年，中医药治理体系和治理能力现代化水平显著提升，中医药服务领域实现全覆盖，中医药健康服务能力显著增强，在治未病中的主导作用、在重大疾病治疗中的协同作用、在疾病康复中的核心作用得到充分发挥；中医药科技水平显著提高，基本形成一支由百名国医大师、万名中医名师、百万中医师、千万职业技能人员组成的中医药人才队伍；公民中医健康文化素养大幅度提升；中医药工业智能化水平迈上新台阶，对经济社会发展的贡献率进一步增强，我国在世界传统医药发展中的引领地位更加巩固，实现中医药继承创新发展、统筹协调发展、生态绿色发展、包容开放发展和人民共享发展，为健康中国建设奠定坚实基础。

三、重点任务

（一）切实提高中医医疗服务能力。

1. 完善覆盖城乡的中医医疗服务网络。全面建成以中医类医院为主体、综合医院等其他类别医院中医药科室为骨干、基层医疗卫生机构为基础、中医门诊部和诊所为补充、覆盖城乡的中医医疗服务网络。县级以上地方人民政府要在区域卫生规划中合理配置中医医疗资源，原则上在每个地市级区域、县级区域设置 1 个市办中医类医院、1 个县办中医类医院，在综合医院、妇幼保健机构等非中医类医疗机构设置中医药科室。在乡镇卫生院和社区卫生服务中心建立中医馆、国医堂等中医综合服务区，加强中医药设备配置和中医药人员配备。加强中医医院康复科室建设，支持康复医院设置中医药科室，加强中医康复专业技术人员的配备。

2. 提高中医药防病治病能力。实施中医临床优势培育工程，加强在区域内有影响力、科研实力强的省级或地市级中医医院能力建设。建立中医药参与突发公共事件应急网络和应急救治工作协调机制，提高中医药应急救治和重大传染病防治能力。持续实施基层中医药服务能力提升工程，提高县级中医医院和基层医疗卫生机构中医优势病种诊疗能力、中医药综合服务能力。建立慢性病中医药监测与信息管理制度，推动建立融入中医药内容的社区健康管理模式，开展高危人群中医药健康干预，提升基层中医药健康管理水平。大力发展中医非药物疗法，充分发挥其在常见病、多发病和慢性病防治中的独特作用。建立中医医院与基层医疗卫生机构、疾病预防控制机构分工合作的慢性病综合防治网络和工作机制，加快形成急慢分治的分级诊疗秩序。

3. 促进中西医结合。运用现代科学技术，推进中西医资源整合、优势互补、协同创新。加强中西医结合创新研究平台建设，强化中西医临床协作，开展重大疑难疾病中西医联合攻关，形成独具特色的中西医结合诊疗方案，提高重大疑难疾病、急危重症的临床疗效。探索建立和完善国家重大疑难疾病中西医协作工作机制与模式，提升中西医结合服务能力。积极创造条件建设中西医结合医院。完善中西医结合人才培养政策措施，建立更加完善的西医学习中医制度，鼓励西医离职学习中医，加强高层次中西医结合人才培养。

4. 促进民族医药发展。将民族医药发展纳入民族地区和民族自治地方经济社会发展规划，加强民族医医疗机构建设，支持有条件的民族自治地方举办民族医医院，鼓励民族地区各类医疗卫生机构设立民族医药科，鼓励社会力量举办民族医医院和诊所。加强民族医药传承保护、理论研究和文献的抢救与整理。推进民族药标准建设，提高民族药质量，加大开发推广力度，促进民族药产业发展。

5. 放宽中医药服务准入。改革中医医疗执业人员资格准入、执业范围和执业管理制度，根据执业技能探索实行分类管理，对举办中医诊所的，将依法实施备案制管理。改革传统医学师承和确有专长人员执业资格准入制度，允许取得乡村医生执业证书的中医药一技之长人员在乡镇和村开办中医诊所。鼓励社会力量举办连锁中医医疗机构，对社会资本举办只提供传统中医药服务的中医门诊部、诊所，医疗机构设置规划和区域卫生发展规划不作布局限制，支持有资质的中医专业技术人员特别是名老中医开办中医门诊部、诊所，鼓励药品经营企业举办中医坐堂医诊所。保证社会办和政府办中医医疗机构在准入、执业等方面享有同等权利。

6. 推动"互联网+"中医医疗。大力发展中医远程医疗、移动医疗、智慧医疗等新型医疗服务模式。构建集医学影像、检验报告等健康档案于一体的医疗信息共享服务体系，逐步建立跨医院的中医医疗数据共享交换标准体系。探索互联网延伸医嘱、电子处方等网络中医医疗服务应用。利用移动互联网等信息技术提供在线预约诊疗、候诊提醒、划价缴费、诊疗报告查询、药品配送等便捷服务。

（二）大力发展中医养生保健服务。

7. 加快中医养生保健服务体系建设。研究制定促进中医养生保健服务发展的政策措施，支持社会力量举办中医养生保健机构，实现集团化发展或连锁化经营。实施中医治未病健康工程，加强中医医院治未病科室建设，为群众提供中医健康咨询评估、干预调理、随访管理等治未病服务，探索融健康文化、健康管理、健康保险于一体的中医健康保障模式。鼓励中医医院、中医医师为中医养生保健机构提供保健咨询、调理和药膳等技术支持。

8. 提升中医养生保健服务能力。鼓励中医医疗机构、养生保健机构走进机关、学校、企业、社区、乡村和家庭，推广普及中医养生保健知识和易于掌握的理疗、推拿等中医养生保健技术与方法。鼓励中医药机构充分利用生物、仿生、智能等现代科学技术，研发一批保健食品、保健用品和保健器械器材。加快中医治未病技术体系与产业体系建设。推广融入中医治未病理念的健康工作和生活方式。

9. 发展中医药健康养老服务。推动中医药与养老融合发展，促进中医医疗资源进入养老机构、社区和居民家庭。支持养老机构与中医医疗机构合作，建立快速就诊绿色通道，鼓励中医医疗机构面向老年人群开展上门诊视、健康查体、保健咨询等服务。鼓励中医医师在养老机构提供保健咨询和调理服务。鼓励社会资本新建以中医药健康养老为主的护理院、疗养院，探索设立中医药特色医养结合机构，建设一批医养结合示范基地。

10. 发展中医药健康旅游服务。推动中医药健康服务与旅游产业有机融合，发展以中医药文化传播和体验为主题，融中医疗养、康复、养生、文化传播、商务会展、中药材科考与旅游于一体的中医药健康旅游。开发具有地域特色的中医药健康旅游产品和线路，建设一批国家中医药健康旅游示范基地和中医药健康旅游综合体。加强中医药文化旅游商品的开发生产。建立中医药健康旅游标准化体系，推进中医药健康旅游服务标准化和专业化。举办“中国中医药健康旅游年”，支持举办国际性的中医药健康旅游展览、会议和论坛。

（三）扎实推进中医药继承。

11. 加强中医药理论方法继承。实施中医药传承工程，全面系统继承历代各家学术理论、流派及学说，全面系统继承当代名老中医药专家学术思想和临床诊疗经验，总结中医优势病种临床基本诊疗规律。将中医古籍文献的整理纳入国家中华典籍整理工程，开展中医古籍文献资源普查，抢救濒临失传的珍稀与珍贵古籍文献，推动中医古籍数字化，编撰出版《中华医藏》，加强海外中医古籍影印和回归工作。

12. 加强中医药传统知识保护与技术挖掘。建立中医药传统知识保护数据库、保护名录和保护制度。加强中医临床诊疗技术、养生保健技术、康复技术筛选，完善中医医疗技术目录及技术操作规范。加强对传统制药、鉴定、炮制技术及老药工经验的继承应用。开展对中医药民间特色诊疗技术的调查、挖掘整理、研究评价及推广应用。加强对中医药百年老字号的保护。

13. 强化中医药师承教育。建立中医药师承教育培养体系，将师承教育全面融入院校教育、毕业后教育和继续教育。鼓励医疗机构发展师承教育，实现师承教育常态化和制度化。建立传统中医师管理制度。加强名老中医药专家传承工作室建设，吸引、鼓励名老中医药专家和长期服务基层的中医药专家通过师承模式培养多层次的中医药骨干人才。

（四）着力推进中医药创新。

14. 健全中医药协同创新体系。健全以国家和省级中医药科研机构为核心，以高等院校、医疗机构和企业为主体，以中医科学研究基地（平台）为支撑，多学科、跨部门共同参与的中医药协同创新体制机制，完善中医药领域科技布局。统筹利用相关科技计划（专项、基金等），支持中医药相关科技创新工作，促进中医药科技创新能力提升，加快形成自主知识产权，促进创新成果的知识产权化、商品化和产业化。

15. 加强中医药科学研究。运用现代科学技术和传统中医药研究方法，深化中医基础理论、辨证论治方法研究，开展经穴特异性及针灸治疗机理、中药药性理论、方剂配伍理论、中药复方药效物质基础和作用机理等研究，建立概念明确、结构合理的理论框架体系。加强对重大疑难疾病、重大传染病防治的联合攻关和对常见病、多发病、慢性病的中医药防治研究，形成一批防治重大疾病和治未病的重大产品和技术成果。综合运用现代科技手段，开发一批基于中医理论的诊疗仪器与设备。探索适合中药特点的新药开发新模式，推动重大新药创制。鼓励基于经典名方、医疗机构中药制剂等的中药新药研发。针对疾病新的药物靶标，在中药资源中寻找新的候选药物。

16. 完善中医药科研评价体系。建立和完善符合中医药特点的科研评价标准和体系，研究完善有利于中医药创新的激励政策。通过同行评议和引进第三方评估，提高项目管理效率和研究水平。不断提高中医药科研成果转化效率。开展中医临床疗效评价与转化应用研究，建立符合中医药特点的疗效评价体系。

（五）全面提升中药产业发展水平。

17. 加强中药资源保护利用。实施野生中药材资源保护工程，完善中药材资源分级保护、野生中药材物种分级保护制度，建立濒危野生药用动植物保护区、野生中药材资源培育基地和濒危稀缺中药材种植养殖基地，加强珍稀濒危野生药用动植物保护、繁育研究。建立国家级药用动植物种质资源库。建立普查和动态监测相结合的中药材资源调查制度。在国家医药储备中，进一步完善中药材及中药饮片储备。鼓励社会力量投资建立中药材科技园、博物馆和药用动植物园等保育基地。探索荒漠化地区中药材种植生态经济示范区建设。

18. 推进中药材规范化种植养殖。制定中药材主产区种植区域规划。制定国家道地药材目录，加强道地药材良种繁育基地和规范化种植养殖基地建设。促进中药材种植养殖业绿色发展，制定中药材种植养殖、采集、储藏技术标准，加强对中药材种植养殖的科学引导，大力发展中药材种植养殖专业合作社和合作联社，提高规模化、规范化水平。支持发展中药材生产保险。建立完善中药材原产地标记制度。实施贫困地区中药材产业推进行动，引导贫困户以多种方式参与中药材生产，推进精准扶贫。

19. 促进中药工业转型升级。推进中药工业数字化、网络化、智能化建设，加强技术集成和工艺创新，提升中药装备制造水平，加速中药生产工艺、流程的标准化、现代化，提升中药工业知识产权运用能力，逐步形成大型中药企业集团和产业集群。以中药现代化科技产业基地为依托，实施中医药大健康产业科技创业者行动，促进中药一二三产业融合发展。开展中成药上市后再评价，加大中成药二次开发力度，开展大规模、规范化临床试验，培育一批具有国际竞争力的名方大药。开发一批中药制造机械与设备，提高中药制造业技术水平与规模效益。推进实施中药标准化行动计划，构建中药产业全链条的优质产品标准体系。实施中药绿色制造工程，形成门类丰富的新兴绿色产业体系，逐步减少重金属及其化合物等物质的使用量，严格执行《中药类制药工业水污染物排放标准》(GB 21906－2008)，建立中药绿色制造体系。

20. 构建现代中药材流通体系。制定中药材流通体系建设规划，建设一批道地药材标准化、集约化、规模化和可追溯的初加工与仓储物流中心，与生产企业供应商管理和质量追溯体系紧密相连。发展中药材电子商务。利用大数据加强中药材生产信息搜集、价格动态监测分析和预测预警。实施中药材质量保障工程，建立中药材生产流通全过程质量管理和质量追溯体系，加强第三方检测平台建设。

(六)大力弘扬中医药文化。

21. 繁荣发展中医药文化。大力倡导“大医精诚”理念，强化职业道德建设，形成良好行业风尚。实施中医药健康文化素养提升工程，加强中医药文物设施保护和非物质文化遗产传承，推动更多非药物中医诊疗技术列入联合国教科文组织非物质文化遗产名录和国家级非物质文化遗产目录，使更多古代中医典籍进入世界记忆名录。推动中医药文化国际传播，展示中华文化独特魅力，提升我国文化软实力。

22. 发展中医药文化产业。推动中医药与文化产业融合发展，探索将中医药文化纳入文化产业发展规划。创作一批承载中医药文化的创意产品和文化精品。促进中医药与广播影视、新闻出版、数字出版、动漫游戏、旅游餐饮、体育演艺等有效融合，发展新型文化产品和服务。培育一批知名品牌和企业，提升中医药与文化产业融合发展水平。

(七)积极推动中医药海外发展。

23. 加强中医药对外交流合作。深化与各国政府和世界卫生组织、国际标准化组织等的交流与合作，积极参与国际规则、标准的研究与制订，营造有利于中医药海外发展的国际环境。实施中医药海外发展工程，推动中医药技术、药物、标准和服务走出去，促进国际社会广泛接受中医药。本着政府支持、民间运作、服务当地、互利共赢的原则，探索建设一批中医药海外中心。支持中医药机构全面参与全球中医药各领域合作与竞争，发挥中医药社会组织的作用。在国家援外医疗中进一步增加中医药服务内容。推进多层次的中医药国际教育交流合作，吸引更多的海外留学生来华接受学历教育、非学历教育、短期培训和临床实习，把中医药打造成中外人文交流、民心相通的亮丽名片。

24. 扩大中医药国际贸易。将中医药国际贸易纳入国家对外贸易发展总体战略，构建政策支持体系，突破海外制约中医药对外贸易发展的法律、政策障碍和技术壁垒，加强中医药知识产权国际保护，扩大中医药服务贸易国际市场准入。支持中医药机构参与"一带一路"建设，扩大中医药对外投资和贸易。为中医药服务贸易发展提供全方位公共资源保障。鼓励中医药机构到海外开办中医医院、连锁诊所和中医养生保健机构。扶持中药材海外资源开拓，加强海外中药材生产流通质量管理。鼓励中医药企业走出去，加快打造全产业链服务的跨国公司和知名国际品牌。积极发展入境中医健康旅游，承接中医医疗服务外包，加强中医药服务贸易对外整体宣传和推介。

四、保障措施

（一）健全中医药法律体系。推动颁布并实施中医药法，研究制定配套政策法规和部门规章，推动修订执业医师法、药品管理法和医疗机构管理条例、中药品种保护条例等法律法规，进一步完善中医类别执业医师、中医医疗机构分类和管理、中药审批管理、中医药传统知识保护等领域相关法律规定，构建适应中医药发展需要的法律法规体系。指导地方加强中医药立法工作。

（二）完善中医药标准体系。为保障中医药服务质量安全，实施中医药标准化工程，重点开展中医临床诊疗指南、技术操作规范和疗效评价标准的制定、推广与应用。系统开展中医治未病标准、药膳制作标准和中医药保健品标准等研究制定。健全完善中药质量标准体系，加强中药质量管理，重点强化中药炮制、中药鉴定、中药制剂、中药配方颗粒以及道地药材的标准制定与质量管理。加快中药数字化标准及中药材标本建设。加快国内标准向国际标准转化。加强中医药监督体系建设，建立中医药监督信息数据平台。推进中医药认证管理，发挥社会力量的监督作用。

（三）加大中医药政策扶持力度。落实政府对中医药事业的投入政策。改革中医药价格形成机制，合理确定中医医疗服务收费项目和价格，降低中成药虚高药价，破除以药补医机制。继续实施不取消中药饮片加成政策。在国家基本药物目录中进一步增加中成药品种数量，不断提高国家基本药物中成药质量。地方各级政府要在土地利用总体规划和城乡规划中统筹考虑中医药发展需要，扩大中医医疗、养生保健、中医药健康养老服务等用地供给。

（四）加强中医药人才队伍建设。建立健全院校教育、毕业后教育、继续教育有机衔接以及师承教育贯穿始终的中医药人才培养体系。重点培养中医重点学科、重点专科及中医药临床科研领军人才。加强全科医生人才、基层中医药人才以及民族医药、中西医结合等各类专业技能人才培养。开展临床类别医师和乡村医生中医药知识与技能培训。建立中医药职业技能人员系列，合理设置中医药健康服务技能岗位。深化中医药教育改革，建立中医学专业认证制度，探索适应中医医师执业分类管理的人才培养模式，加强一批中医药重点学科建设，鼓励有条件的民族地区和高等院校开办民族医药专业，开展民族医药研究生教育，打造一批世界一流的中医药名校和学科。健全国医大师评选表彰制度，完善中医药人才评价机制。建立吸引、稳定基层中医药人才的保障和长效激励机制。

（五）推进中医药信息化建设。按照健康医疗大数据应用工作部署，在健康中国云服务计划中，加强中医药大数据应用。加强中医医院信息基础设施建设，完善中医医院信息系统。建立对患者处方真实有效性的网络核查机制，实现与人口健康信息纵向贯通、横向互通。完善中医药信息统计制度建设，建立全国中医药综合统计网络直报体系。

五、组织实施

（一）加强规划组织实施。进一步完善国家中医药工作部际联席会议制度，由国务院领导同志担任召集人。国家中医药工作部际联席会议办公室要强化统筹协调，研究提出中医药发展具体政策措施，协调解决重大问题，加强对政策落实的指导、督促和检查；要会同相关部门抓紧研究制定本规划纲要实施分工方案，规划建设一批国家中医药综合改革试验区，确保各项措施落到实处。地方各级政府要将中医药工作纳入经济社会发展规划，加强组织领导，健全中医药发展统筹协调机制和工作机制，结合实际制定本规划纲要具体实施方案，完善考核评估和监督检查机制。

（二）健全中医药管理体制。按照中医药治理体系和治理能力现代化要求，创新管理模式，建立健全国家、省、市、县级中医药管理体系，进一步完善领导机制，切实加强中医药管理工作。各相关部门要在职责范围内，加强沟通交流、协调配合，形成共同推进中医药发展的工作合力。

（三）营造良好社会氛围。综合运用广播电视、报刊等传统媒体和数字智能终端、移动终端等新型载体，大力弘扬中医药文化知识，宣传中医药在经济社会发展中的重要地位和作用。推动中医药进校园、进社区、进乡村、进家庭，将中医药基础知识纳入中小学传统文化、生理卫生课程，同时充分发挥社会组织作用，形成全社会“信中医、爱中医、用中医”的浓厚氛围和共同发展中医药的良好格局。

国务院部门规章

煤矿作业场所职业病危害防治规定

(2015年2月28日国家安全生产监督管理总局令第73号公布
自2015年4月1日起施行)

第一章　总　　则

第一条　为加强煤矿作业场所职业病危害的防治工作,强化煤矿企业职业病危害防治主体责任,预防、控制职业病危害,保护煤矿劳动者健康,依据《中华人民共和国职业病防治法》、《中华人民共和国安全生产法》、《煤矿安全监察条例》等法律、行政法规,制定本规定。

第二条　本规定适用于中华人民共和国领域内各类煤矿及其所属为煤矿服务的矿井建设施工、洗煤厂、选煤厂等存在职业病危害的作业场所职业病危害预防和治理活动。

第三条　本规定所称煤矿作业场所职业病危害(以下简称职业病危害),是指由粉尘、噪声、热害、有毒有害物质等因素导致煤矿劳动者职业病的危害。

第四条　煤矿是本企业职业病危害防治的责任主体。

职业病危害防治坚持以人为本、预防为主、综合治理的方针,按照源头治理、科学防治、严格管理、依法监督的要求开展工作。

第二章　职业病危害防治管理

第五条　煤矿主要负责人(法定代表人、实际控制人,下同)是本单位职业病危害防治工作的第一责任人,对本单位职业病危害防治工作全面负责。

第六条　煤矿应当建立健全职业病危害防治领导机构,制定职业病危害防治规划,明确职责分工和落实工作经费,加强职业病危害防治工作。

第七条　煤矿应当设置或者指定职业病危害防治的管理机构,配备专职职业卫生管理人员,负责职业病危害防治日常管理工作。

第八条 煤矿应当制定职业病危害防治年度计划和实施方案，并建立健全下列制度：

（一）职业病危害防治责任制度；

（二）职业病危害警示与告知制度；

（三）职业病危害项目申报制度；

（四）职业病防治宣传、教育和培训制度；

（五）职业病防护设施管理制度；

（六）职业病个体防护用品管理制度；

（七）职业病危害日常监测及检测、评价管理制度；

（八）建设项目职业病防护设施与主体工程同时设计、同时施工、同时投入生产和使用（以下简称建设项目职业卫生“三同时”）的制度；

（九）劳动者职业健康监护及其档案管理制度；

（十）职业病诊断、鉴定及报告制度；

（十一）职业病危害防治经费保障及使用管理制度；

（十二）职业卫生档案管理制度；

（十三）职业病危害事故应急管理制度；

（十四）法律、法规、规章规定的其他职业病危害防治制度。

第九条 煤矿应当配备专职或者兼职的职业病危害因素监测人员，装备相应的监测仪器设备。监测人员应当经培训合格；未经培训合格的，不得上岗作业。

第十条 煤矿应当以矿井为单位开展职业病危害因素日常监测，并委托具有资质的职业卫生技术服务机构，每年进行一次作业场所职业病危害因素检测，每三年进行一次职业病危害现状评价。根据监测、检测、评价结果，落实整改措施，同时将日常监测、检测、评价、落实整改情况存入本单位职业卫生档案。检测、评价结果向所在地安全生产监督管理部门和驻地煤矿安全监察机构报告，并向劳动者公布。

第十一条 煤矿不得使用国家明令禁止使用的可能产生职业病危害的技术、工艺、设备和材料，限制使用或者淘汰职业病危害严重的技术、工艺、设备和材料。

第十二条 煤矿应当优化生产布局和工艺流程，使有害作业和无害作业分开，减少接触职业病危害的人数和接触时间。

第十三条 煤矿应当按照《煤矿职业安全卫生个体防护用品配备标准》（AQ1051）规定，为接触职业病危害的劳动者提供符合标准的个体防护用品，并指导和督促其正确使用。

第十四条 煤矿应当履行职业病危害告知义务，与劳动者订立或者变更劳动合同时，应当将作业过程中可能产生的职业病危害及其后果、防护措施和相关待遇等如实告知劳动者，并在劳动合同中载明，不得隐瞒或者欺骗。

第十五条 煤矿应当在醒目位置设置公告栏，公布有关职业病危害防治的规章制度、操作规程和作业场所职业病危害因素检测结果；对产生严重职业病危害的作业岗位，应当在醒目位置设置警示标识和中文警示说明。

第十六条 煤矿主要负责人、职业卫生管理人员应当具备煤矿职业卫生知识和管理能力，接受职业病危害防治培训。培训内容应当包括职业卫生相关法律、法规、规章和标准，职业病危害预防和控制的基本知识，职业卫生管理相关知识等内容。

煤矿应当对劳动者进行上岗前、在岗期间的定期职业病危害防治知识培训，督促劳动者遵守职业病防治法律、法规、规章、标准和操作规程，指导劳动者正确使用职业病防护设备和个体防护用品。上岗前培训时间不少于 4 学时，在岗期间的定期培训时间每年不少于 2 学时。

第十七条 煤矿应当建立健全企业职业卫生档案。企业职业卫生档案应当包括下列内容：

（一）职业病防治责任制文件；

（二）职业卫生管理规章制度；

（三）作业场所职业病危害因素种类清单、岗位分布以及作业人员接触情况等资料；

（四）职业病防护设施、应急救援设施基本信息及其配置、使用、维护、检修与更换等记录；

（五）作业场所职业病危害因素检测、评价报告与记录；

（六）职业病个体防护用品配备、发放、维护与更换等记录；

（七）煤矿企业主要负责人、职业卫生管理人员和劳动者的职业卫生培训资料；

（八）职业病危害事故报告与应急处置记录；

（九）劳动者职业健康检查结果汇总资料，存在职业禁忌证、职业健康损害或者职业病的劳动者处理和安置情况记录；

（十）建设项目职业卫生“三同时”有关技术资料；

（十一）职业病危害项目申报情况记录；

（十二）其他有关职业卫生管理的资料或者文件。

第十八条 煤矿应当保障职业病危害防治专项经费，经费在财政部、国家安全监管总局《关于印发〈企业安全生产费用提取和使用管理办法〉的通知》

(财企〔2012〕16号)第十七条“(十)其他与安全生产直接相关的支出”中列支。

第十九条 煤矿发生职业病危害事故,应当及时向所在地安全生产监督管理部门和驻地煤矿安全监察机构报告,同时积极采取有效措施,减少或者消除职业病危害因素,防止事故扩大。对遭受或者可能遭受急性职业病危害的劳动者,应当及时组织救治,并承担所需费用。

煤矿不得迟报、漏报、谎报或者瞒报煤矿职业病危害事故。

第三章 建设项目职业病防护设施“三同时”管理

第二十条 煤矿建设项目职业病防护设施必须与主体工程同时设计、同时施工、同时投入生产和使用。职业病防护设施所需费用应当纳入建设项目工程预算。

第二十一条 煤矿建设项目在可行性论证阶段,建设单位应当委托具有资质的职业卫生技术服务机构进行职业病危害预评价,编制预评价报告。

第二十二条 煤矿建设项目在初步设计阶段,应当委托具有资质的设计单位编制职业病防护设施设计专篇。

第二十三条 煤矿建设项目完工后,在试运行期内,应当委托具有资质的职业卫生技术服务机构进行职业病危害控制效果评价,编制控制效果评价报告。

第四章 职业病危害项目申报

第二十四条 煤矿在申领、换发煤矿安全生产许可证时,应当如实向驻地煤矿安全监察机构申报职业病危害项目,同时抄报所在地安全生产监督管理部门。

第二十五条 煤矿申报职业病危害项目时,应当提交下列文件、资料:

(一)煤矿的基本情况;

(二)煤矿职业病危害防治领导机构、管理机构情况;

(三)煤矿建立职业病危害防治制度情况;

(四)职业病危害因素名称、监测人员及仪器设备配备情况;

(五)职业病防护设施及个体防护用品配备情况;

(六)煤矿主要负责人、职业卫生管理人员及劳动者职业卫生培训情况证明材料;

（七）劳动者职业健康检查结果汇总资料，存在职业禁忌症、职业健康损害或者职业病的劳动者处理和安置情况记录；

（八）职业病危害警示标识设置与告知情况；

（九）煤矿职业卫生档案管理情况；

（十）法律、法规和规章规定的其他资料。

第二十六条　安全生产监督管理部门和煤矿安全监察机构及其工作人员应当对煤矿企业职业病危害项目申报材料中涉及的商业和技术等秘密保密。违反有关保密义务的，应当承担相应的法律责任。

第五章　职业健康监护

第二十七条　对接触职业病危害的劳动者，煤矿应当按照国家有关规定组织上岗前、在岗期间和离岗时的职业健康检查，并将检查结果书面告知劳动者。职业健康检查费用由煤矿承担。职业健康检查由省级以上人民政府卫生行政部门批准的医疗卫生机构承担。

第二十八条　煤矿不得安排未经上岗前职业健康检查的人员从事接触职业病危害的作业；不得安排有职业禁忌的人员从事其所禁忌的作业；不得安排未成年工从事接触职业病危害的作业；不得安排孕期、哺乳期的女职工从事对本人和胎儿、婴儿有危害的作业。

第二十九条　劳动者接受职业健康检查应当视同正常出勤，煤矿企业不得以常规健康检查代替职业健康检查。接触职业病危害作业的劳动者的职业健康检查周期按照表1执行。

表1　接触职业病危害作业的劳动者的职业健康检查周期

接触有害物质	体检对象	检查周期
煤尘（以煤尘为主）	在岗人员	2年1次
	观察对象、Ⅰ期煤工尘肺患者	每年1次
岩尘（以岩尘为主）	在岗人员、观察对象、Ⅰ期矽肺患者	
噪声	在岗人员	
高温	在岗人员	
化学毒物	在岗人员	根据所接触的化学毒物确定检查周期
接触粉尘危害作业退休人员的职业健康检查周期按照有关规定执行		

第三十条 煤矿不得以劳动者上岗前职业健康检查代替在岗期间定期的职业健康检查,也不得以劳动者在岗期间职业健康检查代替离岗时职业健康检查,但最后一次在岗期间的职业健康检查在离岗前的 90 日内的,可以视为离岗时检查。对未进行离岗前职业健康检查的劳动者,煤矿不得解除或者终止与其订立的劳动合同。

第三十一条 煤矿应当根据职业健康检查报告,采取下列措施:

(一)对有职业禁忌的劳动者,调离或者暂时脱离原工作岗位;

(二)对健康损害可能与所从事的职业相关的劳动者,进行妥善安置;

(三)对需要复查的劳动者,按照职业健康检查机构要求的时间安排复查和医学观察;

(四)对疑似职业病病人,按照职业健康检查机构的建议安排其进行医学观察或者职业病诊断;

(五)对存在职业病危害的岗位,改善劳动条件,完善职业病防护设施。

第三十二条 煤矿应当为劳动者个人建立职业健康监护档案,并按照有关规定的期限妥善保存。

职业健康监护档案应当包括劳动者个人基本情况、劳动者职业史和职业病危害接触史,历次职业健康检查结果及处理情况,职业病诊疗等资料。

劳动者离开煤矿时,有权索取本人职业健康监护档案复印件,煤矿必须如实、无偿提供,并在所提供的复印件上签章。

第三十三条 劳动者健康出现损害需要进行职业病诊断、鉴定的,煤矿企业应当如实提供职业病诊断、鉴定所需的劳动者职业史和职业病危害接触史、作业场所职业病危害因素检测结果等资料。

第六章 粉尘危害防治

第三十四条 煤矿应当在正常生产情况下对作业场所的粉尘浓度进行监测。粉尘浓度应当符合表 2 的要求;不符合要求的,应当采取有效措施。

表2　煤矿作业场所粉尘浓度要求

粉尘种类	游离 SiO_2 含量(%)	时间加权平均容许浓度(mg/m^3)	
		总粉尘	呼吸性粉尘
煤尘	<10	4	2.5
矽尘	10≤～≤50	1	0.7
	50<～≤80	0.7	0.3
	>80	0.5	0.2
水泥尘	<10	4	1.5

第三十五条　煤矿进行粉尘监测时，其监测点的选择和布置应当符合表3的要求。

表3　煤矿作业场所测尘点的选择和布置要求

类别	生产工艺	测尘点布置
采煤工作面	司机操作采煤机、打眼、人工落煤及攉煤	工人作业地点
	多工序同时作业	回风巷距工作面10～15m处
掘进工作面	司机操作掘进机、打眼、装岩(煤)、锚喷支护	工人作业地点
	多工序同时作业(爆破作业除外)	距掘进头10～15m回风侧
其他场所	翻罐笼作业、巷道维修、转载点	工人作业地点
露天煤矿	穿孔机作业、挖掘机作业	下风侧3～5m处
	司机操作穿孔机、司机操作挖掘机、汽车运输	操作室内
地面作业场所	地面煤仓、储煤场、输送机运输等处生产作业	作业人员活动范围内

第三十六条　粉尘监测采用定点或者个体方法进行，推广实时在线监测系统。粉尘监测应当符合下列要求：

(一)总粉尘浓度，煤矿井下每月测定2次或者采用实时在线监测，地面及露天煤矿每月测定1次或者采用实时在线监测；

(二)呼吸性粉尘浓度每月测定1次；

（三）粉尘分散度每6个月监测1次；

（四）粉尘中游离SiO_2含量，每6个月测定1次，在变更工作面时也应当测定1次。

第三十七条 煤矿应当使用粉尘采样器、直读式粉尘浓度测定仪等仪器设备进行粉尘浓度的测定。井工煤矿的采煤工作面回风巷、掘进工作面回风侧应当设置粉尘浓度传感器，并接入安全监测监控系统。

第三十八条 井工煤矿必须建立防尘洒水系统。永久性防尘水池容量不得小于$200m^3$，且贮水量不得小于井下连续2h的用水量，备用水池贮水量不得小于永久性防尘水池的50%。

防尘管路应当敷设到所有能产生粉尘和沉积粉尘的地点，没有防尘供水管路的采掘工作面不得生产。静压供水管路管径应当满足矿井防尘用水量的要求，强度应当满足静压水压力的要求。

防尘用水水质悬浮物的含量不得超过30mg/L，粒径不大于0.3mm，水的pH值应当在6～9范围内，水的碳酸盐硬度不超过3mmol/L。使用降尘剂时，降尘剂应当无毒、无腐蚀、不污染环境。

第三十九条 井工煤矿掘进井巷和硐室时，必须采用湿式钻眼，使用水炮泥，爆破前后冲洗井壁巷帮，爆破过程中采用高压喷雾（喷雾压力不低于8MPa）或者压气喷雾降尘、装岩（煤）洒水和净化风流等综合防尘措施。

第四十条 井工煤矿在煤、岩层中钻孔，应当采取湿式作业。煤（岩）与瓦斯突出煤层或者软煤层中难以采取湿式钻孔时，可以采取干式钻孔，但必须采取除尘器捕尘、除尘，除尘器的呼吸性粉尘除尘效率不得低于90%。

第四十一条 井工煤矿炮采工作面应当采取湿式钻眼，使用水炮泥，爆破前后应当冲洗煤壁，爆破时应当采用高压喷雾（喷雾压力不低于8MPa）或者压气喷雾降尘，出煤时应当洒水降尘。

第四十二条 井工煤矿采煤机作业时，必须使用内、外喷雾装置。内喷雾压力不得低于2MPa，外喷雾压力不得低于4MPa。内喷雾装置不能正常使用时，外喷雾压力不得低于8MPa，否则采煤机必须停机。液压支架必须安装自动喷雾降尘装置，实现降柱、移架同步喷雾。破碎机必须安装防尘罩，并加装喷雾装置或者除尘器。放顶煤采煤工作面的放煤口，必须安装高压喷雾装置（喷雾压力不低于8MPa）或者采取压气喷雾降尘。

第四十三条 井工煤矿掘进机作业时，应当使用内、外喷雾装置和控尘装置、除尘器等构成的综合防尘系统。掘进机内喷雾压力不得低于2MPa，外喷雾压力不得低于4MPa。内喷雾装置不能正常使用时，外喷雾压力不得低于8MPa；除尘器的呼吸性粉尘除尘效率不得低于90%。

第四十四条 井工煤矿的采煤工作面回风巷、掘进工作面回风侧应当分别安设至少2道自动控制风流净化水幕。

第四十五条 煤矿井下煤仓放煤口、溜煤眼放煤口以及地面带式输送机走廊必须安设喷雾装置或者除尘器，作业时进行喷雾降尘或者用除尘器除尘。煤仓放煤口、溜煤眼放煤口采用喷雾降尘时，喷雾压力不得低于8MPa。

第四十六条 井工煤矿的所有煤层必须进行煤层注水可注性测试。对于可注水煤层必须进行煤层注水。煤层注水过程中应当对注水流量、注水量及压力等参数进行监测和控制，单孔注水总量应当使该钻孔预湿煤体的平均水分含量增量不得低于1.5%，封孔深度应当保证注水过程中煤壁及钻孔不漏水、不跑水。在厚煤层分层开采时，在确保安全前提下，应当采取在上一分层的采空区内灌水，对下一分层的煤体进行湿润。

第四十七条 井工煤矿打锚杆眼应当实施湿式钻孔，喷射混凝土时应当采用潮喷或者湿喷工艺，喷射机、喷浆点应当配备捕尘、除尘装置，距离锚喷作业点下风向100m内，应当设置2道以上自动控制风流净化水幕。

第四十八条 井工煤矿转载点应当采用自动喷雾降尘（喷雾压力应当大于0.7MPa）或者密闭尘源除尘器抽尘净化等措施。转载点落差超过0.5m，必须安装溜槽或者导向板。装煤点下风侧20m内，必须设置一道自动控制风流净化水幕。运输巷道内应当设置自动控制风流净化水幕。

第四十九条 露天煤矿粉尘防治应当符合下列要求：

（一）设置有专门稳定可靠供水水源的加水站（池），加水能力满足洒水降尘所需的最大供给量；

（二）采取湿式钻孔；不能实现湿式钻孔时，设置有效的孔口捕尘装置；

（三）破碎作业时，密闭作业区域并采用喷雾降尘或者除尘器除尘；

（四）加强对穿孔机、挖掘机、汽车等司机操作室的防护；

（五）挖掘机装车前，对煤（岩）洒水，卸煤（岩）时喷雾降尘；

（六）对运输路面经常清理浮尘、洒水，加强维护，保持路面平整。

第五十条 洗选煤厂原煤准备（给煤、破碎、筛分、转载）过程中宜密闭尘源，并采取喷雾降尘或者除尘器除尘。

第五十一条 储煤场厂区应当定期洒水抑尘，储煤场四周应当设抑尘网，装卸煤炭应当喷雾降尘或者洒水车降尘，煤炭外运时应当采取密闭措施。

第七章 噪声危害防治

第五十二条 煤矿作业场所噪声危害依照下列标准判定：

（一）劳动者每天连续接触噪声时间达到或者超过 8h 的，噪声声级限值为 85dB(A)；

（二）劳动者每天接触噪声时间不足 8h 的，可以根据实际接触噪声的时间，按照接触噪声时间减半、噪声声级限值增加 3dB(A)的原则确定其声级限值。

第五十三条 煤矿应当配备 2 台以上噪声测定仪器，并对作业场所噪声每 6 个月监测 1 次。

第五十四条 煤矿作业场所噪声的监测地点主要包括：

（一）井工煤矿的主要通风机、提升机、空气压缩机、局部通风机、采煤机、掘进机、风动凿岩机、风钻、乳化液泵、水泵等地点；

（二）露天煤矿的挖掘机、穿孔机、矿用汽车、输送机、排土机和爆破作业等地点；

（三）选煤厂破碎机、筛分机、空压机等地点。

煤矿进行监测时，应当在每个监测地点选择 3 个测点，监测结果以 3 个监测点的平均值为准。

第五十五条 煤矿应当优先选用低噪声设备，通过隔声、消声、吸声、减振、减少接触时间、佩戴防护耳塞(罩)等措施降低噪声危害。

第八章　热害防治

第五十六条 井工煤矿采掘工作面的空气温度不得超过 26℃，机电设备硐室的空气温度不得超过 30℃。当空气温度超过上述要求时，煤矿必须缩短超温地点工作人员的工作时间，并给予劳动者高温保健待遇。采掘工作面的空气温度超过 30℃、机电设备硐室的空气温度超过 34℃时，必须停止作业。

第五十七条 井工煤矿采掘工作面和机电设备硐室应当设置温度传感器。

第五十八条 井工煤矿应当采取通风降温、采用分区式开拓方式缩短入风线路长度等措施，降低工作面的温度；当采用上述措施仍然无法达到作业环境标准温度的，应当采用制冷等降温措施。

第五十九条 井工煤矿地面辅助生产系统和露天煤矿应当合理安排劳动者工作时间，减少高温时段室外作业。

第九章　职业中毒防治

第六十条 煤矿作业场所主要化学毒物浓度不得超过表 4 的要求。

表 4 煤矿主要化学毒物最高允许浓度

化学毒物名称	最高允许浓度(%)
CO	0.0024
H_2S	0.00066
NO(换算成 NO_2)	0.00025
SO_2	0.0005

第六十一条 煤矿进行化学毒物监测时,应当选择有代表性的作业地点,其中包括空气中有害物质浓度最高、作业人员接触时间最长的作业地点。采样应当在正常生产状态下进行。

第六十二条 煤矿应当对 NO(换算成 NO_2)、CO、SO_2 每 3 个月至少监测 1 次,对 H_2S 每月至少监测 1 次。煤层有自燃倾向的,应当根据需要随时监测。

第六十三条 煤矿作业场所应当加强通风降低有害气体的浓度,在采用通风措施无法达到表 4 的规定时,应当采用净化、化学吸收等措施降低有害气体的浓度。

第十章 法律责任

第六十四条 煤矿违反本规定,有下列行为之一的,给予警告,责令限期改正;逾期不改正的,处十万元以下的罚款:

(一)作业场所职业病危害因素检测、评价结果没有存档、上报、公布的;

(二)未设置职业病防治管理机构或者配备专职职业卫生管理人员的;

(三)未制定职业病防治计划或者实施方案的;

(四)未建立健全职业病危害防治制度的;

(五)未建立健全企业职业卫生档案或者劳动者职业健康监护档案的;

(六)未公布有关职业病防治的规章制度、操作规程、职业病危害事故应急救援措施的;

(七)未组织劳动者进行职业卫生培训,或者未对劳动者个人职业病防护采取指导、督促措施的。

第六十五条 煤矿违反本规定,有下列行为之一的,给予警告,可以并处五万元以上十万元以下的罚款:

(一)未如实申报产生职业病危害的项目的;

(二)未实施由专人负责的职业病危害因素日常监测,或者监测系统不能正常监测的；

（三）订立或者变更劳动合同时，未告知劳动者职业病危害真实情况的；

（四）未组织职业健康检查、建立职业健康监护档案，或者未将检查结果书面告知劳动者的；

（五）未在劳动者离开煤矿企业时提供职业健康监护档案复印件的。

第六十六条 煤矿违反本规定，有下列行为之一的，责令限期改正，逾期不改正的，处五万元以上二十万元以下的罚款；情节严重的，责令停止产生职业病危害的作业，或者提请有关人民政府按照国务院规定的权限责令关闭：

（一）作业场所职业病危害因素的强度或者浓度超过本规定要求的；

（二）未提供职业病防护设施和个人使用的职业病防护用品，或者提供的职业病防护设施和个人使用的职业病防护用品不符合本规定要求的；

（三）未对作业场所职业病危害因素进行检测、评价的；

（四）作业场所职业病危害因素经治理仍然达不到本规定要求时，未停止存在职业病危害因素的作业的；

（五）发生或者可能发生急性职业病危害事故时，未立即采取应急救援和控制措施，或者未按照规定及时报告的；

（六）未按照规定在产生严重职业病危害的作业岗位醒目位置设置警示标识和中文警示说明的。

第六十七条 煤矿违反本规定，有下列情形之一的，责令限期治理，并处五万元以上三十万元以下的罚款；情节严重的，责令停止产生职业病危害的作业，或者暂扣、吊销煤矿安全生产许可证：

（一）隐瞒本单位职业卫生真实情况的；

（二）使用国家明令禁止使用的可能产生职业病危害的设备或者材料的；

（三）安排未经职业健康检查的劳动者、有职业禁忌的劳动者、未成年工或者孕期、哺乳期女职工从事接触职业病危害的作业或者禁忌作业的。

第六十八条 煤矿违反本规定，有下列行为之一的，给予警告，责令限期改正，逾期不改正的，处三万元以下的罚款：

（一）未投入职业病防治经费的；

（二）未建立职业病防治领导机构的；

（三）煤矿企业主要负责人、职业卫生管理人员和职业病危害因素监测人员未接受职业卫生培训的。

第六十九条 煤矿违反本规定，造成重大职业病危害事故或者其他严重后果，构成犯罪的，对直接负责的主管人员和其他直接责任人员，依法追究刑事责任。

第七十条 煤矿违反本规定的其他违法行为，依照《中华人民共和国职业病防治法》和其他行政法规、规章的规定给予行政处罚。

第七十一条 本规定设定的行政处罚，由煤矿安全监察机构实施。

第十一章 附 则

第七十二条 本规定中未涉及的其他职业病危害因素，按照国家有关规定执行。

第七十三条 本规定自2015年4月1日起施行。

国家安全监管总局关于修改《〈生产安全事故报告和调查处理条例〉罚款处罚暂行规定》等四部规章的决定

（2015年4月2日国家安全生产监督管理总局令第77号公布 自2015年5月1日起施行）

为了贯彻落实新修改的《中华人民共和国安全生产法》，国家安全监管总局对《〈生产安全事故报告和调查处理条例〉罚款处罚暂行规定》等四部规章进行了修改，现决定：

一、对《〈生产安全事故报告和调查处理条例〉罚款处罚暂行规定》作出修改

（一）将规章的名称修改为："生产安全事故罚款处罚规定（试行）"。

（二）删去第二条第二款。

（三）在第四条增加一款，作为第二款："生产经营单位提供虚假资料或者由于财务、税务部门无法核定等原因致使有关人员的上一年年收入难以确定的，按照下列办法确定：

"（一）主要负责人的上一年年收入，按照本省、自治区、直辖市上一年度职工平均工资的5倍以上10倍以下计算；

"（二）直接负责的主管人员和其他直接责任人员的上一年年收入，按照本省、自治区、直辖市上一年度职工平均工资的1倍以上5倍以下计算。"

（四）将第十一条修改为："事故发生单位主要负责人有《安全生产法》第一百零六条、《条例》第三十五条规定的下列行为之一的，依照下列规定处以罚款：

“（一）事故发生单位主要负责人在事故发生后不立即组织事故抢救的，处上一年年收入100%的罚款；

“（二）事故发生单位主要负责人迟报事故的，处上一年年收入60%至80%的罚款；漏报事故的，处上一年年收入40%至60%的罚款；

“（三）事故发生单位主要负责人在事故调查处理期间擅离职守的，处上一年年收入80%至100%的罚款。”

（五）将第十二条修改为：“事故发生单位有《条例》第三十六条规定行为之一的，依照《国家安全监管总局关于印发〈安全生产行政处罚自由裁量标准〉的通知》（安监总政法〔2010〕137号）等规定给予罚款。”

（六）将第十四条修改为：“事故发生单位对造成3人以下死亡，或者3人以上10人以下重伤（包括急性工业中毒，下同），或者300万元以上1000万元以下直接经济损失的一般事故负有责任的，处20万元以上50万元以下的罚款。

“事故发生单位有本条第一款规定的行为且有谎报或者瞒报事故情节的，处50万元的罚款。”

（七）将第十五条修改为：“事故发生单位对较大事故发生负有责任的，依照下列规定处以罚款：

“（一）造成3人以上6人以下死亡，或者10人以上30人以下重伤，或者1000万元以上3000万元以下直接经济损失的，处50万元以上70万元以下的罚款；

“（二）造成6人以上10人以下死亡，或者30人以上50人以下重伤，或者3000万元以上5000万元以下直接经济损失的，处70万元以上100万元以下的罚款。

“事故发生单位对较大事故发生负有责任且有谎报或者瞒报情节的，处100万元的罚款。”

（八）将第十六条修改为：“事故发生单位对重大事故发生负有责任的，依照下列规定处以罚款：

“（一）造成10人以上15人以下死亡，或者50人以上70人以下重伤，或者5000万元以上7000万元以下直接经济损失的，处100万元以上300万元以下的罚款；

“（二）造成15人以上30人以下死亡，或者70人以上100人以下重伤，或者7000万元以上1亿元以下直接经济损失的，处300万元以上500万元以下的罚款。

“事故发生单位对重大事故发生负有责任且有谎报或者瞒报情节的，处

500 万元的罚款。”

（九）将第十七条修改为：“事故发生单位对特别重大事故发生负有责任的，依照下列规定处以罚款：

“（一）造成 30 人以上 40 人以下死亡，或者 100 人以上 120 人以下重伤，或者 1 亿元以上 1.2 亿元以下直接经济损失的，处 500 万元以上 1000 万元以下的罚款；

“（二）造成 40 人以上 50 人以下死亡，或者 120 人以上 150 人以下重伤，或者 1.2 亿元以上 1.5 亿元以下直接经济损失的，处 1000 万元以上 1500 万元以下的罚款；

“（三）造成 50 人以上死亡，或者 150 人以上重伤，或者 1.5 亿元以上直接经济损失的，处 1500 万元以上 2000 万元以下的罚款。

“事故发生单位对特别重大事故负有责任且有下列情形之一的，处 2000 万元的罚款：

“（一）谎报特别重大事故的；

“（二）瞒报特别重大事故的；

“（三）未依法取得有关行政审批或者证照擅自从事生产经营活动的；

“（四）拒绝、阻碍行政执法的；

“（五）拒不执行有关停产停业、停止施工、停止使用相关设备或者设施的行政执法指令的；

“（六）明知存在事故隐患，仍然进行生产经营活动的；

“（七）一年内已经发生 2 起以上较大事故，或者 1 起重大以上事故，再次发生特别重大事故的；

“（八）地下矿山矿领导没有按照规定带班下井的。”

（十）将第十九条修改为：“个人经营的投资人未依照《安全生产法》的规定保证安全生产所必需的资金投入，致使生产经营单位不具备安全生产条件，导致发生生产安全事故的，依照下列规定对个人经营的投资人处以罚款：

“（一）发生一般事故的，处 2 万元以上 5 万元以下的罚款；

“（二）发生较大事故的，处 5 万元以上 10 万元以下的罚款；

“（三）发生重大事故的，处 10 万元以上 15 万元以下的罚款；

“（四）发生特别重大事故的，处 15 万元以上 20 万元以下的罚款。”

（十一）对部分条文作以下修改：

1. 在第一条中的“依照”后增加“《安全生产法》”。

2. 在第二条中的“有关责任人员”后增加“依照《安全生产法》和《条例》”。

3. 删去第三条第二款：“其他生产经营单位的厂长、经理、局长、矿长（含实际控制人、投资人）等人员”中的“、投资人”。

4. 在第十三条中的“其他直接责任人员有”后增加“《安全生产法》第一百零六条”，“第三十六条规定的”后增加“下列”。

二、对《安全生产违法行为行政处罚办法》作出修改

（一）删去第五条第一款第三项和第二款。

（二）将第十二条第一款修改为：“安全监管监察部门根据需要，可以在其法定职权范围内委托符合《行政处罚法》第十九条规定条件的组织或者乡、镇人民政府以及街道办事处、开发区管理机构等地方人民政府的派出机构实施行政处罚。受委托的单位在委托范围内，以委托的安全监管监察部门名义实施行政处罚。”

（三）将第十五条修改为：“对有根据认为不符合安全生产的国家标准或者行业标准的在用设施、设备、器材，违法生产、储存、使用、经营、运输的危险物品，以及违法生产、储存、使用、经营危险物品的作业场所，安全监管监察部门应当依照《行政强制法》的规定予以查封或者扣押。查封或者扣押的期限不得超过 30 日，情况复杂的，经安全监管监察部门负责人批准，最多可以延长 30 日，并在查封或者扣押期限内作出处理决定：

“（一）对违法事实清楚、依法应当没收的非法财物予以没收；

“（二）法律、行政法规规定应当销毁的，依法销毁；

“（三）法律、行政法规规定应当解除查封、扣押的，作出解除查封、扣押的决定。

“实施查封、扣押，应当制作并当场交付查封、扣押决定书和清单。”

（四）增加一条，作为第十六条：“安全监管监察部门依法对存在重大事故隐患的生产经营单位作出停产停业、停止施工、停止使用相关设施、设备的决定，生产经营单位应当依法执行，及时消除事故隐患。生产经营单位拒不执行，有发生生产安全事故的现实危险的，在保证安全的前提下，经本部门主要负责人批准，安全监管监察部门可以采取通知有关单位停止供电、停止供应民用爆炸物品等措施，强制生产经营单位履行决定。通知应当采用书面形式，有关单位应当予以配合。

“安全监管监察部门依照前款规定采取停止供电措施，除有危及生产安全的紧急情形外，应当提前 24 小时通知生产经营单位。生产经营单位依法履行行政决定、采取相应措施消除事故隐患的，安全监管监察部门应当及时解除前款规定的措施。”

（五）将第三十条改为第三十一条，第六项修改为：“当事人或者他的同住成年家属拒绝接收的，送达人应当邀请有关基层组织或者所在单位的代表到场,说明情况,在行政处罚决定书送达回执上记明拒收的事由和日期,由送达人、见证人签名或者盖章,把行政处罚决定书留在受送达人的住所;也可以把行政处罚决定书留在受送达人的住所,并采用拍照、录像等方式记录送达过程,即视为送达"。

(六)将第三十四条改为第三十五条,第一款修改为:"当事人提出听证要求后,安全监管监察部门应当在收到书面申请之日起15日内举行听证会,并在举行听证会的7日前,通知当事人举行听证的时间、地点。"

(七)将第四十二条改为第四十三条,修改为:"生产经营单位的决策机构、主要负责人、个人经营的投资人(包括实际控制人,下同)未依法保证下列安全生产所必需的资金投入之一,致使生产经营单位不具备安全生产条件的,责令限期改正,提供必需的资金,可以对生产经营单位处1万元以上3万元以下罚款,对生产经营单位的主要负责人、个人经营的投资人处5000元以上1万元以下罚款;逾期未改正的,责令生产经营单位停产停业整顿:

"(一)提取或者使用安全生产费用;

"(二)用于配备劳动防护用品的经费;

"(三)用于安全生产教育和培训的经费;

"(四)国家规定的其他安全生产所必须的资金投入。

"生产经营单位主要负责人、个人经营的投资人有前款违法行为,导致发生生产安全事故的,依照《生产安全事故罚款处罚规定(试行)》的规定给予处罚。"

(八)将第四十五条改为第四十六条,修改为:"危险物品的生产、经营、储存单位以及矿山、金属冶炼单位有下列行为之一的,责令改正,并可以处1万元以上3万元以下的罚款:

"(一)未建立应急救援组织或者生产经营规模较小、未指定兼职应急救援人员的;

"(二)未配备必要的应急救援器材、设备和物资,并进行经常性维护、保养,保证正常运转的。"

(九)将第五十五条改为第五十六条,修改为:"生产经营单位及其有关人员有下列情形之一的,应当依法从轻或者减轻行政处罚:

"(一)已满14周岁不满18周岁的公民实施安全生产违法行为的;

"(二)主动消除或者减轻安全生产违法行为危害后果的;

"(三)受他人胁迫实施安全生产违法行为的;

"(四)配合安全监管监察部门查处安全生产违法行为,有立功表现的;

"(五)主动投案,向安全监管监察部门如实交待自己的违法行为的;

“（六）具有法律、行政法规规定的其他从轻或者减轻处罚情形的。

“有从轻处罚情节的，应当在法定处罚幅度的中档以下确定行政处罚标准，但不得低于法定处罚幅度的下限。

“本条第一款第四项所称的立功表现，是指当事人有揭发他人安全生产违法行为，并经查证属实；或者提供查处其他安全生产违法行为的重要线索，并经查证属实；或者阻止他人实施安全生产违法行为；或者协助司法机关抓捕其他违法犯罪嫌疑人的行为。”

（十）将第六十二条改为第六十三条，修改为：“县级安全生产监督管理部门处以 5 万元以上罚款、没收违法所得、没收非法生产的煤炭产品或者采掘设备价值 5 万元以上、责令停产停业、停止建设、停止施工、停产停业整顿、吊销有关资格、岗位证书或者许可证的行政处罚的，应当自作出行政处罚决定之日起 10 日内报设区的市级安全生产监督管理部门备案。

“安全生产违法行为轻微并及时纠正，没有造成危害后果的，不予行政处罚。”

（十一）将第六十三条改为第六十四条，修改为：“设区的市级安全监管监察部门处以 10 万元以上罚款、没收违法所得、没收非法生产的煤炭产品或者采掘设备价值 10 万元以上、责令停产停业、停止建设、停止施工、停产停业整顿、吊销有关资格、岗位证书或者许可证的行政处罚的，应当自作出行政处罚决定之日起 10 日内报省级安全监管监察部门备案。”

（十二）将第六十四条改为第六十五条，第一款修改为：“省级安全监管监察部门处以 50 万元以上罚款、没收违法所得、没收非法生产的煤炭产品或者采掘设备价值 50 万元以上、责令停产停业、停止建设、停止施工、停产停业整顿、吊销有关资格、岗位证书或者许可证的行政处罚的，应当自作出行政处罚决定之日起 10 日内报国家安全生产监督管理总局或者国家煤矿安全监察局备案。”

（十三）将第六十七条改为第六十八条，删去第二款。

（十四）对部分条文作以下修改：

1. 将第九条中的“构成犯罪的”修改为“涉嫌犯罪的”。

2. 在第十四条第一款第二项和第三款中的“停止使用”后均增加“相关设施、设备”。

3. 在第二十七条中的“当事人拒绝到场的，可以邀请在场的其他人员作证，并在勘验笔录中注明”后增加“原因并签名”。

4. 将第二十八条第二款中的“3 万元以上”均修改为“5 万元以上”。

5. 将第三十一条中的“行政处罚案件应当自立案之日起 30 日内办理完

毕”修改为:“行政处罚案件应当自立案之日起30日内作出行政处罚决定”。

6. 将第三十二条中的“1万元以上”修改为“2万元以上”,“3万元以上”修改为“5万元以上”。

7. 在第四十三条中的“导致生产安全事故发生的,依照”后删去“《生产安全事故报告和调查处理条例》”,增加“《生产安全事故罚款处罚规定(试行)》”。

8. 在第四十四条第一款第五项中的“设施、设备、器材”后增加“、危险物品和作业场所”。删去第七项、第八项和第九项。将第十项改为第七项,修改为“拒不执行安全监管监察部门依法下达的安全监管监察指令的。”

9. 在第五十八条第一款第一项中的“每日按罚款数额的3%加处罚款”后增加“,但不得超过罚款数额”;在第五十九条第一款第二项、第六十一条中的“设施、设备、器材”后均增加“和危险物品”。

三、对《安全生产监管监察职责和行政执法责任追究的暂行规定》作出修改

(一)将规章名称修改为:“安全生产监管监察职责和行政执法责任追究的规定”。

(二)将第六条第一款修改为:“安全监管监察部门应当依照《安全生产法》和其他有关法律、法规、规章和本级人民政府、上级安全监管监察部门规定的安全监管监察职责,根据各自的监管监察权限、行政执法人员数量、监管监察的生产经营单位状况、技术装备和经费保障等实际情况,制定本部门年度安全监管或者煤矿安全监察执法工作计划,并按照执法工作计划进行监管监察,发现事故隐患,应当依法及时处理。”

(三)将第七条第一款修改为:“安全监管监察部门应当按照各自权限,依照法律、法规、规章和国家标准或者行业标准规定的安全生产条件和程序,履行下列行政审批或者考核职责:

“(一)矿山、金属冶炼建设项目和用于生产、储存危险物品的建设项目安全设施的设计审查;

“(二)矿山企业、危险化学品和烟花爆竹生产企业的安全生产许可;

“(三)危险化学品经营许可;

“(四)非药品类易制毒化学品生产、经营许可;

“(五)烟花爆竹经营(批发、零售)许可;

“(六)矿山、危险化学品、烟花爆竹生产经营单位和金属冶炼单位主要负责人、安全生产管理人员的安全资格认定,特种作业人员(特种设备作业人员除外)操作资格认定;

“（七）涉及人身安全、危险性较大的海洋石油开采特种设备和矿山井下特种设备安全使用证或者安全标志的核发；

“（八）安全生产检测检验、安全评价机构资质的认可；

“（九）注册助理安全工程师资格、注册安全工程师执业资格的考试和注册；

“（十）法律、行政法规和国务院设定的其他行政审批或者考核职责。”

（四）将第八条修改为：“安全监管监察部门应当按照年度安全监管和煤矿安全监察执法工作计划、现场检查方案，对生产经营单位是否具备有关法律、法规、规章和国家标准或者行业标准规定的安全生产条件进行监督检查，重点监督检查下列事项：

“（一）依法通过有关安全生产行政审批的情况；

“（二）有关人员的安全生产教育和培训、考核情况；

“（三）建立和落实安全生产责任制、安全生产规章制度和操作规程、作业规程的情况；

“（四）按照国家规定提取和使用安全生产费用，安排用于配备劳动防护用品、进行安全生产教育和培训的经费，以及其他安全生产投入的情况；

“（五）依法设置安全生产管理机构和配备安全生产管理人员的情况；

“（六）危险物品的生产、储存单位以及矿山、金属冶炼单位配备或者聘用注册安全工程师的情况；

“（七）从业人员、被派遣劳动者和实习学生受到安全生产教育、培训及其教育培训档案的情况；

“（八）新建、改建、扩建工程项目的安全设施与主体工程同时设计、同时施工、同时投入生产和使用，以及按规定办理设计审查和竣工验收的情况；

“（九）在有较大危险因素的生产经营场所和有关设施、设备上，设置安全警示标志的情况；

“（十）对安全设备的维护、保养、定期检测的情况；

“（十一）重大危险源登记建档、定期检测、评估、监控和制定应急预案的情况；

“（十二）教育和督促从业人员严格执行本单位的安全生产规章制度和安全操作规程，并向从业人员如实告知作业场所和工作岗位存在的危险因素、防范措施以及事故应急措施的情况；

“（十三）为从业人员提供符合国家标准或者行业标准的劳动防护用品，并监督、教育从业人员按照使用规则正确佩戴和使用的情况；

“（十四）在同一作业区域内进行生产经营活动，可能危及对方生产安全的，与对方签订安全生产管理协议，明确各自的安全生产管理职责和应当采取的安全措施，并指定专职安全生产管理人员进行安全检查与协调的情况；

“（十五）对承包单位、承租单位的安全生产工作实行统一协调、管理，定期进行安全检查，督促整改安全问题的情况；

“（十六）建立健全生产安全事故隐患排查治理制度，及时发现并消除事故隐患，如实记录事故隐患治理，以及向从业人员通报的情况；

“（十七）制定、实施生产安全事故应急预案，定期组织应急预案演练，以及有关应急预案备案的情况；

“（十八）危险物品的生产、经营、储存单位以及矿山、金属冶炼单位建立应急救援组织或者兼职救援队伍、签订应急救援协议，以及应急救援器材、设备和物资的配备、维护、保养的情况；

“（十九）按照规定报告生产安全事故的情况；

“（二十）依法应当监督检查的其他情况。”

（五）在第九条第五项中的“责令暂时停产停业、停止建设、停止施工或者停止使用”后增加“相关设备、设施”。

（六）将第十一条修改为：“安全监管监察部门在监督检查中，发现生产经营单位存在安全生产非法、违法行为的，有权依法采取下列行政强制措施：

“（一）对有根据认为不符合安全生产的国家标准或者行业标准的在用设施、设备、器材，违法生产、储存、使用、经营、运输的危险物品，以及违法生产、储存、使用、经营危险物品的作业场所予以查封或者扣押，并依法作出处理决定；

“（二）扣押相关的证据材料和违法物品，临时查封有关场所；

“（三）法律、法规规定的其他行政强制措施。

“实施查封、扣押的，应当制作并当场交付查封、扣押决定书和清单。”

（七）增加一条，作为第十二条：“安全监管监察部门依法对存在重大事故隐患的生产经营单位作出停产停业、停止施工、停止使用相关设施、设备的决定，生产经营单位应当依法执行，及时消除事故隐患。生产经营单位拒不执行，有发生生产安全事故的现实危险的，在保证安全的前提下，经本部门主要负责人批准，安全监管监察部门可以采取通知有关单位停止供电、停止供应民用爆炸物品等措施，强制生产经营单位履行决定。通知应当采用书面形式，有关单位应当予以配合。

“安全监管监察部门依照前款规定采取停止供电措施，除有危及生产安全的紧急情形外，应当提前二十四小时通知生产经营单位。生产经营单位依法履行行政决定、采取相应措施消除事故隐患的，安全监管监察部门应当及时解除前款规定的措施。”

四、对《建设项目安全设施“三同时”监督管理暂行办法》作出修改

(一)将规章名称修改为:“建设项目安全设施‘三同时’监督管理办法”。

(二)将第七条修改为:“下列建设项目在进行可行性研究时,生产经营单位应当按照国家规定,进行安全预评价:

“(一)非煤矿矿山建设项目;

“(二)生产、储存危险化学品(包括使用长输管道输送危险化学品,下同)的建设项目;

“(三)生产、储存烟花爆竹的建设项目;

“(四)金属冶炼建设项目;

“(五)使用危险化学品从事生产并且使用量达到规定数量的化工建设项目(属于危险化学品生产的除外,以下简称化工建设项目);

“(六)法律、行政法规和国务院规定的其他建设项目。”

(三)删去第八条、第十三条第三款、第二十五条、第二十六条第二款、第二十七条、第三十一条、第三十三条。

(四)将第十条改为第九条,修改为:“本办法第七条规定以外的其他建设项目,生产经营单位应当对其安全生产条件和设施进行综合分析,形成书面报告备查。”

(五)将第十一条改为第十条,第一款修改为:“生产经营单位在建设项目初步设计时,应当委托有相应资质的设计单位对建设项目安全设施同时进行设计,编制安全设施设计。”

(六)将第十五条改为第十四条,第四项修改为:“设计内容不符合有关安全生产的法律、法规、规章和国家标准或者行业标准、技术规范的规定的。”

(七)将第十七条改为第十六条,修改为:“本办法第七条第一项、第二项、第三项和第四项规定以外的建设项目安全设施设计,由生产经营单位组织审查,形成书面报告备查。”

(八)将第二十四条改为第二十三条,修改为:“建设项目竣工投入生产或者使用前,生产经营单位应当组织对安全设施进行竣工验收,并形成书面报告备查。安全设施竣工验收合格后,方可投入生产和使用。

“安全监管部门应当按照下列方式之一对本办法第七条第一项、第二项、第三项和第四项规定建设项目的竣工验收活动和验收结果的监督核查:

“(一)对安全设施竣工验收报告按照不少于总数10%的比例进行随机抽查;

“(二)在实施有关安全许可时,对建设项目安全设施竣工验收报告进行审查。

“抽查和审查以书面方式为主。对竣工验收报告的实质内容存在疑问,需要到现场核查的,安全监管部门应当指派两名以上工作人员对有关内容进行现场核查。工作人员应当提出现场核查意见,并如实记录在案。”

(九)将第三十二条改为第二十九条,修改为:“生产经营单位对本办法第七条第一项、第二项、第三项和第四项规定的建设项目有下列情形之一的,责令停止建设或者停产停业整顿,限期改正;逾期未改正的,处50万元以上100万元以下的罚款,对其直接负责的主管人员和其他直接责任人员处2万元以上5万元以下的罚款;构成犯罪的,依照刑法有关规定追究刑事责任:

“(一)未按照本办法规定对建设项目进行安全评价的;

“(二)没有安全设施设计或者安全设施设计未按照规定报经安全生产监督管理部门审查同意,擅自开工的;

“(三)施工单位未按照批准的安全设施设计施工的;

“(四)投入生产或者使用前,安全设施未经验收合格的。”

(十)将第三十五条改为第三十条,修改为:“本办法第七条第一项、第二项、第三项和第四项规定以外的建设项目有下列情形之一的,对有关生产经营单位责令限期改正,可以并处5000元以上3万元以下的罚款:

“(一)没有安全设施设计的;

“(二)安全设施设计未组织审查,并形成书面审查报告的;

“(三)施工单位未按照安全设施设计施工的;

“(四)投入生产或者使用前,安全设施未经竣工验收合格,并形成书面报告的。”

(十一)将第三十六条改为第三十一条,修改为:“承担建设项目安全评价的机构弄虚作假、出具虚假报告,尚未构成犯罪的,没收违法所得,违法所得在10万元以上的,并处违法所得2倍以上5倍以下的罚款;没有违法所得或者违法所得不足10万元的,单处或者并处10万元以上20万元以下的罚款,对其直接负责的主管人员和其他直接责任人员处2万元以上5万元以下的罚款;给他人造成损害的,与生产经营单位承担连带赔偿责任。

“对有前款违法行为的机构,吊销其相应资质。”

(十二)对部分条文作以下修改:

1. 将第五条第一款中的“国务院及其有关主管部门审批、核准或者备案的建设项目安全设施‘三同时’的监督管理”修改为“有关建设项目安全设施‘三同时’的监督管理”。

2. 将第二章名称修改为“建设项目安全预评价”。

3. 在第九条第三款、第二十二条第三款和第二十三条第二款中的“生产、储存危险化学品建设项目”后均增加“和化工建设项目”。

4. 将第十二条中的“建设项目安全专篇”修改为“建设项目安全设施设计”，第三项中的“建设项目涉及的危险”修改为“建设项目潜在的危险”，第七项、第八项中的“情况”均修改为“要求”。

5. 在第十三条第一款中的“本办法第七条第一项、第二项、第三项”后增加“、第四项”，第一款第四项中的“建设项目初步设计报告及安全专篇”修改为“建设项目安全设施设计”。

6. 在第二十三条第一款中的“建设项目安全设施竣工”前增加“本办法第七条规定的”。

7. 将第二十六条中的“建设项目的安全设施有下列情形之一的，竣工验收不合格，并不得投入生产或者使用”修改为“建设项目的安全设施有下列情形之一的，建设单位不得通过竣工验收，并不得投入生产或者使用”。第八项修改为：“从业人员未经过安全生产教育和培训或者不具备相应资格的”。

本决定自 2015 年 5 月 1 日起施行。

《〈生产安全事故报告和调查处理条例〉罚款处罚暂行规定》、《安全生产违法行为行政处罚办法》、《安全生产监管监察职责和行政执法责任追究的暂行规定》、《建设项目安全设施“三同时”监督管理暂行办法》根据本决定作相应的调整，重新公布。

国家安全监管总局关于废止和修改非煤矿矿山领域九部规章的决定

（2015 年 5 月 26 日国家安全生产监督管理总局令第 78 号公布自 2015 年 7 月 1 日起施行）

为贯彻实施新修改的《中华人民共和国安全生产法》，维护法制统一，推进依法治安，国家安全监管总局对有关非煤矿矿山安全生产的部门规章进行了清理。经过清理，现决定：

一、对 1 部规章予以废止

废止《非煤矿矿山建设项目安全设施设计审查与竣工验收办法》（2004 年 12 月 28 日国家安全生产监督管理局（国家煤矿安全监察局）令第 18 号公布）。

二、对 8 部规章的部分条款予以修改

（一）对《非煤矿矿山企业安全生产许可证实施办法》作出修改。

1. 删去第四条第一款中的“中央管理的非煤矿矿山企业总部（包括集团公

司、总公司和上市公司,下同)及其下属的跨省(自治区、直辖市)运营的石油天然气管道储运分(子)公司和”。

2. 删去第六条第二项中的“、缴纳并专户存储安全生产风险抵押金”和第九项中的“安全生产监督管理部门”。

3. 删去第七条第一款中的“中央管理的非煤矿矿山企业总部及其下属的跨省(自治区、直辖市)运营的石油天然气管道储运分(子)公司和”。

4. 删去第八条第九项中的“、缴纳并存储安全生产风险抵押金”和第十项中的“或者雇主责任保险”;将第十一项修改为:“涉及人身安全、危险性较大的海洋石油开采特种设备和矿山井下特种设备由具备相应资质的检测检验机构出具合格的检测检验报告,并取得安全使用证或者安全标志”;将第十三项修改为:“矿山建设项目安全设施验收合格的书面报告。”

5. 删去第十八条第一项和第三项内容“向企业总部及其直接管理”中的“及其”。

6. 将第二十六条修改为:“地质勘探单位、采掘施工单位在登记注册的省、自治区、直辖市以外从事作业的,应当向作业所在地县级以上安全生产监督管理部门书面报告。”

7. 将第三十九条修改为:“承担安全评价、认证、检测、检验工作的机构,出具虚假证明的,没收违法所得;违法所得在10万元以上的,并处违法所得2倍以上5倍以下的罚款;没有违法所得或者违法所得不足10万元的,单处或者并处10万元以上20万元以下的罚款;对其直接负责的主管人员和其他直接责任人员处2万元以上5万元以下的罚款;给他人造成损害的,与建设单位承担连带赔偿责任;构成犯罪的,依照刑法有关规定追究刑事责任。

“对有前款违法行为的机构,吊销其相应资质。”

8. 将第四十四条第二款中的“登记备案”修改为“书面报告”。

(二)对《金属非金属地下矿山企业领导带班下井及监督检查暂行规定》作出修改。

1. 删去第七条第二款。

2. 将第十九条第一项修改为:“未制定领导带班下井制度的;”。

3. 将第二十二条第一至四项修改为:

“(一)发生一般事故,处50万元的罚款;

“(二)发生较大事故,处100万元的罚款;

“(三)发生重大事故,处500万元的罚款;

“(四)发生特别重大事故,处2000万元的罚款。”

（三）对《金属与非金属矿产资源地质勘探安全生产监督管理暂行规定》作出修改。

1. 将第八条中的“备案”修改为“书面报告”。

2. 将第十条第一款第一项中的“300 人”修改为“100 人”；将第二款修改为：“专职安全生产管理人员中应当有注册安全工程师。”

3. 删去第十一条第一款中的“后方可任职”。

4. 将第二十三条中的“备案”修改为“管理”。

5. 将第二十五条中的“地质勘探单位有下列情形之一的，责令限期改正；逾期未改正的，责令停产停业整顿，可以并处 2 万元以下的罚款”修改为“地质勘探单位有下列情形之一的，责令限期改正，可以处 5 万元以下的罚款；逾期未改正的，责令停产停业整顿，并处 5 万元以上 10 万元以下的罚款，对其直接负责的主管人员和其他直接责任人员处 1 万元以上 2 万元以下的罚款”。

6. 将二十七条中的“备案”修改为“书面报告”。

（四）对《尾矿库安全监督管理规定》作出修改。

1. 删去第六条第一款中的“后，方可任职”。

2. 将第七条修改为：“国家安全生产监督管理总局在国务院规定的职责范围内负责对有关尾矿库建设项目进行安全设施设计审查。

“前款规定以外的其他尾矿库建设项目安全设施设计审查，由省级安全生产监督管理部门按照分级管理的原则作出规定。”

3. 删去第九条第二款中的“及《非煤矿矿山建设项目安全设施设计审查与竣工验收办法》”。

4. 将第十一条修改为：“尾矿库建设项目应当进行安全设施设计，对尾矿库库址及尾矿坝稳定性、尾矿库防洪能力、排洪设施和安全观测设施的可靠性进行充分论证。”

5. 将第十六条修改为：“尾矿库建设项目安全设施试运行应当向安全生产监督管理部门书面报告，试运行时间不得超过 6 个月，且尾砂排放不得超过初期坝坝顶标高。试运行结束后，建设单位应当组织安全设施竣工验收，并形成书面报告备查。

“安全生产监督管理部门应当加强对建设单位验收活动和验收结果的监督核查。”

6. 删去第十七条第一款中的“安全生产监督管理部门”。

7. 将第二十三条修改为：“生产经营单位应当建立尾矿库事故隐患排查治理制度，按照本规定和《尾矿库安全技术规程》的规定，及时发现并消除事故隐患。事故隐患排查治理情况应当如实记录，建立隐患排查治理档案，并向从业人员通报。”

8. 删去第二十七条第二款中的“安全预评价报告应当向安全生产监督管理部门备案。”

9. 删去第二十九条第一款中的“，并编制安全专篇”。

10. 删去第三十条中的“生产经营单位申请”和第二项。

11. 将第三十一条中的“生产经营单位向安全生产监督管理部门提交尾矿库闭库工程安全设施验收申请报告，应当包括下列内容及资料”修改为：“生产经营单位组织尾矿库闭库工程安全设施验收，应当审查下列内容及资料”。

12. 将第三十三条修改为：“安全生产监督管理部门应当严格按照有关法律、行政法规、国家标准、行业标准以及本规定要求和‘分级属地’的原则，进行尾矿库建设项目安全设施设计审查；不符合规定条件的，不得批准。审查不得收取费用。”

13. 删去第三十九条中的“第二十三条、”；增加一款，作为第二款：“生产经营单位或者尾矿库管理单位违反本规定第二十三条规定的，依照《安全生产法》实施处罚。”

（五）对《小型露天采石场安全管理与监督检查规定》作出修改。

1. 将第四条第二款修改为：“小型露天采石场主要负责人应当经安全生产监督管理部门考核合格并取得安全资格证书。”

2. 将第五条第二款修改为：“安全生产管理人员应当按照国家有关规定经安全生产监督管理部门考核合格并取得安全资格证书。”

3. 将第十条修改为：“小型露天采石场新建、改建、扩建工程项目安全设施应当按照规定履行设计审查程序。”

4. 删去第三十一条中的“安全生产监督管理部门”。

5. 将第三十七条修改为：“违反本规定第十条第一款规定的，责令停止建设或者停产停业整顿，限期改正；逾期未改正的，处50万元以上100万元以下的罚款，对其直接负责的主管人员和其他直接责任人员处2万元以上5万元以下的罚款；构成犯罪的，依照刑法有关规定追究刑事责任。”

（六）对《非煤矿山外包工程安全管理暂行办法》作出修改。

1. 在第三条第二款后增加“，定期进行安全检查，发现安全问题的，应当及时督促整改”。

2. 删去第二十一条第三款中的“后方可上岗”。

3. 将第二十三条第一款修改为：“承包单位应当依照有关规定制定施工方案，加强现场作业安全管理，及时发现并消除事故隐患，落实各项规章制度和安全操作规程。”

4. 将第三十三条修改为:“发包单位与承包单位、总承包单位与分项承包单位未依照本办法第八条规定签订安全生产管理协议的,责令限期改正,可以处5万元以下的罚款,对其直接负责的主管人员和其他直接责任人员可以处1万元以下罚款;逾期未改正的,责令停产停业整顿。”

5. 将第三十七条修改为:“承包单位违反本办法第二十二条的规定,将发包单位投入的安全资金挪作他用的,责令限期改正,给予警告,并处1万元以上3万元以下罚款。

“承包单位未按照本办法第二十三条的规定排查治理事故隐患的,责令立即消除或者限期消除;承包单位拒不执行的,责令停产停业整顿,并处10万元以上50万元以下的罚款,对其直接负责的主管人员和其他直接责任人员处2万元以上5万元以下的罚款。”

6. 将第三十八条第一款修改为:“承包单位违反本办法第二十条规定对项目部疏于管理,未定期对项目部人员进行安全生产教育培训与考核或者未对项目部进行安全生产检查的,责令限期改正,可以处5万元以下的罚款;逾期未改正的,责令停产停业整顿,并处5万元以上10万元以下的罚款,对其直接负责的主管人员和其他直接责任人员处1万元以上2万元以下的罚款。”

(七)对《海洋石油安全生产规定》作出修改。

1. 将第七条第二款修改为:“作业者和从事物探、钻井、测井、录井、试油、井下作业等活动的承包者及海洋石油生产设施的主要负责人、安全管理人员应当按照安全监管总局的规定,经过安全资格培训,具备相应的安全生产知识和管理能力,经考核合格取得安全资格证书。”

2. 删去第十一条第一款中的“安全预评价报告经评审后报海油安办备案”。

3. 将第十四条第一款修改为:“海洋石油生产设施试生产正常后,应当由作业者或者承包者负责组织对其安全设施进行竣工验收,并形成书面报告备查。”

4. 将第二十八条第四项中的“监督检查海洋石油建设项目生产设施“三同时”情况,负责建设项目安全预评价报告的备案管理,组织”修改为“监督核查海洋石油”。

5. 删去第四十三条第三项中的“第十一条、第十三条、第二十一条和”和第五项。

(八)对《海洋石油安全管理细则》作出修改。

1. 将第七条第一款中的“向海油安办申请安全竣工验收”修改为“组织安全竣工验收”。

2. 将第十三条第一款中的“备案申请书”修改为“的书面报告”。

3. 将第十四条第三款修改为：“经审查和现场检查符合规定的，向作业者或者承包者颁发海上油田（井）延长测试设施通知书；有关资料、设施现场安全状况等不符合规定的，及时书面通知作业者或者承包者进行整改。”

4. 删去第三十三条中的“未办理登记手续的船舶，不得用做守护船。”

5. 删去第八十三条中的“国家对弃井实施备案管理。”

6. 将第八十八条修改为：“作业者和承包者的主要负责人和安全生产管理人员应当具备相应的安全生产知识和管理能力，经海油安办考核合格。”

7. 删去第一百一十条中的“、延长测试设施和弃井”。

8. 删去第一百一十三条中的“、延长测试设施和弃井”。

此外，对相关部门规章的条文顺序和个别文字表述作了相应调整。

本决定自2015年7月1日起施行。

修改的部门规章根据本决定作相应修改，重新公布。

国家安全监管总局关于废止和修改危险化学品等领域七部规章的决定

（2015年5月27日国家安全生产监督管理总局令第79号公布 自2015年7月1日起施行）

为贯彻实施新修改的《中华人民共和国安全生产法》，维护法制统一，推进依法治安，国家安全生产监督管理总局对涉及危险化学品、烟花爆竹、易制毒化学品、石油天然气管道安全管理等领域的部门规章进行了清理。经过清理，现决定：

一、对1部规章予以废止

废止《石油天然气管道安全监督与管理暂行规定》（2000年4月24日国家经济贸易委员会令第17号发布）。

二、对6部规章的部分条款予以修改

（一）对《危险化学品重大危险源监督管理暂行规定》作出修改。

1. 将第三十二条修改为：“危险化学品单位有下列行为之一的，由县级以上人民政府安全生产监督管理部门责令限期改正，可以处10万元以下的罚款；逾期未改正的，责令停产停业整顿，并处10万元以上20万元以下的罚款，对其直接负责的主管人员和其他直接责任人员处2万元以上5万元以下的罚款；构成犯罪的，依照刑法有关规定追究刑事责任：

"（一）未按照本规定要求对重大危险源进行安全评估或者安全评价的；

"（二）未按照本规定要求对重大危险源进行登记建档的；

"（三）未按照本规定及相关标准要求对重大危险源进行安全监测监控的；

"（四）未制定重大危险源事故应急预案的。"

2. 将第三十三条修改为："危险化学品单位有下列行为之一的，由县级以上人民政府安全生产监督管理部门责令限期改正，可以处5万元以下的罚款；逾期未改正的，处5万元以上20万元以下的罚款，对其直接负责的主管人员和其他直接责任人员处1万元以上2万元以下的罚款；情节严重的，责令停产停业整顿；构成犯罪的，依照刑法有关规定追究刑事责任：

"（一）未在构成重大危险源的场所设置明显的安全警示标志的；

"（二）未对重大危险源中的设备、设施等进行定期检测、检验的。"

3. 删去第三十四条第七项。

4. 增加一条，作为第三十五条："危险化学品单位未按照本规定对重大危险源的安全生产状况进行定期检查，采取措施消除事故隐患的，责令立即消除或者限期消除；危险化学品单位拒不执行的，责令停产停业整顿，并处10万元以上20万元以下的罚款，对其直接负责的主管人员和其他直接责任人员处2万元以上5万元以下的罚款。"

5. 将第三十五条改为第三十六条，修改为："承担检测、检验、安全评价工作的机构，出具虚假证明的，没收违法所得；违法所得在10万元以上的，并处违法所得2倍以上5倍以下的罚款；没有违法所得或者违法所得不足10万元的，单处或者并处10万元以上20万元以下的罚款；对其直接负责的主管人员和其他直接责任人员处2万元以上5万元以下的罚款；给他人造成损害的，与危险化学品单位承担连带赔偿责任；构成犯罪的，依照刑法有关规定追究刑事责任。

"对有前款违法行为的机构，依法吊销其相应资质。"

（二）对《危险化学品生产企业安全生产许可证实施办法》作出修改。

1. 删去第三条第二款。

2. 将第五条修改为："国家安全生产监督管理总局指导、监督全国安全生产许可证的颁发管理工作。

"省、自治区、直辖市安全生产监督管理部门（以下简称省级安全生产监督管理部门）负责本行政区域内中央企业及其直接控股涉及危险化学品生产的企业（总部）以外的企业安全生产许可证的颁发管理。"

3. 删去第十六条第二款中的"或者具备危险物品安全类注册安全工程师

资格”;增加一款,作为第三款:“企业应当有危险物品安全类注册安全工程师从事安全生产管理工作。”

4. 将第二十一条第一款第二项修改为:“建立应急救援组织,规模较小的企业可以不建立应急救援组织,但应指定兼职的应急救援人员。”第一款增加一项,作为第三项:“配备必要的应急救援器材、设备和物资,并进行经常性维护、保养,保证正常运转。”

5. 将第二十三条修改为:“中央企业及其直接控股涉及危险化学品生产的企业(总部)以外的企业向所在地省级安全生产监督管理部门或其委托的安全生产监督管理部门申请安全生产许可证。”

6. 将第二十五条第一款第十一项中的“竣工验收意见书复制件”修改为“竣工验收报告”。删去第二款。

7. 将第三十二条中的“竣工验收意见书”修改为“竣工验收报告”。

8. 将第五十一条修改为:“承担安全评价、检测、检验的机构出具虚假证明的,没收违法所得;违法所得在10万元以上的,并处违法所得2倍以上5倍以下的罚款;没有违法所得或者违法所得不足10万元的,单处或者并处10万元以上20万元以下的罚款;对其直接负责的主管人员和其他直接责任人员处2万元以上5万元以下的罚款;给他人造成损害的,与企业承担连带赔偿责任;构成犯罪的,依照刑法有关规定追究刑事责任。

“对有前款违法行为的机构,依法吊销其相应资质。”

(三)对《危险化学品输送管道安全管理规定》作出修改。

1. 将第二条第二款修改为:“原油、成品油、天然气、煤层气、煤制气长输管道安全保护和城镇燃气管道的安全管理,不适用本规定。”

2. 删去第九条中的“试生产(使用)方案备案”。

3. 增加一条,作为第三十四条:“管道单位未对危险化学品管道设置明显的安全警示标志的,由安全生产监督管理部门责令限期改正,可以处5万元以下的罚款;逾期未改正的,处5万元以上20万元以下的罚款,对其直接负责的主管人员和其他直接责任人员处1万元以上2万元以下的罚款;情节严重的,责令停产停业整顿;构成犯罪的,依照刑法有关规定追究刑事责任。”

4. 将第三十四条改为第三十五条,第一项修改为:“管道单位未按照本规定对管道进行检测、维护的。”

(四)对《危险化学品建设项目安全监督管理办法》作出修改。

1. 将第二条修改为:“中华人民共和国境内新建、改建、扩建危险化学品生产、储存的建设项目以及伴有危险化学品产生的化工建设项目(包括危险化学品长输管道建设项目,以下统称建设项目),其安全管理及其监督管理,适用本办法。

“危险化学品的勘探、开采及其辅助的储存，原油和天然气勘探、开采及其辅助的储存、海上输送，城镇燃气的输送及储存等建设项目，不适用本办法。”

2. 将第三条修改为：“本办法所称建设项目安全审查，是指建设项目安全条件审查、安全设施的设计审查。建设项目的安全审查由建设单位申请，安全生产监督管理部门根据本办法分级负责实施。

“建设项目安全设施竣工验收由建设单位负责依法组织实施。

“建设项目未经安全审查和安全设施竣工验收的，不得开工建设或者投入生产（使用）。”

3. 将第四条第一款、第二款中的“建设项目安全审查”修改为“建设项目安全审查和建设项目安全设施竣工验收”。

4. 删去第八条。

5. 删去第十一条第二项。

6. 删去第十四条第一项中的“安全条件论证报告或者”。

7. 删去第十五条中的“安全条件论证和”。

8. 将第二十三条改为第二十二条，增加一款，作为第二款：“建设项目试生产期限应当不少于30日，不超过1年。”

9. 删去第二十五条至第二十七条。

10. 增加一条，作为第二十六条：“建设项目投入生产和使用前，建设单位应当组织人员进行安全设施竣工验收，作出建设项目安全设施竣工验收是否通过的结论。参加验收人员的专业能力应当涵盖建设项目涉及的所有专业内容。

“建设单位应当向参加验收人员提供下列文件、资料，并组织进行现场检查：

“（一）建设项目安全设施施工、监理情况报告；

“（二）建设项目安全验收评价报告；

“（三）试生产（使用）期间是否发生事故、采取的防范措施以及整改情况报告；

“（四）建设项目施工、监理单位资质证书（复制件）；

“（五）主要负责人、安全生产管理人员、注册安全工程师资格证书（复制件），以及特种作业人员名单；

“（六）从业人员安全教育、培训合格的证明材料；

“（七）劳动防护用品配备情况说明；

“（八）安全生产责任制文件，安全生产规章制度清单、岗位操作安全规程清单；

“（九）设置安全生产管理机构和配备专职安全生产管理人员的文件（复

制件）；

“（十）为从业人员缴纳工伤保险费的证明材料（复制件）。”

11. 删去第三十条至第三十二条。

12. 将第三十三条改为第二十七条，第一款增加一项，作为第九项：“未按照本办法规定向参加验收人员提供文件、材料，并组织现场检查的。”将第二款修改为：“建设项目安全设施竣工验收未通过的，建设单位经过整改后可以再次组织建设项目安全设施竣工验收。”

13. 将第三十四条改为第二十八条，修改为：“建设单位组织安全设施竣工验收合格后，应将验收过程中涉及的文件、资料存档，并按照有关法律法规及其配套规章的规定申请有关危险化学品的其他安全许可。”

14. 删去第四十三条第五项。

15. 将第四十七条改为第四十一条，修改为：“建设项目分期建设的，可以分期进行安全条件审查、安全设施设计审查、试生产及安全设施竣工验收。”

（五）对《危险化学品经营许可证管理办法》作出修改。

1. 将第九条第二款第一项、第十六条中的“竣工验收意见书（复制件）”均修改为“竣工验收报告”。

2. 删去第三十七条第二款。

3. 将第三十九条修改为：“经营许可证的式样由国家安全生产监督管理总局制定。”

（六）对《危险化学品安全使用许可证实施办法》作出修改。

1. 将第十八条第一款第十项中的“竣工验收意见书或备案证明复制件”修改为“竣工验收报告”。

2. 将第二十五条第三款中的“竣工验收意见书或备案证明”修改为“竣工验收报告”。

3. 将第四十三条修改为：“承担安全评价的机构出具虚假证明的，没收违法所得；违法所得在 10 万元以上的，并处违法所得 2 倍以上 5 倍以下的罚款；没有违法所得或者违法所得不足 10 万元的，单处或者并处 10 万元以上 20 万元以下的罚款；对其直接负责的主管人员和其他直接责任人员处 2 万元以上 5 万元以下的罚款；给他人造成损害的，与企业承担连带赔偿责任；构成犯罪的，依照刑法有关规定追究刑事责任。

“对有前款违法行为的机构，依法吊销其相应资质。”

此外，对相关部门规章的条文顺序和个别文字表述作了相应调整。

本决定自 2015 年 7 月 1 日起施行。

修改的部门规章根据本决定作相应修改，重新公布。

国家安全监管总局关于废止和修改劳动防护用品和安全培训等领域十部规章的决定

（2015 年 5 月 29 日国家安全生产监督管理总局令第 80 号公布
自 2015 年 7 月 1 日起施行）

为贯彻实施新修改的《中华人民共和国安全生产法》，维护法制统一，推进依法治安，国家安全生产监督管理总局对涉及劳动防护用品、矿山救护队资质、安全培训、工贸企业有限空间作业、食品生产企业、中介服务组织注册资本最低限额等方面的部门规章进行了清理。经过清理，决定：

一、对 2 部规章予以废止

（一）废止《劳动防护用品监督管理规定》（2005 年 7 月 22 日国家安全生产监督管理总局令第 1 号发布）。

（二）废止《矿山救护队资质认定管理规定》（2005 年 8 月 23 日国家安全生产监督管理总局令第 2 号发布）。

二、对 8 部规章的部分条款予以修改

（一）对《生产经营单位安全培训规定》作出修改。

1. 将第四条修改为“生产经营单位应当进行安全培训的从业人员包括主要负责人、安全生产管理人员、特种作业人员和其他从业人员。

“生产经营单位使用被派遣劳动者的，应当将被派遣劳动者纳入本单位从业人员统一管理，对被派遣劳动者进行岗位安全操作规程和安全操作技能的教育和培训。劳务派遣单位应当对被派遣劳动者进行必要的安全生产教育和培训。

“生产经营单位接收中等职业学校、高等学校学生实习的，应当对实习学生进行相应的安全生产教育和培训，提供必要的劳动防护用品。学校应当协助生产经营单位对实习学生进行安全生产教育和培训。

“生产经营单位从业人员应当接受安全培训，熟悉有关安全生产规章制度和安全操作规程，具备必要的安全生产知识，掌握本岗位的安全操作技能，了解事故应急处理措施，知悉自身在安全生产方面的权利和义务。

“未经安全培训合格的从业人员，不得上岗作业。”

2. 将第六条第二款移至第五章，单列为第二十四条，并修改为："煤矿、非煤矿山、危险化学品、烟花爆竹、金属冶炼等生产经营单位主要负责人和安全生产管理人员，自任职之日起6个月内，必须经安全生产监管监察部门对其安全生产知识和管理能力考核合格。"

3. 将第九条第二款修改为："煤矿、非煤矿山、危险化学品、烟花爆竹、金属冶炼等生产经营单位主要负责人和安全生产管理人员初次安全培训时间不得少于48学时，每年再培训时间不得少于16学时。"

4. 将第十条第二款中的"非煤矿山、危险化学品、烟花爆竹等"修改为"非煤矿山、危险化学品、烟花爆竹、金属冶炼等"。将第四款中的"煤矿、非煤矿山、危险化学品、烟花爆竹以外"修改为"煤矿、非煤矿山、危险化学品、烟花爆竹、金属冶炼以外"。

5. 将第十一条、第十四条第二款中的"煤矿、非煤矿山、危险化学品、烟花爆竹等"修改为"煤矿、非煤矿山、危险化学品、烟花爆竹、金属冶炼等"。

6. 将第十二条第二款中的"可以"修改为"应当"。

7. 将第十三条修改为："生产经营单位新上岗的从业人员，岗前安全培训时间不得少于24学时。

"煤矿、非煤矿山、危险化学品、烟花爆竹、金属冶炼等生产经营单位新上岗的从业人员安全培训时间不得少于72学时，每年再培训的时间不得少于20学时。"

8. 将第十七条第二款修改为："生产经营单位采用新工艺、新技术、新材料或者使用新设备时，应当对有关从业人员重新进行有针对性的安全培训。"

9. 将第十九条修改为："生产经营单位从业人员的安全培训工作，由生产经营单位组织实施。

"生产经营单位应当坚持以考促学、以讲促学，确保全体从业人员熟练掌握岗位安全生产知识和技能；煤矿、非煤矿山、危险化学品、烟花爆竹、金属冶炼等生产经营单位还应当完善和落实师傅带徒弟制度。"

10. 在第二十条增加一款，作为第三款："生产经营单位委托其他机构进行安全培训的，保证安全培训的责任仍由本单位负责。"

11. 在第二十一条增加一款，作为第二款："生产经营单位的主要负责人负责组织制定并实施本单位安全培训计划。"

12. 将第二十二条修改为："生产经营单位应当建立健全从业人员安全生产教育和培训档案，由生产经营单位的安全生产管理机构以及安全生产管理人员详细、准确记录培训的时间、内容、参加人员以及考核结果等情况。"

13. 将第二十五条改为第二十六条，并修改为："各级安全生产监管监察部门对生产经营单位安全培训及其持证上岗的情况进行监督检查，主要包括以下内容：

“（一）安全培训制度、计划的制定及其实施的情况；

“（二）煤矿、非煤矿山、危险化学品、烟花爆竹、金属冶炼等生产经营单位主要负责人和安全生产管理人员安全培训以及安全生产知识和管理能力考核的情况；其他生产经营单位主要负责人和安全生产管理人员培训的情况；

“（三）特种作业人员操作资格证持证上岗的情况；

“（四）建立安全生产教育和培训档案，并如实记录的情况；

“（五）对从业人员现场抽考本职工作的安全生产知识；

“（六）其他需要检查的内容。”

14. 将第二十六条改为第二十七条，并修改为：“安全生产监管监察部门对煤矿、非煤矿山、危险化学品、烟花爆竹、金属冶炼等生产经营单位的主要负责人、安全管理人员应当按照本规定严格考核。考核不得收费。

“安全生产监管监察部门负责考核的有关人员不得玩忽职守和滥用职权。”

15. 增加一条，作为第二十八条：“安全生产监管监察部门检查中发现安全生产教育和培训责任落实不到位、有关从业人员未经培训合格的，应当视为生产安全事故隐患，责令生产经营单位立即停止违法行为，限期整改，并依法予以处罚。”

16. 将第二十七条改为第二十九条，修改为：“生产经营单位有下列行为之一的，由安全生产监管监察部门责令其限期改正，可以处 1 万元以上 3 万元以下的罚款：

“（一）未将安全培训工作纳入本单位工作计划并保证安全培训工作所需资金的；

“（二）从业人员进行安全培训期间未支付工资并承担安全培训费用的。”

17. 将第二十八条改为第三十条，将第一款修改为：“生产经营单位有下列行为之一的，由安全生产监管监察部门责令其限期改正，可以处 5 万元以下的罚款；逾期未改正的，责令停产停业整顿，并处 5 万元以上 10 万元以下的罚款，对其直接负责的主管人员和其他直接责任人员处 1 万元以上 2 万元以下的罚款：

“（一）煤矿、非煤矿山、危险化学品、烟花爆竹、金属冶炼等生产经营单位主要负责人和安全管理人员未按照规定经考核合格的；

“（二）未按照规定对从业人员、被派遣劳动者、实习学生进行安全生产教育和培训或者未如实告知其有关安全生产事项的；

"(三)未如实记录安全生产教育和培训情况的;

"(四)特种作业人员未按照规定经专门的安全技术培训并取得特种作业人员操作资格证书,上岗作业的。"

18. 删除第二十九条。

(二)对《特种作业人员安全技术培训考核管理规定》作出修改。

1. 将第七条修改为:"国家安全生产监督管理总局(以下简称安全监管总局)指导、监督全国特种作业人员的安全技术培训、考核、发证、复审工作;省、自治区、直辖市人民政府安全生产监督管理部门指导、监督本行政区域特种作业人员的安全技术培训工作,负责本行政区域特种作业人员的考核、发证、复审工作;县级以上地方人民政府安全生产监督管理部门负责监督检查本行政区域特种作业人员的安全技术培训和持证上岗工作。

"国家煤矿安全监察局(以下简称煤矿安监局)指导、监督全国煤矿特种作业人员(含煤矿矿井使用的特种设备作业人员)的安全技术培训、考核、发证、复审工作;省、自治区、直辖市人民政府负责煤矿特种作业人员考核发证工作的部门或者指定的机构指导、监督本行政区域煤矿特种作业人员的安全技术培训工作,负责本行政区域煤矿特种作业人员的考核、发证、复审工作。

"省、自治区、直辖市人民政府安全生产监督管理部门和负责煤矿特种作业人员考核发证工作的部门或者指定的机构(以下统称考核发证机关)可以委托设区的市人民政府安全生产监督管理部门和负责煤矿特种作业人员考核发证工作的部门或者指定的机构实施特种作业人员的考核、发证、复审工作。"

2. 在第十条增加一款,作为第三款:"生产经营单位委托其他机构进行特种作业人员安全技术培训的,保证安全技术培训的责任仍由本单位负责。"

3. 将第三十九条第一款修改为:"生产经营单位使用未取得特种作业操作证的特种作业人员上岗作业的,责令限期改正;可以处 5 万元以下的罚款;逾期未改正的,责令停产停业整顿,并处 5 万元以上 10 万元以下的罚款,对直接负责的主管人员和其他直接责任人员处 1 万元以上 2 万元以下的罚款。"

(三)对《安全生产培训管理办法》作出修改。

1. 将第五条修改为:"安全培训的机构应当具备从事安全培训工作所需要的条件。从事危险物品的生产、经营、储存单位以及矿山、金属冶炼单位的主要负责人和安全生产管理人员,特种作业人员以及注册安全工程师等相关人员培训的安全培训机构,应当将教师、教学和实习实训设施等情况书面报告所在地安全生产监督管理部门、煤矿安全培训监管机构。

"安全生产相关社会组织依照法律、行政法规和章程,为生产经营单位提供安全培训有关服务,对安全培训机构实行自律管理,促进安全培训工作水平的提升。”

2. 将第六条修改为：“安全培训应当按照规定的安全培训大纲进行。

“安全监管监察人员，危险物品的生产、经营、储存单位与非煤矿山、金属冶炼单位的主要负责人和安全生产管理人员、特种作业人员以及从事安全生产工作的相关人员的安全培训大纲，由国家安全监管总局组织制定。

“煤矿企业的主要负责人和安全生产管理人员、特种作业人员的培训大纲由国家煤矿安监局组织制定。

“除危险物品的生产、经营、储存单位和矿山、金属冶炼单位以外其他生产经营单位的主要负责人、安全生产管理人员及其他从业人员的安全培训大纲，由省级安全生产监督管理部门、省级煤矿安全培训监管机构组织制定。”

3. 将第八条修改为：“国家安全监管总局负责省级以上安全生产监督管理部门的安全生产监管人员、各级煤矿安全监察机构的煤矿安全监察人员的培训工作。

“省级安全生产监督管理部门负责市级、县级安全生产监督管理部门的安全生产监管人员的培训工作。

“生产经营单位的从业人员的安全培训，由生产经营单位负责。

“危险化学品登记机构的登记人员和承担安全评价、咨询、检测、检验的人员及注册安全工程师、安全生产应急救援人员的安全培训，按照有关法律、法规、规章的规定进行。”

4. 在第九条中增加一款，作为第三款：“生产经营单位委托其他机构进行安全培训的，保证安全培训的责任仍由本单位负责。”

5. 将第十条修改为：“生产经营单位应当建立安全培训管理制度，保障从业人员安全培训所需经费，对从业人员进行与其所从事岗位相应的安全教育培训；从业人员调整工作岗位或者采用新工艺、新技术、新设备、新材料的，应当对其进行专门的安全教育和培训。未经安全教育和培训合格的从业人员，不得上岗作业。

“生产经营单位使用被派遣劳动者的，应当将被派遣劳动者纳入本单位从业人员统一管理，对被派遣劳动者进行岗位安全操作规程和安全操作技能的教育和培训。劳务派遣单位应当对被派遣劳动者进行必要的安全生产教育和培训。

“生产经营单位接收中等职业学校、高等学校学生实习的，应当对实习学生进行相应的安全生产教育和培训，提供必要的劳动防护用品。学校应当协助生产经营单位对实习学生进行安全生产教育和培训。

“从业人员安全培训的时间、内容、参加人员以及考核结果等情况，生产经营单位应当如实记录并建档备查。”

6. 将第十五条修改为:“安全培训机构应当建立安全培训工作制度和人员培训档案。安全培训相关情况,应当如实记录并建档备查。”

7. 将第十八条修改为:“安全监管监察人员、从事安全生产工作的相关人员、依照有关法律法规应当接受安全生产知识和管理能力考核的生产经营单位主要负责人和安全生产管理人员、特种作业人员的安全培训的考核,应当坚持教考分离、统一标准、统一题库、分级负责的原则,分步推行有远程视频监控的计算机考试。”

8. 将第十九条第一款修改为:“安全监管监察人员,危险物品的生产、经营、储存单位及非煤矿山、金属冶炼单位主要负责人、安全生产管理人员和特种作业人员,以及从事安全生产工作的相关人员的考核标准,由国家安全监管总局统一制定。”将第三款修改为:“除危险物品的生产、经营、储存单位和矿山、金属冶炼单位以外其他生产经营单位主要负责人、安全生产管理人员及其他从业人员的考核标准,由省级安全生产监督管理部门制定。”

9. 将第二十三条修改为:“安全生产监管人员经考核合格后,颁发安全生产监管执法证;煤矿安全监察人员经考核合格后,颁发煤矿安全监察执法证;危险物品的生产、经营、储存单位和矿山、金属冶炼单位主要负责人、安全生产管理人员经考核合格后,颁发安全合格证;特种作业人员经考核合格后,颁发《中华人民共和国特种作业操作证》(以下简称特种作业操作证);危险化学品登记机构的登记人员经考核合格后,颁发上岗证;其他人员经培训合格后,颁发培训合格证。”

10. 将第二十四条、第二十五条、第二十六条中的“安全资格证”均修改为“安全合格证”。

11. 将第三十条第三项修改为:“主要负责人、安全生产管理人员接受安全生产知识和管理能力考核的情况;”。增加一项,作为第四项:“特种作业人员持证上岗的情况;”。

12. 将第三十五条修改为:“生产经营单位主要负责人、安全生产管理人员、特种作业人员以欺骗、贿赂等不正当手段取得安全合格证或者特种作业操作证的,除撤销其相关证书外,处3000元以下的罚款,并自撤销其相关证书之日起3年内不得再次申请该证书。”

(四)对《工贸企业有限空间作业安全管理与监督暂行规定》作出修改。

1. 将第八条中的“并经本企业负责人批准”修改为“并经本企业安全生产管理人员审核,负责人批准”。

2. 将第二十二条中的“存在多个承包方时,工贸企业应当对承包方的安全生产工作进行统一协调、管理”修改为“工贸企业应当对承包单位的安全生产工作统一协调、管理，定期进行安全检查，发现安全问题的，应当及时督促整改”。

3. 将第二十八条修改为：“工贸企业有下列行为之一的，由县级以上安全生产监督管理部门责令限期改正，可以处 5 万元以下的罚款；逾期未改正的，处 5 万元以上 20 万元以下的罚款，其直接负责的主管人员和其他直接责任人员处 1 万元以上 2 万元以下的罚款；情节严重的，责令停产停业整顿：

“（一）未在有限空间作业场所设置明显的安全警示标志的；

“（二）未按照本规定为作业人员提供符合国家标准或者行业标准的劳动防护用品的。”

4. 将第二十九条分拆为两条，作为第二十九条、第三十条，修改为：“第二十九条 工贸企业有下列情形之一的，由县级以上安全生产监督管理部门责令限期改正，可以处 5 万元以下的罚款；逾期未改正的，责令停产停业整顿，并处 5 万元以上 10 万元以下的罚款，对其直接负责的主管人员和其他直接责任人员处 1 万元以上 2 万元以下的罚款：

“（一）未按照本规定对有限空间的现场负责人、监护人员、作业人员和应急救援人员进行安全培训的；

“（二）未按照本规定对有限空间作业制定应急预案，或者定期进行演练的。

“第三十条 工贸企业有下列情形之一的，由县级以上安全生产监督管理部门责令限期改正，可以处 3 万元以下的罚款，对其直接负责的主管人员和其他直接责任人员处 1 万元以下的罚款：

“（一）未按照本规定对有限空间作业进行辨识、提出防范措施、建立有限空间管理台账的；

“（二）未按照本规定对有限空间作业制定作业方案或者方案未经审批擅自作业的；

“（三）有限空间作业未按照本规定进行危险有害因素检测或者监测，并实行专人监护作业的。”

（五）对《食品生产企业安全生产监督管理暂行规定》作出修改。

1. 将第一条中的“预防”修改为“防止”。

2. 将第六条修改为：“从业人员超过 100 人的食品生产企业，应当设置安全生产管理机构或者配备 3 名以上专职安全生产管理人员，鼓励配备注册安全工程师从事安全生产管理工作。

“前款规定以外的其他食品生产企业，应当配备专职或者兼职安全生产管理人员，或者委托安全生产中介机构提供安全生产服务。

“委托安全生产中介机构提供安全生产技术、管理服务的，保证安全生产的责任仍由本企业负责。”

3. 将第七条修改为：“食品生产企业应当支持安全生产管理机构和安全生产管理人员履行管理职责，并保证其开展工作所必须的条件。

“食品生产企业作出涉及安全生产的决策，应当听取安全生产管理机构以及安全生产管理人员的意见，不得因安全生产管理人员依法履行职责而降低其工资、福利等待遇或者解除与其订立的劳动合同。”

4. 将第九条修改为：“食品生产企业新建、改建和扩建建设项目（以下统称建设项目）的安全设施，必须与主体工程同时设计、同时施工、同时投入生产和使用。安全设施投资应当纳入建设项目概算。”

5. 将第十二条修改为：“食品生产企业应当建立健全事故隐患排查治理制度，明确事故隐患治理的措施、责任、资金、时限和预案，采取技术、管理措施，及时发现并消除事故隐患。事故隐患排查治理情况应当如实记录，向从业人员通报，并按规定报告所在地负责食品生产企业安全生产监管的部门。”

6. 将第二十六条修改为：“食品生产企业有下列行为之一的，责令限期改正，可以处 5 万元以下的罚款；逾期未改正的，责令停产停业整顿，并处 5 万元以上 10 万元以下的罚款，对其直接负责的主管人员和其他直接责任人员处 1 万元以上 2 万元以下的罚款：

“（一）未按照规定设置安全生产管理机构或者配备安全生产管理人员的；

“（二）未如实记录安全生产教育和培训情况的；

“（三）未将事故隐患排查治理情况如实记录或者未向从业人员通报的。”

（六）对《安全生产检测检验机构管理规定》作出修改。

1. 删去第六条第七项中的“注册资金甲级不低于 300 万元，乙级不低于 150 万元”。

（七）对《安全评价机构管理规定》作出修改。

1. 删去第八条第一项中的“注册资金 500 万元以上，”。

2. 删去第九条第一项中的“注册资金 300 万元以上，”。

（八）对《职业卫生技术服务机构监督管理暂行办法》作出修改。

1. 删去第十四条第二项中的“注册资金 800 万元以上，”。

2. 删去第十五条第二项中的“注册资金 500 万元以上，”。

3. 删去第十六条第二项中的“注册资金 300 万元以上，”。

4. 将第十七条第三项修改为“固定资产的证明；”。

此外，对相关部门规章的条文顺序和个别文字表述作了相应调整。

本决定自 2015 年 7 月 1 日起施行。

修改的部门规章根据本决定作相应修改，重新公布。

国家安全监管总局关于修改《煤矿安全监察员管理办法》等五部煤矿安全规章的决定

（2015年6月8日国家安全生产监督管理总局令第81号公布 自2015年7月1日起施行）

为贯彻实施新修改的《中华人民共和国安全生产法》，维护法制统一，推进依法治安，国家安全生产监督管理总局对煤矿安全方面的部门规章进行了清理。经过清理，现决定对《煤矿安全监察员管理办法》等五部规章予以修改：

一、对《煤矿安全监察员管理办法》作出修改

（一）将第一条修改为："为加强和规范煤矿安全监察员管理工作，保障煤矿安全监察员依法行政，根据《公务员法》、《安全生产法》、《煤矿安全监察条例》等法律法规，制定本办法。"

（二）将第三条修改为："国家安全生产监督管理总局、省级煤矿安全监察局按干部管理权限对煤矿安全监察员实行分级管理。"

（三）将第五条修改为："煤矿安全监察员由国家安全生产监督管理总局考核，并颁发煤矿安全监察执法证。"

（四）将第七条第四项修改为："参与煤矿建设项目安全设施设计审查以及对建设单位竣工验收活动和验收结果的监督核查。"

（五）将第二十一条第四项修改为："发现事故隐患或影响煤矿安全的违法行为不依法及时处理或报告的。"

二、对《煤矿安全监察行政处罚办法》作出修改

（一）将第二条、第三条中的"办事处"修改为"分局"。

（二）将第五条中的"煤矿安全监察员证件"修改为"煤矿安全监察执法证件"。

（三）将第七条修改为："煤矿或者施工单位有下列行为之一的，责令停止建设或者停产停业整顿，限期改正；逾期未改正的，处50万元以上100万元以下的罚款，对其直接负责的主管人员和其他直接责任人员处2万元以上5万元以下的罚款；构成犯罪的，依照刑法有关规定追究刑事责任：

"（一）未按照规定对煤矿建设项目进行安全评价的；

"（二）煤矿建设项目没有安全设施设计或者安全设施设计未按照规定报

经有关部门审查同意的；

“（三）煤矿建设项目的施工单位未按照批准的安全设施设计施工的；

“（四）煤矿建设项目竣工投入生产或者使用前，安全设施未经验收合格的。”

（四）删去第八条、第九条、第十一条。

（五）将第十三条改为第十条，修改为：“煤矿未依法提取或者使用煤矿安全技术措施专项费用的，责令限期改正，提供必需的资金；逾期不改正的，处5万元以下的罚款，责令停产整顿。

“有前款违法行为，导致发生生产安全事故的，对煤矿主要负责人给予撤职处分，对个人经营的投资人处2万元以上20万元以下的罚款；构成犯罪的，依照刑法有关规定追究刑事责任。”

（六）删去第十四条第二款。

（七）将第二十四条中的“煤炭生产许可证”修改为“安全生产许可证”。

（八）将第二十五条改为第二十二条，修改为：“煤矿违反有关安全生产法律、行政法规的规定，拒绝、阻碍煤矿安全监察机构依法实施监督检查的，责令改正；拒不改正的，处2万元以上20万元以下的罚款；对其直接负责的主管人员和其他直接责任人员处1万元以上2万元以下的罚款；构成犯罪的，依照刑法有关规定追究刑事责任。

“煤矿提供虚假情况，或者隐瞒存在的事故隐患以及其他安全问题的，由煤矿安全监察机构给予警告，可以并处5万元以上10万元以下的罚款；情节严重的，责令停产整顿。”

（九）将第二十六条改为第二十三条，修改为：“煤矿发生事故，对煤矿、煤矿主要负责人以及其他有关责任单位、人员依照《安全生产法》及有关法律、行政法规的规定予以行政处罚；构成犯罪的，依照刑法有关规定追究刑事责任。”

三、对《煤矿建设项目安全设施监察规定》作出修改

（一）将第五条修改为：“煤矿建设项目施工前，其安全设施设计应当经煤矿安全监察机构审查同意；竣工投入生产或使用前，其安全设施和安全条件应当经煤矿建设单位验收合格。煤矿安全监察机构应当加强对建设单位验收活动和验收结果的监督核查。”

（二）将第六条修改为：“煤矿建设项目安全设施的设计审查，由煤矿安全监察机构按照设计或者新增的生产能力，实行分级负责。

“（一）设计或者新增的生产能力在300万吨/年及以上的井工煤矿建设项目和1000万吨/年及以上的露天煤矿建设项目，由国家煤矿安全监察局负责设计审查。

“(二)设计或者新增的生产能力在300万吨/年以下的井工煤矿建设项目和1000万吨/年以下的露天煤矿建设项目,由省级煤矿安全监察局负责设计审查。”

(三)将第七条修改为:“未设立煤矿安全监察机构的省、自治区,由省、自治区人民政府指定的负责煤矿安全监察工作的部门负责本规定第六条第二项规定的设计审查。”

(四)将第八条修改为:“经省级煤矿安全监察局审查同意的项目,应及时报国家煤矿安全监察局备案。”

(五)删去第十二条中的“并在提出评价报告30日内按本规定第六条的规定报煤矿安全监察机构备案”。

(六)将第十九条第二项修改为:“建设项目审批、核准或者备案的文件。”增加一项,作为第三项:“采矿许可证或者矿区范围批准文件。”

(七)将第二十六条修改为:“煤矿建设项目在竣工完成后,应当在正式投入生产或使用前进行联合试运转。联合试运转的时间一般为1至6个月,有特殊情况需要延长的,总时长不得超过12个月。

“煤矿建设项目联合试运转,应按规定经有关主管部门批准。”

(八)将第二十九条修改为:“煤矿建设项目的安全设施和安全条件验收应当由煤矿建设单位负责组织;未经验收合格的,不得投入生产和使用。

“煤矿建设单位实行多级管理的,应当由具体负责建设项目施工建设单位的上一级具有法人资格的公司(单位)负责组织验收。”

(九)删去第三十条、第三十一条。

(十)将第三十二条改为第三十条,将其中的“煤矿安全监察机构接到验收申请后,应当对上报资料进行审查并组织现场验收”修改为“煤矿建设单位或者其上一级具有法人资格的公司(单位)组织验收时,应当对有关资料进行审查并组织现场验收”。

(十一)删去第三十三条。

(十二)将第三十四条改为第三十一条,修改为:“违反本规定的,由煤矿安全监察机构或者省、自治区人民政府指定的负责煤矿安全监察工作的部门依照《安全生产法》及有关法律、行政法规的规定予以行政处罚;构成犯罪的,依照刑法有关规定追究刑事责任。”

(十三)将第三十五条改为第三十二条,修改为:“煤矿建设项目的安全设施设计审查申请表的样式,由国家煤矿安全监察局制定。”

四、对《煤矿企业安全生产许可证实施办法》作出修改

(一)将第四条修改为:“国家煤矿安全监察局指导、监督全国煤矿企业安全生产许可证的颁发管理工作。

“国家煤矿安全监察局在省、自治区、直辖市设立的煤矿安全监察局和煤矿安全监察分局负责中央管理的煤矿企业(集团公司、总公司、上市公司)以外的其他煤矿企业安全生产许可证的颁发和管理;未设立煤矿安全监察机构的省、自治区,由省、自治区人民政府指定的部门(以下与省级煤矿安全监察局统称省级安全生产许可证颁发管理机关)负责本行政区域内煤矿企业安全生产许可证的颁发和管理。”

(二)在第七条增加一款,作为第二款:“煤与瓦斯突出矿井、水文地质类型复杂矿井应当设置专门的防治煤与瓦斯突出机构、防治水机构。”

(三)在第十条增加一款,作为第二款:“煤矿应当开展隐蔽致灾因素普查工作。”

(四)删去第十四条第一款。

(五)将第三十三条中的“办事处”修改为“分局”。

(六)将第四十一条修改为:“承担安全评价、检测、检验工作的机构,出具虚假安全评价、检测、检验报告或者证明的,没收违法所得;违法所得在10万元以上的,并处违法所得2倍以上5倍以下的罚款,没有违法所得或者违法所得不足10万元的,单处或者并处10万元以上20万元以下的罚款,对其直接负责的主管人员和其他直接责任人员处2万元以上5万元以下的罚款;给他人造成损害的,与煤矿企业承担连带赔偿责任;构成犯罪的,依照刑法有关规定追究刑事责任。

“对有前款违法行为的机构,依法吊销其相应资质。”

(七)删去第四十九条。

五、对《煤矿领导带班下井及安全监督检查规定》作出修改

(一)将第四条第一款修改为:“本规定所称的煤矿,是指煤矿生产矿井和新建、改建、扩建、技术改造、资源整合重组等建设矿井及其施工单位。”第三款修改为:“建设矿井的领导,是指煤矿建设单位和从事煤矿建设的施工单位的主要负责人、领导班子成员和副总工程师。”

(二)删去第五条第一款中的“施工单位(以下统称煤矿,下同)”。

(三)将第八条修改为:“煤矿领导带班下井制度应当按照煤矿的隶属关系报送所在地煤炭行业管理部门,同时抄送煤矿安全监管部门和驻地煤矿安全监察机构。”

(四)将第九条第一项修改为:“加强对采煤、掘进、通风等重点部位、关键环节的检查巡视,全面掌握当班井下的安全生产状况。”

(五)将第十八条第一项修改为:“未建立健全煤矿领导带班下井制度

的。”

（六）将第二十条修改为：“对发生事故而没有煤矿领导带班下井的煤矿，依法责令停产整顿，暂扣或者吊销煤矿安全生产许可证，并依照下列规定处以罚款；情节严重的，提请有关人民政府依法予以关闭：

“（一）发生一般事故的，处50万元的罚款；

“（二）发生较大事故的，处100万元的罚款；

“（三）发生重大事故的，处500万元的罚款；

“（四）发生特别重大事故的，处2000万元的罚款。”

（七）删去第二十一条中的“和矿长资格证”；将第二款修改为：“煤矿的主要负责人未履行《安全生产法》规定的安全生产管理职责，导致发生生产安全事故，受到刑事处罚或者撤职处分的，自刑罚执行完毕或者受处分之日起，5年内不得担任任何生产经营单位的主要负责人；对重大、特别重大生产安全事故负有责任的，终身不得担任煤矿的主要负责人。”

此外，对相关规章的条文顺序和个别文字表述作了相应调整。

本决定自2015年7月1日起施行。

《煤矿安全监察员管理办法》等五部规章根据本决定作相应的修改，重新公布。

国家安全监管总局关于废止《国有煤矿瓦斯治理规定》等两部规章的决定

（2015年7月20日国家安全生产监督管理总局令第83号公布自公布之日起施行）

为适应煤矿安全监察工作的需要，现决定废止以下两部规章：

一、《国有煤矿瓦斯治理规定》（2005年1月6日国家安全生产监督管理局、国家煤矿安全监察局令第21号公布）。

二、《国有煤矿瓦斯治理安全监察规定》（2005年1月6日国家安全生产监督管理局、国家煤矿安全监察局令第22号公布）。

本决定自公布之日起施行。

科学技术保密规定

（2015年11月16日科学技术部、国家保密局令第16号公布 自公布之日起施行）

第一章 总 则

第一条 为保障国家科学技术秘密安全，促进科学技术事业发展，根据《中华人民共和国保守国家秘密法》《中华人民共和国科学技术进步法》和《中华人民共和国保守国家秘密法实施条例》，制定本规定。

第二条 本规定所称国家科学技术秘密，是指科学技术规划、计划、项目及成果中，关系国家安全和利益，依照法定程序确定，在一定时间内只限一定范围的人员知悉的事项。

第三条 涉及国家科学技术秘密的国家机关、单位（以下简称机关、单位）以及个人开展保守国家科学技术秘密的工作（以下简称科学技术保密工作），适用本规定。

第四条 科学技术保密工作坚持积极防范、突出重点、依法管理的方针，既保障国家科学技术秘密安全，又促进科学技术发展。

第五条 科学技术保密工作应当与科学技术管理工作相结合，同步规划、部署、落实、检查、总结和考核，实行全程管理。

第六条 国家科学技术行政管理部门管理全国的科学技术保密工作。省、自治区、直辖市科学技术行政管理部门管理本行政区域的科学技术保密工作。

中央国家机关在其职责范围内，管理或者指导本行业、本系统的科学技术保密工作。

第七条 国家保密行政管理部门依法对全国的科学技术保密工作进行指导、监督和检查。县级以上地方各级保密行政管理部门依法对本行政区域的科学技术保密工作进行指导、监督和检查。

第八条 机关、单位应当实行科学技术保密工作责任制，健全科学技术保密管理制度，完善科学技术保密防护措施，开展科学技术保密宣传教育，加强科学技术保密检查。

第二章　国家科学技术秘密的范围和密级

第九条　关系国家安全和利益，泄露后可能造成下列后果之一的科学技术事项，应当确定为国家科学技术秘密：

(一)削弱国家防御和治安能力；

(二)降低国家科学技术国际竞争力；

(三)制约国民经济和社会长远发展；

(四)损害国家声誉、权益和对外关系。

国家科学技术秘密及其密级的具体范围(以下简称国家科学技术保密事项范围)，由国家保密行政管理部门会同国家科学技术行政管理部门另行制定。

第十条　国家科学技术秘密的密级分为绝密、机密和秘密三级。国家科学技术秘密密级应当根据泄露后可能对国家安全和利益造成的损害程度确定。

除泄露后会给国家安全和利益带来特别严重损害的外，科学技术原则上不确定为绝密级国家科学技术秘密。

第十一条　有下列情形之一的科学技术事项，不得确定为国家科学技术秘密：

(一)国内外已经公开；

(二)难以采取有效措施控制知悉范围；

(三)无国际竞争力且不涉及国家防御和治安能力；

(四)已经流传或者受自然条件制约的传统工艺。

第三章　国家科学技术秘密的确定、变更和解除

第十二条　中央国家机关、省级机关及其授权的机关、单位可以确定绝密级、机密级和秘密级国家科学技术秘密；设区的市、自治州一级的机关及其授权的机关、单位可以确定机密级、秘密级国家科学技术秘密。

第十三条　国家科学技术秘密定密授权应当符合国家秘密定密管理的有关规定。中央国家机关作出的国家科学技术秘密定密授权，应当向国家科学技术行政管理部门和国家保密行政管理部门备案。省级机关，设区的市、自治州一级的机关作出的国家科学技术秘密定密授权，应当向省、自治区、直辖市科学技术行政管理部门和保密行政管理部门备案。

第十四条 机关、单位负责人及其指定的人员为国家科学技术秘密的定密责任人，负责本机关、本单位的国家科学技术秘密确定、变更和解除工作。

第十五条 机关、单位和个人产生需要确定为国家科学技术秘密的科学技术事项时，应当先行采取保密措施，并依照下列途径进行定密：

（一）属于本规定第十二条规定的机关、单位，根据定密权限自行定密；

（二）不属于本规定第十二条规定的机关、单位，向有相应定密权限的上级机关、单位提请定密；没有上级机关、单位的，向有相应定密权限的业务主管部门提请定密；没有业务主管部门的，向所在省、自治区、直辖市科学技术行政管理部门提请定密；

（三）个人完成的符合本规定第九条规定的科学技术成果，应当经过评价、检测并确定成熟、可靠后，向所在省、自治区、直辖市科学技术行政管理部门提请定密。

第十六条 实行市场准入管理的技术或者实行市场准入管理的产品涉及的科学技术事项需要确定为国家科学技术秘密的，向批准准入的国务院有关主管部门提请定密。

第十七条 机关、单位在科学技术管理的以下环节，应当及时做好定密工作：

（一）编制科学技术规划；

（二）制定科学技术计划；

（三）科学技术项目立项；

（四）科学技术成果评价与鉴定；

（五）科学技术项目验收。

第十八条 确定国家科学技术秘密，应当同时确定其名称、密级、保密期限、保密要点和知悉范围。

第十九条 国家科学技术秘密保密要点是指必须确保安全的核心事项或者信息，主要涉及以下内容：

（一）不宜公开的国家科学技术发展战略、方针、政策、专项计划；

（二）涉密项目研制目标、路线和过程；

（三）敏感领域资源、物种、物品、数据和信息；

（四）关键技术诀窍、参数和工艺；

（五）科学技术成果涉密应用方向；

（六）其他泄露后会损害国家安全和利益的核心信息。

第二十条 国家科学技术秘密有下列情形之一的，应当及时变更密级、保密期限或者知悉范围：

（一）定密时所依据的法律法规或者国家科学技术保密事项范围已经发生变化的；

（二）泄露后对国家安全和利益的损害程度会发生明显变化的。

国家科学技术秘密的变更，由原定密机关、单位决定，也可由其上级机关、单位决定。

第二十一条 国家科学技术秘密的具体保密期限届满、解密时间已到或者符合解密条件的，自行解密。出现下列情形之一时，应当提前解密：

（一）已经扩散且无法采取补救措施的；

（二）法律法规或者国家科学技术保密事项范围调整后，不再属于国家科学技术秘密的；

（三）公开后不会损害国家安全和利益的。

提前解密由原定密机关、单位决定，也可由其上级机关、单位决定。

第二十二条 国家科学技术秘密需要延长保密期限的，应当在原保密期限届满前作出决定并书面通知原知悉范围内的机关、单位或者人员。延长保密期限由原定密机关、单位决定，也可由其上级机关、单位决定。

第二十三条 国家科学技术秘密确定、变更和解除应当进行备案：

（一）省、自治区、直辖市科学技术行政管理部门和中央国家机关有关部门每年 12 月 31 日前将本行政区域或者本部门当年确定、变更和解除的国家科学技术秘密情况报国家科学技术行政管理部门备案；

（二）其他机关、单位确定、变更和解除的国家科学技术秘密，应当在确定、变更、解除后 20 个工作日内报同级政府科学技术行政管理部门备案。

第二十四条 科学技术行政管理部门发现机关、单位国家科学技术秘密确定、变更和解除不当的，应当及时通知其纠正。

第二十五条 机关、单位对已定密事项是否属于国家科学技术秘密或者属于何种密级有不同意见的，按照国家有关保密规定解决。

第四章 国家科学技术秘密保密管理

第二十六条 国家科学技术行政管理部门管理全国的科学技术保密工作。主要职责如下：

（一）制定或者会同有关部门制定科学技术保密规章制度；

（二）指导和管理国家科学技术秘密定密工作；

（三）按规定审查涉外国家科学技术秘密事项；

（四）检查全国科学技术保密工作，协助国家保密行政管理部门查处泄露国家科学技术秘密案件；

（五）组织开展科学技术保密宣传教育和培训；

（六）表彰全国科学技术保密工作先进集体和个人。

国家科学技术行政管理部门设立国家科技保密办公室，负责国家科学技术保密管理的日常工作。

第二十七条 省、自治区、直辖市科学技术行政管理部门和中央国家机关有关部门，应当设立或者指定专门机构管理科学技术保密工作。主要职责如下：

（一）贯彻执行国家科学技术保密工作方针、政策，制定本行政区域、本部门或者本系统的科学技术保密规章制度；

（二）指导和管理本行政区域、本部门或者本系统的国家科学技术秘密定密工作；

（三）按规定审查涉外国家科学技术秘密事项；

（四）监督检查本行政区域、本部门或者本系统的科学技术保密工作，协助保密行政管理部门查处泄露国家科学技术秘密案件；

（五）组织开展本行政区域、本部门或者本系统科学技术保密宣传教育和培训；

（六）表彰本行政区域、本部门或者本系统的科学技术保密工作先进集体和个人。

第二十八条 机关、单位管理本机关、本单位的科学技术保密工作。主要职责如下：

（一）建立健全科学技术保密管理制度；

（二）设立或者指定专门机构管理科学技术保密工作；

（三）依法开展国家科学技术秘密定密工作，管理涉密科学技术活动、项目及成果；

（四）确定涉及国家科学技术秘密的人员（以下简称涉密人员），并加强对涉密人员的保密宣传、教育培训和监督管理；

（五）加强计算机及信息系统、涉密载体和涉密会议活动保密管理，严格对外科学技术交流合作和信息公开保密审查；

（六）发生资产重组、单位变更等影响国家科学技术秘密管理的事项时，及时向上级机关或者业务主管部门报告。

第二十九条 涉密人员应当遵守以下保密要求：

（一）严格执行国家科学技术保密法律法规和规章以及本机关、本单位科学技术保密制度；

（二）接受科学技术保密教育培训和监督检查；

（三）产生涉密科学技术事项时，先行采取保密措施，按规定提请定密，并及时向本机关、本单位科学技术保密管理机构报告；

（四）参加对外科学技术交流合作与涉外商务活动前向本机关、本单位科学技术保密管理机构报告；

（五）发表论文、申请专利、参加学术交流等公开行为前按规定履行保密审查手续；

（六）发现国家科学技术秘密正在泄露或者可能泄露时，立即采取补救措施，并向本机关、本单位科学技术保密管理机构报告；

（七）离岗离职时，与机关、单位签订保密协议，接受脱密期保密管理，严格保守国家科学技术秘密。

第三十条 机关、单位和个人在下列科学技术合作与交流活动中，不得涉及国家科学技术秘密：

（一）进行公开的科学技术讲学、进修、考察、合作研究等活动；

（二）利用互联网及其他公共信息网络、广播、电影、电视以及公开发行的报刊、书籍、图文资料和声像制品进行宣传、报道或者发表论文；

（三）进行公开的科学技术展览和展示等活动。

第三十一条 机关、单位和个人应当加强国家科学技术秘密信息保密管理，存储、处理国家科学技术秘密信息应当符合国家保密规定。任何机关、单位和个人不得有下列行为：

（一）非法获取、持有、复制、记录、存储国家科学技术秘密信息；

（二）使用非涉密计算机、非涉密存储设备存储、处理国家科学技术秘密；

（三）在互联网及其他公共信息网络或者未采取保密措施的有线和无线通信中传递国家科学技术秘密信息；

（四）通过普通邮政、快递等无保密措施的渠道传递国家科学技术秘密信息；

（五）在私人交往和通信中涉及国家科学技术秘密信息；

（六）其他违反国家保密规定的行为。

第三十二条 对外科学技术交流与合作中需要提供国家科学技术秘密的，应当经过批准，并与对方签订保密协议。绝密级国家科学技术秘密原则上不得对外提供，确需提供的，应当经中央国家机关有关主管部门同意后，报国家科学技术行政管理部门批准；机密级国家科学技术秘密对外提供应当报中央国家机关有关主管部门批准；秘密级国家科学技术秘密对外提供应当报中央国家机关有关主管部门或者省、自治区、直辖市人民政府有关主管部门批准。

有关主管部门批准对外提供国家科学技术秘密的,应当在10个工作日内向同级政府科学技术行政管理部门备案。

第三十三条 机关、单位开展涉密科学技术活动的,应当指定专人负责保密工作、明确保密纪律和要求,并加强以下方面保密管理:

(一)研究、制定涉密科学技术规划应当制定保密工作方案,签订保密责任书;

(二)组织实施涉密科学技术计划应当制定保密制度;

(三)举办涉密科学技术会议或者组织开展涉密科学技术展览、展示应当采取必要的保密管理措施,在符合保密要求的场所进行;

(四)涉密科学技术活动进行公开宣传报道前应当进行保密审查。

第三十四条 涉密科学技术项目应当按照以下要求加强保密管理:

(一)涉密科学技术项目在指南发布、项目申报、专家评审、立项批复、项目实施、结题验收、成果评价、转化应用及科学技术奖励各个环节应当建立保密制度;

(二)涉密科学技术项目下达单位与承担单位、承担单位与项目负责人、项目负责人与参研人员之间应当签订保密责任书;

(三)涉密科学技术项目的文件、资料及其他载体应当指定专人负责管理并建立台账;

(四)涉密科学技术项目进行对外科学技术交流与合作、宣传展示、发表论文、申请专利等,承担单位应当提前进行保密审查;

(五)涉密科学技术项目原则上不得聘用境外人员,确需聘用境外人员的,承担单位应当按规定报批。

第三十五条 涉密科学技术成果应当按以下要求加强保密管理:

(一)涉密科学技术成果在境内转让或者推广应用,应当报原定密机关、单位批准,并与受让方签订保密协议;

(二)涉密科学技术成果向境外出口,利用涉密科学技术成果在境外开办企业,在境内与外资、外企合作,应当按照本规定第三十二条规定报有关主管部门批准。

第三十六条 机关、单位应当按照国家规定,做好国家科学技术秘密档案归档和保密管理工作。

第三十七条 机关、单位应当为科学技术保密工作提供经费、人员和其他必要的保障条件。国家科学技术行政管理部门,省、自治区、直辖市科学技术行政管理部门应当将科学技术保密工作经费纳入部门预算。

第三十八条 机关、单位应当保障涉密人员正当合法权益。对参与国家科学技术秘密研制的科技人员，有关机关、单位不得因其成果不宜公开发表、交流、推广而影响其评奖、表彰和职称评定。

对确因保密原因不能在公开刊物上发表的论文，有关机关、单位应当对论文的实际水平给予客观、公正评价。

第三十九条 国家科学技术秘密申请知识产权保护应当遵守以下规定：

（一）绝密级国家科学技术秘密不得申请普通专利或者保密专利；

（二）机密级、秘密级国家科学技术秘密经原定密机关、单位批准可申请保密专利；

（三）机密级、秘密级国家科学技术秘密申请普通专利或者由保密专利转为普通专利的，应当先行办理解密手续。

第四十条 机关、单位对在科学技术保密工作方面作出贡献、成绩突出的集体和个人，应当给予表彰；对于违反科学技术保密规定的，给予批评教育；对于情节严重，给国家安全和利益造成损害的，应当依照有关法律、法规给予有关责任人员处分，构成犯罪的，依法追究刑事责任。

第五章 附 则

第四十一条 涉及国防科学技术的保密管理，按有关部门规定执行。

第四十二条 本规定由科学技术部和国家保密局负责解释。

第四十三条 本规定自公布之日起施行，1995 年颁布的《科学技术保密规定》（国家科学技术委员会、国家保密局令第 20 号）同时废止。

中华人民共和国海关《中华人民共和国政府和澳大利亚政府自由贸易协定》项下进出口货物原产地管理办法

（2015 年 12 月 18 日海关总署令第 228 号公布 自 2015 年 12 月 20 日起施行）

第一条 为了正确确定《中华人民共和国政府和澳大利亚政府自由贸易协定》（以下简称《中澳自贸协定》）项下进出口货物原产地，促进我国与澳大利亚的经贸往来，根据《中华人民共和国海关法》（以下简称《海关法》）、《中华人民共和国进出口货物原产地条例》、《中澳自贸协定》的规定，制定本办法。

第二条 本办法适用于我国与澳大利亚之间的《中澳自贸协定》项下进出口货物的原产地管理。

第三条 进口货物符合下列条件之一的,其原产国为澳大利亚:

(一)在澳大利亚完全获得或者生产的;

(二)在澳大利亚境内全部使用符合本办法规定的原产材料生产的;

(三)在澳大利亚境内非完全获得或者生产,但是符合《中澳自贸协定》项下产品特定原产地规则规定的税则归类改变、区域价值成分、制造加工工序或其他要求的;

《中澳自贸协定》项下产品特定原产地规则是本办法的组成部分,由海关总署另行公告。

原产于澳大利亚的货物,从澳大利亚境内直接运输至中国境内的,可以按照本办法规定申请适用《中华人民共和国进出口税则》(以下简称《税则》)中的《中澳自贸协定》协定税率。

第四条 本办法第三条第一款第(一)项所述"在澳大利亚完全获得或者生产的"货物是指:

(一)在澳大利亚境内出生并且饲养的活动物;

(二)从本条第(一)项所述活动物中获得的货物;

(三)在澳大利亚境内通过狩猎、诱捕、捕捞、耕种、采集或者捕获直接获得的货物;

(四)在澳大利亚境内收获、采摘或者采集的植物和植物产品;

(五)在澳大利亚境内提取或者得到的未包括在本条第(一)项至第(四)项的矿物质以及其他天然生成物质;

(六)根据《中澳自贸协定》,在澳大利亚领海以外的水域、海床或者底土提取的产品,不包括鱼类、甲壳类动物、植物以及其他海洋生物;

(七)在澳大利亚注册并且悬挂澳大利亚国旗的船只在公海获得的鱼类、甲壳类动物、植物以及其他海洋生物;

(八)在澳大利亚注册并且悬挂澳大利亚国旗的加工船上从本条第(七)项的货物获得或者生产的货物;

(九)在澳大利亚境内加工过程中产生的废碎料或者在澳大利亚收集的仅适用于原材料回收的旧货;

(十)在澳大利亚境内完全从本条第(一)项至第(九)项的货物生产的货物。

第五条 本办法第三条第一款第(三)项规定的税则归类改变是指使用非原产材料在澳大利亚进行制造、加工后,在《税则》中的税则号列发生改变。

第六条 本办法第三条第一款第(三)项规定的的区域价值成分应当按照下列公式计算：

$$区域价值成分=\frac{货物价格-非原产材料价格}{货物价格}\times 100\%$$

其中,“货物价格”是指按照《海关估价协定》,在船上交货价格基础上调整的货物价格。“非原产材料价格”是指按照《海关估价协定》确定的非原产材料的进口成本、运至目的港口或者地点的运费和保险费,包括不明原产地材料的价格。非原产材料由生产商在澳大利亚境内获得时,按照《海关估价协定》确定的成交价格,不包括将该非原产材料从供应商仓库运抵生产商所在地过程中产生的运费、保险费、包装费以及其他任何费用。

根据本条第一款计算货物的区域价值成分,非原产材料价格不包括在生产过程中为生产原产材料而使用的非原产材料的价格。

第七条 原产于中国的材料在澳大利亚境内被用于生产另一货物的,该材料应当视为澳大利亚原产材料。

第八条 适用《中澳自贸协定》项下税则归类改变要求的货物,生产过程中所使用的非原产材料不满足税则归类改变要求,但上述非原产材料按照《海关估价协定》确定的成交价格不超过该货物船上交货价格的10%,并且货物符合本办法所有其他适用规定,该货物仍然应当视为原产货物。

第九条 货物仅仅经过下列一项或者多项微小加工或者处理,未作其他加工或者处理的,不能归入原产货物：

(一)为确保货物在运输或者储存期间处于良好状态而进行的加工或者处理；

(二)包装和重新包装；

(三)过滤、筛选、挑选、分类、分级、匹配(包括成套物品的组合)；

(四)装瓶、装罐、装袋、装箱、装盒、固定于纸板或者木板及其他简单的包装工序；

(五)在产品或者其包装上粘贴、印刷标志、标签、标识以及其他类似的用于区别的标记；

(六)货物的拆卸。

第十条 运输期间用于保护货物的包装材料以及容器不影响货物原产地的确定。

货物适用《中澳自贸协定》项下产品特定原产地规则中有关区域价值成分的要求确定原产地的,其零售用包装材料和容器的价格应当按照各自的原产地纳入原产材料或者非原产材料的价格予以计算。

货物适用《中澳自贸协定》项下产品特定原产地规则中除区域价值成分要求以外的其他要求确定原产地，并且其零售用包装材料以及容器与该货物一并归类的，该零售用包装材料以及容器的原产地不影响货物原产地的确定。

第十一条 适用《中澳自贸协定》项下产品特定原产地规则中有关区域价值成分要求的货物，在计算区域价值成分时，与该货物一并申报进口的附件、备件以及工具的价格应当纳入原产材料或者非原产地材料的价格予以计算。

货物适用《中澳自贸协定》项下产品特定原产地规则中除区域价值成分要求以外的其他要求确定原产地的，如果与该货物一并申报进口的附件、备件或者工具在《税则》中与该货物一并归类，并且其价格包含在该货物价格内，则该附件、备件或者工具的原产地不影响货物原产地的确定。

本条第一款与第二款所述附件、备件或者工具的数量与价格应当在合理范围之内。

第十二条 下列不构成货物组成成分的材料或者物品，其原产地不影响货物原产地的确定：

（一）用于货物生产的材料或者物品：

1. 燃料、能源；

2. 工具、模具以及型模；

3. 手套、眼镜、鞋靴、衣服、安全设备以及用品；

4. 催化剂以及溶液；

（二）用于维护设备、厂房建筑的材料或者物品：

1. 备件以及材料；

2. 润滑剂、油（滑）脂、合成材料以及其他材料；

（三）用于测试或者检验货物的设备、装置以及用品；

（四）在货物生产过程中使用，未构成该货物组成成分，但是能够合理表明其参与了该货物生产过程的任何其他货物。

第十三条 在确定货物原产地时，对于商业上可以互换，性质相同，依靠视觉观察无法加以区分的可互换材料，应当通过对每项材料进行物理分离或者运用出口方公认会计原则所承认的库存管理方法加以区分。

第十四条 本办法第三条所称的“直接运输”是指《中澳自贸协定》项下进口货物从澳大利亚直接运输至我国境内，途中未经过中国、澳大利亚以外的其他国家或者地区（以下简称“其他国家或者地区”）。

原产于澳大利亚的货物，经过其他国家或者地区运输至我国，不论在其他国家或者地区是否转换运输工具或者进行临时储存，同时符合下列条件的，应当视为“直接运输”：

（一）货物经过这些国家或者地区时，未做除装卸、物流拆分或者为使货物保持良好状态所必需处理以外的其他处理；

（二）在其他国家或者地区进行临时储存的，在这些国家或者地区停留时间不得超过 12 个月；

（三）处于这些国家或者地区海关的监管之下。

第十五条 除海关总署另有规定外，货物申报进口时，进口货物收货人或者其代理人应当按照海关的申报规定填制《中华人民共和国海关进口货物报关单》（以下简称《进口报关单》），申明适用《中澳自贸协定》协定税率，并且提交以下单证：

（一）由澳大利亚授权机构签发的有效原产地证书（格式见附件 1）或者经生产商或者出口商填制并且签名的原产地声明（格式见附件 2）；

（二）货物的商业发票以及全程运输单证。

货物经过其他国家或者地区运输至中国境内的，应当提交其他国家或者地区海关所出具的证明文件或者海关认可的其他证明文件。

第十六条 原产地申报为澳大利亚的进口货物，收货人或者其代理人在申报进口时未提交原产地证书或者原产地声明的，应当在征税前就该进口货物是否具备澳大利亚原产资格向海关进行补充申报（格式见附件 3）。

进口货物收货人或者其代理人依照本条第一款规定就进口货物具备澳大利亚原产资格向海关进行补充申报并且提供税款担保的，海关应当依法办理进口手续。依照法律、行政法规规定不得办理担保的情形除外。因提前放行等原因已经提交了与货物可能承担的最高税款总额相当的税款担保的，视为符合本款关于提供税款担保的规定。

货物申报进口时，进口货物收货人或者其代理人未申明适用《中澳自贸协定》协定税率，也未按照本条规定就该进口货物是否具备澳大利亚原产资格进行补充申报的，其申报进口的货物不适用协定税率。收货人或者其代理人在货物征税后向海关申请适用《中澳自贸协定》协定税率的，已征税款不予调整。

第十七条 同一批次进口的澳大利亚原产货物，经海关依法审定的完税价格不超过 6000 元人民币的，免予提交原产地证书或者原产地声明。

为规避本办法规定，一次或者多次进口货物的，不适用前款规定。

第十八条 进口货物收货人或者其代理人提交的原产地证书应当同时符合下列条件：

（一）原产地证书应当由澳大利亚授权机构在货物出口前或者出口时签发；

（二）具有澳大利亚通知中国海关的印章样本等安全特征；

（三）以英文填制；

（四）自签发之日起12个月内有效。

第十九条 原产地证书未能在出口前或者出口时签发的，可以在货物装运之日起12个月内补发。补发的原产地证书应当注明“补发”字样，其有效期为货物装运之日起12个月。

原产地证书被盗、遗失或者损毁，并且未经使用的，进口货物收货人或者其代理人可以在该证书有效期内要求货物出口商或者生产商向澳大利亚授权机构申请签发原产地证书副本。新签发的原产地证书副本应当注明“原产地证书正本（编号____日期____）经核准的真实副本”字样，其有效期与正本相同。

经核准的原产地证书副本向海关提交后，原产地证书正本失效。原产地证书正本已经使用的，经核准的原产地证书副本无效。

第二十条 海关已经依法预先作出裁定，确认原产地为澳大利亚的进口货物，如果该裁定处于有效状态，据以作出该裁定的事实和情况也没有发生变化的，则该裁定项下货物进口时，进口货物的收货人或者其代理人可以向海关提交原产地声明，申明适用《中澳自贸协定》协定税率。

进口货物收货人或者其代理人向海关提交的原产地声明应当同时符合下列条件：

（一）符合本办法附件2所列格式，并且以英文填制；

（二）由出口商或者生产商填写并且正确署名；

（三）所列的一项或者多项货物为同一批次的进口货物，并且仅仅对应一份《进口报关单》；

（四）自签发之日起12个月内有效。

第二十一条 原产地证书、原产地声明原则上不得涂改或者叠印。

特殊情形下必须更正的，应当首先将错误信息划去，再增补更正的内容。更正内容应当由更正人员加以签注。对于原产地证书，还应当经有权签发原产地证书的机构加以证实。

原产地证书、原产地声明上任何未填写的空白处应当划去或者另外注明。

第二十二条 为了确定原产地证书或者原产地声明的真实性和准确性、确定相关货物的原产资格，或者确定货物是否满足本办法规定的其他要求，海关可以开展原产地核查，核查应当依次通过以下方式进行：

（一）请求澳大利亚海关协助；

（二）书面要求澳大利亚出口商或者生产商提供信息；

（三）书面要求澳大利亚授权机构核查原产地证书的有效性；

使用本条第一款方式不足以确定的，可以与澳大利亚海关商定后对出口商或者生产商进行实地核查访问，也可以适用与澳大利亚海关共同商定的其他程序。

在等待核查结果期间，依照进口货物收货人或者其代理人申请，海关可以依法办理担保放行。

进口货物属于国家禁止或者限制进口货物的，海关在核查完毕前不得放行货物。

第二十三条 有下列情形之一的，自货物进口之日起1年内，进口货物收货人或者其代理人可以在海关批准的担保期限内向海关申请解除税款担保：

（一）已经按照本办法规定向海关进行补充申报并且提交了原产地证书或者原产地声明的；

（二）已经按照本办法规定完成原产地核查程序，核查结果足以认定货物真实原产地的。

第二十四条 具有下列情形之一的，进口货物不适用《中澳自贸协定》协定税率：

（一）进口货物收货人或者其代理人在货物申报进口时未申明适用协定税率，也未按照本办法第十六条规定进行补充申报的；

（二）货物不具备澳大利亚原产资格的；

（三）原产地证书或者原产地声明不符合本办法规定的；

（四）自提出原产地核查请求之日起3个月内，海关没有收到出口商或者生产商提交的补充信息的，或者澳大利亚海关答复结果未包含足以确定原产地证书真实性或者货物真实原产地信息的；

（五）不符合本办法其他规定的。

按照本条第一款规定，海关认定进口货物不适用《中澳自贸协定》协定税率的，应当书面告知进口货物收货人或者其代理人（格式见附件4）。

第二十五条 出口货物申报时，出口货物发货人或者其代理人应当按照海关的申报规定填制《中华人民共和国海关出口货物报关单》，并且向海关提交《中澳自贸协定》项下原产地证书或者原产地声明的电子数据或者正本复印件。

第二十六条 《中澳自贸协定》项下进出口货物及其包装上标有原产地标记的，其原产地标记应当与依照本办法确定的货物原产地相一致。

第二十七条 海关对于依照本办法规定获得的商业秘密依法负有保密义务。未经进出口货物收发货人同意，海关不得泄露或者用于其他用途，但是法律、行政法规以及相关司法解释另有规定的除外。

第二十八条 违反本办法，构成走私行为、违反海关监管规定行为或者其他违反《海关法》行为的，由海关依照《海关法》和《中华人民共和国海关行政处罚实施条例》的有关规定予以处理；构成犯罪的，依法追究刑事责任。

第二十九条 本办法下列用语的含义：

原产地声明，是指货物的出口商或者生产商就货物原产地做出的声明，用以确认并且申明货物为原产货物。

公认会计原则，是指我国或者澳大利亚的国内法认可或者官方支持的，关于记录收入、支出、成本、资产以及负债、信息披露以及编制财务报表的会计原则，包括普遍适用的广泛性指导原则，也包括详细的标准、管理以及程序。

材料，是指在生产货物的过程中使用，并且以物理形式构成货物组成部分的物体或者物质；

原产材料，是指根据本办法规定具备原产资格的材料；

生产，是指获得产品的方法，包括但是不限于产品的种植、开采、收获、捕捞、诱捕、狩猎、制造、加工或者装配；

第三十条 本办法由海关总署负责解释。

第三十一条 本办法自 2015 年 12 月 20 日起施行。

附件：1. 原产地证书

2. 原产地声明

3. 原产资格申明

4. 不予适用协定税率告知书

附件 1

原产地证书

<table>
<tr><td colspan="3">1. Exporter's name, address, country:</td><td colspan="4" rowspan="2">Certificate No.:
CERTIFICATE OF ORIGIN
Form for China-Australia Free Trade Agreement
Issued in ________________</td></tr>
<tr><td colspan="3">2. Producer's name and address (if known):</td></tr>
<tr><td colspan="3">3. Importer's name, address, country (if known):</td><td colspan="4">For Official Use Only:</td></tr>
<tr><td colspan="3">4. Means of transport and route (if known)
Departure Date:
Vessel/Flight/Train/Vehicle No.:
Port of loading:
Port of discharge:</td><td colspan="4">5. Remarks:</td></tr>
<tr><td>6. Item number (Max. 20)</td><td>7. Marks and Numbers on packages (Optional)</td><td>8. Number and kind of packages; Description of goods</td><td>9. HS code (6digit code)</td><td>10. Origin criterion</td><td>11. Gross or net weight or other quantity (e. g. Quantity Unit, litres, m3.)</td><td>12. Number, date of invoices</td></tr>
<tr><td></td><td></td><td></td><td></td><td></td><td></td><td></td></tr>
<tr><td colspan="3">13. Declaration by the exporter
The undersigned hereby declares that the above stated information is correct and that the goods exported to
____
(Importing Party)
comply with the origin requirements specified in the China-Australia Free Trade Agreement.
____
Place, date and signature of authorised person</td><td colspan="4">14. Certification
On the basis of the control carried out, it is hereby certified that the information herein is correct and that the described goods comply with the origin requirements of the China-Australia Free Trade Agreement.
____
Place and date, signature and stamp of the Authorised Body
Tel:　　　Fax:
Address:</td></tr>
</table>

Overleaf Instruction

Box 1: State the full legal name and address of the exporter in Australia or China.

Box 2: State the full legal name, and address (including country) of the producer, if known. If more than one producer's good is included in the certificate, list the additional producers, including name, address (including country). If the exporter or the producer wish the information to be confidential, it is acceptable to state "Available to the competent authority or authorised body upon request". If the producer and the exporter are the same, please complete the box with "SAME". If the producer is unknown, it is acceptable to state "UNKNOWN".

Box 3: State the full legal name and address of the importer in Australia or China, if known.

Box 4: Complete the means of transport and route and specify the departure date, transport vehicle No., port of loading and discharge, as far as known.

Box 5: Customer's Order Number, Letter of Credit Number, among others, may be included. If the invoice is issued by a non-Party operator, the information such as name, address and country of the operator issuing the invoice shall be indicated herein.

Box 6: State the item number; item number shall not exceed 20.

Box 7: State the shipping marks and numbers on packages, when such marks and numbers exist.

Box 8: Number and kind of packages shall be specified. Provide a full description of each good. The description should be sufficiently detailed to enable the products to be identified by the Customs Officers examining them and relate it to the invoice description and to the HS description of the good. If goods are not packed, state "in bulk". When the description of the goods is finished, add "***" (three stars) or "\" (finishing slash).

Box 9: For each good described in Box 8, identify the HS tariff classification to 6 digit code.

Box 10: For each good described in Box 8, state which criterion is applicable, according to the following instructions. The rules of origin are contained in Chapter X (Rules of Origin) and Annex X (Product Specific Rules of Origin).

Origin Criterion	Insert in BOX 10
The good is "wholly obtained" in the territory of a Party, as referred to in Article X (Wholly Obtained Goods) or required so in Annex X (PSR).	WO
The good is produced entirely in the territory of a Party, exclusively from materials whose origin conforms to the provisions of Chapter X (Rules of Origin).	WP
The good is produced in the territory of one Party, using non – originating materials that comply with the Product Specific Rules and other applicable provisions of Chapter X (Rules of Origin).	PSR

Box 11: State gross or net weight in kilograms or other units of for each good described in Box 8. Other units of measurement e. g. volume or number of items which would indicate exact quantities may be used when customary.

Box 12: The number and date of invoice should be shown here.

Box 13: The box must be completed by the exporter. Insert the place date and signature of authorised person.

Box 14: The box must be completed, signed, dated and stamped by the authorised person of the authorised body. The telephone number, fax and address of the authorised body should be given.

原产地证书(中文样本供参考)

<table>
<tr><td colspan="4">1. 出口商名称,地址,国家:</td><td colspan="3" rowspan="2">证书号码 NO.:

中国—澳大利亚自由贸易协定
原产地证书

签发于:________________</td></tr>
<tr><td colspan="4">2. 生产商名称,地址(如已知):</td></tr>
<tr><td colspan="4">3. 进口商名称,地址,国家(如已知):</td><td colspan="3">仅供官方使用:</td></tr>
<tr><td colspan="4">4. 运输方式及路线(如已知)
离港日期:
船只/飞机/火车/运输工具编号:
装货口岸:
卸货口岸:</td><td colspan="3">5. 备注:</td></tr>
<tr><td>6. 项目号(最多20项)</td><td>7. 包装上唛头及编号(可选)</td><td>8. 包装数量及种类;商品描述</td><td>9. HS 编码(6位)</td><td>10. 原产地标准</td><td>11. 毛重/净重或其他计量单位(如公升,立方米)</td><td>12. 发票编号及日期</td></tr>
<tr><td></td><td></td><td></td><td></td><td></td><td></td><td></td></tr>
<tr><td colspan="4">13. 出口商或生产商申明
兹申明上述填报资料正确无误,该货物出口至

____
(进口方)

符合中国—澳大利亚自由贸易协定原产地规则的相关规定

____
地点、日期及授权人签名</td><td colspan="3">14. 证明
根据所实施的监管,兹证明所列信息正确无误,所述货物符合中国—澳大利亚自由贸易协定原产地规则的相关规定。

____
地点、日期、签名及授权机构印章

电话号码:传真号码:

地址:</td></tr>
</table>

背页说明

第 1 栏：注明中国或澳大利亚出口商详细的依法登记的名称和地址。

第 2 栏：注明生产商（如已知）详细的依法登记的名称和地址（包括国家）。如证书中包含不止一个生产商的货物，应列出其他生产商的详细名称和地址（包括国家）。如出口商或生产商希望其信息保密，可注明“应主管部门或授权机构要求可提供”，如生产商即为出口商，请在栏中填写“同上”字样。如生产商未知，可在栏中注明“未知”。

第 3 栏：注明中国或澳大利亚进口商（如已知）详细的依法登记的名称和地址。

第 4 栏：填写运输方式及路线（如已知），详细说明离港日期、运输工具编号以及装货和卸货口岸。

第 5 栏：本栏可填写客户订单编号或者信用证编号，以及其他可能涉及的事项。如发票由非缔约方经营者开具，应在本栏注明开具发票的经营者名称、地址及国家等信息。

第 6 栏：注明商品项号，项号应不超过 20 项。

第 7 栏：如有唛头及编号，则注明包装上的唛头及编号。

第 8 栏：详细列明包装数量及种类。详列每种货物的货品名称，以便于海关关员查验时加以识别。货品名称应与发票上的描述及货物的协调制度描述相符。如果是散装货，应注明“散装”。当商品描述结束时，加上“***”（三颗星）或“\”（结束斜线符号）。

第 9 栏：对应第 8 栏中的每种货物，填写协调制度税则归类编码（6 位）。

第 10 栏：对应第 8 栏中的每种货物，根据下表的指示填写其适用的原产地标准。有关原产地标准在《中华人民共和国政府和澳大利亚政府自由贸易协定》第三章（原产地规则和实施程序）及其附件二（产品特定原产地规则）中予以规定。

原产地标准	填入第 10 栏
该货物根据第三章三条（完全获得货物）在缔约一方“完全获得”。	WO
该货物完全在缔约一方或双方领土内由符合第三章（原产地规则和实施程序）规定的原产材料生产。	WP
该货物在缔约一方或双方领土内使用符合产品特定原产地规则及第三章（原产地规则和实施程序）其他有关要求的非原产材料生产。	PSR

第 11 栏：对应第 8 栏中的每种货物，以千克为单位或者以其他计量单位分别注明其毛重或净重。可依照惯例采用其他计量单位（例如体积、件数等）来精确地反映数量。

第 12 栏：本栏应填写发票的编号和日期。

第 13 栏：本栏必须由出口商或生产商填写，填写内容为地点、日期以及出口商或生产商授权人员的签名。

第 14 栏：本栏必须填写授权机构授权人员的签名、印章和日期。授权机构的电话、传真和地址应当注明。

附件 2

原产地声明

DECLARATION OF ORIGIN

China – Australia Free Trade Agreement

I ____

____

(print name, position and address)

being the

EXPORTER/PRODUCER/EXPORTER AND PRODUCER

(strike out that which does not apply)

hereby declare that the goods described below are originating from

AUSTRALIA/CHINA

(strike out that which does not apply)

in that they comply with the rules of origin requirements

of the China-Australia Free Trade Agreement.

I am legally responsible for the truthfulness and authenticity

of what is declared above.

Item No.	Description of goods	Harmonised system code six (6) digits	Number and date of invoice	Reference number of Advance ruling	Origin-conferring criteria

Signed: ______________________________

Date: ______________________________

Note: This declaration must be printed and presented as a separate document accompanying the commercial invoice. The maximum number of items covered by this declaration should not exceed 20.

原产地声明(中文样本供参考)

《中华人民共和国政府和澳大利亚政府自由贸易协定》

谨代表

____

____

(工整填写出口商或生产商的名称和地址)

作为出口商/生产商/出口商兼生产商

(划去不适用选项)

本人特此声明下述货物的原产地为澳大利亚/中国

(划去不适用选项)

符合《中华人民共和国政府和澳大利亚政府自由贸易协定》关于货物原产地的相关规定。

本人对本声明内容的真实性承担法律责任。

商品项号	商品描述	HS 编码(6 位)	发票(编号和日期)	预裁定编号	原产地标准

签名:______________________________

姓名:______________________________

职位:______________________________

日期:______________________________

注意事项:本声明必须工整填写,并作为一份独立文件与商业发票一并提交。本声明涉及商品应不超过 20 项。

续页

Continuation Sheet

Certificate of Origin-Form for China-Australia Free Trade Agreement

Certificate No. :

6. Item number (Max. 20)	7. Marks and Numbers on packages (Optional)	8. Number and kind of packages; Description of goods	9. HS code (6digit code)	10. Origin-criterion	11. Gross or net weight or other quantity (e. g. Quantity Unit, litres, m3.)	12. Number, date of invoice

13. Declaration by the exporter The undersigned hereby declares that the above stated information is correct and that the goods exported to ________________ (Importing Party) comply with the origin requirements specified in the China-Australia Free Trade Agreement. ________________ Place, date and signature of authorised person	14. Certification On the basis of the control carried out, it is hereby certified that the information herein is correct and that the described goods comply with the origin requirements of the China-Australia Free Trade Agreement. ________________ Place and date, signature and stamp of the Authorised Body Tel: Fax: Address:

续页

原产地证书——中国—澳大利亚自由贸易协定

（中文样本供参考）

证书号码：

6. 项目号（最多 20 项）	7. 包装上唛头及编号（可选）	8. 包装数量及种类；商品描述	9. HS 编码（6 位）	10. 原产地标准	11. 毛重，净重或其他计量单位（如公升，立方米）	12. 发票编号及日期

13. 出口商或生产商申明	14. 证明
兹申明上述填报资料正确无误，该货物出口至 ______________________ （进口方） 符合中国—澳大利亚自由贸易协定原产地规则的相关规定 ______________________ 地点、日期及授权人签名	根据所实施的监管，兹证明所列信息正确无误，所述货物符合中国—澳大利亚自由贸易协定原产地规则的相关规定。 ______________________ 地点、日期、签名及授权机构印章 电话号码：　　传真号码： 地址：

附件 3

《中华人民共和国政府和澳大利亚政府自由贸易协定》项下进口货物原产资格申明

本人____________（姓名及职务）为进口货物收货人/进口货物收货人代理人（不适用的部分请划去，下同），兹申明（请在具体适用情形前打勾）：

☐ 编号为____________的报关单所列第________项货物原产自澳大利亚，并且货物符合《中华人民共和国政府和澳大利亚政府自由贸易协定》（以下简称《中澳自贸协定》）原产地规则的要求，本人申请对上述货物适用《中澳自贸协定》协定税率，并申请缴纳保证金后放行货物。本人承诺自缴纳保证金之日起 6 个月内或者在海关批准延长的担保期限内补交《中澳自贸协定》原产地证书或者澳大利亚生产商或者出口商作出的原产地声明。

☐ 编号为____________的报关单所列第________项货物原产自澳大利亚，本人不能提交《中澳自贸协定》原产地证书，也不能提交澳大利亚生产商或者出口商作出的原产地声明，声明放弃适用《中澳自贸协定》协定税率。

☐ 编号为____________的报关单所列第________项货物不具备《中澳自贸协定》项下货物原产资格。

签名：____________

日期：____________

附件4

中华人民共和国　　　　海关
进口货物不予适用协定税率告知书

关编号：

公司/单位：

经审核，你公司/单位于　　年　　月　　日向海关申报的编号为　　　　的报关单所列第　　　　项货物，按照《中华人民共和国海关〈中华人民共和国政府和澳大利亚政府自由贸易协定〉项下进出口货物原产地管理办法》规定（第×××号署令），因下列原因不适用《中华人民共和国政府和澳大利亚政府自由贸易协定》协定税率：

[　]进口货物收货人或者其代理人在货物申报进口时未申明适用协定税率，也未按照第×××号署令规定进行补充申报；

[　]货物不具备澳大利亚原产资格；

[　]原产地证书或者原产地声明不符合第×××号署令规定；

[　]不符合第×××号署令规定的直接运输要求；

[　]不符合第×××号署令其他规定。

其他说明：

关（处）盖章　　　经办人（签字）　　　年　　月　　日

受送达人（签字）：　　　　　　　　　年　　月　　日

第一联：企业留存

中华人民共和国海关《中华人民共和国政府和大韩民国政府自由贸易协定》项下进出口货物原产地管理办法

（2015 年 12 月 18 日海关总署令第 229 号公布　自 2015 年 12 月 20 日起施行）

第一条　为了正确确定《中华人民共和国政府和大韩民国政府自由贸易协定》（以下简称《中韩自贸协定》）项下进出口货物原产地，促进我国与韩国的经贸往来，根据《中华人民共和国海关法》（简称《海关法》）、《中华人民共和国进出口货物原产地条例》、《中韩自贸协定》的规定，制定本办法。

第二条　本办法适用于我国与韩国之间的《中韩自贸协定》项下进出口货物的原产地管理。

第三条　进口货物符合下列条件之一的，其原产国为韩国：

（一）在韩国完全获得或者生产的；

（二）在韩国境内全部使用符合本办法规定的原产材料生产的；

（三）在韩国境内非完全获得或者生产，但是符合《中韩自贸协定》项下产品特定原产地规则规定的税则归类改变、区域价值成分、制造加工工序或者其他要求的；

（四）《中韩自贸协定》签署前在朝鲜半岛上已运行的工业区（以下简称“已运行工业区”）生产的《特别货物清单》项下符合本办法第四条规定的；

《中韩自贸协定》项下产品特定原产地规则和《特别货物清单》是本办法的组成部分，由海关总署另行公告。

原产于韩国的货物，从韩国境内直接运输至中国境内的，可以按照本办法规定申请适用《中华人民共和国进出口税则》（以下简称《税则》）中的《中韩自贸协定》协定税率。

第四条　《特别货物清单》中同时符合下列条件的货物，应当视为韩国原产货物：

（一）使用韩国出口材料在已运行工业区完成加工后再复出口至韩国用于向中国出口；

（二）非韩国原产材料的价值不超过货物船上交货价格的 40%；

（三）货物生产中使用的韩国原产材料价值不低于全部材料价值的60%。

第五条 本办法第三条第一款第（一）项规定的"在韩国完全获得或者生产的"货物是指：

（一）在韩国境内出生并且饲养的活动物；

（二）从上述第（一）项所述活动物中获得的货物；

（三）在韩国境内种植，并且收获、采摘或者采集的植物以及植物产品；

（四）在韩国陆地领土、内水、领海内狩猎、诱捕、捕捞、水产养殖、采集或者直接捕获而获得的货物；

（五）从韩国领土、领水、海床或者海床底土提取的，未包括在上述第（一）项至第（四）项的矿物质以及其他天然资源；

（六）根据《中韩自贸协定》，在韩国领海以外的水域、海床或者底土得到的货物，只要该方有权开发上述水域海床或者底土；

（七）由韩国注册或者登记并且悬挂其国旗的船舶在韩国领海以外的水域、海床或者底土捕捞获得的鱼类以及其他海洋产品；

（八）由韩国注册或者登记并且悬挂其国旗的加工船上，完全用上述第（七）项所述货物制造或者加工的货物；

（九）在韩国境内生产加工过程中产生并且仅用于原材料回收或者用做另一货物生产材料的废碎料；或者在韩国境内收集的仅用于原材料回收的旧货；

（十）在韩国完全从上述第（一）项至第（九）项所指货物获得或者生产的货物。

第六条 本办法第三条第一款第（三）项规定的税则归类改变是指使用非原产材料在韩国进行制造、加工后，在《税则》中的税则号列发生改变。

第七条 本办法第三条第一款第（三）项规定的区域价值成分应当按照下列公式计算：

$$区域价值成分 = \frac{货物价格 - 非原产材料价格}{货物价格} \times 100\%$$

其中，"货物价格"是指按照《海关估价协定》，在船上交货价格基础上调整的货物价格。"非原产材料价格"是指按照《海关估价协定》确定的非原产材料的进口成本、运至目的港口或者地点的运费和保险费，包括不明原产地材料的价格。非原产材料由生产商在韩国境内获得时，按照《海关估价协定》确定的成交价格，不包括将该非原产材料从供应商仓库运抵生产商所在地过程中产生的运费、保险费、包装费以及其他任何费用。

根据本条第一款计算货物的区域价值成分时，非原产材料价格不包括在生产过程中为生产原产材料而使用的非原产材料的价格。

第八条 原产于中国的货物或者材料在韩国境内被用于生产另一货物的,该货物或者材料应当视为韩国原产货物或者材料。

第九条 适用《中韩自贸协定》项下税则归类改变要求的货物,生产过程中所使用的非原产材料不满足税则归类改变要求,但是符合本办法所有其他适用规定且符合下列条件之一的,应当视为原产货物:

(一)《税则》第 15 章至第 24 章、第 50 章至第 63 章以外的货物,在货物生产中所使用的未发生规定税则归类改变的全部非原产材料按照本办法第七条确定的价格不超过该货物船上交货价格的 10%;

(二)《税则》第 15 章至第 24 章的货物,在货物生产中所使用的未发生规定税则归类改变的全部非原产材料按照本办法第七条确定的价格不超过该货物船上交货价格的 10%,并且所使用的上述非原产材料与最终货物不属于同一子目号;

(三)《税则》第 50 章至第 63 章的货物,在货物生产中使用了未发生规定税则归类改变的非原产材料,只要全部上述非原产材料的重量不超过该货物总重量的 10%,或者全部上述非原产材料按照本办法第七条确定的价格不超过该货物船上交货价格的 10%。

第十条 货物仅仅经过下列一项或者多项微小加工或者处理,未作其他加工或者处理的,不能归入原产货物:

(一)为确保货物在运输或者储藏期间处于良好状态而进行的处理;

(二)把物品零部件装配成完整品,或者将产品拆成零部件的简单装配或者拆卸;

(三)更换包装、分拆、组合包装;

(四)洗涤、清洁、除尘、除去氧化物、除油、去漆以及去除其他涂层;

(五)纺织品的熨烫或者压平;

(六)简单的上漆以及磨光工序;

(七)谷物以及大米的去壳、部分或者完全的漂白、抛光以及上光;

(八)食糖上色或者加味,或者形成糖块的操作;部分或者全部将晶糖磨粉;

(九)水果、坚果以及蔬菜的去皮、去核以及去壳;

(十)削尖、简单研磨或者简单切割;

(十一)过滤、筛选、挑选、分类、分级、匹配(包括成套物品的组合)、纵切、弯曲、卷绕、展开;

(十二)简单装瓶、装罐、装壶、装袋、装箱或者装盒、固定于纸板或者木板以及其他简单的包装工序;

（十三）在产品或者其包装上粘贴或者印刷标志、标签、标识以及其他类似的区别标记；

（十四）同类或者不同类产品的简单混合；糖与其他材料的混合；

（十五）测试或者校准；

（十六）仅仅用水或者其他物质稀释，未实质改变货物的性质；

（十七）干燥、加盐（或者盐渍）、冷藏、冷冻；

（十八）动物屠宰；

（十九）第（一）项至第（十八）项中两项或者多项工序的组合。

货物适用本条第一款规定确定其生产或者加工是否属于微小加工或者处理的，应当就其在韩国境内进行的所有加工、处理进行确定。

第十一条 属于《税则》归类总规则三所规定的成套货物，其中全部货物均原产于韩国的，该成套货物即为原产于韩国；其中部分货物非原产于韩国，但是按照本办法第七条确定的价格不超过该成套货物价格15%的，该成套货物仍然应当视为原产于韩国。

第十二条 运输期间用于保护货物的包装材料以及容器不影响货物原产地的确定。

货物适用《中韩自贸协定》项下产品特定原产地规则有关区域价值成分要求确定原产地的，其零售用包装材料以及容器的价格应当按照各自的原产地纳入原产材料或者非原产材料的价格予以计算。

货物适用《中韩自贸协定》项下产品特定原产地规则有关税则归类改变要求确定原产地，并且其零售用包装材料以及容器与该货物一并归类的，该零售用包装材料以及容器的原产地不影响货物原产地的确定。

第十三条 适用《中韩自贸协定》项下产品特定原产地规则有关区域价值成分要求的货物，在计算区域价值成分时，与该货物一起申报进口的附件、备件或者工具的价格应当纳入原产材料或者非原产材料的价格予以计算。

货物适用《中韩自贸协定》项下产品特定原产地规则中除区域价值成分要求以外的其他要求确定原产地的，如果与该货物一起申报进口的附件、备件或者工具，在《税则》中与该货物一并归类，并且不单独开具发票，则该附件、备件或者工具的原产地不影响货物原产地的确定。

本条第一款与第二款所述附件、备件或者工具的数量与价格应当在合理范围之内。

第十四条 下列不构成货物组成成分的材料或者物品，其原产地不影响货物原产地的确定：

（一）用于货物生产的材料或者物品：

1. 燃料、能源、催化剂以及溶剂；

2. 手套、眼镜、鞋靴、衣服、安全设备以及用品；

3. 工具、模具以及型模；

（二）用于维护设备、厂房建筑的材料或者物品：

1. 备件和材料；

2. 润滑剂、油（滑）脂、合成材料以及其他材料；

（三）用于测试或检验货物的设备、装置以及用品；

（四）在货物生产过程中使用，未构成该货物组成成分，但是能够合理表明为该货物生产过程一部分的其他货物。

第十五条 在确定货物原产地时，对于商业上可以互换，性质相同，依靠视觉观察无法加以区分的可互换材料，应当通过对材料进行物理分离或者运用出口方公认会计原则承认的库存管理方法加以区分。

如果根据本条第一款的规定，对于某一项可互换材料选用了一种库存管理方法，则该方法应当在一个财务年度内持续使用。

第十六条 本办法第三条所称的“直接运输”是指《中韩自贸协定》项下进口货物从韩国直接运输至我国境内，途中未经过中国、韩国以外的其他国家或者地区（以下简称“其他国家或者地区”）。

原产于韩国的货物，经过其他国家或者地区运输至我国，不论在其他国家或者地区是否转换运输工具或者进行临时储存，同时符合下列条件的，应当视为“直接运输”：

（一）货物经过这些国家或者地区仅仅是由于地理原因或者运输需要；

（二）未进入这些国家或者地区进行贸易或者消费；

（三）货物经过这些国家或者地区时，未做除装卸、因运输原因分装或者使货物保持良好状态所必需处理以外的其他处理。

依据本条规定在其他国家或者地区进行临时储存的，货物在储存期间必须处于其他国家或者地区海关监管之下。货物在其他国家或者地区停留时间应当少于 3 个月。由于不可抗力导致货物停留时间超过 3 个月的，其停留时间不得超过 6 个月。

第十七条 除海关总署另有规定外，货物申报进口时，进口货物收货人或者其代理人应当按照海关的申报规定填制《中华人民共和国海关进口货物报关单》（以下简称《进口报关单》），申明适用《中韩自贸协定》协定税率，并且应当提交以下单证：

（一）由韩国授权机构签发的有效原产地证书（格式见附件 1）；

（二）货物的商业发票以及全程运输单证。

货物经过其他国家或者地区运输至中国境内的，应当提交其他国家或者地区海关出具的证明文件或者海关认可的其他证明文件。

第十八条 原产地申报为韩国的进口货物，收货人或者其代理人在申报进口时未提交原产地证书的，应当在征税前就该进口货物是否具备韩国原产资格向海关进行补充申报（格式见附件2）。

进口货物收货人或者其代理人依照本条第一款规定就进口货物具备韩国原产资格向海关进行补充申报并且提供税款担保的，海关按照规定办理进口手续。依照法律、行政法规规定不得办理担保的情形除外。因提前放行等原因已经提交了与货物可能承担的最高税款总额相当的税款担保的，视为符合本款关于提供税款担保的规定。

货物申报进口时，进口货物收货人或者其代理人未申明适用《中韩自贸协定》协定税率，也未按照本条规定就该进口货物是否具备韩国原产资格进行补充申报的，其申报进口的货物不适用协定税率。收货人或者其代理人在货物征税后向海关申请适用《中韩自贸协定》协定税率的，已征税款不予调整。

第十九条 同一批次进口的韩国原产货物，经海关依法审定的完税价格不超过700美元的，免予提交原产地证书。

为规避本办法规定，一次或者多次进口货物的，不适用前款规定。

第二十条 进口货物收货人或者其代理人提交的原产地证书应当同时符合下列条件：

（一）原产地证书应当由韩国授权机构在货物装运前、装运时或者装运后7个工作日内签发；

（二）具有签名以及印章等安全特征，并且印章应当与韩国通知中国海关的印章样本相符合；

（三）以英文填制；

（四）具有不重复的证书编号；

（五）注明货物具备原产地资格的依据；

（六）自签发之日起12个月内有效。

第二十一条 原产地证书未能在货物装运前、装运时或者装运后7个工作日内签发的，原产地证书可以在货物装船之日起12个月内补发。补发的原产地证书应当注明“补发”字样。

原产地证书被盗、遗失或者损毁，并且未经使用的，进口货物收货人或者其代理人可以在该证书有效期内要求货物出口商或者制造商向韩国授权机构申请签发原产地证书副本。新签发的原产地证书副本上应当注明“原产地证书正本（编号____日期____）经核准的真实副本”字样，其有效期与正本相同。

经核准的原产地证书副本向海关提交后，原产地证书正本失效。原产地证书正本已经使用的，经核准的原产地证书副本无效。

第二十二条 为了确定原产地证书的真实性和准确性、确定相关货物的原产资格，或者确定货物是否满足本办法规定的其他要求，海关可以开展原产地核查，核查应当依次通过以下方式进行：

（一）要求进口货物收货人或者其代理人提供进口货物原产地相关的信息；

（二）要求韩国海关核查货物的原产资格；

（三）向韩国海关提出对韩国的出口商或者生产商开展核查访问；

（四）与韩国海关共同商定的其他程序。

在等待核查结果期间，依照进口货物收货人或者其代理人申请，海关可以依法办理担保放行。

进口货物属于国家禁止或者限制进口货物，海关在核查完毕前不得放行货物。

第二十三条 有下列情形之一的，自货物进口之日起 1 年内，进口货物收货人或者其代理人可以在海关批准的担保期限内向海关申请解除税款担保：

（一）已经按照本办法规定向海关进行补充申报并且提交了原产地证书或者原产地声明的；

（二）已经按照本办法规定完成原产地核查程序，核查结果足以认定货物真实原产地的。

第二十四条 具有下列情形之一的，进口货物不适用《中韩自贸协定》协定税率：

（一）进口货物收货人或者其代理人在货物申报进口时未申明适用协定税率，也未按照本办法第十八条规定进行补充申报的；

（二）货物不具备韩国原产资格的；

（三）原产地证书不符合本办法规定的；

（四）自提出原产地核查请求之日起 6 个月内，海关没有收到韩国海关核查反馈结果的；或者自提出核查访问请求之日起 30 日内，海关没有收到韩国海关回复的；或者海关提出的核查访问要求被拒绝的；或者海关收到的核查反馈结果或者核查访问的结果未能包含确认有疑问的货物真实原产资格的必要信息的；

（五）不符合本办法的其他规定。

第二十五条 出口货物申报时，出口货物发货人或者其代理人应当按照海关的申报规定填制《中华人民共和国海关出口货物报关单》，并且按照海关要求提交《中韩自贸协定》项下原产地证书的电子数据或者正本复印件。

第二十六条 《中韩自贸协定》项下进出口货物及其包装上标有原产地标记的，其原产地标记应当与依照本办法确定的货物原产地相一致。

第二十七条 海关对于依照本办法规定获得的商业秘密依法负有保密义务。未经进出口货物收发货人同意，海关不得泄露或者用于其他用途，但是法律、行政法规以及相关司法解释另有规定的除外。

第二十八条 违反本办法，构成走私行为、违反海关监管规定行为或者其他违反《海关法》行为的，由海关依照《海关法》和《中华人民共和国海关行政处罚实施条例》的有关规定予以处理；构成犯罪的，依法追究刑事责任。

第二十九条 本办法下列用语的含义：

材料，是指组成成分、零件、部件、半组装件，以及以物理形式构成另一货物的组成部分或者用于生产另一货物的货物。

非原产材料，是指根据本办法规定不具备原产资格的材料，包括原产地不明的材料。

原产货物或者材料，是指根据本办法规定具备原产资格的货物或者材料。

生产，是指任意形式的作业或者加工，包括货物的种植、饲养、开采、收获、捕捞、水产养殖、耕种、诱捕、狩猎、捕获、采集、收集、养殖、提取、制造、装配。

公认的会计原则，是指中国或者韩国有关记录收入、支出、成本、资产以及负债、信息披露以及编制财务报表方面所认可的会计准则、共识，或者权威标准。上述准则既包括普遍适用的概括性指导原则，也包括详细的标准、惯例以及程序。

第三十条 本办法由海关总署负责解释。

第三十一条 本办法自2015年12月20日起施行。

附件：1. 原产地证书

2. 原产资格申明

附件 1

CERTIFICATE OF ORIGIN

ORIGINAL

1. Exporter's name and address, country:	**Certificate No.:** **CERTIFICATE OF ORIGIN** **Form for China-Korea FTA** issued in ______________ (see Overleaf Instruction)
2. Producer's name and address, country:	
3. Consignee's name and address, country:	
4. Means of transport and route (as far as): Departure Date: Vessel/Flight/Train/Vehicle No.: Port of loading: Port of discharge:	5. Remarks:

6. Item number (Max 20)	7. Marks and Numbers on packages	8. Number and kind of packages; description of goods	9. HS code (Six – digit code)	10. Origin criterion	11. Gross weight, quantity (Quantity Unit) or other measures (liters, m3, etc.)	12. Number and date of invoice

13. Declaration by the exporter: The undersigned hereby declares that the above details and statement are correct, that all the goods were produced in (Country) and that they comply with the origin requirements specified in the FTA for the goods exported to (Importing country) Place and date, signature of authorized signatory	14. Certification: On the basis of control carried out, it is hereby certified that the information herein is correct and that the goods described comply with the origin requirements specified in the China – Korea FTA. Place and date, signature and stamp of authorized body

Overleaf Instruction

Certificate No. : Serial number of Certificate of Origin assigned by the authorized body.

Box 1: State the full legal name and address (including country) of the exporter in either China or Korea.

Box 2: State the full legal name and address (including country) of the producer. If goods from more than one producer are included in the certificate, list the additional producers, including their full legal name and address (including country). If the exporter or the producer wishes to maintain this information as confidential, it is acceptable to state "AVAILABLE UPON REQUEST." If the producer and the exporter are the same, please complete field with "SAME".

Box 3: State the full legal name and address (including country) of the consignee resident in either Korea or China.

Box 4: Complete the means of transport and route and specify the departure date, transport vehicle No., port of loading and port of discharge.

Box 5: In case where a good is invoiced by a non-Party operator, the full legal name, country of the non-Party operator shall be indicated in this box. In case of issuance of certificates retroactively, should bear the words "ISSUED RETROACTIVELY", and in case of a certified true copy, should bear the words "CERTIFIED TRUE COPY of the original Certificate of Origin number ___ dated ___".

Box 6: State the item number, and the number of items should not exceed 20.

Box 7: State the shipping marks and numbers on packages, when such marks and numbers exist, if the shipping marks are images or symbols, other than letter or numerical number, shall state "IMAGE OR SYMBOL (I/S)", otherwise shall state "NO MARKS AND NUMBERS (N/M)"

Box 8: The number and kind of packages shall be specified. Provide a full description of each good. The description should be sufficiently detailed to enable the goods to be identified by the Customs Officers examining them and relate them to the invoice description and to the HS description of the good. If the goods are not packed, state "IN BULK".

Box 9: For each good described in Box 8, identify the HS tariff classification to six-digit.

Box 10: The exporter must indicate in Box 10 the origin criteria on the basis of which he claims that the goods qualify for preferential tariff treatment, in the manner shown in the following table:

Origin Criteria	Insert in Box 10
The good is wholly obtained or produced entirely in a Party, as set out and defined in Article 34 (Goods Wholly Obtained or Produced) or required so in Annex 3 – A (Product Specific Rules of Origin).	WO
The good is produced entirely in a Party, exclusively from materials whose origin conforms to Chapter 3 (Rules of Origin and Origin Implementation Procedures).	WP
The good is produced in a Party, using non – originating materials that conform to a change in tariff classification, a regional value content, a process requirement or other requirements specified in Annex 3 – A (Product Specific Rules of origin).	PSR

续表

The good is subject to Article 3.3(Treatment of Certain goods)	OP

Box 11: Gross weight in Kilos should be shown here. Other units of measurement e. g. volume or number of items which would in dicate exact quantities may be used when customary.

Box 12: Invoice number and date of invoice should be shown here. In case where a good is invoiced by a non – Party operator and the number and date of the commercial invoice is unknown, the number and date of the original commercial invoice, issued in the exporting Party, shall be indicated in this box.

Box 13: This box shall be completed, signed and, dated by the exporter.

Box 14: This box shall be completed, signed, dated, and stamped by the authorized person of the authorized.

原产地证书(中文样本供参考)

(正本)

<table>
<tr><td colspan="3">1. 出口商的名称、地址、国家;</td><td colspan="4" rowspan="3">证书号:
中国 - 韩国自由贸易协定
原产地证书

签发国______
(填制方法详见证书背面说明)</td></tr>
<tr><td colspan="3">2. 生产商的名称、地址、国家:</td></tr>
<tr><td colspan="3">3. 收货人的名称、地址、国家:</td></tr>
<tr><td colspan="3">4. 运输方式及路线(就所知而言):
离港日期:
船舶/飞机/火车/车辆编号:
装货口岸:
到货口岸:</td><td colspan="4">5. 备注:</td></tr>
<tr><td>6. 项目号(最多20项)</td><td>7. 唛头及包装号</td><td>8. 包装数量及种类;商品描述</td><td>9. HS 编码(6位数编码)</td><td>10. 原产地标准</td><td>11. 毛重、数量(数量单位)或其他计量单位(升、立方米等)</td><td>12. 发票号和发票日期</td></tr>
<tr><td colspan="3">13. 出口商申明:
下列签字人证明上述资料及申明正确无误,所有货物产自
____
(国家)
且符合自由贸易协定原产地规则的相关规定。
该货物出口至
____
(进口国)
____
地点、日期及授权人签名</td><td colspan="4">14. 证明:
根据所实施的监管,兹证明上述信息正确无误,且所述货物符合中国 - 韩国自由贸易协定的原产地要求。
____
地点、日期、签字及授权机构印章</td></tr>
</table>

背页填制说明

证书号:授权机构编制的原产地证书的序列号。

第 1 栏:填写中国或韩国出口商详细的依法登记的名称、地址(包括国家)。

第 2 栏:填写生产商详细的依法登记的名称、地址(包括国家)。如果证书包含一家以上生产商的商品,应列出其他生产商详细的依法登记的名称、地址(包括国家)。如果出口商或生产商希望对信息予以保密,可以填写“应要求提供”。如果生产商和出口商相同,应填写“同上”。

第 3 栏:填写常驻中国或韩国的收货人详细的依法登记的名称、地址(包括国家)。

第 4 栏:填写运输方式及路线,详细说明离港日期、运输工具的编号、装货口岸和到货口岸。

第 5 栏:如果发票是由非缔约方经营者开具的,则应在此栏详细注明非缔约方经营者依法登记的名称和所在国家。如果原产地证书是后补发的,则应注明“补发”字样。如果原产地证书是经核准的副本,则应注明“原产地证书正本(编号　日期)经核准的真实副本”字样。

第 6 栏:填写项目号,但不得超过 20 项。

第 7 栏:若存在唛头和包装号,填写唛头及包装号。如果唛头是图形或者符号而非字母或者数字,应填写“图形或符号(I/S)”。如果没有唛头及包装号,应填写“没有唛头及包装号”(N/M)。

第 8 栏:详细列明包装数量及种类。详列每种货物的货品名称,以便于海关关员查验时加以识别。货品名称应与发票上的描述及货物的协调制度编码相符。如果是散装货物,应注明“散装”。

第 9 栏:对应第 8 栏中的每种货物填写协调制度税则归类编码,以六位数编码为准。

第 10 栏:出口商必须按照下表所示方式,在第 10 栏中标明其货物申明享受优惠关税待遇所依据的原产地标准:

原产地标准	填入第 10 栏
该货物根据第 3.4 条(完全获得或生产的货物)或者附件 3 – A(产品原产地特定规则)的规定,在一缔约方完全获得或生产;	WO
该货物完全由符合第 3 章(原产地规则和原产地实施程序)规定的原产材料在一缔约方生产;	WP
该货物在一缔约方生产,所使用的非原产材料符合附件 3 – A(产品特定原产地规则)所规定的税则归类改变、区域价值成分、工序要求或其他要求。	PSR
该货物适用第 3.3 条(特定货物处理)的规定。	OP

第 11 栏:毛重应填写“千克”。可依照惯例,采用其他计量单位(例如体积、件数等)来精确地反映数量。

第 12 栏:应填写发票号码和发票日期。如果发票是由非缔约方经营者开具且该商业发票号码和发票日期均不知晓,则出口方签发的原始商业发票的号码和发票日期应在本栏注明。

第 13 栏:本栏应由出口商填写、签字并填写日期。

第 14 栏:本栏应由授权机构的授权人员填写、签字、注明签证日期并盖章。

附件 2

《中华人民共和国政府和大韩民国政府自由贸易协定》项下进口货物原产资格申明

本人___________(姓名及职务)为进口货物收货人/进口货物收货人代理人(不适用的部分请划去,下同),兹申明(请在具体适用情形前打勾):

□ 编号为___________的报关单所列第________项货物原产自韩国,并且货物符合《中华人民共和国政府和大韩民国政府自由贸易协定》(以下简称《中韩自贸协定》)原产地规则的要求,本人申请对上述货物适用《中韩自贸协定》协定税率,并申请缴纳保证金后放行货物。本人承诺自缴纳保证金之日起 6 个月内或者在海关批准延长的担保期限内补交《中韩自贸协定》原产地证书。

□ 编号为___________的报关单所列第________项货物原产自韩国,本人不能提交《中韩自贸协定》原产地证书,声明放弃适用《中韩自贸协定》协定税率。

□ 编号为___________的报关单所列第________项货物不具备《中韩自贸协定》项下货物原产资格。

签名:________________

日期:________________

食用农产品市场销售质量安全监督管理办法

（2016年1月5日国家食品药品监督管理总局令第20号公布 自2016年3月1日起施行）

第一章 总 则

第一条 为规范食用农产品市场销售行为，加强食用农产品市场销售质量安全监督管理，保证食用农产品质量安全，根据《中华人民共和国食品安全法》等法律法规，制定本办法。

第二条 食用农产品市场销售质量安全及其监督管理适用本办法。

本办法所称食用农产品市场销售，是指通过集中交易市场、商场、超市、便利店等销售食用农产品的活动。

本办法所称集中交易市场，是指销售食用农产品的批发市场和零售市场（含农贸市场）。

第三条 国家食品药品监督管理总局负责监督指导全国食用农产品市场销售质量安全的监督管理工作。

省、自治区、直辖市食品药品监督管理部门负责监督指导本行政区域食用农产品市场销售质量安全的监督管理工作。

市、县级食品药品监督管理部门负责本行政区域食用农产品市场销售质量安全的监督管理工作。

第四条 食用农产品市场销售质量安全及其监督管理工作坚持预防为主、风险管理原则，推进产地准出与市场准入衔接，保证市场销售的食用农产品可追溯。

第五条 县级以上食品药品监督管理部门应当与相关部门建立健全食用农产品市场销售质量安全监督管理协作机制。

第六条 集中交易市场开办者应当依法对入场销售者履行管理义务，保障市场规范运行。

食用农产品销售者（以下简称销售者）应当依照法律法规和食品安全标准从事销售活动，保证食用农产品质量安全。

第七条 县级以上食品药品监督管理部门应当加强信息化建设，汇总分析食用农产品质量安全信息，加强监督管理，防范食品安全风险。

集中交易市场开办者和销售者应当按照食品药品监督管理部门的要求提供并公开食用农产品质量安全数据信息。

鼓励集中交易市场开办者和销售者建立食品安全追溯体系，利用信息化手段采集和记录所销售的食用农产品信息。

第八条 集中交易市场开办者相关行业协会和食用农产品相关行业协会应当加强行业自律，督促集中交易市场开办者和销售者履行法律义务。

第二章 集中交易市场开办者义务

第九条 集中交易市场开办者应当建立健全食品安全管理制度，督促销售者履行义务，加强食用农产品质量安全风险防控。

集中交易市场开办者主要负责人应当落实食品安全管理制度，对本市场的食用农产品质量安全工作全面负责。

集中交易市场开办者应当配备专职或者兼职食品安全管理人员、专业技术人员，明确入场销售者的食品安全管理责任，组织食品安全知识培训。

集中交易市场开办者应当制定食品安全事故处置方案，根据食用农产品风险程度确定检查重点、方式、频次等，定期检查食品安全事故防范措施落实情况，及时消除食用农产品质量安全隐患。

第十条 集中交易市场开办者应当按照食用农产品类别实行分区销售。

集中交易市场开办者销售和贮存食用农产品的环境、设施、设备等应当符合食用农产品质量安全的要求。

第十一条 集中交易市场开办者应当建立入场销售者档案，如实记录销售者名称或者姓名、社会信用代码或者身份证号码、联系方式、住所、食用农产品主要品种、进货渠道、产地等信息。

销售者档案信息保存期限不少于销售者停止销售后6个月。集中交易市场开办者应当对销售者档案及时更新，保证其准确性、真实性和完整性。

集中交易市场开办者应当如实向所在地县级食品药品监督管理部门报告市场名称、住所、类型、法定代表人或者负责人姓名、食品安全管理制度、食用农产品主要种类、摊位数量等信息。

第十二条 集中交易市场开办者应当查验并留存入场销售者的社会信用代码或者身份证复印件，食用农产品产地证明或者购货凭证、合格证明文件。

销售者无法提供食用农产品产地证明或者购货凭证、合格证明文件的，集中交易市场开办者应当进行抽样检验或者快速检测；抽样检验或者快速检测合格的，方可进入市场销售。

第十三条 食用农产品生产企业或者农民专业合作经济组织及其成员生产的食用农产品，由本单位出具产地证明；其他食用农产品生产者或者个人生产的食用农产品，由村民委员会、乡镇政府等出具产地证明；无公害农产品、绿色食品、有机农产品以及农产品地理标志等食用农产品标志上所标注的产地信息，可以作为产地证明。

第十四条 供货者提供的销售凭证、销售者与供货者签订的食用农产品采购协议，可以作为食用农产品购货凭证。

第十五条 有关部门出具的食用农产品质量安全合格证明或者销售者自检合格证明等可以作为合格证明文件。

销售按照有关规定需要检疫、检验的肉类，应当提供检疫合格证明、肉类检验合格证明等证明文件。

销售进口食用农产品，应当提供出入境检验检疫部门出具的入境货物检验检疫证明等证明文件。

第十六条 集中交易市场开办者应当建立食用农产品检查制度，对销售者的销售环境和条件以及食用农产品质量安全状况进行检查。

集中交易市场开办者发现存在食用农产品不符合食品安全标准等违法行为的，应当要求销售者立即停止销售，依照集中交易市场管理规定或者与销售者签订的协议进行处理，并向所在地县级食品药品监督管理部门报告。

第十七条 集中交易市场开办者应当在醒目位置及时公布食品安全管理制度、食品安全管理人员、食用农产品抽样检验结果以及不合格食用农产品处理结果、投诉举报电话等信息。

第十八条 批发市场开办者应当与入场销售者签订食用农产品质量安全协议，明确双方食用农产品质量安全权利义务；未签订食用农产品质量安全协议的，不得进入批发市场进行销售。

鼓励零售市场开办者与销售者签订食用农产品质量安全协议，明确双方食用农产品质量安全权利义务。

第十九条 批发市场开办者应当配备检验设备和检验人员，或者委托具有资质的食品检验机构，开展食用农产品抽样检验或者快速检测，并根据食用农产品种类和风险等级确定抽样检验或者快速检测频次。

鼓励零售市场开办者配备检验设备和检验人员，或者委托具有资质的食品检验机构，开展食用农产品抽样检验或者快速检测。

第二十条 批发市场开办者应当印制统一格式的销售凭证，载明食用农产品名称、产地、数量、销售日期以及销售者名称、地址、联系方式等项目。销售凭证可以作为销售者的销售记录和其他购货者的进货查验记录凭证。

销售者应当按照销售凭证的要求如实记录。记录和销售凭证保存期限不得少于6个月。

第二十一条 与屠宰厂(场)、食用农产品种植养殖基地签订协议的批发市场开办者应当对屠宰厂(场)和食用农产品种植养殖基地进行实地考察,了解食用农产品生产过程以及相关信息,查验种植养殖基地食用农产品相关证明材料以及票据等。

第二十二条 鼓励食用农产品批发市场开办者改造升级,更新设施、设备和场所,提高食品安全保障能力和水平。

鼓励批发市场开办者与取得无公害农产品、绿色食品、有机农产品、农产品地理标志等认证的食用农产品种植养殖基地或者生产加工企业签订食用农产品质量安全合作协议。

第三章　销售者义务

第二十三条 销售者应当具有与其销售的食用农产品品种、数量相适应的销售和贮存场所,保持场所环境整洁,并与有毒、有害场所以及其他污染源保持适当的距离。

第二十四条 销售者应当具有与其销售的食用农产品品种、数量相适应的销售设备或者设施。

销售冷藏、冷冻食用农产品的,应当配备与销售品种相适应的冷藏、冷冻设施,并符合保证食用农产品质量安全所需要的温度、湿度和环境等特殊要求。

鼓励采用冷链、净菜上市、畜禽产品冷鲜上市等方式销售食用农产品。

第二十五条 禁止销售下列食用农产品:

(一)使用国家禁止的兽药和剧毒、高毒农药,或者添加食品添加剂以外的化学物质和其他可能危害人体健康的物质的;

(二)致病性微生物、农药残留、兽药残留、生物毒素、重金属等污染物质以及其他危害人体健康的物质含量超过食品安全标准限量的;

(三)超范围、超限量使用食品添加剂的;

(四)腐败变质、油脂酸败、霉变生虫、污秽不洁、混有异物、掺假掺杂或者感官性状异常的;

(五)病死、毒死或者死因不明的禽、畜、兽、水产动物肉类;

（六）未按规定进行检疫或者检疫不合格的肉类；

（七）未按规定进行检验或者检验不合格的肉类；

（八）使用的保鲜剂、防腐剂等食品添加剂和包装材料等食品相关产品不符合食品安全国家标准的；

（九）被包装材料、容器、运输工具等污染的；

（十）标注虚假生产日期、保质期或者超过保质期的；

（十一）国家为防病等特殊需要明令禁止销售的；

（十二）标注虚假的食用农产品产地、生产者名称、生产者地址，或者标注伪造、冒用的认证标志等质量标志的；

（十三）其他不符合法律、法规或者食品安全标准的。

第二十六条 销售者采购食用农产品，应当按照规定查验相关证明材料，不符合要求的，不得采购和销售。

销售者应当建立食用农产品进货查验记录制度，如实记录食用农产品名称、数量、进货日期以及供货者名称、地址、联系方式等内容，并保存相关凭证。记录和凭证保存期限不得少于6个月。

实行统一配送销售方式的食用农产品销售企业，可以由企业总部统一建立进货查验记录制度；所属各销售门店应当保存总部的配送清单以及相应的合格证明文件。配送清单和合格证明文件保存期限不得少于6个月。

从事食用农产品批发业务的销售企业，应当建立食用农产品销售记录制度，如实记录批发食用农产品名称、数量、销售日期以及购货者名称、地址、联系方式等内容，并保存相关凭证。记录和凭证保存期限不得少于6个月。

鼓励和引导有条件的销售企业采用扫描、拍照、数据交换、电子表格等方式，建立食用农产品进货查验记录制度。

第二十七条 销售者贮存食用农产品，应当定期检查库存，及时清理腐败变质、油脂酸败、霉变生虫、污秽不洁或者感官性状异常的食用农产品。

销售者贮存食用农产品，应当如实记录食用农产品名称、产地、贮存日期、生产者或者供货者名称或者姓名、联系方式等内容，并在贮存场所保存记录。记录和凭证保存期限不得少于6个月。

第二十八条 销售者租赁仓库的，应当选择能够保障食用农产品质量安全的食用农产品贮存服务提供者。

贮存服务提供者应当按照食用农产品质量安全的要求贮存食用农产品，履行下列义务：

（一）如实向所在地县级食品药品监督管理部门报告其名称、地址、法定代表人或者负责人姓名、社会信用代码或者身份证号码、联系方式以及所提供服务的销售者名称、贮存的食用农产品品种、数量等信息；

（二）查验所提供服务的销售者的营业执照或者身份证明和食用农产品产地或者来源证明、合格证明文件，并建立进出货台账，记录食用农产品名称、产地、贮存日期、出货日期、销售者名称或者姓名、联系方式等。进出货台账和相关证明材料保存期限不得少于6个月；

（三）保证贮存食用农产品的容器、工具和设备安全无害，保持清洁，防止污染，保证食用农产品质量安全所需的温度、湿度和环境等特殊要求，不得将食用农产品与有毒、有害物品一同贮存；

（四）贮存肉类冻品应当查验并留存检疫合格证明、肉类检验合格证明等证明文件；

（五）贮存进口食用农产品，应当查验并记录出入境检验检疫部门出具的入境货物检验检疫证明等证明文件；

（六）定期检查库存食用农产品，发现销售者有违法行为的，应当及时制止并立即报告所在地县级食品药品监督管理部门；

（七）法律、法规规定的其他义务。

第二十九条 销售者自行运输或者委托承运人运输食用农产品的，运输容器、工具和设备应当安全无害，保持清洁，防止污染，并符合保证食用农产品质量安全所需的温度、湿度和环境等特殊要求，不得将食用农产品与有毒、有害物品一同运输。

承运人应当按照有关部门的规定履行相关食品安全义务。

第三十条 销售企业应当建立健全食用农产品质量安全管理制度，配备必要的食品安全管理人员，对职工进行食品安全知识培训，制定食品安全事故处置方案，依法从事食用农产品销售活动。

鼓励销售企业配备相应的检验设备和检验人员，加强食用农产品检验工作。

第三十一条 销售者应当建立食用农产品质量安全自查制度，定期对食用农产品质量安全情况进行检查，发现不符合食用农产品质量安全要求的，应当立即停止销售并采取整改措施；有发生食品安全事故潜在风险的，应当立即停止销售并向所在地县级食品药品监督管理部门报告。

第三十二条 销售按照规定应当包装或者附加标签的食用农产品，在包装或者附加标签后方可销售。包装或者标签上应当按照规定标注食用农产品名称、产地、生产者、生产日期等内容；对保质期有要求的，应当标注保质期；保质期与贮藏条件有关的，应当予以标明；有分级标准或者使用食品添加剂的，应当标明产品质量等级或者食品添加剂名称。

食用农产品标签所用文字应当使用规范的中文，标注的内容应当清楚、明显，不得含有虚假、错误或者其他误导性内容。

第三十三条 销售获得无公害农产品、绿色食品、有机农产品等认证的食用农产品以及省级以上农业行政部门规定的其他需要包装销售的食用农产品应当包装，并标注相应标志和发证机构，鲜活畜、禽、水产品等除外。

第三十四条 销售未包装的食用农产品，应当在摊位（柜台）明显位置如实公布食用农产品名称、产地、生产者或者销售者名称或者姓名等信息。

鼓励采取附加标签、标示带、说明书等方式标明食用农产名称、产地、生产者或者销售者名称或者姓名、保存条件以及最佳食用期等内容。

第三十五条 进口食用农产品的包装或者标签应当符合我国法律、行政法规的规定和食品安全国家标准的要求，并载明原产地，境内代理商的名称、地址、联系方式。

进口鲜冻肉类产品的包装应当标明产品名称、原产国（地区）、生产企业名称、地址以及企业注册号、生产批号；外包装上应当以中文标明规格、产地、目的地、生产日期、保质期、储存温度等内容。

分装销售的进口食用农产品，应当在包装上保留原进口食用农产品全部信息以及分装企业、分装时间、地点、保质期等信息。

第三十六条 销售者发现其销售的食用农产品不符合食品安全标准或者有证据证明可能危害人体健康的，应当立即停止销售，通知相关生产经营者、消费者，并记录停止销售和通知情况。

由于销售者的原因造成其销售的食用农产品不符合食品安全标准或者有证据证明可能危害人体健康的，销售者应当召回。

对于停止销售的食用农产品，销售者应当按照要求采取无害化处理、销毁等措施，防止其再次流入市场。但是，因标签、标志或者说明书不符合食品安全标准而被召回的食用农产品，在采取补救措施且能保证食用农产品质量安全的情况下可以继续销售；销售时应当向消费者明示补救措施。

集中交易市场开办者、销售者应当将食用农产品停止销售、召回和处理情况向所在地县级食品药品监督管理部门报告，配合政府有关部门根据有关法律法规进行处理，并记录相关情况。

集中交易市场开办者、销售者未依照本办法停止销售或者召回的，县级以上地方食品药品监督管理部门可以责令其停止销售或者召回。

第四章 监督管理

第三十七条 县级以上地方食品药品监督管理部门应当按照当地人民政

府制定的本行政区域食品安全年度监督管理计划,开展食用农产品市场销售质量安全监督管理工作。

市、县级食品药品监督管理部门应当根据年度监督检查计划、食用农产品风险程度等,确定监督检查的重点、方式和频次,对本行政区域的集中交易市场开办者、销售者、贮存服务提供者进行日常监督检查。

第三十八条 市、县级食品药品监督管理部门按照地方政府属地管理要求,可以依法采取下列措施,对集中交易市场开办者、销售者、贮存服务提供者遵守本办法情况进行日常监督检查:

(一)对食用农产品销售、贮存和运输等场所进行现场检查;

(二)对食用农产品进行抽样检验;

(三)向当事人和其他有关人员调查了解与食用农产品销售活动和质量安全有关的情况;

(四)检查食用农产品进货查验记录制度落实情况,查阅、复制与食用农产品质量安全有关的记录、协议、发票以及其他资料;

(五)对有证据证明不符合食品安全标准或者有证据证明存在质量安全隐患以及用于违法生产经营的食用农产品,有权查封、扣押、监督销毁;

(六)查封违法从事食用农产品销售活动的场所。

集中交易市场开办者、销售者、贮存服务提供者对食品药品监督管理部门实施的监督检查应当予以配合,不得拒绝、阻挠、干涉。

第三十九条 市、县级食品药品监督管理部门应当建立本行政区域集中交易市场开办者、销售者、贮存服务提供者食品安全信用档案,如实记录日常监督检查结果、违法行为查处等情况,依法向社会公布并实时更新。对有不良信用记录的集中交易市场开办者、销售者、贮存服务提供者增加监督检查频次;将违法行为情节严重的集中交易市场开办者、销售者、贮存服务提供者及其主要负责人和其他直接责任人的相关信息,列入严重违法者名单,并予以公布。

市、县级食品药品监督管理部门应当逐步建立销售者市场准入前信用承诺制度,要求销售者以规范格式向社会作出公开承诺,如存在违法失信销售行为将自愿接受信用惩戒。信用承诺纳入销售者信用档案,接受社会监督,并作为事中事后监督管理的参考。

第四十条 食用农产品在销售过程中存在质量安全隐患,未及时采取有效措施消除的,市、县级食品药品监督管理部门可以对集中交易市场开办者、销售者、贮存服务提供者的法定代表人或者主要负责人进行责任约谈。

被约谈者无正当理由拒不按时参加约谈或者未按要求落实整改的,食品药品监督管理部门应当记入集中交易市场开办者、销售者、贮存服务提供者食品安全信用档案。

第四十一条 县级以上地方食品药品监督管理部门应当将食用农产品监督抽检纳入年度检验检测工作计划，对食用农产品进行定期或者不定期抽样检验，并依据有关规定公布检验结果。

市、县级食品药品监督管理部门可以采用国家规定的快速检测方法对食用农产品质量安全进行抽查检测，抽查检测结果表明食用农产品可能存在质量安全隐患的，销售者应当暂停销售；抽查检测结果确定食用农产品不符合食品安全标准的，可以作为行政处罚的依据。

被抽查人对快速检测结果有异议的，可以自收到检测结果时起 4 小时内申请复检。复检结论仍不合格的，复检费用由申请人承担。复检不得采用快速检测方法。

第四十二条 市、县级食品药品监督管理部门应当依据职责公布食用农产品监督管理信息。

公布食用农产品监督管理信息，应当做到准确、及时、客观，并进行必要的解释说明，避免误导消费者和社会舆论。

第四十三条 市、县级食品药品监督管理部门发现批发市场有本办法禁止销售的食用农产品，在依法处理的同时，应当及时追查食用农产品来源和流向，查明原因、控制风险并报告上级食品药品监督管理部门，同时通报所涉地同级食品药品监督管理部门；涉及种植养殖和进出口环节的，还应当通报相关农业行政部门和出入境检验检疫部门。

第四十四条 市、县级食品药品监督管理部门发现超出其管辖范围的食用农产品质量安全案件线索，应当及时移送有管辖权的食品药品监督管理部门。

第四十五条 县级以上地方食品药品监督管理部门在监督管理中发现食用农产品质量安全事故，或者接到有关食用农产品质量安全事故的举报，应当立即会同相关部门进行调查处理，采取措施防止或者减少社会危害，按照应急预案的规定报告当地人民政府和上级食品药品监督管理部门，并在当地人民政府统一领导下及时开展调查处理。

第五章　法律责任

第四十六条 食用农产品市场销售质量安全的违法行为，食品安全法等法律法规已有规定的，依照其规定。

第四十七条 集中交易市场开办者违反本办法第九条至第十二条、第十六条第二款、第十七条规定，有下列情形之一的，由县级以上食品药品监督管理部门责令改正，给予警告；拒不改正的，处5000元以上3万元以下罚款：

（一）未建立或者落实食品安全管理制度的；

（二）未按要求配备食品安全管理人员、专业技术人员，或者未组织食品安全知识培训的；

（三）未制定食品安全事故处置方案的；

（四）未按食用农产品类别实行分区销售的；

（五）环境、设施、设备等不符合有关食用农产品质量安全要求的；

（六）未按要求建立入场销售者档案，或者未按要求保存和更新销售者档案的；

（七）未如实向所在地县级食品药品监督管理部门报告市场基本信息的；

（八）未查验并留存入场销售者的社会信用代码或者身份证复印件、食用农产品产地证明或者购货凭证、合格证明文件的；

（九）未进行抽样检验或者快速检测，允许无法提供食用农产品产地证明或者购货凭证、合格证明文件的销售者入场销售的；

（十）发现食用农产品不符合食品安全标准等违法行为，未依照集中交易市场管理规定或者与销售者签订的协议处理的；

（十一）未在醒目位置及时公布食用农产品质量安全管理制度、食品安全管理人员、食用农产品抽样检验结果以及不合格食用农产品处理结果、投诉举报电话等信息的。

第四十八条 批发市场开办者违反本办法第十八条第一款、第二十条规定，未与入场销售者签订食用农产品质量安全协议，或者未印制统一格式的食用农产品销售凭证的，由县级以上食品药品监督管理部门责令改正，给予警告；拒不改正的，处1万元以上3万元以下罚款。

第四十九条 销售者违反本办法第二十四条第二款规定，未按要求配备与销售品种相适应的冷藏、冷冻设施，或者温度、湿度和环境等不符合特殊要求的，由县级以上食品药品监督管理部门责令改正，给予警告；拒不改正的，处5000元以上3万元以下罚款。

第五十条 销售者违反本办法第二十五条第一项、第五项、第六项、第十一项规定的，由县级以上食品药品监督管理部门依照食品安全法第一百二十三条第一款的规定给予处罚。

违反本办法第二十五条第二项、第三项、第四项、第十项规定的，由县级以上食品药品监督管理部门依照食品安全法第一百二十四条第一款的规定给予处罚。

违反本办法第二十五条第七项、第十二项规定，销售未按规定进行检验的肉类，或者销售标注虚假的食用农产品产地、生产者名称、生产者地址，标注伪造、冒用的认证标志等质量标志的食用农产品的，由县级以上食品药品监督管理部门责令改正，处1万元以上3万元以下罚款。

违反本办法第二十五条第八项、第九项规定的，由县级以上食品药品监督管理部门依照食品安全法第一百二十五条第一款的规定给予处罚。

第五十一条 销售者违反本办法第二十八条第一款规定，未按要求选择贮存服务提供者，或者贮存服务提供者违反本办法第二十八条第二款规定，未履行食用农产品贮存相关义务的，由县级以上食品药品监督管理部门责令改正，给予警告；拒不改正的，处5000元以上3万元以下罚款。

第五十二条 销售者违反本办法第三十二条、第三十三条、第三十五条规定，未按要求进行包装或者附加标签的，由县级以上食品药品监督管理部门责令改正，给予警告；拒不改正的，处5000元以上3万元以下罚款。

第五十三条 销售者违反本办法第三十四条第一款规定，未按要求公布食用农产品相关信息的，由县级以上食品药品监督管理部门责令改正，给予警告；拒不改正的，处5000元以上1万元以下罚款。

第五十四条 销售者履行了本办法规定的食用农产品进货查验等义务，有充分证据证明其不知道所采购的食用农产品不符合食品安全标准，并能如实说明其进货来源的，可以免予处罚，但应当依法没收其不符合食品安全标准的食用农产品；造成人身、财产或者其他损害的，依法承担赔偿责任。

第五十五条 县级以上地方食品药品监督管理部门不履行食用农产品质量安全监督管理职责，或者滥用职权、玩忽职守、徇私舞弊的，依法追究直接负责的主管人员和其他直接责任人员的行政责任。

第五十六条 违法销售食用农产品涉嫌犯罪的，由县级以上地方食品药品监督管理部门依法移交公安机关追究刑事责任。

第六章 附 则

第五十七条 本办法下列用语的含义：

食用农产品，指在农业活动中获得的供人食用的植物、动物、微生物及其产品。农业活动，指传统的种植、养殖、采摘、捕捞等农业活动，以及设施农业、生物工程等现代农业活动。植物、动物、微生物及其产品，指在农业活动中直接获得的，以及经过分拣、去皮、剥壳、干燥、粉碎、清洗、切割、冷冻、打蜡、分级、包装等加工，但未改变其基本自然性状和化学性质的产品。

食用农产品集中交易市场开办者，指依法设立、为食用农产品交易提供平台、场地、设施、服务以及日常管理的企业法人或者其他组织。

第五十八条 柜台出租者和展销会举办者销售食用农产品的，参照本办法对集中交易市场开办者的规定执行。

第五十九条 食品摊贩等销售食用农产品的具体管理规定由省、自治区、直辖市制定。

第六十条 本办法自2016年3月1日起施行。

电器电子产品有害物质限制使用管理办法

（2016年1月6日工业和信息化部、国家发展和改革委员会、科学技术部、财政部、环境保护部、商务部、海关总署、国家质量监督检验检疫总局令第32号公布　自2016年7月1日起施行）

第一章　总　　则

第一条 为了控制和减少电器电子产品废弃后对环境造成的污染，促进电器电子行业清洁生产和资源综合利用，鼓励绿色消费，保护环境和人体健康，根据《中华人民共和国清洁生产促进法》、《中华人民共和国固体废物污染环境防治法》、《废弃电器电子产品回收处理管理条例》等法律、行政法规，制定本办法。

第二条 在中华人民共和国境内生产、销售和进口电器电子产品，适用本办法。

第三条 本办法下列术语的含义是：

（一）电器电子产品，是指依靠电流或电磁场工作或者以产生、传输和测量电流和电磁场为目的，额定工作电压为直流电不超过1500伏特、交流电不超过1000伏特的设备及配套产品。其中涉及电能生产、传输和分配的设备除外。

（二）电器电子产品污染，是指电器电子产品中含有的有害物质超过国家标准或行业标准，对环境、资源、人类身体健康以及生命、财产安全造成破坏、损害、浪费或其他不良影响。

（三）电器电子产品有害物质限制使用，是指为减少或消除电器电子产品污染而采取的下列措施：

1. 设计、生产过程中，通过改变设计方案、调整工艺流程、更换使用材料、革新制造方式等限制使用电器电子产品中的有害物质的技术措施；

2. 设计、生产、销售以及进口过程中，标注有害物质名称及其含量，标注电器电子产品环保使用期限等措施；

3. 销售过程中，严格进货渠道，拒绝销售不符合电器电子产品有害物质限制使用国家标准或行业标准的电器电子产品；

4. 禁止进口不符合电器电子产品有害物质限制使用国家标准或行业标准的电器电子产品；

5. 国家规定的其他电器电子产品有害物质限制使用的措施。

（四）电器电子产品有害物质限制使用达标管理目录（以下简称达标管理目录），是为实施电器电子产品有害物质限制使用管理而制定的目录，包括电器电子产品类目、限制使用的有害物质种类、限制使用时间及例外要求等内容。

（五）有害物质，是指电器电子产品中含有的下列物质：

1. 铅及其化合物；

2. 汞及其化合物；

3. 镉及其化合物；

4. 六价铬化合物；

5. 多溴联苯（PBB）；

6. 多溴二苯醚（PBDE）；

7. 国家规定的其他有害物质。

（六）电器电子产品环保使用期限，是指用户按照产品说明正常使用时，电器电子产品中含有的有害物质不会发生外泄或突变，不会对环境造成严重污染或对其人身、财产造成严重损害的期限。

第四条 工业和信息化部、发展改革委、科技部、财政部、环境保护部、商务部、海关总署、质检总局在各自的职责范围内对电器电子产品有害物质限制使用进行管理和监督。

第五条 工业和信息化部会同国务院有关主管部门制定有利于电器电子产品有害物质限制使用的措施，落实电器电子产品有害物质限制使用的有关规定。

第六条 省、自治区、直辖市工业和信息化、发展改革、科技、财政、环境保护、商务、海关、质检等主管部门在各自的职责范围内，对电器电子产品有害物质限制使用实施监督管理。

省、自治区、直辖市工业和信息化主管部门负责牵头建立省级电器电子产品有害物质限制使用工作协调机制，负责协调解决本行政区域内电器电子产品有害物质限制使用工作中的重大事项及问题。

第七条 国家鼓励、支持电器电子产品有害物质限制使用的科学研究、技术开发和国际合作，积极推广电器电子产品有害物质替代与减量化等技术、装备。

第八条 工业和信息化部、国务院有关主管部门对积极开发、研制严于本办法规定的电器电子产品的组织和个人，可以给予表扬或奖励。

省、自治区、直辖市工业和信息化主管部门和其他相关主管部门对在电器电子产品有害物质限制使用工作以及相关活动中做出显著成绩的组织和个人，可以给予表扬或奖励。

第二章 电器电子产品有害物质限制使用

第九条 电器电子产品设计者在设计电器电子产品时，不得违反强制性标准或法律、行政法规和规章规定必须执行的标准，在满足工艺要求的前提下应当按照电器电子产品有害物质限制使用国家标准或行业标准，采用无害或低害、易于降解、便于回收利用等方案。

第十条 电器电子产品生产者在生产电器电子产品时，不得违反强制性标准或法律、行政法规和规章规定必须执行的标准，应当按照电器电子产品有害物质限制使用国家标准或行业标准，采用资源利用率高、易回收处理、有利于环境保护的材料、技术和工艺，限制或者淘汰有害物质在产品中的使用。

电器电子产品生产者不得将不符合本办法要求的电器电子产品出厂、销售。

第十一条 进口的电器电子产品不得违反强制性标准或法律、行政法规和规章规定必须执行的标准，应当符合电器电子产品有害物质限制使用国家标准或行业标准。

出入境检验检疫机构依法对进口的电器电子产品实施口岸验证和法定检验。海关验核出入境检验检疫机构签发的《入境货物通关单》并按规定办理通关手续。

第十二条 电器电子产品生产者、进口者制作、使用电器电子产品包装物时，不得违反强制性标准或法律、行政法规和规章规定必须执行的标准，应当采用无害、易于降解和便于回收利用的材料，遵守包装物使用的国家标准或行业标准。

第十三条 电器电子产品生产者、进口者应当按照电器电子产品有害物质限制使用标识的国家标准或行业标准，对其投放市场的电器电子产品中含有的有害物质进行标注，标明有害物质的名称、含量、所在部件及其产品可否回收利用，以及不当利用或者处置可能会对环境和人类健康造成影响的信息等；由于产品体积、形状、表面材质或功能的限制不能在产品上标注的，应当在产品说明中注明。

第十四条 电器电子产品生产者、进口者应当按照电器电子产品有害物质限制使用标识的国家标准或行业标准，在其生产或进口的电器电子产品上标注环保使用期限；由于产品体积、形状、表面材质或功能的限制不能在产品上标注的，应当在产品说明中注明。

第十五条 电器电子产品的环保使用期限由电器电子产品的生产者或进口者自行确定。相关行业组织可根据技术发展水平，制定包含产品类目、确定方法、具体期限等内容的相关电器电子产品环保使用期限的指导意见。

工业和信息化部鼓励相关行业组织将制定的电器电子产品环保使用期限的指导意见报送工业和信息化部。

第十六条 电器电子产品销售者不得销售违反电器电子产品有害物质限制使用国家标准或行业标准的电器电子产品。

第十七条 电器电子产品有害物质限制使用采取目录管理的方式。工业和信息化部根据产业发展的实际状况，商发展改革委、科技部、财政部、环境保护部、商务部、海关总署、质检总局编制、调整、发布达标管理目录。

第十八条 国家建立电器电子产品有害物质限制使用合格评定制度。纳入达标管理目录的电器电子产品，应当符合电器电子产品有害物质限制使用限量要求的国家标准或行业标准，按照电器电子产品有害物质限制使用合格评定制度进行管理。

工业和信息化部根据电器电子产品有害物质限制使用工作整体安排，向国家认证认可监督主管部门提出建立电器电子产品有害物质限制使用合格评定制度的建议。国家认证认可监督主管部门依据职能会同工业和信息化部制定、发布并组织实施合格评定制度。工业和信息化部根据实际情况，会同财政部等部门对合格评定结果建立相关采信机制。

第三章　罚　　则

第十九条 违反本办法，有下列情形之一的，由商务、海关、质检等部门在各自的职责范围内依法予以处罚：

（一）电器电子产品生产者违反本办法第十条的规定，所采用的材料、技术和工艺违反电器电子产品有害物质限制使用国家标准或行业标准的，以及将不符合本办法要求的电器电子产品出厂、销售的；

（二）电器电子产品进口者违反本办法第十一条的规定，进口的电器电子产品违反电器电子产品有害物质限制使用国家标准或行业标准的；

（三）电器电子产品生产者、进口者违反本办法第十二条的规定，制作或使用的电器电子产品包装物违反包装物使用国家标准或行业标准的；

（四）电器电子产品生产者、进口者违反本办法第十三条的规定，未标注电器电子产品有害物质的名称、含量、所在部件及其产品可否回收利用，以及不当利用或者处置可能会对环境和人类健康造成影响等信息的；

（五）电器电子产品生产者、进口者违反本办法第十四条的规定，未标注电器电子产品环保使用期限的；

（六）电器电子产品销售者违反本办法第十六条的规定，销售违反电器电子产品有害物质限制使用国家标准或行业标准的电器电子产品的；

（七）电器电子产品生产者、销售者和进口者违反本办法第十七条的规定，自列入达标管理目录的电器电子产品限制使用有害物质的实施之日起，生产、销售或进口有害物质含量超过电器电子产品有害物质限制使用限量的相关国家标准或行业标准的电器电子产品的。

第二十条 有关部门的工作人员滥用职权，徇私舞弊，纵容、包庇违反本办法规定的行为的，或者帮助违反本办法规定的当事人逃避查处的，依法给予行政处分。

第四章 附 则

第二十一条 任何组织和个人有权对违反本办法规定的行为向有关部门投诉、举报。

第二十二条 本办法由工业和信息化部商发展改革委、科技部、财政部、环境保护部、商务部、海关总署、质检总局解释。

第二十三条 本办法自2016年7月1日起施行。2006年2月28日公布的《电子信息产品污染控制管理办法》（原信息产业部、发展改革委、商务部、海关总署、工商总局、质检总局、原环保总局令第39号）同时废止。

国土资源部关于修改和废止部分规章的决定

（2016 年 1 月 8 日国土资源部令第 64 号公布　自公布之日起施行）

为深入贯彻落实依法治国基本方略，依法推进行政审批制度改革和职能转变，根据国务院取消、下放行政审批项目等事项的决定和《中共国土资源部党组关于全面推进法治国土建设的意见》，国土资源部对国务院决定取消、下放行政审批项目等事项涉及的规章进行了清理。经清理，国土资源部决定：

一、对 6 部规章的部分条款予以修改

（一）删去《地质资料管理条例实施办法》（国土资源部令第 16 号）第十一条和第二十二条第二款。

（二）删去《矿山地质环境保护规定》（国土资源部令第 44 号）第十三条。

（三）将《土地调查条例实施办法》（国土资源部令第 45 号）第十五条修改为"县级以上地方国土资源行政主管部门应当会同同级有关部门，根据全国土地调查总体方案和上级土地调查实施方案的要求，拟定本行政区域的土地调查实施方案，报上一级人民政府国土资源行政主管部门备案。"

（四）将《古生物化石保护条例实施办法》（国土资源部令第 57 号）第三条第三项修改为"依据《条例》和省、自治区、直辖市有关规定确定的权限和程序，负责本行政区域内一般保护古生物化石发掘、进出境等相关事项的审批"。

将第四十条修改为"收藏单位不再收藏的一般保护古生物化石，可以依法流通。"

（五）将《中华人民共和国海洋石油勘探开发环境保护管理条例实施办法》（国家海洋局令第 1 号）第九条修改为"为防止和控制溢油污染，减少污染损害，从事海洋石油勘探开发的作业者，应根据油田开发规模、作业海域的自然环境和资源状况，制定溢油应急计划，报海区主管部门备案。"

删去第十一条。

将第二十五条第三款第一项修改为"不按规定备案溢油应急计划"。

（六）将《中华人民共和国海洋倾废管理条例实施办法》（国家海洋局令第 2 号）第十六条修改为"海区主管部门根据需要确定废弃物的检验项目，检验工作按已公布的部级以上（含部级）的方法进行检验。"

二、废止 1 部规章

废止《土地估价师资格考试管理办法》(国土资源部令第 35 号)。

本决定自公布之日起施行。

《地质资料管理条例实施办法》(国土资源部令第 16 号)、《矿山地质环境保护规定》(国土资源部令第 44 号)、《土地调查条例实施办法》(国土资源部令第 45 号)、《古生物化石保护条例实施办法》(国土资源部令第 57 号)、《中华人民共和国海洋石油勘探开发环境保护管理条例实施办法》(国家海洋局令第 1 号)、《中华人民共和国海洋倾废管理条例实施办法》(国家海洋局令第 2 号)根据本决定作相应修改,重新公布。

中华人民共和国海洋石油勘探开发环境保护管理条例实施办法

(1990 年 9 月 20 日国家海洋局令第 1 号公布　根据 2016 年 1 月 5 日国土资源部第 1 次部务会议《国土资源部关于修改和废止部分规章的决定》修正)

第一条　根据《中华人民共和国海洋环境保护法》第四十七条规定,为实施《中华人民共和国海洋石油勘探开发环境保护管理条例》(以下简称《条例》),制定本实施办法。

第二条　本办法适用于在中华人民共和国的内海、领海、及其他管辖海域从事石油勘探开发的任何法人、自然人和其他经济实体。

第三条　国家海洋局及其派出机构是实施本办法的主管部门。派出机构包括:分局及其所属的海洋管区(以下简称海区主管部门)。海洋监察站根据海洋管区的授权实施管理。

沿海省、自治区、直辖市海洋管理机构是主管部门授权实施本办法的地方管理机构。

第四条　凡在中国管辖海域从事海洋石油勘探开发者,应在实施作业前将海洋石油勘探开发位置、范围报海区主管部门。并按照“海洋石油勘探开发环境保护报告表”的内容和要求,向海区主管部门报告有关情况。

第五条　需使用炸药震源和其他对渔业资源有损害的方法进行海洋石油地震勘探作业时,应在开始作业之前半个月将计划和作业海区报告海区主管部门,并采用有效的技术措施,最大限度地减少对资源的损害或影响。

第六条 从事海洋石油开发者应在编制油(气)田总体开发方案的同时,按《条例》第五条规定的内容编报海洋环境影响报告书,并将经批准的环境影响报告书送交所处海区主管部门。

生产中(含试生产)的油(气)田,根据开采规模的变化及环境质量状况,作业者应对环境影响报告书适时进行补充完善,并报主管部门审查。

第七条 承担环境影响评价的单位必须具有从事海洋环境影响评价的能力,并持有甲级环境影响评价证书。

第八条 凡在中国管辖海域作业的固定式和移动式平台的防污设备必须符合《条例》第七条规定的要求,并经主管部门查验证书后,方可作业。

第九条 为防止和控制溢油污染,减少污染损害,从事海洋石油勘探开发的作业者,应根据油田开发规模、作业海域的自然环境和资源状况,制定溢油应急计划,报海区主管部门备案。

第十条 溢油应急计划包括以下内容:

一、平台作业情况及海域环境、资源状况;

二、溢油风险分析;

三、溢油应急能力。

第十一条 作业者应根据油田开发规模、风险分析情况等,配置相应的各种应急设备,使其具有处置与油田开发规模相适应的溢油事故的能力。

第十二条 固定式和移动平台及其他海上设施含油污水的排放,必须符合中华人民共和国颁布的有关国家标准。

一、机舱、机房和甲板含油污水的排放,应符合国家《船舶污染物排放标准(GB 3552—83)》。

二、采油工业污水排放,应符合国家《海洋石油开发工业含油污水排放标准(GB 4914—85)》。

三、含油污水在排放前不得稀释和加入消油剂进行预处理。

四、采油工业污水排放时,应按《海洋石油开发工业含油污水分析方法》的要求取样检测,并将测得结果记录于“防污记录簿”中。

检测分析仪器须是经检验合格的正式产品。

第十三条 钻井作业试油前,作业者应通知海区主管部门。试油期间,作业者应采取有效措施,防止油类造成污染。

第十四条 使用水基泥浆时,应尽可能避免或减少向水基泥浆中加入油类,如必须加入油类时,应在“防污记录簿”上记录油的种类、数量;含油水基泥浆排放前,应通知海区主管部门,并提交含油水基泥浆样品;含油量超过10%(重量)的水基泥浆,禁止向海中排放。含油量低于10%(重量)的水基泥浆,回收确有困难、经海区主管部门批准，可以向海中排放，但应交纳排污费。

含油水基泥浆排放前不得加入消油剂进行处理。

需使用油基泥浆时，应使用低毒油基泥浆；采取有效的技术措施，使钻屑与泥浆得到充分的分离；油基泥浆必须回收，不得排入海中；钻屑中的油含量超过15%（重量）时，禁止排放入海。含油量低于15%（重量）的钻屑，回收确有困难、经海区主管部门批准，可以向海中排放，但应交纳排污费。

海区主管部门可要求作业者提供钻井泥浆、钻屑样品。

作业者应将钻井泥浆、钻屑的含油量、排放时间、排放量等情况记录在“防污记录簿”中。

第十五条 一切塑料制品（包括但不限于合成缆绳、合成渔网和塑料袋等）和其他废弃物（包括残油、废油、含油垃圾及其残液残渣等），禁止排放或弃置入海，应集中储存在专门容器中，运回陆地处理。

不得在平台及其他海上设施上焚烧有毒化学制品。在平台上烧毁其纸制品、棉麻织物、木质包装材料时，不得造成海洋环境污染。

在距最近陆地12海里以内投弃食品废弃物，应使粒径小于25毫米；在此海域内排放粪便，须经消毒和粉碎等处理。

第十六条 作业者应在重要生产、输油环节采取有效措施，严格遵守操作规程，避免发生溢油事故。各类储油设施、输油管线应符合防渗、防漏、防腐要求。

第十七条 发生溢油事故时，作业者应尽快采取措施，切断溢源，防止或控制溢油扩大。

第十八条 发生任何溢油事故，作业者都必须向海区主管部门报告。报告的主要内容包括：事故发生时间、位置、原因；溢油的性质、状态、数量；责任人；当时海况；采取的措施；处理结果。同时应记录在“防污记录簿”中，并使用季度报表C“海洋石油污染事故情况报告表”，按季度报海区主管部门。

第十九条 以下两种溢油事故发生时，作业者应在24小时内报告海区主管部门。

一、平台距海岸20海里以内，溢油量超过1吨的；

二、平台距海岸20海里以外，溢油量超过10吨的。

以下两种溢油事故发生时，作业者应在48小时内报告海区主管部门。

一、平台距海岸20海里以内，溢油量不超过1吨的；

二、平台距海岸20海里以外，溢油量不超过10吨的。

第二十条 海面溢油应首先使用机械回收。消油剂应严格控制使用，并遵守《海洋石油勘探开发化学消油剂使用规定》。

第二十一条　勘探和采油生产作业完成之后，平台钻具、井架、井桩及其他设施不得任意弃置；对需在海上弃置的平台、井架、井桩及平台的有关设施，按海洋倾废管理的规定执行。

第二十二条　凡进行海洋石油勘探开发和生产作业的平台及设施，都必须备有“防污记录簿”和“季度防污报表”，并按要求填写，按时报海区主管部门。

平台作业时间不足一个季度的，并且在本季度内不再作业的，作业者应于平台作业结束后十五日内报海区主管部门。

第二十三条　对超过标准排放污染物的作业者，海区主管部门可以责令其缴纳排污费。由于设备和技术原因，长期达不到标准的，应限期治理，在治理期间收取超标排污费。

第二十四条　凡违反《中华人民共和国海洋环境保护法》、《条例》和本办法，按《条例》第二十七、二十八条规定，海区主管部门有权依情节轻重和造成海洋环境有害影响的程度，对肇事者给予警告或罚款。

一、不按《条例》第四条规定编报海洋环境影响报告书和造成海洋环境污染损害的，罚款金额为人民币一万元至十万元。

二、对作业者的下列违法行为，罚款金额为人民币五千元至一万元：

1. 不按规定备案溢油应急计划；

2. 不按《条例》第七条规定配备防污染设施或设施不合格的；

3. 不按本办法第十二、十四、十五条规定处理废弃物和含油污水。

三、对作业者的下列违法行为，罚款金额为人民币一千元至五千元：

1. 不按本办法第十八、十九条规定向海区主管部门报告溢油事故；

2. 不按规定使用化学消油剂。

四、对作业者的下列违法行为，罚款金额为人民币一千元以下：

1. 不按规定配备“防污记录簿”；

2. 涂改、伪造“防污记录簿”或记载非正规化；

3. 不按规定报告或通知有关情况；

4. 不按规定上报季度防污报表或伪造季度防污报表；

5. 不按本办法第十四条规定向海区主管部门提交样品；

6. 拒绝向执行检查任务的公务人员提供“防污记录簿”或如实陈述有关情况；

7. 阻挠或妨碍公务人员执行公务。

第二十五条　当事人对处罚决定不服的，可以在接到处罚通知之日起 15 日内，向作出处罚决定机关的上一级机关申请复议；对复议决定不服的，可以在接到复议决定之日起 15 日内,向人民法院起诉。当事人也可以在接到处罚通知之日起 15 日内,直接向人民法院起诉。当事人逾期不申请复议、也不向人民法院起诉、又不履行处罚决定的,由作出处罚决定的机关申请人民法院强制执行。

第二十六条 凡违反《条例》及本办法,造成公、私财产重大损失或致人员伤亡的,对直接责任人员由司法机关依法追究刑事责任。

第二十七条 赔偿责任包括:

一、由于作业者的行为造成海洋环境污染损害而引起海水水质、生物资源等损害,致使受害方为清除、治理污染所支付的费用;

二、由于作业者的行为造成海洋环境污染损害而引起受害方经济收入的损失金额,被破坏的生产工具修复更新费用,受害方因防止污染损害所采取的相应的预防措施所支出的费用;

三、为处理海洋石油勘探开发引起的污染损害事件所进行的调查费用。

第二十八条 受到海洋石油勘探开发污染损害,要求赔偿的单位、个人可以根据《条例》第二十二条的规定,向海区主管部门提出污染损害索赔报告书;参与清除污染作业的单位和个人,可以根据《条例》第二十三条的规定,向海区主管部门提交索取清除费用报告书。

海区主管部门对赔偿责任和赔偿金额纠纷,可以根据当事人的请求作出调解处理。当事人对调解处理不服的,可以向人民法院起诉。当事人也可以直接向人民法院起诉。涉外案件还可以按仲裁程序解决。

第二十九条 请求赔偿的诉讼时效期间为三年,从受害方知道或应当知道受油污损害之日算起。

赔偿纠纷处理结束后,受害方不得就同一污染事故再次提出索赔要求。

第三十条 由于战争行为、不可抗拒的自然灾害或完全由于第三者的故意或过失,虽然及时采取合理措施,但仍不能避免对海洋环境造成污染损害的,可免除发生事故的作业者的责任。

由于第三者的责任造成污染损害的,由第三者承担赔偿责任。

要求免于承担赔偿责任的作业者,应按《条例》第二十四条的规定,向主管部门提交报告。海区主管部门对免除责任的条件调查属实后,可作出免除赔偿责任的决定。

第三十一条 凡在海洋石油勘探开发中防止海洋污染,保护海洋环境有成绩的单位和个人,海区主管部门应给予表扬和奖励。

第三十二条 在本办法中,下列用语含义是:

一、"油类"系指任何类型的油及其炼制品。

二、“内海”系指领海基线内侧的全部海域，包括：(1)海湾、海峡、海港、河口湾；(2)领海基线与海岸之间的海域；(3)被陆地包围或通过狭窄水道连接海洋的海域。

三、“应急能力”系指溢油应急的技术设备、通信能力、应急组织及职责、实施预案、海面溢油清除办法、人员的培训等。

四、“溢油事故”系指非正常作业情况下原油及其炼制品的泄漏。溢油事故按其溢油量分为大、中、小三类，溢油量小于10吨的为小型溢油事故；溢油量在10~100吨的为中型溢油事故；溢油量大于100吨的为大型溢油事故。

第三十三条 本办法由国家海洋局负责解释。

第三十四条 本办法自颁布之日起生效。

注：在本办法第十二条规定的《海洋石油开发工业含油污水分析方法》未颁布前，暂按《石油工业废水水质监测分析方法》执行。

《海洋石油勘探开发化学消油剂使用规定》由主管部门另行制定。

中华人民共和国海洋倾废管理条例实施办法

(1990年9月25日国家海洋局令第2号公布 根据2016年1月5日国土资源部第1次部务会议《国土资源部关于修改和废止部分规章的决定》修正)

第一条 根据《中华人民共和国海洋环境保护法》第四十七条的规定，为实施《中华人民共和国海洋倾废管理条例》(以下简称《条例》)，加强海洋倾废管理，制定本办法。

第二条 本办法适用于任何法人、自然人和其他经济实体向中华人民共和国的内海、领海、大陆架和其他一切管辖海域倾倒废弃物和其他物质的活动。

本办法还适用于《条例》第三条二、三、四款所规定的行为和因不可抗拒的原因而弃置船舶、航空器、平台和其他载运工具的行为。

第三条 中华人民共和国国家海洋局及其派出机构是实施本办法的主管部门。派出机构包括：分局及其所属的海洋管区(以下简称海区主管部门)。海洋监察站根据海洋管区的授权实施管理。

沿海省、自治区、直辖市海洋管理机构是主管部门授权实施本办法的地方管理机构。

第四条 为防止或减轻海洋倾废对海洋环境的污染损害，向海洋倾倒的废弃物及其他物质应视其毒性进行必要的预处理。

第五条 废弃物依据其性质可分为一、二、三类废弃物。

一类废弃物是指列入《条例》附件一的物质，该类废弃物禁止向海洋倾倒。除非在陆地处置会严重危及人类健康，而海洋倾倒是防止威胁的唯一办法时可以例外。

二类废弃物是指列入《条例》附件二的物质和附件一第一、三款属“痕量沾污”或能够“迅速无害化”的物质。

三类废弃物是指未列入《条例》附件一、附件二的低毒、无害的物质和附件二第一款，其含量小于“显著量”的物质。

第六条 未列入《条例》附件一、附件二的物质，在不能肯定其海上倾倒是无害时，须事先进行评价，确定该物质类别。

第七条 海洋倾倒区分为一、二、三类倾倒区，试验倾倒区和临时倾倒区。

一、二、三类倾倒区是为处置一、二、三类废弃物而相应确定的，其中一类倾倒区是为紧急处置一类废弃物而确定的。

试验倾倒区是为倾倒试验而确定的（使用期不超过两年）。

临时倾倒区是因工程需要等特殊原因而划定的一次性专用倾倒区。

第八条 一类、二类倾倒区由国家海洋局组织选划。

三类倾倒区、试验倾倒区、临时倾倒区由海区主管部门组织选划。

第九条 一、二、三类倾倒区经商有关部门后，由国家海洋局报国务院批准，国家海洋局公布。

试验倾倒区由海区主管部门（分局级）商海区有关单位后，报国家海洋局审查确定，并报国务院备案。

试验倾倒区经试验可行，商有关部门后，再报国务院批准为正式倾倒区。

临时倾倒区由海区主管部门（分局级）审查批准，报国家海洋局备案。使用期满，立即封闭。

第十条 海洋倾废实行许可证制度。

倾倒许可证应载明倾倒单位，有效期限和废弃物的数量、种类、倾倒方法等。

倾倒许可证分为紧急许可证、特别许可证、普通许可证。

第十一条 凡向海洋倾倒废弃物的废弃物所有者及疏浚工程单位，应事先向主管部门提出倾倒申请，办理倾倒许可证。

废弃物所有者或疏浚工程单位与实施倾倒作业单位有合同约定，依合同规定实施倾倒作业单位也可向主管部门申请办理倾倒许可证。

第十二条 申请倾倒许可证应填报倾倒废弃物申请书,并附废弃物特性和成份检验单。

第十三条 主管部门在收到申请书后两个月内应予以答复。经审查批准的应签发倾倒许可证。

紧急许可证由国家海洋局签发或者经国家海洋局批准,由海区主管部门签发。

特别许可证、普通许可证由海区主管部门签发。

第十四条 紧急许可证为一次性使用许可证。

特别许可证有效期不超过六个月。

普通许可证有效期不超过一年。

许可证有效期满仍需继续倾倒的,应在有效期满前二个月到发证主管部门办理换证手续。

倾倒许可证不得转让;倾倒许可证使用期满后十五日内交回发证机关。

第十五条 申请倾倒许可证和更换倾倒许可证应缴纳费用。具体收费项目和收费标准由国家物价局、国家海洋局另行规定。

第十六条 海区主管部门根据需要确定废弃物的检验项目,检验工作按已公布的部级以上(含部级)的方法进行检验。

第十七条 一类废弃物禁止向海上倾倒。但在符合本办法第五条第二款规定的条件下,可以申请获得紧急许可证,到指定的一类倾倒区倾倒。

第十八条 二类废弃物须申请获得特别许可证,到指定的二类倾倒区倾倒。

第十九条 三类废弃物须申请获得普通许可证,到指定的三类倾倒区倾倒。

第二十条 含有《条例》附件一、二所列物质的疏浚物的倾倒,按"疏浚物分类标准和评价程序"实施管理。

第二十一条 向海洋处置船舶、航空器、平台和其他海上人工构造物,须获得海区主管部门签发的特别许可证,按许可证的规定处置。

第二十二条 油污水和垃圾回收船对所回收的油污水、废弃物经处理后,需要向海洋倾倒的,应向海区主管部门提出申请,取得倾倒许可证后,到指定区域倾倒。

第二十三条 向海洋倾倒军事废弃物的,应由军队有关部门按本办法的规定向海区主管部门申请,按许可证的要求倾倒。

第二十四条 为开展科学研究,需向海洋投放物质的单位,应按本办法的规定程序向海区主管部门申请,并附报投放试验计划和海洋环境影响评估报告,海区主管部门核准签发相应类别许可证。

第二十五条 所有进行倾倒作业的船舶、飞机和其他载运工具应持有倾倒许可证(或许可证副本),未取得许可证的船舶、飞机和其他载运工具不得进行倾倒。

第二十六条 进行倾倒作业的船舶、飞机和其他载运工具在装载废弃物时,应通知发证主管部门核实。

利用船舶运载出港的,应在离港前通知就近港务监督核实。

凡在军港装运的,应通知军队有关部门核实。

如发现实际装载与倾倒许可证注明内容不符,则不予放行,并及时通知发证主管部门处理。

第二十七条 进行倾倒作业的船舶、飞机和其他载运工具应将作业情况如实详细填写在倾倒情况记录表和航行日志上,并在返港后十五日内将记录表报发证机关。

第二十八条 “中国海监”船舶、飞机、车辆负责海上倾倒活动的监视检查和监督管理。必要时海洋监察人员也可登船或随倾废船舶或其他载运工具进行监督检查。实施倾倒作业的船舶(或其他载运工具)应为监察人员履行公务提供方便。

第二十九条 主管部门对海洋倾倒区进行监测,如认定倾倒区不宜继续使用时,应予以封闭,并报国务院备案。

主管部门在封闭倾倒区之前两个月向倾倒单位发出通告,倾倒单位须从倾倒区封闭之日起终止在该倾倒区的倾倒。

第三十条 为紧急避险、救助人命而未能按本办法规定的程序申请倾倒的或未能按倾倒许可证要求倾倒的,倾倒单位应在倾倒后十日内向海区主管部门提交书面报告。报告内容应包括:倾倒时间和地点,倾倒物质特性和数量,倾倒时的海况和气象情况,倾倒的详细过程,倾倒后采取的措施及其他事项等。

航空器应在紧急放油后十日内向海区主管部门提交书面报告,报告内容应包括航空器国籍、所有人、机号、放油时间、地点、数量、高度及具体放油原因等。

第三十一条 因不可抗拒的原因而弃置的船舶、航空器、平台和其他载运工具,应尽可能地关闭所有油舱(柜)的阀门和通气孔,防止溢油。弃置后其所有人应在十日内向海区主管部门和就近的港务监督报告,并根据要求进行处置。

第三十二条 向海洋弃置船舶、航空器、平台和其他海上人工构造物前,应排出所有的油类和其他有害物质。

第三十三条 需要设置海上焚烧设施，应事先向海区主管部门申请，申请时附报该设施详细技术资料，经海区主管部门批准后，方可建立。设施建成后，须经海区主管部门检验核准。

实施焚烧作业的单位，应按本办法的规定程序向海区主管部门申请海上焚烧许可证。

第三十四条 违反《条例》和本实施办法，造成或可能造成海洋环境污染损害的，海区主管部门可依照《条例》第十七条、第二十条和第二十一条的规定，予以处罚。

未获得主管部门签发的倾倒许可证，擅自倾倒和未按批准的条件或区域进行倾倒的，按《条例》第二十条有关规定处罚。

第三十五条 对处罚不服者，可在收到行政处罚决定之日起十五日内向作出处罚决定机关的上一级机关申请复议。对复议结果不服的，从收到复议决定之日起十五日内，向人民法院起诉；当事人也可在收到处罚决定之日起十五日内直接向人民法院起诉。

当事人逾期不申请复议，也不向人民法院起诉，又不履行处罚决定的，由作出处罚决定的机关申请人民法院强制执行。

第三十六条 违反《条例》和本实施办法，造成海洋环境污染损害和公私财产损失的，肇事者应承担赔偿责任。

第三十七条 赔偿责任包括：

1. 受害方为清除、治理污染所支付的费用及对污染损害所采取的预防措施所支付的费用。

2. 污染对公私财产造成的经济损失，对海水水质、生物资源等的损害。

3. 为处理海洋倾废引起的污染损害事件所进行的调查费用。

第三十八条 赔偿责任和赔偿金额的纠纷，当事人可依照民事诉讼程序向人民法院提起诉讼；也可请求海区主管部门进行调解处理。对调解不服的，也可以向人民法院起诉；涉外案件还可以按仲裁程序解决。

第三十九条 因环境污染损害赔偿提起诉讼的时效期间为三年，从当事人知道或应当知道受到污染损害时计算。

赔偿纠纷处理结束后，受害方不得就同一污染事件再次提出索赔要求。

第四十条 由于战争行为、不可抗拒的自然灾害或由于第三者的过失，虽经及时采取合理措施，但仍不能避免造成海洋环境污染损害的，可免除倾倒单位的赔偿责任。

由于第三者的责任造成污染损害的，由第三者承担赔偿责任。

因不可抗拒的原因而弃置的船舶、航空器、平台和其他载运工具，不按本办法第三十一条规定要求进行处置而造成污染损害的应承担赔偿责任。

海区主管部门对免除责任的条件调查属实后，可做出免除赔偿责任的决定。

第四十一条 本办法下列用语的含义是：

1.“内海”系指领海基线内侧的全部海域（包括海湾、海峡、海港、河口湾）；领海基线与海岸之间的海域；被陆地包围或通过狭窄水道连接海洋的海域。

2.“疏浚物倾倒”系指任何通过或利用船舶或其他载运工具，有意地在海上以各种方式抛弃和处置疏浚物。“疏浚物”系指任何疏通、挖深港池、航道工程和建设、挖掘港口、码头、海底与岸边工程所产生的泥土、沙砾和其他物质。

3.“海上焚烧”系指以热摧毁方式在海上用焚烧设施有目的地焚烧有害废弃物的行为，但不包括船舶或其他海上人工构造物在正常操作中所附带发生的此类行为。

4.“海上焚烧设施”系指为在海上焚烧目的作业的船舶、平台或人工构造物。

5.“废弃物和其他物质”系指为弃置的目的，向海上倾倒或拟向海上倾倒的任何形式和种类的物质与材料。

6.“迅速无害化”系指列入《条例》附件一的某些物质能通过海上物理、化学和生物过程转化为无害，并不会使可食用的海洋生物变味或危及人类健康和家畜家禽的正常生长。

7.“痕量沾污”即《条例》附件一中的“微含量”，系指列入《条例》附件一的某些物质在海上倾倒不会产生有害影响，特别是不会对海洋生物或人类健康产生急性或慢性效应，不论这类毒性效应是否是由于这类物质在海洋生物尤其是可食用的海洋生物富集而引起的。

8.“显著量”即《条例》附件二中的“大量”。系指列入《条例》附件二的某些物质的海上倾倒，经生物测定证明对海洋生物有慢性毒性效应，则认为该物质的含量为显著量。

9.“特别管理措施”系指倾倒非“痕量沾污”，又不能“迅速无害化”的疏浚物时，须采取的一些行政或技术管理措施。通过这些措施降低疏浚物中所含附件一或附件二物质对环境的影响，使其不对人类健康和生物资源产生危害。

第四十二条 本办法由国家海洋局负责解释。

第四十三条 本办法自发布之日起开始施行。

地质资料管理条例实施办法

（2003年1月3日中华人民共和国国土资源部令第16号公布 根据2016年1月5日国土资源部第1次部务会议《国土资源部关于修改和废止部分规章的决定》修正）

第一章　总　　则

第一条　根据《地质资料管理条例》，制定本办法。

第二条　国土资源部负责全国地质资料的汇交、保管和利用的监督管理，履行下列职责：

（一）依据国家法律、法规和政策，研究制定地质资料管理工作的方针政策、规章制度以及有关技术标准、规范；

（二）管理全国地质资料馆，指导全国地质资料馆藏业务，组织开展地质资料管理业务培训；

（三）制定地质资料管理综合规划和专项计划并组织实施；

（四）监督检查地质资料管理法律、法规的实施，依法查处重大违法案件；

（五）组织建立地质资料信息系统；

（六）组织开展地质资料综合研究和国际交流，协调全国地质资料的交流和利用；

（七）法律、法规规定的其他职责。

第三条　省、自治区、直辖市国土资源行政主管部门负责本行政区内地质资料的汇交、保管和利用的监督管理，履行下列职责：

（一）贯彻执行地质资料管理的法律、法规和方针政策；

（二）管理本省、自治区、直辖市地质资料馆，指导本行政区内地质资料馆藏业务，组织开展地质资料业务培训；

（三）制定本行政区内地质资料管理工作规划和计划并组织实施；

（四）监督检查本行政区内地质资料管理法律、法规的实施，依法查处违法案件；

（五）组织建立本行政区地质资料信息系统；

（六）组织开展本行政区内地质资料综合研究和地质资料的交流；

（七）法律、法规规定的其他职责。

第四条 全国地质资料馆,省、自治区、直辖市国土资源行政主管部门的地质资料馆和地质资料保管单位(以下简称地质资料馆藏机构),依法保存、管理汇交的地质资料,为全社会提供地质资料服务,履行下列职责:

(一)受国土资源行政主管部门的委托,接收、验收汇交的地质资料;

(二)建立健全馆藏地质资料保管、利用制度,按规定整理、保管地质资料;

(三)建立和维护地质资料信息服务系统;

(四)开展地质资料综合研究,依法为社会提供地质资料服务;

(五)法律、法规规定的其他职责。

第五条 有下列行为之一的,由国土资源部或者省、自治区、直辖市国土资源行政主管部门给予奖励:

(一)在地质资料汇交、保管和提供利用方面作出显著成绩的;

(二)在地质资料保护和现代化管理工作中作出突出贡献的;

(三)在地质资料综合研究中有突出贡献的。

第二章 地质资料的汇交

第六条 《地质资料管理条例》第七条第一款规定的地质资料汇交人,在转让探矿权、采矿权后,其汇交义务同时转移,探矿权、采矿权的受让人是地质资料的汇交人。

第七条 《地质资料管理条例》第七条第二款规定的地质工作,包括地质研究、地质考察、地质调查、矿产资源评价、水文地质或者工程地质勘查(察)、环境地质调查、地质灾害勘查等。

前款规定的地质工作是由两个或者两个以上的出资人共同出资开展的,出资各方对地质资料汇交义务负有连带责任。

中外合作开展地质工作的,参与合作项目的中方为地质资料汇交人,外方承担汇交地质资料的连带责任。

第八条 依照《地质资料管理条例》第八条规定应当汇交的成果地质资料和原始地质资料的汇交细目以及实物地质资料的汇交范围,分别依照本办法附件一、附件二和附件三的规定执行。

依法应当汇交的原始地质资料复制件,依法不需汇交的原始地质资料的文件名目录和实物地质资料目录,依照《地质资料管理条例》第九条的规定,随同成果地质资料一并向国土资源部或者省、自治区、直辖市国土资源行政主管部门汇交,由地质资料馆藏机构保管。原始地质资料已作为成果地质资料附图、附表、附件的,该原始地质资料可以免交。

第九条 工作区跨两个或者两个以上省、自治区、直辖市的地质项目，汇交人可以向项目所在地的任何一个省、自治区、直辖市国土资源行政主管部门汇交地质资料。由收到地质资料的国土资源行政主管部门负责将成果地质资料转送有关的省、自治区、直辖市国土资源行政主管部门。

第十条 地质资料汇交人除依照《地质资料管理条例》第十条规定的期限汇交地质资料外，有下列情形之一的，应当按照下列规定的期限汇交地质资料：

（一）探矿权人缩小勘查区块范围的，应当在勘查许可证变更前汇交被放弃区块的地质资料；

（二）探矿权人由勘查转入采矿的，应当在办理采矿许可证前汇交该矿区的地质资料；

（三）探矿权人、采矿权人在勘查许可证或者采矿许可证有效期内提前终止勘查或者采矿活动的，应当在办理勘查许可证或者采矿许可证注销登记手续前汇交地质资料；

（四）工程建设项目分期、分阶段进行竣工验收的，自竣工验收之日起 180 日内汇交地质资料；

（五）其他地质工作项目形成的地质资料，自该地质项目评审验收之日起 180 日内汇交；无需评审验收的，自野外地质工作结束之日起 180 日内汇交。

第十一条 负责接收地质资料的国土资源行政主管部门应当自收到汇交的地质资料之日起 10 日内，依照《地质资料管理条例》以及本办法的有关规定，对汇交人汇交的地质资料进行验收。验收合格的，由负责接收地质资料的国土资源行政主管部门出具地质资料汇交凭证；验收不合格的，退回汇交人补充修改，并限期重新汇交。

第十二条 国土资源部委托全国地质资料馆或者地质资料保管单位承担地质资料的接收、验收工作。

省、自治区、直辖市国土资源行政主管部门可以委托地质资料馆藏机构承担地质资料的接收、验收工作。

第十三条 省、自治区、直辖市国土资源行政主管部门应当在验收合格后 90 日内，将汇交人汇交的成果地质资料（纸质资料和电子文档各一份）转送国土资源部。但下列地质资料不转送：

（一）普通建筑用砂、石、粘土矿产地质资料；

（二）《矿产资源勘查区块登记管理办法》附录以外且资源储量规模为小型的矿产地质资料；

（三）矿山开发勘探及关闭矿井地质资料；

（四）小型建设项目水文地质、工程地质、环境地质及小型灾害地质资料；

(五)省级成果登记的各类地质、矿产科研成果资料。

第十四条 需要向国土资源部转送的成果地质资料，汇交纸质资料及电子文档各两份；其他地质资料汇交纸质资料和电子文档各一份。

工作区跨两个或者两个以上省、自治区、直辖市的地质项目，汇交纸质资料和电子文档的份数与所跨省、自治区、直辖市的数量相同。

中外合作项目如果形成不同文本的地质资料，除了汇交中文文本的地质资料外，还应当汇交其他文本的纸质地质资料、电子文档各一份。

第十五条 汇交的成果地质资料应当符合下列要求：

(一)按照国家有关报告编制标准、要求编写；

(二)地质资料完整、齐全；

(三)制印清晰，着墨牢固；规格、格式符合有关标准、要求；

(四)电子文档的资料内容与相应的纸质资料内容相一致。

除符合前款规定的要求外，探矿权人、采矿权人汇交的地质资料，还应当附有勘查许可证、采矿许可证的复印件；经过评审、鉴定、验收的地质资料，还应当附有评审、鉴定、验收的正式文件或者复印件。

第三章 地质资料的保管和利用

第十六条 下列地质资料，国土资源部可以委托有关的地质资料保管单位保管：

(一)放射性矿产地质资料；

(二)石油、天然气原始地质资料和实物地质资料；

(三)极地、海洋原始地质资料和实物地质资料；

(四)其他需要特殊保管和利用条件的原始地质资料和实物地质资料。

第十七条 地质资料馆藏机构应当具备以下条件：

(一)硬件设施达到甲级档案馆的标准；

(二)配备必要的专业人员；

(三)地质资料的接收、整理、保管、保密和利用等管理制度健全；

(四)具备建立地质资料信息系统和提供地质资料社会化网络服务的能力；

(五)地质资料管理经费有保证。

第十八条 地质资料馆藏机构应当利用现代信息处理技术，提高地质资料的处理、保管水平，建立地质资料信息服务网络系统，公布地质资料目录，开展对地质资料的综合研究工作，为政府决策提供依据，为社会提供公益性服务。

第十九条 地质资料馆藏机构应当在每年12月底前，向国土资源部或者省、自治区、直辖市国土资源行政主管部门编报本年度地质资料保管和利用年报。

省、自治区、直辖市国土资源行政主管部门应当在每年1月底前,向国土资源部编报上一年度本行政区内地质资料管理年报。

年报内容应当包括地质资料汇交、利用和保护情况,馆藏地质资料管理情况以及地质资料管理中存在的主要问题及建议等。

第二十条 单位和个人可以持单位证明、身份证等有效证件,查阅、复制、摘录已公开的地质资料。

复制地质资料的,地质资料馆藏机构可以收取工本费。

第二十一条 单位和个人需要查阅利用保护期内地质资料的,应当出具汇交人同意的书面证明文件。

第二十二条 国家出资开展地质工作形成的具有公益性质的地质资料,自汇交之日起90日内向社会公开,无偿提供全社会利用。

具有公益性质的地质资料的范围,由国土资源部公告。

第四章 法律责任

第二十三条 未依照《地质资料管理条例》以及本办法规定的期限汇交地质资料的,由负责接收地质资料的国土资源行政主管部门发出限期汇交通知书,责令在60日内汇交。

第二十四条 汇交的地质资料经验收不合格,汇交人逾期拒不按要求修改补充的,视为不汇交地质资料,由负责接收地质资料的国土资源行政主管部门依照《地质资料管理条例》第二十条的规定给予行政处罚。

第二十五条 依照《地质资料管理条例》和本办法规定应当给予行政处罚,而有关的国土资源行政主管部门不给予行政处罚的,国土资源部有权责令有关的国土资源行政主管部门作出行政处罚决定或者直接给予行政处罚。对有关的国土资源行政主管部门的负责人,按照干部管理权限依法予以行政处分。

第二十六条 省、自治区、直辖市国土资源行政主管部门依照《地质资料管理条例》第二十条、第二十一条的规定给予汇交人行政处罚的,应当在处罚决定生效后7个工作日内报国土资源部,由国土资源部及时在报刊或者网站上通报。

第五章 附 则

第二十七条 本办法自2003年3月1日起施行。1989年6月26日原地质矿产部第5号令发布的《全国地质资料汇交管理办法实施细则》同时废止。

附件:一、成果地质资料汇交细目

二、原始地质资料汇交细目

三、实物地质资料汇交范围

附件一:

成果地质资料汇交细目

一、区域地质调查资料:各种比例尺的区域地质调查报告及其地质图、矿产图。

二、矿产地质资料

(一)矿产勘查地质资料:各类矿产勘查地质报告、矿产资源储量报告。

(二)矿产开发地质资料:各类矿山生产勘探报告、矿产资源储量报告、矿山闭坑地质报告。

三、石油、天然气、煤层气地质资料:各类物探、化探成果报告,参数井、区域探井、发现井、评价井的完井地质成果报告和试油(气)成果报告,各类综合地质研究报告,各类储量报告。

四、海洋地质资料:海洋(含远洋)地质矿产调查、地形地貌调查、海底地质调查、水文地质、工程地质、环境地质调查、地球物理、地球化学调查及海洋钻井(完井)地质报告。

五、水文地质、工程地质资料:

(一)区域的或国土整治、国土规划区的水文地质、工程地质调查报告和地下水资源评价、地下水动态监测报告。

(二)大中型城市、重要能源和工业基地、港口和县(旗)以上农田(牧区)的重要供水水源地的地质勘察报告。

(三)地质情况复杂的铁路干线,大中型水库、水坝,大型水电站、火电站、核电站、抽水蓄能电站,重点工程的地下储库、洞(硐)室,主要江河的铁路、公路特大桥,地下铁道、六公里以上的长隧道,大中型港口码头、通航建筑物工程等国家重要工程技术设计阶段的水文地质、工程地质勘察报告。

(四)单独编写的矿区水文地质、工程地质报告,地下热水、矿泉水等专门性水文地质报告以及岩溶地质报告。

(五)重要的小型水文地质、工程地质勘察报告。

六、环境地质、灾害地质资料：

（一）地下水污染区域、地下水人工补给、地下水环境背景值、地方病区等水文地质调查报告。

（二）地面沉降、地面塌陷、地面开裂及滑坡崩塌、泥石流等地质灾害调查报告。

（三）建设工程引起的地质环境变化的专题调查报告，重大工程和经济区的环境地质调查评价报告等。

（四）地质环境监测报告。

（五）地质灾害防治工程勘查报告。

七、地震地质工作：地震地质调查报告，地震地质考察报告，地震地质研究报告。

八、物探、化探地质资料：区域物探、区域化探调查报告；物探、化探普查、详查报告；遥感地质报告及与重要经济建设区、重点工程项目和与大中城市的水文、工程、环境地质工作有关的物探、化探报告。

九、地质、矿产科学研究及综合分析资料：

（一）经国家和省一级成果登记的各类地质、矿产科研成果报告及各种区域性图件。

（二）矿产产地资料汇编、矿产储量表、成矿远景区划、矿产资源总量预测、矿产资源分析以及地质志、矿产志等综合资料。

十、其他地质资料，包括：旅游地质、农业地质、天体地质、深部地质、火山地质、极地地质、第四纪地质、新构造运动、冰川地质、黄土地质、冻土地质以及土壤、沼泽调查等地质报告。

附件二：

原始地质资料汇交细目

一、区域地质调查资料：各种原始测试数据、鉴定结果、测量结果数据汇总表（含数据库），实际材料图，主干剖面实测和修测剖面图，物化探、重砂成果图。

二、矿产资料

（一）矿产勘查地质资料：工程布置图、钻孔柱状图，重要槽探、坑探、井探图，各种岩矿测试、分析数据汇总表（或数据库），各类测量结果数据汇总表，有关物探、化探原始地质资料。

(二)矿产开发地质资料:各中段采空区平面图、剖面图,探采对比资料,各类测量结果数据汇总表。

三、石油、天然气、煤层气地质资料:工程布置图、实际材料图,各类物探、化探原始数据体、成果数据体,参数井、区域探井、发现井、评价井的录井、测井、分析化验原始数据汇总表。

四、海洋地质资料:各类工程布置图,实际材料图和实测资料,各类野外原始记录,各类原始测试分析数据、各类测量结果数据汇总表,有关的物探、化探、遥感原始资料。

五、水文地质资料:各类工程布置平面图,所有钻孔柱状图,各类试验、测试、监测原始数据、测量结果数据汇总表,有关物探、化探原始资料。工程地质资料:软土地区钻进基岩钻孔柱状图、不良地质工点控制性钻孔柱状图、深度超过 30 米的钻孔柱状图,实际材料图,各类工程布置图。

六、环境地质、灾害地质资料:各类工程布置图、实际材料图、钻孔综合成果图,各种调查、测试、监测原始数据及测量结果数据汇总表。

七、物探、化探地质资料:各类测量、分析测试原始数据汇总表,实际材料图。

八、地质科研等其他地质资料:实际材料图、重要的原始测试、分析数据、样品位置的空间数据汇总表。

附件三:

实物地质资料汇交范围

一、科学钻探、大洋调查、极地考察、航天考察所取得的实物地质资料;

二、对我国或者各省、自治区、直辖市具代表性、典型性的反映区域地质现象的实物地质资料。包括反映具有国际性、全国性对比意义的地质剖面,重要古生物化石、地层、构造、岩石等实物资料;

三、反映我国或者各省、自治区、直辖市重要特殊地质现象的实物地质资料;

四、对我国或者各省、自治区、直辖市具有典型性的重要矿床实物地质资料;

五、石油、天然气、煤层气勘查项目的参数井、区域探井、发现井、评价井的实物地质资料;

六、区域地球化学调查副样。

矿山地质环境保护规定

（2009年3月2日中华人民共和国国土资源部令第44号公布 根据2015年5月6日国土资源部第2次部务会议《国土资源部关于修改〈地质灾害危险性评估单位资质管理办法〉等5部规章的决定》第一次修正 根据2016年1月5日国土资源部第1次部务会议《国土资源部关于修改和废止部分规章的决定》第二次修正）

第一章 总 则

第一条 为保护矿山地质环境，减少矿产资源勘查开采活动造成的矿山地质环境破坏，保护人民生命和财产安全，促进矿产资源的合理开发利用和经济社会、资源环境的协调发展，根据《中华人民共和国矿产资源法》和《地质灾害防治条例》，制定本规定。

第二条 因矿产资源勘查开采等活动造成矿区地面塌陷、地裂缝、崩塌、滑坡，含水层破坏，地形地貌景观破坏等的预防和治理恢复，适用本规定。

开采矿产资源涉及土地复垦的，依照国家有关土地复垦的法律法规执行。

第三条 矿山地质环境保护，坚持预防为主、防治结合，谁开发谁保护、谁破坏谁治理、谁投资谁受益的原则。

第四条 国土资源部负责全国矿山地质环境的保护工作。

县级以上地方国土资源行政主管部门负责本行政区的矿山地质环境保护工作。

第五条 国家鼓励开展矿山地质环境保护科学技术研究，普及相关科学技术知识，推广先进技术和方法，制定有关技术标准，提高矿山地质环境保护的科学技术水平。

第六条 国家鼓励企业、社会团体或者个人投资，对已关闭或者废弃矿山的地质环境进行治理恢复。

第七条 任何单位和个人对破坏矿山地质环境的违法行为都有权进行检举和控告。

第二章　规　　划

第八条　国土资源部负责全国矿山地质环境的调查评价工作。

省、自治区、直辖市国土资源行政主管部门负责本行政区域内的矿山地质环境调查评价工作。

市、县国土资源行政主管部门根据本地区的实际情况，开展本行政区域的矿山地质环境调查评价工作。

第九条　国土资源部依据全国矿山地质环境调查评价结果，编制全国矿山地质环境保护规划。

省、自治区、直辖市国土资源行政主管部门依据全国矿山地质环境保护规划，结合本行政区域的矿山地质环境调查评价结果，编制省、自治区、直辖市的矿山地质环境保护规划，报省、自治区、直辖市人民政府批准实施。

市、县级矿山地质环境保护规划的编制和审批，由省、自治区、直辖市国土资源行政主管部门规定。

第十条　矿山地质环境保护规划应当包括下列内容：

（一）矿山地质环境现状和发展趋势；

（二）矿山地质环境保护的指导思想、原则和目标；

（三）矿山地质环境保护的主要任务；

（四）矿山地质环境保护的重点工程；

（五）规划实施保障措施。

第十一条　矿山地质环境保护规划应当符合矿产资源规划，并与土地利用总体规划、地质灾害防治规划等相协调。

第三章　治理恢复

第十二条　采矿权申请人申请办理采矿许可证时，应当编制矿山地质环境保护与治理恢复方案，报有批准权的国土资源行政主管部门批准。

矿山地质环境保护与治理恢复方案应当包括下列内容：

（一）矿山基本情况；

（二）矿山地质环境现状；

（三）矿山开采可能造成地质环境影响的分析评估（含地质灾害危险性评估）；

（四）矿山地质环境保护与治理恢复措施；

（五）矿山地质环境监测方案；

（六）矿山地质环境保护与治理恢复工程经费概算；

（七）缴存矿山地质环境保护与治理恢复保证金承诺书。

依照前款规定已编制矿山地质环境保护与治理恢复方案的，不再单独进行地质灾害危险性评估。

第十三条 采矿权申请人未编制矿山地质环境保护与治理恢复方案，或者编制的矿山地质环境保护与治理恢复方案不符合要求的，有批准权的国土资源行政主管部门应当告知申请人补正；逾期不补正的，不予受理其采矿权申请。

第十四条 采矿权人扩大开采规模、变更矿区范围或者开采方式的，应当重新编制矿山地质环境保护与治理恢复方案，并报原批准机关批准。

第十五条 采矿权人应当严格执行经批准的矿山地质环境保护与治理恢复方案。

矿山地质环境保护与治理恢复工程的设计和施工，应当与矿产资源开采活动同步进行。

第十六条 开采矿产资源造成矿山地质环境破坏的，由采矿权人负责治理恢复，治理恢复费用列入生产成本。

矿山地质环境治理恢复责任人灭失的，由矿山所在地的市、县国土资源行政主管部门，使用经市、县人民政府批准设立的政府专项资金进行治理恢复。

国土资源部，省、自治区、直辖市国土资源行政主管部门依据矿山地质环境保护规划，按照矿山地质环境治理工程项目管理制度的要求，对市、县国土资源行政主管部门给予资金补助。

第十七条 采矿权人应当依照国家有关规定，缴存矿山地质环境治理恢复保证金。

矿山地质环境治理恢复保证金的缴存标准和缴存办法，按照省、自治区、直辖市的规定执行。矿山地质环境治理恢复保证金的缴存数额，不得低于矿山地质环境治理恢复所需费用。

矿山地质环境治理恢复保证金遵循企业所有、政府监管、专户储存、专款专用的原则。

第十八条 采矿权人按照矿山地质环境保护与治理恢复方案的要求履行了矿山地质环境治理恢复义务，经有关国土资源行政主管部门组织验收合格的，按义务履行情况返还相应额度的矿山地质环境治理恢复保证金及利息。

采矿权人未履行矿山地质环境治理恢复义务，或者未达到矿山地质环境保护与治理恢复方案要求，经验收不合格的，有关国土资源行政主管部门应当责令采矿权人限期履行矿山地质环境治理恢复义务。

第十九条 因矿区范围、矿种或者开采方式发生变更的，采矿权人应当按照变更后的标准缴存矿山地质环境治理恢复保证金。

第二十条 矿山地质环境治理恢复后，对具有观赏价值、科学研究价值的矿业遗迹，国家鼓励开发为矿山公园。

国家矿山公园由省、自治区、直辖市国土资源行政主管部门组织申报，由国土资源部审定并公布。

第二十一条 国家矿山公园应当具备下列条件：

（一）国内独具特色的矿床成因类型且具有典型、稀有及科学价值的矿业遗迹；

（二）经过矿山地质环境治理恢复的废弃矿山或者部分矿段；

（三）自然环境优美、矿业文化历史悠久；

（四）区位优越，科普基础设施完善，具备旅游潜在能力；

（五）土地权属清楚，矿山公园总体规划科学合理。

第二十二条 矿山关闭前，采矿权人应当完成矿山地质环境治理恢复义务。采矿权人在申请办理闭坑手续时，应当经国土资源行政主管部门验收合格，并提交验收合格文件，经审定后，返还矿山地质环境治理恢复保证金。

逾期不履行治理恢复义务或者治理恢复仍达不到要求的，国土资源行政主管部门使用该采矿权人缴存的矿山地质环境治理恢复保证金组织治理，治理资金不足部分由采矿权人承担。

第二十三条 采矿权转让的，矿山地质环境保护与治理恢复的义务同时转让。采矿权受让人应当依照本规定，履行矿山地质环境保护与治理恢复的义务。

第二十四条 以槽探、坑探方式勘查矿产资源，探矿权人在矿产资源勘查活动结束后未申请采矿权的，应当采取相应的治理恢复措施，对其勘查矿产资源遗留的钻孔、探井、探槽、巷道进行回填、封闭，对形成的危岩、危坡等进行治理恢复，消除安全隐患。

第四章　监督管理

第二十五条 县级以上国土资源行政主管部门对采矿权人履行矿山地质环境保护与治理恢复义务的情况进行监督检查。

相关责任人应当配合县级以上国土资源行政主管部门的监督检查，并提供必要的资料，如实反映情况。

第二十六条 县级以上国土资源行政主管部门应当建立本行政区域内的矿山地质环境监测工作体系，健全监测网络，对矿山地质环境进行动态监测，指导、监督采矿权人开展矿山地质环境监测。

采矿权人应当定期向矿山所在地的县级国土资源行政主管部门报告矿山地质环境情况，如实提交监测资料。

县级国土资源行政主管部门应当定期将汇总的矿山地质环境监测资料报上一级国土资源行政主管部门。

第二十七条 县级以上国土资源行政主管部门在履行矿山地质环境保护的监督检查职责时，有权对矿山地质环境保护与治理恢复方案确立的治理恢复措施落实情况和矿山地质环境监测情况进行现场检查，对违反本规定的行为有权制止并依法查处。

第二十八条 开采矿产资源等活动造成矿山地质环境突发事件的，有关责任人应当采取应急措施，并立即向当地人民政府报告。

第五章 法律责任

第二十九条 违反本规定，应当编制矿山地质环境保护与治理恢复方案而未编制的，或者扩大开采规模、变更矿区范围或者开采方式，未重新编制矿山地质环境保护与治理恢复方案并经原审批机关批准的，由县级以上国土资源行政主管部门责令限期改正；逾期不改正的，处3万元以下的罚款，颁发采矿许可证的国土资源行政主管部门不得通过其采矿许可证年检。

第三十条 违反本规定第十五条、第二十二条规定，未按照批准的矿山地质环境保护与治理恢复方案治理的，或者在矿山被批准关闭、闭坑前未完成治理恢复的，由县级以上国土资源行政主管部门责令限期改正；逾期拒不改正的，处3万元以下的罚款，5年内不受理其新的采矿权申请。

第三十一条 违反本规定第十七条规定，未按期缴存矿山地质环境治理恢复保证金的，由县级以上国土资源行政主管部门责令限期缴存；逾期不缴存的，处3万元以下的罚款。颁发采矿许可证的国土资源行政主管部门不得通过其采矿活动年度报告，不受理其采矿权延续变更申请。

第三十二条 违反本规定第二十四条规定，探矿权人未采取治理恢复措施的，由县级以上国土资源行政主管部门责令限期改正；逾期拒不改正的，处3万元以下的罚款，5年内不受理其新的探矿权、采矿权申请。

第三十三条 违反本规定，扰乱、阻碍矿山地质环境保护与治理恢复工作，侵占、损坏、损毁矿山地质环境监测设施或者矿山地质环境保护与治理恢复设施的，由县级以上国土资源行政主管部门责令停止违法行为，限期恢复原状或者采取补救措施，并处3万元以下的罚款；构成犯罪的，依法追究刑事责任。

第三十四条 县级以上国土资源行政主管部门工作人员违反本规定，在矿山地质环境保护与治理恢复监督管理中玩忽职守、滥用职权、徇私舞弊的，对相关责任人依法给予行政处分；构成犯罪的，依法追究刑事责任。

第六章 附 则

第三十五条 本规定实施前已建和在建矿山，采矿权人应当依照本规定编制矿山地质环境保护与治理恢复方案，报原采矿许可证审批机关批准，并缴存矿山地质环境治理恢复保证金。

第三十六条 本规定自2009年5月1日起施行。

土地调查条例实施办法

（2009年6月17日中华人民共和国国土资源部令第45号公布 根据2016年1月5日国土资源部第1次部务会议《国土资源部关于修改和废止部分规章的决定》修正）

第一章 总 则

第一条 为保证土地调查的有效实施，根据《土地调查条例》（以下简称条例），制定本办法。

第二条 土地调查是指对土地的地类、位置、面积、分布等自然属性和土地权属等社会属性及其变化情况，以及基本农田状况进行的调查、监测、统计、分析的活动。

第三条 土地调查包括全国土地调查、土地变更调查和土地专项调查。

全国土地调查，是指国家根据国民经济和社会发展需要，对全国城乡各类土地进行的全面调查。

土地变更调查，是指在全国土地调查的基础上，根据城乡土地利用现状及权属变化情况，随时进行城镇和村庄地籍变更调查和土地利用变更调查，并定期进行汇总统计。

土地专项调查，是指根据国土资源管理需要，在特定范围、特定时间内对特定对象进行的专门调查,包括耕地后备资源调查、土地利用动态遥感监测和勘测定界等。

第四条 全国土地调查,由国务院全国土地调查领导小组统一组织,县级以上人民政府土地调查领导小组遵照要求实施。

土地变更调查,由国土资源部会同有关部门组织,县级以上国土资源行政主管部门会同有关部门实施。

土地专项调查,由县级以上国土资源行政主管部门组织实施。

第五条 县级以上地方国土资源行政主管部门应当配合同级财政部门,根据条例规定落实地方人民政府土地调查所需经费。必要时,可以与同级财政部门共同制定土地调查经费从新增建设用地土地有偿使用费、国有土地使用权有偿出让收入等土地收益中列支的管理办法。

第六条 在土地调查工作中作出突出贡献的单位和个人,由有关国土资源行政主管部门按照国家规定给予表彰或者奖励。

第二章 土地调查机构及人员

第七条 国务院全国土地调查领导小组办公室设在国土资源部,县级以上地方人民政府土地调查领导小组办公室设在同级国土资源行政主管部门。

县级以上国土资源行政主管部门应当明确专门机构和人员,具体负责土地变更调查和土地专项调查等工作。

第八条 土地调查人员包括县级以上国土资源行政主管部门和相关部门的工作人员,有关事业单位的人员以及承担土地调查任务单位的人员。

第九条 土地调查人员应当经过省级以上国土资源行政主管部门组织的业务培训,通过全国统一的土地调查人员考核,领取土地调查员工作证。

已取得国土资源部、人力资源和社会保障部联合颁发的土地登记代理人资格证书的人员,可以直接申请取得土地调查员工作证。

土地调查员工作证由国土资源部统一制发,按照规定统一编号管理。

第十条 承担国家级土地调查任务的单位,应当符合条例第十三条的规定,并具备以下条件:

(一)近三年内有累计合同额 1000 万元以上,经县级以上国土资源行政主管部门验收合格的土地调查项目;

(二)有专门的质量检验机构和专职质量检验人员,有完善有效的土地调查成果质量保证制度;

(三)近三年内无土地调查成果质量不良记录;

(四)取得土地调查员工作证的技术人员不少于20名;

(五)国土资源部规章、规范性文件规定的其他条件。

第十一条 申请列入国家级土地调查单位名录的单位,应当向国土资源部提出申请。经审核符合条例第十三条和本办法第十条规定的,由国土资源部列入国家级土地调查单位名录并公布。

列入国家级土地调查单位名录的单位,可以在全国范围内承担土地调查任务。

各省、自治区、直辖市国土资源行政主管部门可以参照本办法规定,确定并公布省级土地调查单位名录。

第十二条 土地调查单位名录实行动态管理,定期公布。

第十三条 各级国土资源行政主管部门应当根据土地调查单位名录,选取符合条件的土地调查单位承担土地调查任务。

第三章 土地调查的组织实施

第十四条 开展全国土地调查,由国土资源部会同有关部门在开始前一年度拟订全国土地调查总体方案,报国务院批准后实施。

全国土地调查总体方案应当包括调查的主要任务、时间安排、经费落实、数据要求、成果公布等内容。

第十五条 县级以上地方国土资源行政主管部门应当会同同级有关部门,根据全国土地调查总体方案和上级土地调查实施方案的要求,拟定本行政区域的土地调查实施方案,报上一级人民政府国土资源行政主管部门备案。

第十六条 土地变更调查由国土资源部统一部署,以县级行政区为单位组织实施。

县级以上国土资源行政主管部门应当按照国家统一要求,组织实施土地变更调查,保持调查成果的现势性和准确性。

第十七条 土地变更调查中的城镇和村庄地籍变更调查,应当根据土地权属等变化情况,以宗地为单位,随时调查,及时变更地籍图件和数据库。

第十八条 土地变更调查中的土地利用变更调查,应当以全国土地调查和上一年度土地变更调查结果为基础,全面查清本年度本行政区域内土地利用状况变化情况,更新土地利用现状图件和土地利用数据库,逐级汇总上报各类土地利用变化数据。

土地利用变更调查的统一时点为每年12月31日。

第十九条 土地变更调查,包括下列内容:

（一）行政和权属界线变化状况；

（二）土地所有权和使用权变化情况；

（三）地类变化情况；

（四）基本农田位置、数量变化情况；

（五）国土资源部规定的其他内容。

第二十条 土地专项调查由县级以上国土资源行政主管部门组织实施，专项调查成果报上一级国土资源行政主管部门备案。

全国性的土地专项调查，由国土资源部组织实施。

第二十一条 土地调查应当执行国家统一的土地利用现状分类标准、技术规程和国土资源部的有关规定，保证土地调查数据的统一性和准确性。

第二十二条 上级国土资源行政主管部门应当加强对下级国土资源行政主管部门土地调查工作的指导，并定期组织人员进行监督检查，及时掌握土地调查进度，研究解决土地调查中的问题。

第二十三条 县级以上国土资源行政主管部门应当建立土地调查进度的动态通报制度。

上级国土资源行政主管部门应当根据全国土地调查、土地变更调查和土地专项调查确定的工作时限，定期通报各地工作的完成情况，对工作进度缓慢的地区，进行重点督导和检查。

第二十四条 从事土地调查的单位和个人，应当遵守国家有关保密的法律法规和规定。

第四章　调查成果的公布和应用

第二十五条 土地调查成果包括数据成果、图件成果、文字成果和数据库成果。

土地调查数据成果，包括各类土地分类面积数据、不同权属性质面积数据、基本农田面积数据和耕地坡度分级面积数据等。

土地调查图件成果，包括土地利用现状图、地籍图、宗地图、基本农田分布图、耕地坡度分级专题图等。

土地调查文字成果，包括土地调查工作报告、技术报告、成果分析报告和其他专题报告等。

土地调查数据库成果，包括土地利用数据库和地籍数据库等。

第二十六条 县级以上国土资源行政主管部门应当按照要求和有关标准完成数据处理、文字报告编写等成果汇总统计工作。

第二十七条　土地调查成果实行逐级汇交制度。

县级以上地方国土资源行政主管部门应当将土地调查形成的数据成果、图件成果、文字成果和数据库成果汇交上一级国土资源行政主管部门汇总。

土地调查成果汇总的内容主要包括数据汇总、图件编制、文字报告编写和成果分析等。

第二十八条　全国土地调查成果的检查验收,由各级土地调查领导小组办公室按照下列程序进行:

(一)县级组织调查单位和相关部门,对调查成果进行全面自检,形成自检报告,报市(地)级复查;

(二)市(地)级复查合格后,向省级提出预检申请;

(三)省级对调查成果进行全面检查,验收合格后上报;

(四)全国土地调查领导小组办公室对成果进行核查,根据需要对重点区域、重点地类进行抽查,形成确认意见。

第二十九条　全国土地调查成果的公布,依照条例第二十五条规定进行。

土地变更调查成果,由各级国土资源行政主管部门报本级人民政府批准后,按照国家、省、市、县的顺序依次公布。

土地专项调查成果,由有关国土资源行政主管部门公布。

第三十条　土地调查上报的成果质量实行分级负责制。县级以上国土资源行政主管部门应当对本级上报的调查成果认真核查,确保调查成果的真实、准确。

上级国土资源行政主管部门应当定期对下级国土资源行政主管部门的土地调查成果质量进行监督。

第三十一条　经依法公布的土地调查成果,是编制国民经济和社会发展规划、有关专项规划以及国土资源管理的基础和依据。

建设用地报批、土地整治项目立项以及其他需要使用土地基础数据与图件资料的活动,应当以国家确认的土地调查成果为基础依据。

各级土地利用总体规划修编,应当以经国家确定的土地调查成果为依据,校核规划修编基数。

第五章　法律责任

第三十二条　接受土地调查的单位和个人违反条例第十七条的规定,无正当理由不履行现场指界义务的,由县级以上人民政府国土资源行政主管部门责令限期改正,逾期不改正的,依照条例第三十二条的规定进行处罚。

第三十三条 承担土地调查任务的单位有下列情形之一的，县级以上国土资源行政主管部门应当责令限期改正，逾期不改正的，终止土地调查任务，该单位五年内不得列入土地调查单位名录：

（一）在土地调查工作中弄虚作假的；

（二）无正当理由，未按期完成土地调查任务的；

（三）土地调查成果有质量问题，造成严重后果的。

第三十四条 承担土地调查任务的单位不符合条例第十三条和本办法第十条规定的相关条件，弄虚作假，骗取土地调查任务的，县级以上国土资源行政主管部门应当终止该单位承担的土地调查任务，并不再将该单位列入土地调查单位名录。

第三十五条 土地调查人员违反条例第三十一条规定的，由国土资源部注销土地调查员工作证，不得再次参加土地调查人员考核。

第三十六条 国土资源行政主管部门工作人员在土地调查工作中玩忽职守、滥用职权、徇私舞弊，构成犯罪的，依法追究刑事责任；尚不构成犯罪的，依法给予行政处分。

第六章　附　　则

第三十七条 本办法自公布之日起施行。

古生物化石保护条例实施办法

（2012年12月27日中华人民共和国国土资源部令第57号公布　根据2015年5月6日国土资源部第2次部务会议《国土资源部关于修改〈地质灾害危险性评估单位资质管理办法〉等5部规章的决定》第一次修正　根据2016年1月5日国土资源部第1次部务会议《国土资源部关于修改和废止部分规章的决定》第二次修正）

第一章　总　　则

第一条 依据《古生物化石保护条例》（以下简称《条例》），制定本办法。

第二条 国土资源部负责全国古生物化石保护的组织、协调、指导和监督管理，履行下列职责：

（一）依据法律、行政法规和国家有关规定，研究制定古生物化石保护的规章制度、方针政策以及有关技术标准和规范；

（二）组织成立国家古生物化石专家委员会，制定章程，保障国家古生物化石专家委员会依照《条例》的规定开展工作，发挥专家的专业指导和咨询作用；

（三）组织制定国家古生物化石分级标准，审查批准并分批公布重点保护古生物化石名录和重点保护古生物化石集中产地名录；

（四）依据《条例》规定的权限和程序，负责古生物化石发掘、流通、进出境等相关事项的审批；

（五）建立和管理全国的重点保护古生物化石档案和数据库；

（六）监督检查古生物化石保护和管理的法律、行政法规的实施，依法查处重大违法案件；

（七）组织开展古生物化石保护的科学研究、宣传教育和管理业务培训；

（八）法律、行政法规规定的其他职责。

第三条 省、自治区、直辖市人民政府国土资源主管部门负责本行政区域内古生物化石保护的组织、协调、指导和监督管理，履行下列职责：

（一）贯彻执行古生物化石保护的法律、法规、规章制度和方针政策；

（二）组织协调有关部门和单位支持国家古生物化石专家委员会依照《条例》的规定开展工作。通过成立省级古生物化石专家委员会等方式，发挥专家的专业指导和咨询作用；

（三）依据《条例》和省、自治区、直辖市有关规定确定的权限和程序，负责本行政区域内一般保护古生物化石发掘、进出境等相关事项的审批；

（四）建立和管理本行政区域的重点保护古生物化石档案和数据库；

（五）监督检查古生物化石保护和管理法律、法规、规章在本行政区域内的实施，依法查处违法案件；

（六）组织开展本行政区域内古生物化石保护的科学研究、宣传教育和管理业务培训；

（七）法律、法规以及国土资源部规定的其他职责。

第四条 设区的市、县级人民政府国土资源主管部门依据《条例》和省、自治区、直辖市的有关规定，负责本行政区域内古生物化石保护的管理和监督检查。

第五条 县级以上人民政府国土资源主管部门应当确定相应的机构和人员承担古生物化石保护的管理和监督检查工作。

第六条 国家古生物化石专家委员会负责为古生物化石保护和管理提供专业指导和咨询，主要承担下列工作：

（一）参与古生物化石保护和管理的法律、法规、规章制度和方针政策的制定；

（二）对重点保护古生物化石集中产地保护规划出具评审意见；

（三）拟定古生物化石保护和管理的有关技术标准和规范；

（四）拟定重点保护古生物化石名录和重点保护古生物化石集中产地名录；

（五）为建立国家级古生物化石自然保护区和涉及重点保护古生物化石的地质公园、博物馆等提供咨询服务；

（六）对古生物化石发掘申请出具评审意见；

（七）对申请进出境的重点保护古生物化石、涉嫌违法进出境的古生物化石、有关部门查获的古生物化石等出具鉴定意见；

（八）对古生物化石收藏单位进行评估定级；

（九）开展古生物化石保护和管理的专业培训；

（十）国土资源部规定的其他事项。

国土资源部成立国家古生物化石专家委员会办公室，负责国家古生物化石专家委员会的日常工作。

国家古生物化石专家委员会的章程由国土资源部另行制定。

省、自治区、直辖市人民政府国土资源主管部门可以根据实际工作需要，成立省级古生物化石专家委员会及办公室，具体办法由省、自治区、直辖市人民政府国土资源主管部门制定。省级古生物化石专家委员会接受国家古生物化石专家委员会的专业指导。

第七条 古生物化石分为重点保护古生物化石和一般保护古生物化石。按照科学价值重要程度、保存完整程度和稀少程度，将重点保护古生物化石划分为一级、二级和三级。

重点保护古生物化石分级标准和重点保护古生物化石名录由国土资源部另行制定。

第八条 重点保护古生物化石集中产地所在地设区的市、县级人民政府国土资源主管部门，应当组织编制重点保护古生物化石集中产地保护规划，针对当地古生物化石的分布、产出情况，分类采取保护措施，作出具体安排。重点保护古生物化石集中产地保护规划由所在地的省、自治区、直辖市人民政府国土资源主管部门初审，经国家古生物化石专家委员会评审通过，由所在地设区的市、县级人民政府批准后实施。

重点保护古生物化石集中产地保护规划经批准后，重点保护古生物化石集中产地所在地设区的市、县级人民政府国土资源主管部门应当在 30 个工作日内逐级上报国土资源部备案。

重点保护古生物化石集中产地名录由国家古生物化石专家委员会拟定，

由国土资源部公布。

第九条 申请建立国家级古生物化石自然保护区和涉及重点保护古生物化石的地质公园、博物馆的，申请单位应当在向有关主管部门提出申请前征求国家古生物化石专家委员会的意见。

第十条 县级以上人民政府国土资源主管部门应当将古生物化石保护工作所需经费纳入年度预算，专款用于古生物化石保护管理、产地和标本保护、调查评价、规划编制、评审鉴定、咨询评估、科研科普、宣传培训等工作。

第十一条 单位或者个人有下列行为之一的，由县级以上人民政府国土资源主管部门给予奖励：

（一）严格执行国家有关法律法规，在古生物化石保护管理、科学研究、宣传教育等方面做出显著成绩的；

（二）举报或制止违法犯罪行为，使重点保护古生物化石得到保护的；

（三）将合法收藏的重点保护古生物化石捐赠给国有收藏单位的；

（四）发现重点保护古生物化石及时报告或者上交的；

（五）其他对古生物化石保护工作做出突出贡献的。

第十二条 国家鼓励单位或者个人通过捐赠等方式设立古生物化石保护基金，专门用于古生物化石保护，任何单位或者个人不得侵占、挪用。

第二章　古生物化石发掘

第十三条 在国家级古生物化石自然保护区内发掘古生物化石，或者在其他区域发掘古生物化石涉及重点保护古生物化石的，应当向国土资源部提出申请并取得批准。

除前款规定的情形外，其他申请发掘古生物化石的，应当向古生物化石所在地的省、自治区、直辖市人民政府国土资源主管部门提出申请并取得批准。

第十四条 申请发掘古生物化石的单位，应当提交下列材料：

（一）古生物化石发掘申请表；

（二）申请发掘古生物化石单位的证明材料；

（三）古生物化石发掘方案，包括发掘时间和地点、发掘对象、发掘地的地形地貌、区域地质条件、发掘面积、层位和工作量、发掘技术路线、发掘领队及参加人员情况等；

（四）古生物化石发掘标本保存方案，包括发掘的古生物化石可能的属种、古生物化石标本保存场所及其保存条件、防止化石标本风化、损毁的措施等；

（五）古生物化石发掘区自然生态条件恢复方案，包括发掘区自然生态条

件现状、发掘后恢复自然生态条件的目标任务和措施、自然生态条件恢复工程量、自然生态条件恢复工程经费概算及筹措情况;

(六)法律、法规规定的其他材料。

第十五条 本办法第十四条第二项规定的证明材料包括:

(一)单位性质证明材料;

(二)3名以上技术人员的古生物专业或者相关专业的技术职称证书,及其3年以上古生物化石的发掘经历证明。发掘活动的领队除应当提供3年以上古生物化石的发掘经历证明以外,还应当提供古生物专业高级职称证书;

(三)符合古生物化石发掘需要的设施、设备的证明材料;

(四)古生物化石修复技术和保护工艺的证明材料;

(五)符合古生物化石安全保管的设施、设备和场所的证明材料。

同一单位两年内再次提出发掘申请的,可以不再提交以上材料,但应当提供发掘活动领队的证明材料。

第十六条 国土资源部应当自受理发掘申请之日起5个工作日内,向古生物化石所在地的省、自治区、直辖市人民政府国土资源主管部门发送征求意见函。省、自治区、直辖市人民政府国土资源主管部门应当听取古生物化石所在地设区的市、县级国土资源主管部门的意见,并在10个工作日内向国土资源部回复意见。

第十七条 国土资源部和省、自治区、直辖市人民政府国土资源主管部门批准发掘申请后,应当将批准文件抄送古生物化石所在地的县级以上地方人民政府国土资源主管部门。

第十八条 发掘古生物化石的单位,改变古生物化石发掘方案、发掘标本保存方案和发掘区自然生态条件恢复方案的,应当报原批准发掘的国土资源主管部门批准。

第十九条 依据《条例》的规定零星采集古生物化石标本的,不需要申请批准。零星采集活动的负责人应当在采集活动开始前向古生物化石所在地的省、自治区、直辖市人民政府国土资源主管部门提交零星采集古生物化石告知书。有关省、自治区、直辖市人民政府国土资源主管部门应当予以支持。

零星采集单位应当按照零星采集古生物化石告知书中的内容开展采集活动。确需改变零星采集计划的,采集活动的负责人应当将变更情况及时告知古生物化石所在地的省、自治区、直辖市人民政府国土资源主管部门。

第二十条 中外合作开展的科学研究项目,需要在中华人民共和国领域和中华人民共和国管辖的其他海域发掘古生物化石的,发掘申请由中方化石发掘单位向国土资源部提出,发掘领队由中方人员担任,发掘的古生物化石归中方所有。

第二十一条 建设工程选址,应当避开重点保护古生物化石赋存的区域;确实无法避开的,应当采取必要的保护措施,或者依据《条例》的有关规定由县级以上人民政府国土资源主管部门组织实施抢救性发掘。

第二十二条 发掘古生物化石给他人生产、生活造成损失的,发掘单位应当采取必要的补救措施,并承担相应的赔偿责任。

第三章 古生物化石收藏

第二十三条 古生物化石收藏单位可以通过下列方式合法收藏重点保护古生物化石:

(一)依法发掘;

(二)依法转让、交换、赠与;

(三)接受委托保管、展示;

(四)国土资源主管部门指定收藏;

(五)法律、法规规定的其他方式。

任何单位和个人不得收藏违法获得或者不能证明合法来源的古生物化石。

第二十四条 收藏古生物化石的收藏单位,应当符合《条例》规定的收藏条件,保障其收藏的古生物化石安全。

依据收藏条件,将古生物化石收藏单位分为甲、乙、丙三个级别。古生物化石收藏单位的级别,由国家古生物化石专家委员会评定,并定期开展评估。国家古生物化石专家委员会应当将级别评定结果和评估结果报国土资源部备案。

级别评定结果和评估结果应当定期公布,作为县级以上人民政府国土资源主管部门对收藏单位进行管理和监督检查的重要依据。

第二十五条 甲级古生物化石收藏单位应当符合下列条件:

(一)有固定的馆址、专用展室和保管场所;

(二)古生物化石收藏、修复、展示的场所及附属设施的面积不小于2000平方米;

(三)拥有相关研究成果的古生物专业或者相关专业的技术人员不少于20人;

(四)有防止古生物化石自然毁损的技术、工艺和完备的防火防盗等设施、设备;

（五）有完善的古生物化石档案和数据库系统；

（六）有完善的古生物化石收集、登记、入库、保管、使用、注销以及资产、安全防范等方面的管理制度；

（七）有稳定的经费来源，设立了年度保护专项经费。

第二十六条 乙级古生物化石收藏单位应当符合下列条件：

（一）有固定的馆址、专用展室和保管场所；

（二）古生物化石收藏、修复、展示的场所及附属设施的面积不小于1000平方米；

（三）拥有相关研究成果的古生物专业或者相关专业的技术人员不少于10人；

（四）有防止古生物化石自然毁损的技术、工艺和比较完备的防火防盗等设施、设备；

（五）有比较完善的古生物化石档案和数据库系统；

（六）有比较完善的古生物化石收集、登记、入库、保管、使用、注销以及资产、安全防范等方面的管理制度；

（七）有稳定的经费来源，能保障正常运转。

第二十七条 丙级古生物化石收藏单位应当符合下列条件：

（一）有固定的馆址、专用展室和保管场所；

（二）古生物化石收藏、展示的场所及附属设施的面积不小于300平方米；

（三）拥有相关研究成果的古生物专业或者相关专业的技术人员不少于3人；

（四）有防止古生物化石自然毁损的技术、工艺和防火防盗等设施、设备；

（五）建立了古生物化石档案和数据库；

（六）建立了古生物化石收集、登记、入库、保管、使用、注销以及资产、安全防范等方面的管理制度；

（七）有稳定的经费来源，能维持正常运转。

第二十八条 收藏古生物化石模式标本的单位，应当符合甲级古生物化石收藏单位的收藏条件。收藏模式标本以外的一级重点保护古生物化石的单位，应当符合乙级以上古生物化石收藏单位的收藏条件。收藏二级、三级重点保护古生物化石的单位，应当符合丙级以上古生物化石收藏单位的收藏条件。但是，有下列情形之一的除外：

（一）在古生物化石产地和地质公园内设立的博物馆（陈列馆），因科普宣传需要收藏本地发掘的古生物化石的；

（二）古生物化石科研机构、高等院校，因科学研究、教学的需要，在标本库中保存古生物化石的；

（三）国土资源部规定的其他情形。

前款规定的单位收藏和保存重点保护古生物化石的，应当采取必要的保护措施。

第二十九条 古生物化石收藏单位应当建立古生物化石档案，并将本单位收藏的重点保护古生物化石档案报所在地的县级以上人民政府国土资源主管部门备案。

古生物化石收藏单位应当在档案中如实对本单位收藏的古生物化石作出描述和标注，并根据收藏情况变化及时对档案作出变更。古生物化石收藏单位对本单位的古生物化石档案的真实性负责。

收藏单位的法定代表人变更时，应当办理本单位收藏的古生物化石档案的移交手续。

第三十条 国土资源部负责制定古生物化石档案和数据库建设标准，建立和管理全国的重点保护古生物化石档案和数据库。县级以上地方人民政府国土资源主管部门负责建立和管理本行政区域的重点保护古生物化石档案和数据库。

第三十一条 重点保护古生物化石失窃或者遗失的，收藏单位应当立即向当地公安机关报案，同时向所在地的县级以上人民政府国土资源主管部门报告。县级以上人民政府国土资源主管部门应当在24小时内逐级上报国土资源部。国土资源部应当立即通报海关总署，防止重点保护古生物化石流失境外。

第三十二条 国家古生物化石专家委员会每三年组织专家对古生物化石收藏单位进行一次评估，并根据评估结果，对收藏单位的级别进行调整。

收藏单位对级别评定结果和评估结果有异议的，可以申请国家古生物化石专家委员会另行组织专家重新评估。

第三十三条 古生物化石收藏单位应当在每年1月31日前向所在地设区的市、县级人民政府国土资源主管部门报送年度报告。年度报告应当包括本单位上一年度藏品、人员和机构的变动情况以及国内外展览、标本安全、科普教育、科学研究、财务管理等情况。

设区的市、县级人民政府国土资源主管部门应当在每年2月28日前，将上一年度本行政区域内古生物化石收藏单位年度报告逐级上报省、自治区、直辖市人民政府国土资源主管部门。省、自治区、直辖市人民政府国土资源主管部门应当在每年3月31日前汇总并报送国土资源部。

县级以上人民政府国土资源主管部门应当对古生物化石收藏单位进行实

地抽查。

第三十四条 国家鼓励单位和个人将《条例》施行前收藏的重点保护古生物化石,在规定期限内到所在地的省、自治区、直辖市人民政府国土资源主管部门进行登记。省、自治区、直辖市人民政府国土资源主管部门应当将登记结果纳入本行政区域的重点保护古生物化石档案和数据库。

第三十五条 国家鼓励单位或个人将其合法收藏的重点保护古生物化石委托符合条件的收藏单位代为保管或者展示。

第三十六条 国土资源部或者省、自治区、直辖市人民政府国土资源主管部门应当组织专家对公安、工商行政管理、海关等部门查获的有理由怀疑属于古生物化石的物品进行鉴定,出具是否属于古生物化石的证明文件。

公安、工商行政管理、海关等部门依法没收的古生物化石由同级国土资源主管部门负责接收。有关国土资源主管部门应当出具接收凭证,并将接收的古生物化石交符合条件的收藏单位收藏。

第四章 古生物化石流通

第三十七条 未经批准,重点保护古生物化石不得流通。国家鼓励单位和个人将其合法收藏的重点保护古生物化石捐赠给符合条件的收藏单位收藏。

第三十八条 收藏单位不得将收藏的重点保护古生物化石转让、交换、赠与给不符合收藏条件的单位和个人。

收藏单位之间转让、交换或者赠与重点保护古生物化石的,应当向国土资源部提出申请,并提交下列材料:

(一)重点保护古生物化石流通申请表;

(二)转让、交换、赠与合同;

(三)转让、交换、赠与的古生物化石清单和照片;

(四)接收方符合本办法规定的相应古生物化石收藏条件的证明材料。

国土资源部应当在收到申请之日起20个工作日内作出是否批准的决定。

国土资源部批准转让、交换或者赠与申请前,应当征求有关收藏单位所在地的省、自治区、直辖市人民政府国土资源主管部门的意见;批准申请后,应当将有关情况通报有关收藏单位所在地的省、自治区、直辖市人民政府国土资源主管部门。

第三十九条 买卖一般保护古生物化石的,应当依据省、自治区、直辖市人民政府的规定,在县级以上地方人民政府指定的场所进行。县级以上地方人民政府国土资源主管部门应当加强对本行政区域内一般保护古生物化石买卖的监督管理。

第四十条 收藏单位不再收藏的一般保护古生物化石，可以依法流通。

第五章 古生物化石进出境

第四十一条 国土资源部对全国的古生物化石出境活动进行统筹协调。省、自治区、直辖市人民政府国土资源主管部门，应当在每年12月31日前，将本行政区域内有关单位的下一年度古生物化石出境计划汇总上报国土资源部。

第四十二条 申请重点保护古生物化石出境的单位或者个人应当向国土资源部提交下列材料：

（一）古生物化石出境申请表；

（二）申请出境的古生物化石清单和照片。古生物化石清单内容包括标本编号、标本名称、重点保护级别、产地、发掘时间、发掘层位、标本尺寸和收藏单位等；

（三）外方合作单位的基本情况及资信证明；

（四）合作研究合同或者展览合同；

（五）出境古生物化石的保护措施；

（六）出境古生物化石的应急保护预案；

（七）出境古生物化石的保险证明；

（八）国土资源部规定的其他材料。

第四十三条 申请一般保护古生物化石出境的单位或者个人应当向所在地的省、自治区、直辖市人民政府国土资源主管部门提交下列材料：

（一）古生物化石出境申请表；

（二）申请出境的古生物化石清单和照片。古生物化石清单内容包括标本名称、产地、标本尺寸及数量等。

第四十四条 经批准出境的重点保护古生物化石进境的，申请人应当自办结进境海关手续之日起5日内向国土资源部申请进境核查，提交出境古生物化石进境核查申请表。

第四十五条 境外古生物化石临时进境的，境内的合作单位或者个人应当依据《条例》的规定向国土资源部申请核查、登记，提交下列材料：

（一）境外古生物化石临时进境核查申请表；

（二）合作合同；

（三）进境化石的清单和照片。古生物化石清单内容包括标本名称、属种、编号、尺寸、产地等；

（四）外方批准古生物化石合法出境的证明材料。

第四十六条 境外古生物化石在境内展览、合作研究或教学等活动结束后，由境内有关单位或者个人向国土资源部申请核查，提交下列材料：

（一）境外古生物化石复出境申请表；

（二）复出境古生物化石清单及照片。古生物化石清单内容包括标本名称、属种、编号、尺寸、产地等；

（三）国土资源部对该批古生物化石进境的核查、登记凭证。

第四十七条 对境外查获的有理由怀疑属于我国古生物化石的物品，国土资源部应当组织国家古生物化石专家委员会进行鉴定。对违法出境的古生物化石，国土资源部应当在国务院外交、公安、海关等部门的支持和配合下进行追索。追回的古生物化石，由国土资源部交符合相应条件的收藏单位收藏。

第四十八条 因科学研究、文化交流等原因合法出境的古生物化石，境外停留期限超过批准期限的，批准出境的国土资源主管部门应当责令境内申请人限期追回出境的古生物化石。逾期未追回的，参照本办法关于违法出境的古生物化石的有关规定处理。

第六章 法律责任

第四十九条 县级以上人民政府国土资源主管部门及其工作人员有下列行为之一的，由上级人民政府国土资源主管部门责令限期改正；逾期不改正的，对直接负责的主管人员和其他直接责任人员依法给予处分：

（一）未依照本办法的规定编制和实施重点保护古生物化石集中产地保护规划的；

（二）未依照本办法的规定建立和管理古生物化石档案和数据库的；

（三）未依照本办法的规定将重点保护古生物化石失窃或者遗失的情况报告国土资源部的；

（四）其他不依法履行监督管理职责的行为。

第五十条 未经批准发掘古生物化石或者未按照批准的发掘方案发掘古生物化石的，县级以上人民政府国土资源主管部门责令停止发掘，限期改正，没收发掘的古生物化石，并处罚款。在国家级古生物化石自然保护区、国家地质公园和重点保护古生物化石集中产地内违法发掘的，处30万元以上50万元以下罚款；在其他区域内违法发掘的，处20万元以上30万元以下罚款。

未经批准或者未按照批准的发掘方案发掘古生物化石，构成违反治安管理行为的，由公安机关依法给予治安管理处罚；构成犯罪的，依法追究刑事责任。

未按照批准的发掘方案发掘古生物化石，情节严重的，由批准古生物化石发掘的国土资源主管部门撤销批准发掘的决定。

第五十一条 单位或者个人在生产、建设活动中发现古生物化石不报告的，由县级以上人民政府国土资源主管部门对建设工程实施单位处1万元以下罚款；造成古生物化石损毁的，依法承担相应的法律责任。

第五十二条 古生物化石发掘单位未按照规定移交古生物化石的，由批准发掘的国土资源主管部门责令限期改正；逾期不改正，或者造成古生物化石损毁的，涉及一般保护古生物化石的，处10万元以上20万元以下罚款；涉及重点保护古生物化石的，处20万元以上50万元以下罚款；直接负责的主管人员和其他直接责任人员构成犯罪的，依法追究刑事责任。

第五十三条 收藏单位不符合本办法规定的收藏条件收藏古生物化石的，由县级以上人民政府国土资源主管部门责令限期改正；逾期不改正的，处5万元以上10万元以下的罚款；已严重影响其收藏的重点保护古生物化石安全的，由国土资源部指定符合本办法规定的收藏条件的收藏单位代为收藏，代为收藏的费用由原收藏单位承担。

第五十四条 单位或者个人违反本办法的规定，收藏违法获得或者不能证明合法来源的重点保护古生物化石的，由县级以上人民政府国土资源主管部门依法没收有关古生物化石，并处3万元以下罚款。

第五十五条 古生物化石收藏单位之间未经批准转让、交换、赠与其收藏的重点保护古生物化石的，由县级以上人民政府国土资源主管部门责令限期改正；有违法所得的，没收违法所得；逾期不改正的，涉及三级重点保护古生物化石的，对有关收藏单位处5万元以上10万元以下罚款；涉及二级重点保护古生物化石的，对有关收藏单位处10万元以上15万元以下罚款；涉及一级重点保护古生物化石的，对有关收藏单位处15万元以上20万元以下罚款。

第五十六条 国有收藏单位将其收藏的重点保护古生物化石违法转让、交换、赠与给非国有收藏单位或者个人的，由县级以上人民政府国土资源主管部门责令限期改正；逾期不改正的，涉及三级重点保护古生物化石的，对国有收藏单位处20万元以上30万元以下罚款；涉及二级重点保护古生物化石的，对国有收藏单位处30万元以上40万元以下罚款；涉及一级重点保护古生物化石的，对国有收藏单位处40万元以上50万元以下罚款，对直接负责的主管人员和其他直接责任人员依法给予处分；构成犯罪的，依法追究刑事责任。

第五十七条 单位或者个人将其收藏的重点保护古生物化石转让、交换、赠与、质押给外国人或者外国组织的，由县级以上人民政府国土资源主管部门责令限期追回，涉及三级重点保护古生物化石的，对单位处10万元以上30万元以下罚款，对个人处2万元以上3万元以下罚款；涉及二级重点保护古生物化石的，对单位处30万元以上40万元以下罚款，对个人处3万元以上5万元以下罚款；涉及一级重点保护古生物化石的，对单位处40万元以上50万元以下罚款，对个人处5万元以上10万元以下罚款；有违法所得的，没收违法所得；构成犯罪的，依法追究刑事责任。

第五十八条 古生物化石专家违反法律法规和本办法的规定，开展评审、鉴定、评估等工作，违背职业道德、危害国家利益的，不得担任国家古生物化石专家委员会或者省级古生物化石专家委员会的委员；构成犯罪的，依法追究刑事责任。

第七章 附 则

第五十九条 本办法规定的古生物化石发掘申请表、零星采集古生物化石告知书、重点保护古生物化石流通申请表、古生物化石出境申请表、出境古生物化石进境核查申请表、境外古生物化石临时进境核查申请表、境外古生物化石复出境申请表等申请材料的格式由国土资源部另行制定。

第六十条 本办法自2013年3月1日起施行。

住房城乡建设部关于废止部分部门规章的决定

（2016年1月11日住房和城乡建设部令第27号公布 自公布之日起施行）

经商商务部同意，住房城乡建设部决定废止《外商投资城市规划服务企业管理规定》（建设部、对外贸易经济合作部令第116号）、《〈外商投资城市规划服务企业管理规定〉的补充规定》（建设部、商务部令第123号）。现予发布，自发布之日起施行。

住房城乡建设部关于修改《城乡规划编制单位资质管理规定》的决定

（2016 年 1 月 11 日住房和城乡建设部令第 28 号公布　自公布之日起施行）

住房城乡建设部决定将《城乡规划编制单位资质管理规定》（住房城乡建设部令第 12 号）第四十二条修改为：外商投资企业可以依照本规定申请取得城乡规划编制单位资质证书，在相应资质等级许可范围内，承揽城市、镇总体规划服务以外的城乡规划编制工作。

资质许可机关应当在外商投资企业的资质证书中注明‘城市、镇总体规划服务除外。’

本决定自发布之日起施行。《城乡规划编制单位资质管理规定》根据本决定作相应的修正，重新发布。

中国保险监督管理委员会派出机构监管职责规定

（2016 年 1 月 11 日中国保险监督管理委员会令 2016 年第 1 号公布　自 2016 年 3 月 1 日起施行）

第一条　为了明确派出机构监管工作职责，完善对保险业的监督管理，促进保险业健康发展，根据《中华人民共和国保险法》等法律、行政法规，制定本规定。

第二条　本规定所称派出机构，是指中国保险监督管理委员会（以下简称中国保监会）派驻各省、自治区、直辖市和计划单列市的监管局。

本规定所称保险公司分支机构，是指保险公司依法设立的分公司、中心支公司、支公司、营业部、营销服务部和专属机构。

本规定所称保险中介机构，是指依法设立的保险代理机构、保险经纪机构、保险公估机构和上述机构的分支机构。

第三条 中国保监会对派出机构实行垂直领导、统一管理。各派出机构直接对中国保监会负责，根据中国保监会的授权履行监管职责。

中国保监会和省（自治区、直辖市）监管局可以授权监管分局履行监管职责，监管分局直接对其所在省（自治区、直辖市）的监管局负责。

第四条 派出机构履行监管职责，应当遵循依法、公开、公正的原则，维护保险市场秩序，保护投保人、被保险人和受益人等保险消费者的合法权益。

第五条 派出机构负责辖区内保险公司分支机构和保险中介机构的市场准入、退出和机构监管。

第六条 派出机构负责辖区内保险公司分支机构和保险中介机构的保险许可证颁发、送达和更换。

第七条 派出机构负责辖区内保险公司分支机构高级管理人员的任职资格核准和监管，负责辖区内保险公司营销服务部负责人的监管。

第八条 派出机构负责辖区内保险中介机构的董事长、执行董事和高级管理人员的任职资格核准和监管，以及保险销售从业人员、保险经纪从业人员和保险公估从业人员的监管。

第九条 派出机构对辖区内保险产品的销售、理赔等服务进行监管，对辖区内保险公司分支机构保险条款、保险费率的执行情况以及保险产品信息的披露情况进行监管。

第十条 派出机构对辖区内保险中介机构的业务、财务、产品信息披露、保证金和职业责任保险投保情况进行监管。

第十一条 派出机构负责辖区内下列监管工作：

（一）消费者权益保护；

（二）信访和举报处理，政府信息公开；

（三）反洗钱、反保险欺诈、反非法集资、案件风险管理；

（四）查处非法经营商业保险业务或者非法从事保险代理业务、保险经纪业务；

（五）保险信息安全管理；

（六）保险业信用体系建设。

第十二条 派出机构负责辖区内保险统计信息的审核、管理，对当地保险市场运行状况和发展趋势进行调查研究，并及时向中国保监会报告有可能影响当地保险市场正常运行的重大事项。

第十三条 派出机构根据中国保监会的规定，履行偿付能力监管的有关职责。

第十四条 派出机构负责对辖区内下列机构实施现场检查和非现场监管：

（一）保险公司分支机构和保险中介机构；

（二）依法可以实施现场检查和非现场监管的其他机构；

（三）中国保监会授权或者委托派出机构实施现场检查和非现场监管的其他机构。

第十五条 派出机构根据中国保监会的规定，对辖区内保险公司法人机构有关事项进行监管。

第十六条 派出机构根据中国保监会的规定，实施行政处罚或者采取其他监管措施。

第十七条 辖区内设有监管分局的派出机构履行下列监管职责：

（一）受理以辖区内监管分局为被申请人的行政复议；

（二）受理对辖区内监管分局处理意见不服的信访复查请求；

（三）受理对辖区内监管分局作出的保险消费投诉处理决定有异议的核查申请。

第十八条 派出机构应当与辖区内其他金融监管机构以及政府有关部门建立分工合作的协作机制。

第十九条 派出机构依法指导、监督辖区内保险公司分支机构和保险中介机构的高级管理人员培训工作。

派出机构依法指导、监督辖区内保险行业协会、保险中介行业协会、保险学会等行业社团组织。

第二十条 中国保监会对于派出机构的监管职责另有规定的，从其规定。

第二十一条 本规定由中国保监会负责解释。

第二十二条 本规定自2016年3月1日起施行。中国保监会2004年6月30日发布的《中国保险监督管理委员会派出机构监管职责规定》（保监会令［2004］7号）同时废止。

公安部关于修改部分部门规章的决定

（2016年1月14日公安部令第136号发布　自发布之日起施行）

根据国务院有关行政审批制度和注册资本登记制度改革的文件规定，公安部决定对以下4件部门规章的部分条款予以修改：

一、删去《因私出入境中介活动管理办法》（2001年6月6日公安部、国家工商总局令第59号）第五条第二款、第七条第四项，第七条其他各项顺延；将

第七条第九项修改为："工商行政管理部门核发的营业执照。"

二、删去《保安培训机构管理办法》（2005年12月31日公安部令第85号）第四条第五项和第九条，其他各条款项顺延。

三、删去《公安机关实施保安服务管理条例办法》（2010年2月3日公安部令第112号）第九条第二项、第十条第一款第一项，其他各项顺延。

四、删去《社会消防技术服务管理规定》（2014年2月3日公安部令第129号）第七条第一项中的"注册资本三十万元以上"、第八条第一项中的"注册资本二百万元以上"、第九条第二项中的"注册资本四百万元以上"、第十条第一项中的"注册资本二百万元以上"、第十一条第二项中的"注册资本四百万元以上"；删去第十二条第一项，其他各项顺延；删去第十七条第一款第五项和第十八条第五项中的"验资证明"。

本决定自发布之日起施行。

公安机关执法质量考核评议规定

（2016年1月14日公安部令第137号公布　自2016年3月1日起施行）

第一章　总　　则

第一条　为加强公安机关执法监督管理，落实执法责任，提高执法质量，促进公安机关及其人民警察严格规范公正文明执法，根据《中华人民共和国人民警察法》及其他有关法律、法规，制定本规定。

第二条　执法质量考核评议，是指上级公安机关对下级公安机关、各级公安机关对所属执法部门及其人民警察执法办案质量进行的考核评议。

第三条　执法质量考核评议，应当坚持实事求是、公开公正、奖优罚劣、注重实效的原则。

第二章　考核评议的内容和标准

第四条　公安机关执法质量考核评议的主要内容包括：

（一）接处警执法情况；

（二）办理案件情况；

（三）实施行政许可、登记备案等行政管理情况；

（四）执法监督救济情况；
（五）执法办案场所和监管场所建设与管理情况；
（六）涉案财物管理和涉案人员随身财物代为保管以及证物保管情况；
（七）执法安全情况；
（八）执法办案信息系统应用管理情况；
（九）其他需要考核评议的内容。

第五条　接处警执法应当达到以下标准：
（一）接警文明规范，出警及时；
（二）着装、携带使用处警装备符合规定；
（三）处置措施适度、规范；
（四）现场取证及时、全面；
（五）接处警记录完整、准确、规范；
（六）按规定出具接报案回执。

第六条　办理案件应当达到以下标准：
（一）受案立案及时、合法、规范；
（二）执法主体合法，并具备相应的执法资格；
（三）案件管辖符合规定；
（四）案件事实清楚，证据确实充分，程序合法；
（五）调查取证合法、及时、客观、全面；
（六）定性及适用法律、法规、规章准确，量处适当；
（七）适用强制措施、侦查措施、作出行政处理决定符合规定；
（八）执行刑罚、行政处理决定符合规定；
（九）依法保护当事人的合法权益，保障律师执业权利；
（十）案件信息公开符合规定；
（十一）法律文书规范、完备，送达合法、及时，案卷装订、保管、移交规范。

第七条　实施行政许可、登记备案等行政管理应当达到以下标准：
（一）受理申请及时，履行通知告知义务符合规定；
（二）依法及时履行审查、核查等职责，办理程序符合规定；
（三）对从事行政许可等事项活动的监督检查符合规定；
（四）撤销行政许可、注销相关证件符合规定；
（五）工作记录、台账、法律文书、档案完备；
（六）其他行政管理中无不作为、乱作为等情形。

第八条　执法监督救济应当达到以下标准：
（一）受理、查处涉警投诉及时、规范，办理涉法涉诉信访事项的程序合法，无拒不受理、违规受理或者推诿、拖延、敷衍办理等情形；

（二）对符合法定受理条件的行政复议、刑事复议复核案件及时受理，办案程序合法、适用法律正确；

（三）对行政诉讼案件依法出庭应诉，提出诉讼证据和答辩意见，及时执行生效判决；

（四）办理国家赔偿案件程序合法、适用法律正确，无不依法赔偿或者违反规定采取补偿、救助等形式代替国家赔偿等情形；

（五）对已发现的执法问题及时纠正，依法追究执法过错责任人的责任。

第九条 执法办案场所和监管场所建设与管理应当达到以下标准：

（一）执法办案和监管场所功能设置规范合理、设施设备运转正常，安全防护措施落实到位；

（二）工作流程、岗位职责、应急处置工作预案等制度健全完善；

（三）违法犯罪嫌疑人被带至公安机关后，直接带入办案区，无违反规定带出办案区讯问询问等情形；

（四）违法犯罪嫌疑人进入办案区后，按照规定进行人身检查和信息采集；

（五）违法犯罪嫌疑人在办案区内，有人负责看管；

（六）在办案区内开展执法活动，有视频监控并记录，同步录音录像资料保管妥当；

（七）办案区使用的记录、台账等完整、规范。

第十条 涉案财物管理和涉案人员随身财物代为保管应当达到以下标准：

（一）财物管理场所设置、保管财物的设备设施符合规定；

（二）财物管理制度健全，办案与管理分离、统一管理的有关要求得到落实；

（三）按照规定对财物登记、保管、处理，记录、台账清晰完备。

不属于涉案财物的证物的管理标准按照相关规定确定，没有具体规定的，参照上述标准执行。

第十一条 执法安全应当达到以下标准：

（一）无因违法使用警械、武器造成人员伤亡等情形；

（二）无因故意或者过失致使被监管人员、涉案人员行凶、自杀、自伤、脱逃等情形；

（三）无殴打、虐待或者唆使、放纵他人殴打、虐待被监管人员、涉案人员等情形；

（四）无其他造成恶劣影响的执法安全事故。

第十二条　执法办案信息系统应用管理应当达到以下标准：

（一）接报案、受案立案信息系统使用符合规定，110 接报警、群众上门报案、有关部门移送案件以及公安机关工作中发现的违法犯罪线索等信息录入及时、规范；

（二）落实网上办案要求，除案件性质和事实涉及国家秘密的以外，实现各类案件信息、主要证据材料上传信息系统，审核审批考评网上进行，案件电子卷宗自动生成；

（三）接报警信息与网上办案、监督考评、督察、办案场所管理、音视频资料管理、涉案财物管理等各类信息系统之间互联互通、数据共享；

（四）自动生成执法办案单位及其民警的执法档案，准确记载执法办案的数量和质量；

（五）无擅自更改或者删除执法办案信息系统中已经审核、审批通过的案件信息等情形；

（六）指定专人担任系统管理员，执法办案信息系统正常运转。

第十三条　在登记、统计、上报各类执法情况过程中，实事求是，严格遵守有关规定，无弄虚作假、隐瞒不报的情形。

第十四条　各地执法质量考核评议项目和指标由省级公安机关统一确定，各级公安机关部门、警种不得以部门、警种名义下达执法质量考核评议项目和指标。

确定执法质量考核评议项目和指标，应当把执法质量与执法数量、执法效率、执法效果结合起来，激励民警又好又多地执法办案，但不得以不科学、不合理的罚没款数额、刑事拘留数、行政拘留数、发案数、退查率、破案率等作为考评指标。

第十五条　年度执法质量考核评议实行百分制，根据考核评议的内容范围，确定考核评议各项内容所占比重。

考核评议结果以年度积分为准，分为优秀、达标、不达标三档。

第十六条　各级公安机关应当把内部考评与外部评价有机结合起来，将警务评议、社会公众评价和执法相对人、案件当事人对执法工作的评价作为执法质量考核评议的重要依据。

第十七条　具有下列情形之一的，不予扣分：

（一）因法律法规、司法解释发生变化，改变案件定性、处理的；

（二）因法律规定不明确、有关司法解释不一致，致使案件定性、处理存在争议的；

（三）因不能预见或者无法抗拒的原因致使执法问题发生的；

（四）对案件基本事实的判断存在争议或者疑问，根据证据规则能够予以合理说明的；

（五）因出现新证据而改变原结论的；

（六）原结论依据的法律文书被撤销或者变更的；

（七）因执法相对人的过错致使执法过错发生的。

第十八条 因执行上级公安机关决定、命令而发生执法过错的，不予扣分。

对超越法律、法规规定的人民警察职责范围的指令，下级公安机关有权拒绝执行，并同时向上级公安机关报告。没有报告造成执法问题的，应当扣分；已经报告的，可以减少扣分。

第十九条 对执法问题自查自纠，并已依法追究执法过错责任的，可以减少扣分或者不予扣分。

第二十条 具有下列情形之一的，年度执法质量考核评议结果应当确定为不达标：

（一）发生错案，造成恶劣社会影响的；

（二）刑讯逼供或者殴打、体罚、虐待被监管人员、涉案人员致其重伤、死亡的；

（三）违法使用警械、武器致人重伤、死亡的；

（四）因疏于管理、玩忽职守、滥用职权等原因造成被监管人员、涉案人员非正常死亡、脱逃的；

（五）因黄、赌、毒或者涉黑涉恶违法犯罪现象严重，造成恶劣社会影响的；

（六）领导班子成员因执法问题被追究刑事责任的。

被考核评议单位拒绝接受考核评议或者弄虚作假的，年度执法质量考核评议结果应当确定为不达标。

第三章 考核评议的组织实施

第二十一条 上级公安机关对下一级公安机关应当定期开展执法质量考核评议，省级公安机关对下级公安机关每年度至少进行一次全面的执法质量考核评议。

对公安机关各执法部门和执法民警的执法质量考核评议，由所属公安机关组织实施。

第二十二条 执法质量考核评议工作应当成立以公安机关行政首长任组长，有关部门参加的考核评议领导小组，统一组织实施考评工作。执法质量考核评议领导小组办公室设在法制部门，考核评议日常工作由法制部门负责组织实施。

公安机关部门、警种对日常工作中发现的执法问题，应当及时移送本级公安机关执法质量考核评议领导小组办公室。年度考核评议结果通报前，应当征求纪检监察、督察、审计、人事等部门的意见。

各级公安机关应当为开展执法质量考核评议工作提供必要的保障和支持。

第二十三条 执法质量考核评议采取日常考评、阶段考评、专项考评、年终考评相结合的方法。日常考评成绩作为年度执法质量考核评议成绩的重要依据。

年度执法质量考核评议以本年1月1日至12月31日为一个考评年度。对执法问题的发现与处理在不同考评年度的，按照处理时间所在年度进行考评。

第二十四条 各级公安机关应当为所属执法部门和执法民警建立网上执法档案，完整、准确、实时记载执法数量、执法质量、执法培训、考核结果、执法过错责任追究等情况。

第二十五条 各级公安机关应当建立执法质量考核评议通报和报告制度。

上级公安机关对下级公安机关的执法质量考核评议情况应当在本辖区公安机关内部进行通报；各级公安机关对所属执法部门、执法民警的执法质量考核评议情况应当在本级公安机关内部通报。

下级公安机关开展年度执法质量考核评议情况应当在考评结束后一个月内报告上一级公安机关。

第二十六条 考核评议结果应当及时告知被考核评议单位或者民警。对结果有异议的，可以及时向负责考核评议的公安机关提出书面申诉。负责考核评议的公安机关可以视情重新组织人员复查，并告知复查结果。

第四章 奖 惩

第二十七条 执法质量考核评议结果作为衡量公安机关及其所属执法部门、执法民警工作实绩的重要依据，并作为衡量领导班子和领导干部工作实绩的重要内容。涉及公安机关领导、执法部门的干部任用，执法民警晋职晋级以及执法工作的评优评先，应当把执法质量考核评议结果作为考核工作实绩的重要依据。

第二十八条 对年度执法质量考核评议结果为优秀的，应当对相关的单位和个人予以表彰奖励。

对不达标单位予以通报批评，责令限期整改，取消其当年评优受奖资格；连续两年不达标的，单位行政首长应当辞职，或者由上级公安机关商请有关部门对其予以免职。

第二十九条 申报全国优秀公安局、全国公安机关执法示范单位的，近两个年度执法质量考核评议结果必须达到优秀。

申报省级以下优秀公安局、执法示范单位的，上年度执法质量考核评议结果必须达到优秀。

申报优秀基层单位的，参照前两款规定执行。

第三十条 在执法质量考核评议过程中，发现已办结的案件或者执法活动确有错误、不适当的，应当及时纠正。需要追究有关领导或者直接责任人员执法过错责任的，应当依照《公安机关人民警察执法过错责任追究规定》等规定予以追究。

对违反本规定第十四条下达、设定考核评议指标以及不按照规定组织开展执法质量考核评议工作的，应当及时纠正，并依照有关规定予以追究责任。

第五章 附 则

第三十一条 各省、自治区、直辖市公安厅局和新疆生产建设兵团公安局可以根据本规定，结合本地实际情况，制定实施细则。

第三十二条 本规定自2016年3月1日起施行。2001年10月10日发布施行的《公安机关执法质量考核评议规定》（公安部令第60号）同时废止。

公安机关人民警察执法过错责任追究规定

（2016年1月14日公安部令第138号公布 自2016年3月1日起施行）

第一章 总 则

第一条 为落实执法办案责任制，完善执法过错责任追究机制，保障公安机关及其人民警察依法正确履行职责，保护公民、法人和其他组织的合法权益，根据《中华人民共和国人民警察法》、《行政机关公务员处分条例》等有关法律法规，制定本规定。

第二条 本规定所称执法过错是指公安机关人民警察在执法办案中，故意或者过失造成的认定事实错误、适用法律错误、违反法定程序、作出违法处理决定等执法错误。

在事实表述、法条引用、文书制作等方面存在执法瑕疵，不影响案件处理结果的正确性及效力的，不属于本规定所称的执法过错，不予追究执法过错责任，但应当纳入执法质量考评进行监督并予以纠正。

第三条 追究执法过错责任，应当遵循实事求是、有错必纠、过错与处罚相适应、教育与惩处相结合的原则。

第四条 在执法过错责任追究工作中，公安机关纪检监察、督察、人事、法制以及执法办案等部门应当各负其责、互相配合。

第二章 执法过错责任的认定

第五条 执法办案人、鉴定人、审核人、审批人都有故意或者过失造成执法过错的，应当根据各自对执法过错所起的作用，分别承担责任。

第六条 审批人在审批时改变或者不采纳执法办案人、审核人的正确意见造成执法过错的，由审批人承担责任。

第七条 因执法办案人或者审核人弄虚作假、隐瞒真相，导致审批人错误审批造成执法过错的，由执法办案人或者审核人承担主要责任。

第八条 因鉴定人提供虚假、错误鉴定意见造成执法过错的，由鉴定人承担主要责任。

第九条 违反规定的程序，擅自行使职权造成执法过错的，由直接责任人员承担责任。

第十条 下级公安机关人民警察按照规定向上级请示的案件，因上级的决定、命令错误造成执法过错的，由上级有关责任人员承担责任。因下级故意提供虚假材料或者不如实汇报导致执法过错的，由下级有关责任人员承担责任。

下级对超越法律、法规规定的人民警察职责范围的指令，有权拒绝执行，并同时向上级机关报告。没有报告造成执法过错的，由上级和下级分别承担相应的责任；已经报告的，由上级承担责任。

第十一条 对其他执法过错情形，应当根据公安机关人民警察在执法办案中各自承担的职责，区分不同情况，分别追究有关人员的责任。

第三章　对执法过错责任人的处理

第十二条　对执法过错责任人员，应当根据其违法事实、情节、后果和责任程度分别追究刑事责任、行政纪律责任或者作出其他处理。

第十三条　追究行政纪律责任的，由人事部门或者纪检监察部门依照《行政机关公务员处分条例》和《公安机关人民警察纪律条令》等规定依法给予处分；构成犯罪的，依法移送有关司法机关处理。

第十四条　作出其他处理的，由相关部门提出处理意见，经公安机关负责人批准，可以单独或者合并作出以下处理：

（一）诫勉谈话；

（二）责令作出书面检查；

（三）取消评选先进的资格；

（四）通报批评；

（五）停止执行职务；

（六）延期晋级、晋职或者降低警衔；

（七）引咎辞职、责令辞职或者免职；

（八）限期调离公安机关；

（九）辞退或者取消录用。

第十五条　公安机关依法承担国家赔偿责任的案件，除依照本规定追究执法过错责任外，还应当依照《中华人民共和国国家赔偿法》的规定，向有关责任人员追偿部分或者全部赔偿费用。

第十六条　执法过错责任人受到开除处分、刑事处罚或者犯有其他严重错误，应当按照有关规定撤销相关的奖励。

第十七条　发生执法过错案件，影响恶劣、后果严重的，除追究直接责任人员的责任外，还应当依照有关规定追究公安机关领导责任。

年度内发生严重的执法过错或者发生多次执法过错的公安机关和执法办案部门，本年度不得评选为先进集体。

第十八条　对执法过错责任人的处理情况分别记入人事档案、执法档案，作为考核、定级、晋职、晋升等工作的重要依据。

第十九条　具有下列情形之一的，应当从重追究执法过错责任：

（一）因贪赃枉法、徇私舞弊、刑讯逼供、伪造证据、通风报信、蓄意报复、陷害等故意造成执法过错的；

（二）阻碍追究执法过错责任的；

（三）对检举、控告、申诉人打击报复的；

（四）多次发生执法过错的；

（五）情节恶劣、后果严重的。

第二十条 具有下列情形之一的，可以从轻、减轻或者免予追究执法过错责任：

（一）由于轻微过失造成执法过错的；

（二）主动承认错误，并及时纠正的；

（三）执法过错发生后能够配合有关部门工作，减少损失、挽回影响的；

（四）情节轻微、尚未造成严重后果的。

第二十一条 具有下列情形之一的，不予追究执法过错责任：

（一）因法律法规、司法解释发生变化，改变案件定性、处理的；

（二）因法律规定不明确、有关司法解释不一致，致使案件定性、处理存在争议的；

（三）因不能预见或者无法抗拒的原因致使执法过错发生的；

（四）对案件基本事实的判断存在争议或者疑问，根据证据规则能够予以合理说明的；

（五）因出现新证据而改变原结论的；

（六）原结论依据的法律文书被撤销或者变更的；

（七）因执法相对人的过错致使执法过错发生的。

第四章 执法过错责任追究的程序

第二十二条 追究执法过错责任，由发生执法过错的公安机关负责查处。

上级公安机关发现下级公安机关应当查处而未查处的，应当责成下级公安机关查处；必要时，也可以直接查处。

第二十三条 公安机关纪检监察、督察、审计、法制以及执法办案等部门，应当在各自职责范围内主动、及时检查、纠正和处理执法过错案件。

第二十四条 各有关部门调查后，认为需要法制部门认定执法过错的，可以将案件材料移送法制部门认定。

第二十五条 法制部门认定执法过错案件，可以通过阅卷、组织有关专家讨论、会同有关部门调查核实等方式进行，形成执法过错认定书面意见后，及时送达有关移送部门，由移送部门按照本规定第十三条、第十四条作出处理。

第二十六条 被追究执法过错责任的公安机关人民警察及其所属部门不服执法过错责任追究的，可以在收到执法过错责任追究决定之日起五日内向作出决定的公安机关或者上一级公安机关申诉；接受申诉的公安机关应当认真核实，并在三十日内作出最终决定。法律、法规另有规定的，按照有关规定办理。

第二十七条 因故意或者重大过失造成错案，不受执法过错责任人单位、职务、职级变动或者退休的影响，终身追究执法过错责任。

错案责任人已调至其他公安机关或者其他单位的，应当向其所在单位通报，并提出处理建议；错案责任人在被作出追责决定前，已被开除、辞退且无相关单位的，应当在追责决定中明确其应当承担的责任。

第二十八条 各级公安机关对执法过错案件应当采取有效措施予以整改、纠正，对典型案件应当进行剖析、通报。

第五章 附 则

第二十九条 各省、自治区、直辖市公安厅局和新疆生产建设兵团公安局可以根据本规定，结合本地实际制定实施细则。

第三十条 本规定自2016年3月1日起施行。1999年6月11日发布的《公安机关人民警察执法过错责任追究规定》（公安部令第41号）同时废止。

公益广告促进和管理暂行办法

（2016年1月15日国家工商行政管理总局、国家互联网信息办公室、工业和信息化部、住房城乡建设部、交通运输部、国家新闻出版广电总局令第84号公布 自2016年3月1日起施行）

第一条 为促进公益广告事业发展，规范公益广告管理，发挥公益广告在社会主义经济建设、政治建设、文化建设、社会建设、生态文明建设中的积极作用，根据《中华人民共和国广告法》和有关规定，制定本办法。

第二条 本办法所称公益广告，是指传播社会主义核心价值观，倡导良好道德风尚，促进公民文明素质和社会文明程度提高，维护国家和社会公共利益的非营利性广告。

政务信息、服务信息等各类公共信息以及专题宣传片等不属于本办法所称的公益广告。

第三条 国家鼓励、支持开展公益广告活动，鼓励、支持、引导单位和个人以提供资金、技术、劳动力、智力成果、媒介资源等方式参与公益广告宣传。

各类广告发布媒介均有义务刊播公益广告。

第四条 公益广告活动在中央和各级精神文明建设指导委员会指导协调下开展。

工商行政管理部门履行广告监管和指导广告业发展职责,负责公益广告工作的规划和有关管理工作。

新闻出版广电部门负责新闻出版和广播电视媒体公益广告制作、刊播活动的指导和管理。

通信主管部门负责电信业务经营者公益广告制作、刊播活动的指导和管理。

网信部门负责互联网企业公益广告制作、刊播活动的指导和管理。

铁路、公路、水路、民航等交通运输管理部门负责公共交通运载工具及相关场站公益广告刊播活动的指导和管理。

住房城乡建设部门负责城市户外广告设施设置、建筑工地围挡、风景名胜区公益广告刊播活动的指导和管理。

精神文明建设指导委员会其他成员单位应当积极做好公益广告有关工作,涉及本部门职责的,应当予以支持 ,并做好相关管理工作。

第五条 公益广告应当保证质量,内容符合下列规定:

(一)价值导向正确,符合国家法律法规和社会主义道德规范要求;

(二)体现国家和社会公共利益;

(三)语言文字使用规范;

(四)艺术表现形式得当,文化品位良好。

第六条 公益广告内容应当与商业广告内容相区别,商业广告中涉及社会责任内容的,不属于公益广告。

第七条 企业出资设计、制作、发布或者冠名的公益广告,可以标注企业名称和商标标识,但应当符合以下要求:

(一)不得标注商品或者服务的名称以及其他与宣传、推销商品或者服务有关的内容,包括单位地址、网址、电话号码、其他联系方式等;

(二)平面作品标注企业名称和商标标识的面积不得超过广告面积的1/5;

(三)音频、视频作品显示企业名称和商标标识的时间不得超过5秒或者总时长的1/5,使用标版形式标注企业名称和商标标识的时间不得超过3秒或者总时长的1/5;

(四)公益广告画面中出现的企业名称或者商标标识不得使社会公众在视觉程度上降低对公益广告内容的感受和认知;

(五)不得以公益广告名义变相设计、制作、发布商业广告。

违反前款规定的,视为商业广告。

第八条 公益广告稿源包括公益广告通稿、公益广告作品库稿件以及自行设计制作稿件。

各类广告发布媒介均有义务刊播精神文明建设指导委员会审定的公益广告通稿作品。

公益广告主管部门建立公益广告作品库,稿件供社会无偿选择使用。

单位和个人自行设计制作发布公益广告,公益广告主管部门应当无偿提供指导服务 。

第九条 广播电台、电视台按照新闻出版广电部门规定的条(次),在每套节目每日播出公益广告。其中,广播电台在6:00至8:00之间、11:00至13:00之间,电视台在19:00至21:00之间,播出数量不得少于主管部门规定的条(次)。

中央主要报纸平均每日出版16版(含)以上的,平均每月刊登公益广告总量不少于8个整版;平均每日出版少于16版多于8版的,平均每月刊登公益广告总量不少于6个整版;平均每日出版8版(含)以下的,平均每月刊登公益广告总量不少于4个整版。省(自治区、直辖市)和省会、副省级城市党报平均每日出版12版(含)以上的,平均每月刊登公益广告总量不少于6个整版;平均每日出版12版(不含)以下的,平均每月刊登公益广告总量不少于4个整版。其他各级党报、晚报、都市报和行业报,平均每月刊登公益广告总量不少于2个整版。

中央主要时政类期刊以及各省(自治区、直辖市)和省会、副省级城市时政类期刊平均每期至少刊登公益广告1个页面;其他大众生活、文摘类期刊,平均每两期至少刊登公益广告1个页面。

政府网站、新闻网站、经营性网站等应当每天在网站、客户端以及核心产品的显著位置宣传展示公益广告。其中,刊播时间应当在6:00至24:00之间,数量不少于主管部门规定的条(次)。鼓励网站结合自身特点原创公益广告,充分运用新技术新手段进行文字、图片、视频、游戏、动漫等多样化展示,论坛、博客、微博客、即时通讯工具等多渠道传播,网页、平板电脑、手机等多终端覆盖,长期宣传展示公益广告。

电信业务经营者要运用手机媒体及相关经营业务经常性刊播公益广告。

第十条 有关部门和单位应当运用各类社会媒介刊播公益广告。

机场、车站、码头、影剧院、商场、宾馆、商业街区、城市社区、广场、公园、风景名胜区等公共场所的广告设施或者其他适当位置,公交车、地铁、长途客车、火车、飞机等公共交通工具的广告刊播介质或者其他适当位置,适当地段的建筑工地围挡、景观灯杆等构筑物，均有义务刊播公益广告通稿作品或者经主管部门审定的其他公益广告。此类场所公益广告的设置发布应当整齐、安全，与环境相协调，美化周边环境。

工商行政管理、住房城乡建设等部门鼓励、支持有关单位和个人在商品包装或者装潢、企业名称、商标标识、建筑设计、家具设计、服装设计等日常生活事物中，合理融入社会主流价值，传播中华文化，弘扬中国精神。

第十一条 国家支持和鼓励在生产、生活领域增加公益广告设施和发布渠道，扩大社会影响。

住房城乡建设部门编制户外广告设施设置规划，应当规划一定比例公益广告空间设施。发布广告设施招标计划时，应当将发布一定数量公益广告作为前提条件。

第十二条 公益广告主管部门应当制定并公布年度公益广告活动规划。

公益广告发布者应当于每季度第一个月5日前，将上一季度发布公益广告的情况报当地工商行政管理部门备案。广播、电视、报纸、期刊以及电信业务经营者、互联网企业等还应当将发布公益广告的情况分别报当地新闻出版广电、通信主管部门、网信部门备案。

工商行政管理部门对广告媒介单位发布公益广告情况进行监测和检查，定期公布公益广告发布情况。

第十三条 发布公益广告情况纳入文明城市、文明单位、文明网站创建工作测评。

广告行业组织应当将会员单位发布公益广告情况纳入行业自律考评。

第十四条 公益广告设计制作者依法享有公益广告著作权，任何单位和个人应依法使用公益广告作品，未经著作权人同意，不得擅自使用或者更改使用。

第十五条 公益广告活动违反本办法规定，有关法律、法规、规章有规定的，由有关部门依法予以处罚；有关法律、法规、规章没有规定的，由有关部门予以批评、劝诫，责令改正。

第十六条 本办法自2016年3月1日起施行。

进出境粮食检验检疫监督管理办法

（2016年1月20日国家质量监督检验检疫总局令第177号公布 自2016年7月1日起施行）

第一章　总　　则

第一条　根据《中华人民共和国进出境动植物检疫法》及其实施条例、《中华人民共和国食品安全法》及其实施条例、《中华人民共和国进出口商品检验法》及其实施条例、《农业转基因生物安全管理条例》《国务院关于加强食品等产品安全监督管理的特别规定》等法律法规的规定，制定本办法。

第二条　本办法适用于进出境（含过境）粮食检验检疫监督管理。

本办法所称粮食，是指用于加工、非繁殖用途的禾谷类、豆类、油料类等作物的籽实以及薯类的块根或者块茎等。

第三条　国家质量监督检验检疫总局（以下简称国家质检总局）统一管理全国进出境粮食检验检疫监督管理工作。

国家质检总局设在各地的出入境检验检疫部门（以下简称检验检疫部门）负责所辖区域内进出境粮食的检验检疫监督管理工作。

第四条　国家质检总局及检验检疫部门对进出境粮食质量安全实施风险管理，包括在风险分析的基础上，组织开展进出境粮食检验检疫准入，包括产品携带有害生物风险分析、监管体系评估与审查、确定检验检疫要求、境外生产企业注册登记等。

第五条　进出境粮食收发货人及生产、加工、存放、运输企业应当依法从事生产经营活动，建立并实施粮食质量安全控制体系和疫情防控体系，对进出境粮食质量安全负责，诚实守信，接受社会监督，承担社会责任。

第二章　进境检验检疫

第一节　注册登记

第六条　国家质检总局对进境粮食境外生产、加工、存放企业（以下简称境外生产加工企业）实施注册登记制度。

境外生产加工企业应当符合输出国家或者地区法律法规和标准的相关要求，并达到中国有关法律法规和强制性标准的要求。

实施注册登记管理的进境粮食境外生产加工企业，经输出国家或者地区主管部门审查合格后向国家质检总局推荐。国家质检总局收到推荐材料后进行审查确认，符合要求的国家或者地区的境外生产加工企业，予以注册登记。

境外生产加工企业注册登记有效期为4年。

需要延期的境外生产加工企业，由输出国家或者地区主管部门在有效期届满6个月前向国家质检总局提出延期申请。国家质检总局确认后，注册登记有效期延长4年。必要时，国家质检总局可以派出专家到输出国家或者地区对其监管体系进行回顾性审查，并对申请延期的境外生产加工企业进行抽查。

注册登记的境外生产加工企业向中国输出粮食经检验检疫不合格，情节严重的，国家质检总局可以撤销其注册登记。

第七条 向我国出口粮食的境外生产加工企业应当获得输出国家或者地区主管部门的认可，具备过筛清杂、烘干、检测、防疫等质量安全控制设施及质量管理制度，禁止添加杂质。

根据情况需要，国家质检总局组织专家赴境外实施体系性考察，开展疫情调查，生产、加工、存放企业检查及预检监装等工作。

第二节 检验检疫

第八条 国家质检总局对进境粮食实施检疫准入制度。

首次从输出国家或者地区进口某种粮食，应当由输出国家或者地区官方主管机构向国家质检总局提出书面申请，并提供该种粮食种植及储运过程中发生有害生物的种类、为害程度及防控情况和质量安全控制体系等技术资料。特殊情况下，可以由进口企业申请并提供技术资料。国家质检总局可以组织开展进境粮食风险分析、实地考察及对外协商。

国家质检总局依照国家法律法规及国家技术规范的强制性要求等，制定进境粮食的具体检验检疫要求，并公布允许进境的粮食种类及来源国家或者地区名单。

对于已经允许进境的粮食种类及相应来源国家或者地区，国家质检总局将根据境外疫情动态、进境疫情截获及其他质量安全状况，组织开展进境粮食具体检验检疫要求的回顾性审查，必要时派专家赴境外开展实地考察、预检、监装及对外协商。

第九条 进境粮食应当从国家质检总局指定的口岸入境。指定口岸条件及管理规范由国家质检总局制定。

第十条 国家质检总局对进境粮食实施检疫许可制度。进境粮食货主应当在签订贸易合同前,按照《进境动植物检疫审批管理办法》等规定申请办理检疫审批手续,取得《中华人民共和国进境动植物检疫许可证》(以下简称《检疫许可证》),并将国家粮食质量安全要求、植物检疫要求及《检疫许可证》中规定的相关要求列入贸易合同。

因口岸条件限制等原因,进境粮食应当运往符合防疫及监管条件的指定存放、加工场所(以下简称指定企业),办理《检疫许可证》时,货主或者其代理人应当明确指定场所并提供相应证明文件。

未取得《检疫许可证》的粮食,不得进境。

第十一条 检验检疫部门按照下列要求,对进境粮食实施检验检疫:

(一)中国政府与粮食输出国家或者地区政府签署的双边协议、议定书、备忘录以及其他双边协定确定的相关要求;

(二)中国法律法规、国家技术规范的强制性要求和国家质检总局规定的检验检疫要求;

(三)《检疫许可证》列明的检疫要求。

第十二条 货主或者其代理人应当在粮食进境前向进境口岸检验检疫部门报检,并按要求提供以下材料:

(一)粮食输出国家或者地区主管部门出具的植物检疫证书;

(二)产地证书;

(三)贸易合同、信用证、提单、装箱单、发票等贸易凭证;

(四)《检疫许可证》以及其他按规定应当提供的单证;

(五)双边协议、议定书、备忘录确定的和国家质检总局规定的其他单证。

进境转基因粮食的,还应当提供《农业转基因生物安全证书》等相关批准文件。

鼓励货主向境外粮食出口商索取由输出国家或者地区主管部门,或者由第三方检测机构出具的品质证书、卫生证书、适载证书、重量证书等其他单证。

第十三条 进境粮食可以进行随航熏蒸处理。

现场查验前,进境粮食承运人或者其代理人应当向进境口岸检验检疫部门书面申报进境粮食随航熏蒸处理情况,并提前实施通风散气。未申报的,检验检疫部门不实施现场查验;经现场检查,发现熏蒸剂残留物,或者熏蒸残留气体浓度超过安全限量的,暂停检验检疫及相关现场查验活动;熏蒸剂残留物经有效清除且熏蒸残留气体浓度低于安全限量后,方可恢复现场查验活动。

第十四条 使用船舶装载进境散装粮食的,检验检疫部门应当在锚地对货物表层实施检验检疫，无重大异常质量安全情况后船舶方可进港，散装粮食应当在港口继续接受检验检疫。

需直接靠泊检验检疫的，应当事先征得检验检疫部门的同意。

以船舶集装箱、火车、汽车等其他方式进境粮食的，应当在检验检疫部门指定的查验场所实施检验检疫，未经检验检疫部门同意不得擅自调离。

第十五条 检验检疫部门应当对进境粮食实施现场检验检疫。现场检验检疫包括：

（一）货证核查。核对证单与货物的名称、数（重）量、出口储存加工企业名称及其注册登记号等信息。船舶散装的，应当核查上一航次装载货物及清仓检验情况，评估对装载粮食的质量安全风险；集装箱装载的，应当核查集装箱箱号、封识等信息。

（二）现场查验。重点检查粮食是否水湿、发霉、变质，是否携带昆虫及杂草籽等有害生物，是否有混杂粮谷、植物病残体、土壤、熏蒸剂残渣、种衣剂污染、动物尸体、动物排泄物及其他禁止进境物等。

（三）抽取样品。根据有关规定和标准抽取样品送实验室检测。

（四）其他现场查验活动。

第十六条 检验检疫部门应当按照相关工作程序及标准，对现场查验抽取的样品及发现的可疑物进行实验室检测鉴定，并出具检验检疫结果单。

实验室检测样品应当妥善存放并至少保留3个月。如检测异常需要对外出证的，样品应当至少保留6个月。

第十七条 进境粮食有下列情形之一的，应当在检验检疫部门监督下，在口岸锚地、港口或者指定的检疫监管场所实施熏蒸、消毒或者其他除害处理：

（一）发现检疫性有害生物或者其他具有检疫风险的活体有害昆虫，且可能造成扩散的；

（二）发现种衣剂、熏蒸剂污染、有毒杂草籽超标等安全卫生问题，且有有效技术处理措施的；

（三）其他原因造成粮食质量安全受到危害的。

第十八条 进境粮食有下列情形之一的，作退运或者销毁处理：

（一）未列入国家质检总局进境准入名单，或者无法提供输出粮食国家或者地区主管部门出具的《植物检疫证书》等单证的，或者无《检疫许可证》的；

（二）有毒有害物质以及其他安全卫生项目检测结果不符合国家技术规范的强制性要求，且无法改变用途或者无有效处理方法的；

（三）检出转基因成分，无《农业转基因生物安全证书》等相关批准文件，或者与证书、批准文件不符的；

(四)发现土壤、检疫性有害生物以及其他禁止进境物且无有效检疫处理方法的；

(五)因水湿、发霉等造成腐败变质或者受到化学、放射性等污染，无法改变用途或者无有效处理方法的；

(六)其他原因造成粮食质量安全受到严重危害的。

第十九条 进境粮食经检验检疫后，检验检疫部门签发入境货物检验检疫证明等相关单证；经检验检疫不合格的，由检验检疫部门签发《检验检疫处理通知书》、相关检验检疫证书。

第二十条 检验检疫部门对进境粮食实施检疫监督。进境粮食应当在具备防疫、处理等条件的指定场所加工使用。未经有效的除害处理或加工处理，进境粮食不得直接进入市场流通领域。

进境粮食装卸、运输、加工、下脚料处理等环节应当采取防止撒漏、密封等防疫措施。进境粮食加工过程应当具备有效杀灭杂草籽、病原菌等有害生物的条件。粮食加工下脚料应当进行有效的热处理、粉碎或者焚烧等除害处理。

检验检疫部门应当根据进境粮食检出杂草等有害生物的程度、杂质含量及其他质量安全状况，并结合拟指定加工、运输企业的防疫处理条件等因素，确定进境粮食的加工监管风险等级，并指导与监督相关企业做好疫情控制、监测等安全防控措施。

第二十一条 进境粮食用作储备、期货交割等特殊用途的，其生产、加工、存放应当符合国家质检总局相应检验检疫监督管理规定。

第二十二条 因科研、参展、样品等特殊原因而少量进境未列入国家质检总局准入名单内粮食的，应当按照国家质检总局有关规定提前申请办理进境特许检疫审批并取得《检疫许可证》。

第二十三条 进境粮食装卸、储存、加工涉及不同检验检疫部门的，各相关检验检疫部门应当加强沟通协作，建立相应工作机制，及时互相通报检验检疫情况及监管信息。

对于分港卸货的进境粮食，检验检疫部门应当在放行前及时相互通报检验检疫情况。需要对外方出证的，相关检验检疫部门应当充分协商一致，并按相关规定办理。

对于调离进境口岸的进境粮食，口岸检验检疫部门应当在调离前及时向指运地检验检疫部门开具进境粮食调运联系单。

第二十四条 境外粮食需经我国过境的，货主或者其代理人应当提前向国家质检总局或者检验检疫部门提出申请，提供过境路线、运输方式及管理措施等，由国家质检总局组织制定过境粮食检验检疫监管方案后，方可依照该方案过境,并接受检验检疫部门的监督管理。

过境粮食应当密封运输,杜绝撒漏。未经检验检疫部门批准,不得开拆包装或者卸离运输工具。

第三章 出境检验检疫

第一节 注册登记

第二十五条 输入国家或者地区要求中国对向其输出粮食生产、加工、存放企业(以下简称出境生产加工企业)注册登记的,直属检验检疫局负责组织注册登记,并向国家质检总局备案。

第二十六条 出境粮食生产加工企业应当满足以下要求:

(一)具有法人资格,在工商行政管理部门注册,持有《企业法人营业执照》;

(二)建立涉及本企业粮食业务的全流程管理制度并有效运行,各台账记录清晰完整,能准确反映入出库粮食物流信息,具备可追溯性,台账保存期限不少于2年;

(三)具有过筛清杂、烘干、检测、防疫等质量安全控制设施以及有效的质量安全和溯源管理体系;

(四)建立有害生物监控体系,配备满足防疫需求的人员,具有对虫、鼠、鸟等的防疫措施及能力;

(五)不得建在有碍粮食卫生和易受有害生物侵染的区域。仓储区内不得兼营、生产、存放有毒有害物质。库房和场地应当硬化、平整、无积水。粮食分类存放,离地、离墙,标识清晰。

第二节 检验检疫

第二十七条 装运出境粮食的船舶、集装箱等运输工具的承运人、装箱单位或者其代理人,应当在装运前向检验检疫部门申请清洁、卫生、密固等适载检验。未经检验检疫或者检验检疫不合格的,不得装运。

第二十八条 货主或者其代理人应当在粮食出境前向储存或者加工企业所在地检验检疫部门报检,并提供贸易合同、信用证、发票、自检合格证明等材料。

贸易方式为凭样成交的,还应当提供成交样品。

第二十九条 检验检疫部门按照下列要求对出境粮食实施现场检验检疫

和实验室项目检测：

（一）双边协议、议定书、备忘录和其他双边协定；

（二）输入国家或者地区检验检疫要求；

（三）中国法律法规、强制性标准和国家质检总局规定的检验检疫要求；

（四）贸易合同或者信用证注明的检疫要求。

第三十条 对经检验检疫符合要求的，或者通过有效除害或者技术处理并经重新检验检疫符合要求的，检验检疫部门按照规定签发《出境货物通关单》或者《出境货物换证凭单》。输入国家或者地区要求出具检验检疫证书的，按照国家相关规定出具证书。输入国家或者地区对检验检疫证书形式或者内容有新要求的，经国家质检总局批准后，方可对证书进行变更。

经检验检疫不合格且无有效除害或者技术处理方法的，或者虽经过处理但经重新检验检疫仍不合格的，检验检疫部门签发《出境货物不合格通知单》，粮食不得出境。

第三十一条 出境粮食检验有效期最长不超过2个月；检疫有效期原则定为21天，黑龙江、吉林、辽宁、内蒙古和新疆地区冬季（11月至次年2月底）可以酌情延长至35天。超过检验检疫有效期的粮食，出境前应当重新报检。

第三十二条 产地与口岸检验检疫部门应当建立沟通协作机制，及时通报检验检疫情况等信息。

出境粮食经产地检验检疫合格后，货主或者其代理人应当在《出境货物换证凭单》或者电子转单有效期内向出境口岸检验检疫部门申报查验。按照出境货物换证查验相关规定，出境口岸检验检疫部门对出境粮食实施口岸查验，重点检查货证是否相符、是否感染有害生物等。查验合格的，口岸检验检疫部门凭产地检验检疫部门出具的《出境货物换证凭单》或者电子转单，签发《出境货物通关单》。查验不合格的，不予放行。

出境粮食到达口岸后拼装的，应当重新报检，并实施检疫。出境粮食到达口岸后因变更输入国家或者地区而有不同检验检疫要求的，应当重新报检，并实施检验检疫。

第四章　风险及监督管理

第一节　风险监测及预警

第三十三条 国家质检总局对进出境粮食实施疫情监测制度，相应的监测技术指南由国家质检总局制定。

检验检疫部门应当在粮食进境港口、储存库、加工厂周边地区、运输沿线粮食换运、换装等易洒落地段等，开展杂草等检疫性有害生物监测与调查。发现疫情的，应当及时组织相关企业采取应急处置措施，并分析疫情来源，指导企业采取有效的整改措施。相关企业应当配合实施疫情监测及铲除措施。

根据输入国家或者地区的检疫要求，检验检疫部门应当在粮食种植地、出口储存库及加工企业周边地区开展疫情调查与监测。

第三十四条 国家质检总局对进出境粮食实施安全卫生项目风险监控制度，制定进出境粮食安全卫生项目风险监控计划。

第三十五条 国家质检总局及检验检疫部门建立粮食质量安全信息收集报送系统，信息来源主要包括：

（一）进出境粮食检验检疫中发现的粮食质量安全信息；

（二）进出境粮食贸易、储存、加工企业质量管理中发现的粮食质量安全信息；

（三）检验检疫部门实施疫情监测、安全卫生项目风险监控中发现的粮食质量安全信息；

（四）国际组织、境外政府机构、国内外行业协会及消费者反映的粮食质量安全信息；

（五）其他关于粮食质量安全风险的信息。

第三十六条 国家质检总局及检验检疫部门对粮食质量安全信息进行风险评估，确定相应粮食的风险级别，并实施动态的风险分级管理。依据风险评估结果，调整进出境粮食检验检疫管理及监管措施方案、企业监督措施等。

第三十七条 进出境粮食发现重大疫情和重大质量安全问题的，国家质检总局及检验检疫部门依照相关规定，采取启动应急处置预案等应急处置措施，并发布警示通报。当粮食安全风险已不存在或者降低到可接受的水平时，国家质检总局及检验检疫部门应当及时解除警示通报。

第三十八条 国家质检总局及检验检疫部门根据情况将重要的粮食安全风险信息向地方政府、农业和粮食行政管理部门、国外主管机构、进出境粮食企业等相关机构和单位进行通报，并协同采取必要措施。粮食安全信息公开应当按照相关规定程序进行。

第二节 监督管理

第三十九条 拟从事进境粮食存放、加工业务的企业可以向所在地检验检疫部门提出指定申请。

检验检疫部门按照国家质检总局制定的有关要求，对申请企业的申请材料、工艺流程等进行检验评审，核定存放、加工粮食种类、能力。

从事进境粮食储存、加工的企业应当具备有效的质量安全及溯源管理体系，符合防疫、处理等质量安全控制要求。

第四十条 检验检疫部门对指定企业实施检疫监督。

指定企业、收货人及代理人发现重大疫情或者公共卫生问题时，应当立即向所在地检验检疫部门报告，检验检疫部门应当按照有关规定处理并上报。

第四十一条 从事进出境粮食的收发货人及生产、加工、存放、运输企业应当建立相应的粮食进出境、接卸、运输、存放、加工、下脚料处理、发运流向等生产经营档案，做好质量追溯和安全防控等详细记录，记录至少保存2年。

第四十二条 进境粮食存在重大安全质量问题，已经或者可能会对人体健康或者农林牧渔业生产生态安全造成重大损害的，进境粮食收货人应当主动召回。采取措施避免或者减少损失发生，做好召回记录，并将召回和处理情况向所在地检验检疫部门报告。

收货人不主动召回的，由直属检验检疫局发出责令召回通知书并报告国家质检总局。必要时，国家质检总局可以责令召回。

第四十三条 国家质检总局及检验检疫部门根据质量管理、设施条件、安全风险防控、诚信经营状况，对企业实施分类管理。针对不同级别的企业，在粮食进境检疫审批、进出境检验检疫查验及日常监管等方面采取相应的检验检疫监管措施。具体分类管理规范由国家质检总局制定。

第五章 法律责任

第四十四条 有下列情形之一的，由检验检疫部门按照《进出境动植物检疫法实施条例》规定处5000元以下罚款：

（一）未报检的；

（二）报检的粮食与实际不符的。

有前款第（二）项所列行为，已取得检疫单证的，予以吊销。

第四十五条 进境粮食未依法办理检疫审批手续或者未按照检疫审批规定执行的，由检验检疫部门按照《进出境动植物检疫法实施条例》规定处5000元以下罚款。

第四十六条 擅自销售、使用未报检或者未经检验的列入必须实施检验的进出口商品目录的进出境粮食，由检验检疫部门按照《进出口商品检验法实施条例》规定，没收非法所得，并处商品货值金额5%以上20%以下罚款。

第四十七条 进出境粮食收发货人生产、加工、存放、运输企业未按照本办法第四十一条的规定建立生产经营档案并做好记录的，由检验检疫部门责令改正，给予警告；拒不改正的，处3000元以上1万元以下罚款。

第四十八条 有下列情形之一的，由检验检疫部门按照《进出境动植物检疫法实施条例》规定，处3000元以上3万元以下罚款：

（一）未经检验检疫部门批准，擅自将进境、过境粮食卸离运输工具，擅自将粮食运离指定查验场所的；

（二）擅自开拆过境粮食的包装，或者擅自开拆、损毁动植物检疫封识或者标志的。

第四十九条 列入必须实施检验的进出口商品目录的进出境粮食收发货人或者其代理人、报检人员不如实提供进出境粮食真实情况，取得检验检疫部门有关证单，或者不予报检，逃避检验，由检验检疫部门按照《进出口商品检验法实施条例》规定，没收违法所得，并处商品货值金额5%以上20%以下罚款。

第五十条 伪造、变造、买卖或者盗窃检验证单、印章、标志、封识、货物通关单或者使用伪造、变造的检验证单、印章、标志、封识、货物通关单，尚不够刑事处罚的，由检验检疫部门按照《进出口商品检验法实施条例》规定，责令改正，没收违法所得，并处商品货值金额等值以下罚款。

第五十一条 有下列违法行为之一，尚不构成犯罪或者犯罪情节显著轻微依法不需要判处刑罚的，由检验检疫部门按照《进出境动植物检疫法实施条例》规定，处2万元以上5万元以下的罚款：

（一）引起重大动植物疫情的；

（二）伪造、变造动植物检疫单证、印章、标志、封识的。

第五十二条 依照本办法规定注册登记的生产、加工、存放单位，进出境的粮食经检疫不合格，除依照本办法有关规定作退回、销毁或者除害处理外，情节严重的，由检验检疫部门按照《进出境动植物检疫法实施条例》规定，注销注册登记。

第五十三条 擅自调换检验检疫部门抽取的样品或者检验检疫部门检验合格的进出境粮食的，由检验检疫部门按照《进出口商品检验法实施条例》规定，责令改正，给予警告；情节严重的，并处商品货值金额10%以上50%以下罚款。

第五十四条 提供或者使用未经检验检疫部门适载检验的集装箱、船舱、飞机、车辆等运载工具装运出境粮食的，由检验检疫部门按照《进出口商品检验法实施条例》规定，处10万元以下罚款。

提供或者使用经检验检疫部门检验不合格的集装箱、船舱、飞机、车辆等运载工具装运出境粮食的，由检验检疫部门按照《进出口商品检验法实施条例》规定,处20万元以下罚款。

第五十五条 有下列情形之一的,由检验检疫部门处3000元以上1万元以下罚款:

(一)进境粮食存在重大安全质量问题,或者可能会对人体健康或农林牧渔业生产生态安全造成重大损害的,没有主动召回的;

(二)进境粮食召回或者处理情况未向检验检疫部门报告的;

(三)进境粮食未在检验检疫部门指定的查验场所卸货的;

(四)进境粮食有本办法第十七条所列情形,拒不做有效的检疫处理的。

第五十六条 有下列情形之一的,由检验检疫部门处3万元以下罚款:

(一)进出境粮食未按规定注册登记或者在指定场所生产、加工、存放的;

(二)买卖、盗窃动植物检疫单证、印章、标识、封识,或者使用伪造、变造的动植物检疫单证、印章、标识、封识的;

(三)使用伪造、变造的输出国家或者地区官方检疫证明文件的;

(四)拒不接受检验检疫部门检疫监督的。

第五十七条 检验检疫部门工作人员滥用职权,故意刁难,徇私舞弊,伪造检验检疫结果,或者玩忽职守,延误检验出证,依法给予行政处分;构成犯罪的,依法追究刑事责任。

第六章 附 则

第五十八条 进出境用作非加工而直接销售粮食的检验检疫监督管理,由国家质检总局另行规定。

第五十九条 以边贸互市方式的进出境小额粮食,参照国家质检总局相关规定执行。

第六十条 本办法由国家质检总局负责解释。

第六十一条 本办法自2016年7月1日起施行。国家质检总局2001年12月发布的《出入境粮食和饲料检验检疫管理办法》(国家质检总局令第7号)同时废止。此前进出境粮食检验检疫监管规定与本办法不一致的,以本办法为准。

道路运输车辆技术管理规定

（2016 年 1 月 22 日交通运输部令 2016 年第 1 号公布　自 2016 年 3 月 1 日起施行）

第一章　总　则

第一条　为加强道路运输车辆技术管理，保持车辆技术状况良好，保障运输安全，发挥车辆效能，促进节能减排，根据《中华人民共和国安全生产法》《中华人民共和国节约能源法》《中华人民共和国道路运输条例》等法律、行政法规，制定本规定。

第二条　道路运输车辆技术管理适用本规定。

本规定所称道路运输车辆包括道路旅客运输车辆（以下简称客车）、道路普通货物运输车辆（以下简称货车）、道路危险货物运输车辆（以下简称危货运输车）。

本规定所称道路运输车辆技术管理，是指对道路运输车辆在保证符合规定的技术条件和按要求进行维护、修理、综合性能检测方面所做的技术性管理。

第三条　道路运输车辆技术管理应当坚持分类管理、预防为主、安全高效、节能环保的原则。

第四条　道路运输经营者是道路运输车辆技术管理的责任主体，负责对道路运输车辆实行择优选配、正确使用、周期维护、视情修理、定期检测和适时更新，保证投入道路运输经营的车辆符合技术要求。

第五条　鼓励道路运输经营者使用安全、节能、环保型车辆，促进标准化车型推广运用，加强科技应用，不断提高车辆的管理水平和技术水平。

第六条　交通运输部主管全国道路运输车辆技术管理监督。

县级以上地方人民政府交通运输主管部门负责本行政区域内道路运输车辆技术管理监督。

县级以上道路运输管理机构具体实施道路运输车辆技术管理监督工作。

第二章　车辆基本技术条件

第七条　从事道路运输经营的车辆应当符合下列技术要求：

（一）车辆的外廓尺寸、轴荷和最大允许总质量应当符合《道路车辆外廓尺寸、轴荷及质量限值》（GB 1589）的要求；

（二）车辆的技术性能应当符合《道路运输车辆综合性能要求和检验方法》（GB 18565）的要求；

（三）车型的燃料消耗量限值应当符合《营运客车燃料消耗量限值及测量方法》（JT 711）、《营运货车燃料消耗量限值及测量方法》（JT 719）的要求；

（四）车辆技术等级应当达到二级以上。危货运输车、国际道路运输车辆、从事高速公路客运以及营运线路长度在800公里以上的客车，技术等级应当达到一级。技术等级评定方法应当符合国家有关道路运输车辆技术等级划分和评定的要求；

（五）从事高速公路客运、包车客运、国际道路旅客运输，以及营运线路长度在800公里以上客车的类型等级应当达到中级以上。其类型划分和等级评定应当符合国家有关营运客车类型划分及等级评定的要求；

（六）危货运输车应当符合《汽车运输危险货物规则》（JT 617）的要求。

第八条 道路运输管理机构应当加强从事道路运输经营车辆的管理，对不符合本规定的车辆不得配发道路运输证。

在对挂车配发道路运输证和年度审验时，应当查验挂车是否具有有效行驶证件。

第九条 禁止使用报废、擅自改装、拼装、检测不合格以及其他不符合国家规定的车辆从事道路运输经营活动。

第三章 技术管理的一般要求

第十条 道路运输经营者应当遵守有关法律法规、标准和规范，认真履行车辆技术管理的主体责任，建立健全管理制度，加强车辆技术管理。

第十一条 鼓励道路运输经营者设置相应的部门负责车辆技术管理工作，并根据车辆数量和经营类别配备车辆技术管理人员，对车辆实施有效的技术管理。

第十二条 道路运输经营者应当加强车辆维护、使用、安全和节能等方面的业务培训，提升从业人员的业务素质和技能，确保车辆处于良好的技术状况。

第十三条 道路运输经营者应当根据有关道路运输企业车辆技术管理标准，结合车辆技术状况和运行条件，正确使用车辆。

鼓励道路运输经营者依据相关标准要求，制定车辆使用技术管理规范，科学设置车辆经济、技术定额指标并定期考核，提升车辆技术管理水平。

第十四条 道路运输经营者应当建立车辆技术档案制度，实行一车一档。档案内容应当主要包括：车辆基本信息，车辆技术等级评定、客车类型等级评定或者年度类型等级评定复核、车辆维护和修理（含《机动车维修竣工出厂合格证》）、车辆主要零部件更换、车辆变更、行驶里程、对车辆造成损伤的交通事故等记录。档案内容应当准确、详实。

车辆所有权转移、转籍时，车辆技术档案应当随车移交。

道路运输经营者应当运用信息化技术做好道路运输车辆技术档案管理工作。

第四章 车辆维护与修理

第十五条 道路运输经营者应当建立车辆维护制度。

车辆维护分为日常维护、一级维护和二级维护。日常维护由驾驶员实施，一级维护和二级维护由道路运输经营者组织实施，并做好记录。

第十六条 道路运输经营者应当依据国家有关标准和车辆维修手册、使用说明书等，结合车辆类别、车辆运行状况、行驶里程、道路条件、使用年限等因素，自行确定车辆维护周期，确保车辆正常维护。

车辆维护作业项目应当按照国家关于汽车维护的技术规范要求确定。

道路运输经营者可以对自有车辆进行二级维护作业，保证投入运营的车辆符合技术管理要求，无需进行二级维护竣工质量检测。

道路运输经营者不具备二级维护作业能力的，可以委托二类以上机动车维修经营者进行二级维护作业。机动车维修经营者完成二级维护作业后，应当向委托方出具二级维护出厂合格证。

第十七条 道路运输经营者应当遵循视情修理的原则，根据实际情况对车辆进行及时修理。

第十八条 道路运输经营者用于运输剧毒化学品、爆炸品的专用车辆及罐式专用车辆（含罐式挂车），应当到具备道路危险货物运输车辆维修资质的企业进行维修。

前款规定专用车辆的牵引车和其他运输危险货物的车辆由道路运输经营者消除危险货物的危害后，可以到具备一般车辆维修资质的企业进行维修。

第五章 车辆检测管理

第十九条 道路运输经营者应当定期到机动车综合性能检测机构，对道路运输车辆进行综合性能检测。

第二十条 道路运输经营者应当自道路运输车辆首次取得《道路运输证》当月起，按照下列周期和频次，委托汽车综合性能检测机构进行综合性能检测和技术等级评定：

（一）客车、危货运输车自首次经国家机动车辆注册登记主管部门登记注册不满60个月的，每12个月进行1次检测和评定；超过60个月的，每6个月进行1次检测和评定；

（二）其他运输车辆自首次经国家机动车辆注册登记主管部门登记注册的，每12个月进行1次检测和评定。

第二十一条 客车、危货运输车的综合性能检测应当委托车籍所在地汽车综合性能检测机构进行。

货车的综合性能检测可以委托运输驻在地汽车综合性能检测机构进行。

第二十二条 道路运输经营者应当选择通过质量技术监督部门的计量认证、取得计量认证证书并符合《汽车综合性能检测站能力的通用要求》（GB 17993）等国家相关标准的检测机构进行车辆的综合性能检测。

第二十三条 汽车综合性能检测机构对新进入道路运输市场车辆应当按照《道路运输车辆燃料消耗量达标车型表》进行比对。对达标的新车和在用车辆，应当按照《道路运输车辆综合性能要求和检验方法》（GB 18565）、《道路运输车辆技术等级划分和评定要求》（JT/T 198）实施检测和评定，出具全国统一式样的道路运输车辆综合性能检测报告，评定车辆技术等级，并在报告单上标注。车籍所在地县级以上道路运输管理机构应当将车辆技术等级在《道路运输证》上标明。

汽车综合性能检测机构应当确保检测和评定结果客观、公正、准确，对检测和评定结果承担法律责任。

第二十四条 道路运输管理机构和受其委托承担客车类型等级评定工作的汽车综合性能检测机构，应当按照《营运客车类型划分及等级评定》（JT/T 325）进行营运客车类型等级评定或者年度类型等级评定复核，出具统一式样的客车类型等级评定报告。

第二十五条 汽车综合性能检测机构应当建立车辆检测档案，档案内容主要包括：车辆综合性能检测报告（含车辆基本信息、车辆技术等级）、客车类型等级评定记录。

车辆检测档案保存期不少于两年。

第六章　监督检查

第二十六条　道路运输管理机构应当按照职责权限对道路运输车辆的技术管理进行监督检查。

道路运输经营者应当对道路运输管理机构的监督检查予以配合，如实反映情况，提供有关资料。

第二十七条　道路运输管理机构应当将车辆技术状况纳入道路运输车辆年度审验内容，查验以下相应证明材料：

（一）车辆技术等级评定结论；

（二）客车类型等级评定证明。

第二十八条　道路运输管理机构应当建立车辆管理档案制度。档案内容主要包括：车辆基本情况，车辆技术等级评定、客车类型等级评定或年度类型等级评定复核、车辆变更等记录。

第二十九条　道路运输管理机构应当将运输车辆的技术管理情况纳入道路运输企业质量信誉考核和诚信管理体系。

第三十条　道路运输管理机构应当积极推广使用现代信息技术，逐步实现道路运输车辆技术管理信息资源共享。

第七章　法律责任

第三十一条　违反本规定，道路运输经营者有下列行为之一的，县级以上道路运输管理机构应当责令改正，给予警告；情节严重的，处以 1000 元以上 5000 元以下罚款：

（一）道路运输车辆技术状况未达到《道路运输车辆综合性能要求和检验方法》（GB18565）的；

（二）使用报废、擅自改装、拼装、检测不合格以及其他不符合国家规定的车辆从事道路运输经营活动的；

（三）未按照规定的周期和频次进行车辆综合性能检测和技术等级评定的；

（四）未建立道路运输车辆技术档案或者档案不符合规定的；

（五）未做好车辆维护记录的。

第三十二条　违反本规定，道路运输车辆综合性能检测机构有下列行为之一的，县级以上道路运输管理机构不予采信其检测报告，并抄报同级质量技术监督主管部门处理。

（一）不按技术规范对道路运输车辆进行检测的；

（二）未经检测出具道路运输车辆检测结果的；

（三）不如实出具检测结果的。

第三十三条 道路运输管理机构工作人员在监督管理工作中滥用职权、玩忽职守、徇私舞弊的，依法给予行政处分；构成犯罪的，由司法机关依法处理。

第八章 附 则

第三十四条 本规定自2016年3月1日起施行。原交通部发布的《汽车运输业车辆技术管理规定》（交通部令1990年第13号）、《道路运输车辆维护管理规定》（交通部令2001年第4号）同时废止。

船舶检验管理规定

（2016年1月22日交通运输部令2016年第2号公布 自2016年5月1日起施行）

第一章 总 则

第一条 为加强船舶检验管理，规范船舶检验服务，保障船舶检验质量，依据《中华人民共和国海上交通安全法》《中华人民共和国内河交通安全管理条例》《中华人民共和国船舶和海上设施检验条例》以及我国缔结或者加入的相关国际公约，制定本规定。

第二条 船舶检验活动及从事船舶检验活动的机构和人员的管理适用于本规定。

本规定所称船舶检验是指对船舶、水上设施、船用产品和船运货物集装箱的检验。

军用船舶、体育运动船艇、渔业船舶以及从事石油天然气生产的设施的检验，不适用本规定。

第三条 交通运输部主管全国船舶检验管理。

交通运输部海事局负责对船舶检验工作实施统一监督管理。

各级海事管理机构依据各自职责权限开展船舶检验监督工作。

第二章 船舶检验机构和人员

第四条 船舶检验机构是指实施船舶检验的机构，包括交通运输部和省、自治区、直辖市人民政府设置的船舶检验机构（以下简称国内船舶检验机构）和外国船舶检验机构在中华人民共和国境内设立的验船公司（以下简称外国验船公司）。

交通运输部和省、自治区、直辖市人民政府依法审批国内船舶检验机构或者外国验船公司时，应当依据《中华人民共和国海事行政许可条件规定》规定的验船机构审批条件作出是否予以审批的决定。予以审批的，同时应当明确国内船舶检验机构和外国验船公司的检验业务范围。

交通运输部海事局应当向社会公布船舶检验机构的检验业务范围。

第五条 国内船舶检验机构按照A、B、C、D四类从事船舶法定检验：

（一）A类船舶检验机构，可以从事包括国际航行船舶、国内航行船舶、水上设施、船运货物集装箱和相关船用产品的法定检验；

（二）B类船舶检验机构，可以从事国内航行船舶的法定检验和相关船用产品的法定检验；

（三）C类船舶检验机构，可以从事内河船舶的法定检验；

（四）D类船舶检验机构，可以从事内河小型船舶，以及封闭水域内船长不超过30米、主机功率不超过50千瓦的货船和船长不超过30米、主机功率不超过50千瓦的客船的法定检验。

第六条 外国验船公司的业务范围包括：

（一）依据船旗国政府授权，对悬挂该国国旗及拟悬挂该国国旗的船舶、海上设施实施法定检验和入级检验；

（二）对本款第（一）项规定的船舶、海上设施所使用的有关重要设备、部件和材料等船用产品实施检验；

（三）对外国企业所拥有的船运货物集装箱实施检验；

（四）经交通运输部海事局认可，在逐步开放的范围内对自由贸易区登记的中国籍国际航行船舶实施入级检验。

第七条 船舶检验机构应当在批准的业务范围内从事船舶检验活动。

第八条 船舶检验机构应当向交通运输部海事局报告年度船舶检验工作情况，包括质量体系运行、检验业务量、检验人员变化等情况。

第九条 船舶检验人员应当具备相应的专业知识和检验技能，满足国家有关船舶检验人员资质的要求。

交通运输部海事局负责统一组织船舶检验人员考试，并按照国家有关规定发放船舶检验人员资格证书。

第十条 国内船舶检验机构应当对船舶检验人员进行岗前培训和不定期持续知识更新培训。

第三章 法定检验

第十一条 法定检验是指船旗国政府或者其认可的船舶检验机构按照法律、行政法规、规章和法定检验技术规范，对船舶、水上设施、船用产品和船运货物集装箱的安全技术状况实施的强制性检验。

法定检验主要包括建造检验、定期检验、初次检验、临时检验、拖航检验、试航检验等。

第十二条 在中华人民共和国登记或者拟在中华人民共和国登记的船舶、水上设施的所有人或者经营人，有下列情形之一的，应当向国内船舶检验机构申请建造检验：

（一）建造船舶、水上设施的；

（二）改变船舶主尺度、船舶类型、分舱水平、承载能力、乘客居住处所、主推进系统、影响船舶稳性等涉及船舶主要性能及安全的重大改建，或者涉及水上设施安全重大改建的。

船舶、水上设施建造或者重大改建，应当向建造或者改建地船舶检验机构申请检验。

第十三条 营运中的中国籍船舶、水上设施的所有人或者经营人，应当向签发船舶检验证书的国内船舶检验机构申请定期检验。

定期检验可以委托营运地国内船舶检验机构代为进行。

第十四条 中国籍船舶、水上设施的所有人或者经营人，有下列情形之一的，应当向国内船舶检验机构申请初次检验：

（一）外国籍船舶、水上设施改为中国籍船舶、水上设施；

（二）体育运动船艇、渔业船舶改为本规定适用的船舶；

（三）营运船舶检验证书失效时间超过一个换证检验周期的；

（四）老旧营运运输船舶检验证书失效时间超过一个特别定期检验周期的。

有前款第（三）、（四）项所列情形之一的，新的检验周期按照原证书检验周期计算。

第十五条 中国籍船舶、水上设施的所有人或者经营人，有下列情形之一的，应当向国内船舶检验机构申请临时检验：

（一）因发生事故，影响船舶适航性能；

（二）改变证书所限定的航区或者用途；

（三）船舶检验机构签发的证书失效时间不超过一个换证周期；

（四）涉及船舶安全的修理或者改装，但重大改建除外；

（五）变更船舶检验机构；

（六）变更船名、船籍港；

（七）存在重大安全缺陷影响航行和环境安全，海事管理机构责成检验的。

对于前款第（三）项所列情形，船舶、水上设施申请检验时，国内船舶检验机构须对失效期内应当进行的所有检验项目进行检验，检验周期按照原证书检验周期计算。

在中华人民共和国管辖水域内的外国籍船舶，有第一款第（一）、（七）项所列情形之一的，应当向原签发检验证书的船舶检验机构申请临时检验。外国籍船舶的发证机构未在中华人民共和国境内设立验船公司的，应当向交通运输部海事局指定的船舶检验机构申请临时检验。

第十六条 中华人民共和国管辖水域内对移动式平台、浮船坞和其他大型船舶、水上设施进行拖带航行，起拖前应当申请拖航检验。

第十七条 船舶试航前，船舶所有人或者经营人应当向国内船舶检验机构申请试航检验，并取得试航检验证书。

国内船舶检验机构在签发试航检验证书前，应当按照相关技术检验要求进行检验，并确认船舶试航状态符合实施船舶图纸审查、建造检验的船舶检验机构批准的船舶配载及稳性状态。

第十八条 在中华人民共和国管辖水域内从事钻探、开发作业的外国籍钻井船、移动式平台的所有人或者经营人，应当向交通运输部海事局授权的船舶检验机构申请下列检验：

（一）作业前检验；

（二）作业期间的定期检验。

第十九条 中国籍船舶、水上设施所使用的有关水上交通安全和防止水域环境污染的重要设备、部件和材料应当进行船用产品检验。

应当进行法定检验的船用产品范围由交通运输部海事局公布。

第二十条 船舶检验机构应当按照船用产品法定检验技术要求，对纳入法定检验范围内的船用产品开展工厂认可、型式认可、产品检验。

第二十一条 船运货物集装箱的制造厂商或者所有人、经营人应当向船舶检验机构申请下列检验：

（一）船运货物集装箱制造时，申请工厂认可、定型设计认可和制造检验；

（二）使用中的船运货物集装箱，申请营运检验，采用定期检验或者按照经检验机构进行技术审核的连续检验计划进行检验。

第二十二条 国内船舶检验机构应当将船用产品和船运货物集装箱工厂认可、型式认可或者定型设计认可及单件产品的检验结果录入国家船舶检验数据库并对外公布。

第二十三条 中国籍国内航行船舶和水上设施、船用产品和船运货物集装箱经检验符合相关的法定检验技术要求后，国内船舶检验机构应当使用国家船舶法定检验发证系统签发相应的检验证书或者技术文件。

中国籍国际航行船舶经检验符合相关的法定检验技术要求后，国内船舶检验机构应当使用经交通运输部海事局认可的法定检验发证系统签发相应的检验证书或者技术文件，并由海事管理机构进行监督管理。

法定检验证书和国内航行船舶的检验报告和记录格式由交通运输部海事局统一制定并公布。

第二十四条 船舶检验机构应当建立和严格执行保证检验发证质量的控制程序和管理制度。

第二十五条 国内船舶检验机构根据船舶法定检验技术规范，对中国籍船舶、水上设施的法定检验要求实施等效、免除的，应当达到海事国际公约或者船舶法定检验技术规范要求的同等效能及安全水平，并向交通运输部海事局报告，船舶法定检验技术规范另有规定的除外。

第四章　入级检验

第二十六条 入级检验是指应船舶、水上设施的所有人和经营人自愿申请，按照拟入级的船舶检验机构的入级检验技术规范，对船舶、水上设施进行的检验，并取得入级船舶检验机构的入级标识。

第二十七条 除本规定第六条第（四）项规定的情形外，中国籍国际航行船舶加入船级的，应当向中国船级社申请入级检验。

第二十八条 下列中国籍国内航行船舶加入船级的，应当向中国船级社申请入级检验：

（一）在海上航行的乘客定额 100 人以上的客船；

（二）载重量 1000 吨以上的油船；

（三）滚装船、液化气体运输船和散装化学品运输船；

（四）船舶所有人或者经营人申请入级的其他船舶。

第二十九条 中国籍船舶、水上设施经入级检验符合相关的检验技术规范要求并取得法定检验证书的，船舶检验机构方可签发入级检验证书或者技术文件。

第三十条 从事中国籍船舶、水上设施入级检验业务的船舶检验机构应当将其入级检验技术规范和证书格式报交通运输部海事局备案。

第五章 船舶法定检验技术规范

第三十一条 船舶法定检验技术规范包括与船舶、水上设施、船用产品、船运货物集装箱相关的涉及航运安全及水域环境保护的检验制度、安全标准、检验规程等。

第三十二条 船舶法定检验技术规范，由交通运输部海事局组织制定，经交通运输部批准后公布施行。

限于省、自治区、直辖市内航行的下列船舶的法定检验技术规范，可由省、自治区、直辖市交通运输主管部门制定，并报交通运输部海事局备案；省、自治区、直辖市交通运输主管部门未制定的，参照交通运输部海事局制定的小型船舶法定检验技术规则检验发证：

（一）船长 15 米及以下的内河渡船；

（二）船长 20 米以下的普通货船；

（三）12 人及以下的载客船舶。

第三十三条 有下列情形之一的，船舶法定检验技术规范的制定机构应当组织开展船舶法定检验技术规范后评估：

（一）实施满 5 年的；

（二）上位法或者相关国际公约有重大修改或者调整的；

（三）水上交通安全管理环境发生重大变化，影响船舶法定检验技术规范适宜性的；

（四）其他应当进行后评估的情形。

第六章 检验管理

第三十四条 船舶检验机构开展检验活动应当遵守中华人民共和国法律、法规、规章和相关国际公约的规定。

船舶检验机构应当严格按照检验业务范围开展检验工作，不得拒绝满足法定检验受理条件的申请。

船舶检验人员应当严格按照相关的法律、法规和检验技术规范的要求开展检验工作,恪守职业道德和执业纪律。

第三十五条 有下列情形之一的,船舶检验机构不得检验:

(一)船舶和水上设施的设计、建造与修造单位未建立质量自检制度;

(二)按照国家有关规定应当报废的船舶、水上设施;

(三)未提供真实技术资料;

(四)未按照规定取得新增运力审批的建造船舶;

(五)未能为船舶检验人员提供安全保障。

第三十六条 船舶检验机构应当在船舶、水上设施的建造或者重大改建开工前,对开工条件进行检查,经检查合格后,方可开展检验。

第三十七条 在中华人民共和国登记或者拟在中华人民共和国登记的船舶、水上设施未取得海事管理机构授予的船舶识别号的,船舶检验机构不得签发法定证书。

第三十八条 船舶和水上设施的所有人或者经营人,船用产品和船运货物集装箱制造厂商,船舶和水上设施的设计、建造与修造单位应当按照规定如实提交检验相关资料。

第三十九条 中国籍船舶、水上设施报废的,其所有人或者经营人应当报告国内船舶检验机构,国内船舶检验机构应当注销检验证书。

第四十条 中国籍船舶、水上设施变更船舶检验机构,新接受的船舶检验机构在发放检验证书时应当收回存档原检验证书。

按照省、自治区、直辖市交通运输主管部门制定的法定检验技术规范检验的船舶,船舶检验机构变更为其他省、自治区、直辖市的船舶检验机构的,新接受的船舶检验机构可以按照交通运输部海事局或者所在省、自治区、直辖市交通运输主管部门制定的法定检验技术规范重新进行检验。

第四十一条 外国籍船舶、水上设施因存在重大缺陷被强制取消船级的,新接受的境内设立的外国验船公司应当验证缺陷已改正后,方可受理检验。

第四十二条 有下列情形之一的,船舶检验机构应当停止检验或者撤销相关检验证书:

(一)违规建造、违规重大改建;

(二)提供虚假证明材料;

(三)未通过检验。

有前款第(一)项情形的还应当报告交通运输部海事局。

涂改检验证书或者以欺骗行为取得检验证书,船舶检验机构未撤销检验证书的,海事管理机构应当责令船舶检验机构撤销检验证书。

第四十三条 船舶检验机构应当建立船用产品法定检验质量监督机制，发现法定船用产品存在重大质量问题的，撤销检验证书或者禁止装船使用。

第四十四条 船舶检验机构应当对为其提供服务的检修、检测服务机构进行安全质量、技术条件的控制和监督。

第四十五条 船舶检验机构应当建立档案管理制度，妥善保管有关检验档案资料。

中国籍船舶、水上设施变更船舶检验机构的，原船舶检验机构应当将包含图纸的全部技术档案转交变更后的船舶检验机构。

第四十六条 交通运输部海事局应当组织对船舶检验机构检验能力和条件进行核查，对船舶检验机构检验质量进行监督。

第四十七条 海事管理机构发现涉及船舶检验重大质量问题或者有第十五条第一款第(一)、(七)项所列情形之一的，应当通报相关船舶检验机构。

涉及船舶检验重大质量问题的，应当报告交通运输部海事局组织调查处理。

相关船舶检验机构应当对检验质量问题进行分析整改，并将整改情况通报海事管理机构。

第四十八条 船舶检验机构应当配合海事管理机构开展船舶检验质量监督和调查。船舶检验机构对海事管理机构的监督和调查行为有异议的，可以向交通运输部海事局报告。

第四十九条 申请检验的单位或者个人对检验结论持有异议，可以向上一级船舶检验机构申请复验，接到复验申请的机构应当在7个工作日内作出是否予以复验的答复。

对复验结论仍有异议的，可以向交通运输部海事局提出再复验，由交通运输部海事局组织技术专家组进行检验、评议并作出最终结论。交通运输部海事局应当在接到再复验申请之日起15个工作日内作出是否予以再复验的答复。

第七章 法律责任

第五十条 违反本规定第十六条，移动平台、浮船坞、大型船舶、水上设施拖带航行，未经船舶检验机构进行拖航检验，由海事管理机构责令其停止拖航，并对船舶、设施所有人或者经营人处以2000元以上2万元以下罚款，对船长处以1000元以上1万元以下罚款，并扣留船员适任证书6至12个月，对水上设施主要负责人处以1000元以上1万元以下罚款。

第五十一条 违反本规定第十七条规定，试航船舶未经试航检验并持有试航证书的，由海事管理机构责令停止试航，并对船舶所有人或者经营人处以2000元以上2万元以下罚款，对试航船长处以1000元以上1万元以下罚款并扣留船员适任证书6至12个月。

第五十二条 违反本规定第十八条规定，在中华人民共和国沿海水域从事钻探、开发作业的外国籍钻井船、移动式平台的所有人或者经营人未按规定申请作业前检验或者作业期间检验，由海事管理机构责令其停止作业，并处以5000元以上3万元以下罚款。

第五十三条 违反本规定第三十九条，报废船舶的所有人或者经营人未向船舶检验机构报告，由海事管理机构对其所有人或者经营人处以5000元以上3万元以下罚款。

第五十四条 违反《中华人民共和国海上交通安全法》第四条的规定，船舶、水上设施和船上、设施上有关航行安全、防治污染等重要设备无相应的有效的检验证书的，依照《中华人民共和国海上交通安全法》第四十四条的规定，海事管理机构应当对船舶、水上设施所有人或者经营人处以2000元以上3万元以下的罚款。

违反《中华人民共和国内河交通安全管理条例》第六条第（一）项、第七条第（一）项的规定，船舶、水上设施未持有合格的检验证书擅自航行或者作业的，依照《中华人民共和国内河交通安全管理条例》第六十四条的规定，责令停止航行或者作业；拒不停止航行或者作业的，暂扣船舶、浮动设施；情节严重的，予以没收。

本条第一款、第二款所称无相应的有效的检验证书及未持有合格的检验证书，包括下列情形：

（一）没有取得相应的检验证书；

（二）持有的检验证书属于伪造、变造、转让、买卖或者租借的；

（三）持有的检验证书失效；

（四）检验证书损毁、遗失但不按照规定补办。

第五十五条 船舶检验机构有下列情形之一的，所签发的相应检验证书无效，由交通运输部海事局给予警告，责令限期整改，整改期间不得开展相关检验业务，并向社会公告：

（一）超越认可的业务范围开展检验业务；

（二）违反规定开展检验；

（三）使用不符合规定的船舶检验人员独立从事检验活动；

（四）违反检验规程受理检验；

（五）船舶、水上设施的建造或者重大改建开工前，未对开工条件进行检查或者在检查不合格的情况下开展检验；

（六）对未按照规定取得新增运力审批的建造船舶开展检验；

（七）未对向其提供服务的检修检测机构的安全质量、技术条件进行有效管控；

（八）在按规定取得船舶识别号前，签发法定检验证书；

（九）出现重大检验质量问题。

第五十六条 船舶检验机构有下列情形之一的，交通运输部海事局责令改正，并给予警告：

（一）国内船舶检验机构未对检验人员进行培训；

（二）外国验船公司未对外国籍检验人员按照公约要求进行培训；

（三）未按规定向交通运输部海事局报告有关事项；

（四）未建立档案管理制度。

第五十七条 船舶检验人员有下列情形之一的，依照《中华人民共和国船舶和海上设施检验条例》第二十八条的规定，海事管理机构可视情节给予警告、撤销其检验资格：

（一）未进行检验而签发相关检验证书；

（二）超出所持证书范围开展检验业务；

（三）未按照法定检验技术规范执行检验；

（四）未按规定的检验程序和项目进行检验；

（五）所签发的船舶检验证书或者检验报告与船舶、水上设施的实际情况不符；

（六）发生重大检验质量责任问题；

（七）不配合事故调查或者在调查过程中提供虚假证明。

第八章 附 则

第五十八条 本规定自2016年5月1日起施行。

新闻出版许可证管理办法

（2016 年 1 月 24 日国家新闻出版广电总局令第 4 号公布　自 2016 年 3 月 1 日起施行）

第一章　总　　则

第一条　为加强新闻出版许可证（以下简称许可证）管理，规范新闻出版市场秩序，维护公民、法人和其他组织的合法权益，根据《中华人民共和国行政许可法》《出版管理条例》《音像制品管理条例》《印刷业管理条例》等相关法律、法规制定本办法。

第二条　本办法所称许可证，是指新闻出版行政部门根据公民、法人或其他组织的申请，经依法审查，准予其从事新闻出版活动的行政许可证件。

许可证的设立、设计、印刷、制作、发放、使用、换发、补发、变更、注销等管理适用本办法。

第三条　新闻出版行政部门在许可证管理中应当遵循依法、公开、规范、便民的原则。

无法律法规依据，不得以任何名义和形式向行政相对人收取涉及许可证的相关费用。

第四条　国家新闻出版广电总局负责全国新闻出版许可证监督检查、统一备案和信息公示等职责；地方新闻出版行政部门负责本辖区许可证的监督检查职责。

各级新闻出版行政部门负责对所发放、注销、吊销的许可证在政府网站或经批准公开发行的报纸上进行公示。

第二章　许可证的设立、设计、印刷、制作与发放

第五条　许可证设立，是指对依法设定的行政许可项目，决定以颁发许可证的形式作为许可证件。

许可证设立，必须以法律法规设定的行政许可为依据。

第六条　许可证设计，是指对许可证的登记项目和样式进行的设计。设计许可证时须规定其有效期限。

国家新闻出版广电总局负责各类许可证的设立与设计。

第七条 许可证印刷，是指按照许可证的设计样式，印刷不含登记内容的纸质许可证或复制不含登记内容的电子许可证。

许可证的印刷原则上由实施行政许可的新闻出版行政部门负责，根据实际情况也可由上级新闻出版行政部门统一印刷。

第八条 许可证制作，是指空白许可证的内容填写、盖章、封装等。

许可证须由新闻出版行政部门依法作出行政许可批准决定或按本办法及有关规定履行补发、换发手续后制作。

许可证的许可登记项目内容必须与行政许可决定内容相一致。许可证不得交由行政相对人自行填写或由其他机构代为填写。

许可证登记事项发生变更的，由办理变更登记的新闻出版行政部门在许可证相应位置加盖变更专用章。

许可证加盖实施行政许可的或办理变更登记的新闻出版行政部门公章或变更专用章后，正本、副本具有同等的法律效力，其他任何部门或单位不得在许可证上加盖公章。

第九条 许可证发放，是指将许可证送达行政相对人。

许可证原则上由实施行政许可的新闻出版行政部门发放。为方便行政相对人，也可由实施行政许可的新闻出版行政部门依法委托下级新闻出版行政部门代为发放。

新闻出版行政部门应当自作出行政许可批准决定之日起 10 个工作日内，将许可证送达行政相对人。

委托发放许可证的，下级新闻出版行政部门应自收到行政许可批准决定和许可证后 4 个工作日内送达行政相对人，并不得要求行政相对人另行办理许可证申领手续。

第三章 许可证的使用、换发与补发

第十条 许可证持证者应按照许可证所载明的业务范围和期限从事新闻出版活动。

第十一条 许可证不得伪造、涂改、冒用，或者以买卖、租借等任何形式转让。

第十二条 许可证有效期满即失效。持证者需要延续依法取得的许可证的，应当在该许可证有效期限届满 30 日前，向原发证机关提出换发许可证申请。

第十三条 许可证发生损坏、丢失的,持证者应持损坏许可证原件或在经批准公开发行报纸上发表的遗失声明,向原发证机关申请补发新证。原发证机关应在自收到损坏许可证原件或遗失声明 5 个工作日内,注销旧证,发放新证。

第十四条 换发新的许可证时,应同时收回旧证。除国家新闻出版广电总局直接换发的许可证外,其余旧证按属地管理原则由属地许可证换发部门统一登记销毁,并于销毁后 1 个月内将换发、销毁情况逐级报上级新闻出版行政部门备案。

第四章 许可证的变更与注销

第十五条 许可证登记的许可事项发生变更的,实施行政许可的新闻出版行政部门应根据持证者提出的许可申请,履行审批程序,按审批权限在变更记录页上办理变更登记或由原发证机关换发新证。

第十六条 许可证登记的非许可事项发生变更的,实施行政许可或受委托的新闻出版行政部门根据持证者提出的变更申请,原则上应现场即时完成许可证副本变更记录页的变更登记或由原发证机关换发新证,为行政相对人提供便捷高效的服务。

第十七条 实行年度核验制度的行政许可,许可证在年度核验合格并加盖核验章后继续使用。

第十八条 有《行政许可法》第七十条规定情形的,由实施行政许可的新闻出版行政部门在 1 个月内注销许可证并公示。

第五章 许可证的电子信息化管理

第十九条 国家实行统一的许可证信息化管理。国家新闻出版广电总局负责“全国新闻出版许可证信息管理系统”的总体设计、建设指导以及应用协调等工作,实行许可证信息的全国联网、集中公示和有效管理。

第二十条 地方各级新闻出版行政部门按要求做好“全国新闻出版许可证信息管理系统”的衔接、应用工作,严格履行信息采集、报送等职责。

第二十一条 新闻出版行政部门在条件具备时制作发放电子许可证。电子许可证与纸质许可证具有同等的法律效力。

第六章 法律责任

第二十二条 新闻出版行政部门有下列行为之一的,依据《行政许可法》第六十九条、第七十四条,由其上级行政机关或者监察机关责令纠正违法违规行为,撤销行政许可,注销所发放的许可证并予以通报批评;情节严重的,追究部门主要领导和直接责任人员的行政责任:

(一)无法定行政许可依据或超越权限设立许可证的;

(二)未经法定行政许可,擅自制作、发放许可证的;

(三)违规在许可证上加盖公章的;

(四)擅自改变许可证样式、登记项目并制作、发放许可证的。

第二十三条 新闻出版行政部门有下列行为之一的,由其上级行政机关或者监察机关责令改正并通报批评:

(一)由行政相对人或其他机构代为填写许可证内容的;

(二)不按行政许可决定填写许可证内容的;

(三)发放许可证时要求行政相对人另行办理申领手续的;

(四)未按规定及时发放许可证的;

(五)未按规定逐级报备废旧许可证销毁情况的。

第二十四条 违法违规收取涉及许可证有关费用的,依据《行政许可法》第七十五条,由其上级行政机关或者监察机关追究有关领导和直接责任人员的行政责任,监督退还所收取的费用并通报批评;情节严重的,移交有关部门查处。

第二十五条 新闻出版行政部门工作人员在涉及许可证的有关工作中,利用职务获取不当利益的,依据《出版管理条例》第六十条规定处罚。

第二十六条 行政相对人有下列行为之一的,依据《行政许可法》《出版管理条例》《音像制品管理条例》《印刷业管理条例》和有关部门规章的规定处罚;没有相应规定的,由新闻出版行政部门责令改正,情节严重的,并处警告或3万元以下罚款:

(一)许可证登记事项发生改变,未依法依规进行变更登记的;

(二)涂改、出卖、租借或者以其他形式非法转让许可证的;

(三)以欺骗、贿赂等不正当手段取得许可证的;

(四)未按许可证载明的业务范围从事新闻出版活动的。

第七章　附　　则

第二十七条　《新闻记者证》等有关人员资格证书不适用本办法。

第二十八条　省级新闻出版行政部门可根据本地区实际制定实施办法。

第二十九条　电子许可证和“全国新闻出版许可证信息管理系统”的管理办法由国家新闻出版广电总局另行制定。

第三十条　地方性法规设定行政许可的许可证的设立、设计、印刷、制作、发放、变更登记事项、注销等，可参照本办法进行管理。

第三十一条　本办法自2016年3月1日起施行。

交通运输部关于废止2件交通运输规章的决定

（2016年1月27日交通运输部令2016年第3号公布　自2016年3月1日起施行）

现决定废止下列2件交通运输规章：

序号	发布机关	规章名称	发布文号	发布日期
1	交通部	中华人民共和国交通部港口收费规则（外贸部分）	交通部令1997年第3号发布，交通部令2001年第11号修改	1997年4月29日
2	交通部	中华人民共和国港口收费规则（内贸部分）	交通部令2005年第8号	2005年7月14日

网络出版服务管理规定

（2016 年 2 月 4 日国家新闻出版广电总局、工业和信息化部令第 5 号公布　自 2016 年 3 月 10 日起施行）

第一章　总　　则

第一条　为了规范网络出版服务秩序，促进网络出版服务业健康有序发展，根据《出版管理条例》、《互联网信息服务管理办法》及相关法律法规，制定本规定。

第二条　在中华人民共和国境内从事网络出版服务，适用本规定。

本规定所称网络出版服务，是指通过信息网络向公众提供网络出版物。

本规定所称网络出版物，是指通过信息网络向公众提供的，具有编辑、制作、加工等出版特征的数字化作品，范围主要包括：

（一）文学、艺术、科学等领域内具有知识性、思想性的文字、图片、地图、游戏、动漫、音视频读物等原创数字化作品；

（二）与已出版的图书、报纸、期刊、音像制品、电子出版物等内容相一致的数字化作品；

（三）将上述作品通过选择、编排、汇集等方式形成的网络文献数据库等数字化作品；

（四）国家新闻出版广电总局认定的其他类型的数字化作品。

网络出版服务的具体业务分类另行制定。

第三条　从事网络出版服务，应当遵守宪法和有关法律、法规，坚持为人民服务、为社会主义服务的方向，坚持社会主义先进文化的前进方向，弘扬社会主义核心价值观，传播和积累一切有益于提高民族素质、推动经济发展、促进社会进步的思想道德、科学技术和文化知识，满足人民群众日益增长的精神文化需要。

第四条　国家新闻出版广电总局作为网络出版服务的行业主管部门，负责全国网络出版服务的前置审批和监督管理工作。工业和信息化部作为互联网行业主管部门，依据职责对全国网络出版服务实施相应的监督管理。

地方人民政府各级出版行政主管部门和各省级电信主管部门依据各自职责对本行政区域内网络出版服务及接入服务实施相应的监督管理工作并做好

配合工作。

第五条 出版行政主管部门根据已经取得的违法嫌疑证据或者举报，对涉嫌违法从事网络出版服务的行为进行查处时，可以检查与涉嫌违法行为有关的物品和经营场所；对有证据证明是与违法行为有关的物品，可以查封或者扣押。

第六条 国家鼓励图书、音像、电子、报纸、期刊出版单位从事网络出版服务，加快与新媒体的融合发展。

国家鼓励组建网络出版服务行业协会，按照章程，在出版行政主管部门的指导下制定行业自律规范，倡导网络文明，传播健康有益内容，抵制不良有害内容。

第二章 网络出版服务许可

第七条 从事网络出版服务，必须依法经过出版行政主管部门批准，取得《网络出版服务许可证》。

第八条 图书、音像、电子、报纸、期刊出版单位从事网络出版服务，应当具备以下条件：

（一）有确定的从事网络出版业务的网站域名、智能终端应用程序等出版平台；

（二）有确定的网络出版服务范围；

（三）有从事网络出版服务所需的必要的技术设备，相关服务器和存储设备必须存放在中华人民共和国境内。

第九条 其他单位从事网络出版服务，除第八条所列条件外，还应当具备以下条件：

（一）有确定的、不与其他出版单位相重复的，从事网络出版服务主体的名称及章程；

（二）有符合国家规定的法定代表人和主要负责人，法定代表人必须是在境内长久居住的具有完全行为能力的中国公民，法定代表人和主要负责人至少1人应当具有中级以上出版专业技术人员职业资格；

（三）除法定代表人和主要负责人外，有适应网络出版服务范围需要的8名以上具有国家新闻出版广电总局认可的出版及相关专业技术职业资格的专职编辑出版人员，其中具有中级以上职业资格的人员不得少于3名；

（四）有从事网络出版服务所需的内容审校制度；

（五）有固定的工作场所；

（六）法律、行政法规和国家新闻出版广电总局规定的其他条件。

第十条 中外合资经营、中外合作经营和外资经营的单位不得从事网络出版服务。

网络出版服务单位与境内中外合资经营、中外合作经营、外资经营企业或境外组织及个人进行网络出版服务业务的项目合作，应当事前报国家新闻出版广电总局审批。

第十一条 申请从事网络出版服务，应当向所在地省、自治区、直辖市出版行政主管部门提出申请，经审核同意后，报国家新闻出版广电总局审批。国家新闻出版广电总局应当自受理申请之日起 60 日内，作出批准或者不予批准的决定。不批准的，应当说明理由。

第十二条 从事网络出版服务的申报材料，应该包括下列内容：

（一）《网络出版服务许可证申请表》；

（二）单位章程及资本来源性质证明；

（三）网络出版服务可行性分析报告，包括资金使用、产品规划、技术条件、设备配备、机构设置、人员配备、市场分析、风险评估、版权保护措施等；

（四）法定代表人和主要负责人的简历、住址、身份证明文件；

（五）编辑出版等相关专业技术人员的国家认可的职业资格证明和主要从业经历及培训证明；

（六）工作场所使用证明；

（七）网站域名注册证明、相关服务器存放在中华人民共和国境内的承诺。

本规定第八条所列单位从事网络出版服务的，仅提交前款（一）、（六）、（七）项规定的材料。

第十三条 设立网络出版服务单位的申请者应自收到批准决定之日起 30 日内办理注册登记手续：

（一）持批准文件到所在地省、自治区、直辖市出版行政主管部门领取并填写《网络出版服务许可登记表》；

（二）省、自治区、直辖市出版行政主管部门对《网络出版服务许可登记表》审核无误后，在 10 日内向申请者发放《网络出版服务许可证》；

（三）《网络出版服务许可登记表》一式三份，由申请者和省、自治区、直辖市出版行政主管部门各存一份，另一份由省、自治区、直辖市出版行政主管部门在 15 日内报送国家新闻出版广电总局备案。

第十四条 《网络出版服务许可证》有效期为 5 年。有效期届满，需继续从事网络出版服务活动的，应于有效期届满 60 日前按本规定第十一条的程序提出申请。出版行政主管部门应当在该许可有效期届满前作出是否准予延续的决定。批准的，换发《网络出版服务许可证》。

第十五条 网络出版服务经批准后，申请者应持批准文件、《网络出版服务许可证》到所在地省、自治区、直辖市电信主管部门办理相关手续。

第十六条 网络出版服务单位变更《网络出版服务许可证》许可登记事项、资本结构，合并或者分立，设立分支机构的，应依据本规定第十一条办理审批手续，并应持批准文件到所在地省、自治区、直辖市电信主管部门办理相关手续。

第十七条 网络出版服务单位中止网络出版服务的，应当向所在地省、自治区、直辖市出版行政主管部门备案，并说明理由和期限；网络出版服务单位中止网络出版服务不得超过180日。

网络出版服务单位终止网络出版服务的，应当自终止网络出版服务之日起30日内，向所在地省、自治区、直辖市出版行政主管部门办理注销手续后到省、自治区、直辖市电信主管部门办理相关手续。省、自治区、直辖市出版行政主管部门将相关信息报国家新闻出版广电总局备案。

第十八条 网络出版服务单位自登记之日起满180日未开展网络出版服务的，由原登记的出版行政主管部门注销登记，并报国家新闻出版广电总局备案。同时，通报相关省、自治区、直辖市电信主管部门。

因不可抗力或者其他正当理由发生上述所列情形的，网络出版服务单位可以向原登记的出版行政主管部门申请延期。

第十九条 网络出版服务单位应当在其网站首页上标明出版行政主管部门核发的《网络出版服务许可证》编号。

互联网相关服务提供者在为网络出版服务单位提供人工干预搜索排名、广告、推广等服务时，应当查验服务对象的《网络出版服务许可证》及业务范围。

第二十条 网络出版服务单位应当按照批准的业务范围从事网络出版服务，不得超出批准的业务范围从事网络出版服务。

第二十一条 网络出版服务单位不得转借、出租、出卖《网络出版服务许可证》或以任何形式转让网络出版服务许可。

网络出版服务单位允许其他网络信息服务提供者以其名义提供网络出版服务，属于前款所称禁止行为。

第二十二条 网络出版服务单位实行特殊管理股制度，具体办法由国家新闻出版广电总局另行制定。

第三章 网络出版服务管理

第二十三条 网络出版服务单位实行编辑责任制度,保障网络出版物内容合法。

网络出版服务单位实行出版物内容审核责任制度、责任编辑制度、责任校对制度等管理制度,保障网络出版物出版质量。

在网络上出版其他出版单位已在境内合法出版的作品且不改变原出版物内容的,须在网络出版物的相应页面显著标明原出版单位名称以及书号、刊号、网络出版物号或者网址信息。

第二十四条 网络出版物不得含有以下内容:

(一)反对宪法确定的基本原则的;

(二)危害国家统一、主权和领土完整的;

(三)泄露国家秘密、危害国家安全或者损害国家荣誉和利益的;

(四)煽动民族仇恨、民族歧视,破坏民族团结,或者侵害民族风俗、习惯的;

(五)宣扬邪教、迷信的;

(六)散布谣言,扰乱社会秩序,破坏社会稳定的;

(七)宣扬淫秽、色情、赌博、暴力或者教唆犯罪的;

(八)侮辱或者诽谤他人,侵害他人合法权益的;

(九)危害社会公德或者民族优秀文化传统的;

(十)有法律、行政法规和国家规定禁止的其他内容的。

第二十五条 为保护未成年人合法权益,网络出版物不得含有诱发未成年人模仿违反社会公德和违法犯罪行为的内容,不得含有恐怖、残酷等妨害未成年人身心健康的内容,不得含有披露未成年人个人隐私的内容。

第二十六条 网络出版服务单位出版涉及国家安全、社会安定等方面重大选题的内容,应当按照国家新闻出版广电总局有关重大选题备案管理的规定办理备案手续。未经备案的重大选题内容,不得出版。

第二十七条 网络游戏上网出版前,必须向所在地省、自治区、直辖市出版行政主管部门提出申请,经审核同意后,报国家新闻出版广电总局审批。

第二十八条 网络出版物的内容不真实或不公正,致使公民、法人或者其他组织合法权益受到侵害的,相关网络出版服务单位应当停止侵权,公开更正,消除影响,并依法承担其他民事责任。

第二十九条 国家对网络出版物实行标识管理,具体办法由国家新闻出版广电总局另行制定。

第三十条 网络出版物必须符合国家的有关规定和标准要求，保证出版物质量。

网络出版物使用语言文字，必须符合国家法律规定和有关标准规范。

第三十一条 网络出版服务单位应当按照国家有关规定或技术标准，配备应用必要的设备和系统，建立健全各项管理制度，保障信息安全、内容合法，并为出版行政主管部门依法履行监督管理职责提供技术支持。

第三十二条 网络出版服务单位在网络上提供境外出版物，应当取得著作权合法授权。其中，出版境外著作权人授权的网络游戏，须按本规定第二十七条办理审批手续。

第三十三条 网络出版服务单位发现其出版的网络出版物含有本规定第二十四条、第二十五条所列内容的，应当立即删除，保存有关记录，并向所在地县级以上出版行政主管部门报告。

第三十四条 网络出版服务单位应记录所出版作品的内容及其时间、网址或者域名，记录应当保存60日，并在国家有关部门依法查询时，予以提供。

第三十五条 网络出版服务单位须遵守国家统计规定，依法向出版行政主管部门报送统计资料。

第四章 监督管理

第三十六条 网络出版服务的监督管理实行属地管理原则。

各地出版行政主管部门应当加强对本行政区域内的网络出版服务单位及其出版活动的日常监督管理，履行下列职责：

（一）对网络出版服务单位进行行业监管，对网络出版服务单位违反本规定的情况进行查处并报告上级出版行政主管部门；

（二）对网络出版服务进行监管，对违反本规定的行为进行查处并报告上级出版行政主管部门；

（三）对网络出版物内容和质量进行监管，定期组织内容审读和质量检查，并将结果向上级出版行政主管部门报告；

（四）对网络出版从业人员进行管理，定期组织岗位、业务培训和考核；

（五）配合上级出版行政主管部门、协调相关部门、指导下级出版行政主管部门开展工作。

第三十七条 出版行政主管部门应当加强监管队伍和机构建设，采取必要的技术手段对网络出版服务进行管理。出版行政主管部门依法履行监督检查等执法职责时，网络出版服务单位应当予以配合，不得拒绝、阻挠。

各省、自治区、直辖市出版行政主管部门应当定期将本行政区域内的网络出版服务监督管理情况向国家新闻出版广电总局提交书面报告。

第三十八条 网络出版服务单位实行年度核验制度，年度核验每年进行一次。省、自治区、直辖市出版行政主管部门负责对本行政区域内的网络出版服务单位实施年度核验并将有关情况报国家新闻出版广电总局备案。年度核验内容包括网络出版服务单位的设立条件、登记项目、出版经营情况、出版质量、遵守法律规范、内部管理情况等。

第三十九条 年度核验按照以下程序进行：

（一）网络出版服务单位提交年度自检报告，内容包括：本年度政策法律执行情况，奖惩情况，网站出版、管理、运营绩效情况，网络出版物目录，对年度核验期内的违法违规行为的整改情况，编辑出版人员培训管理情况等；并填写由国家新闻出版广电总局统一印制的《网络出版服务年度核验登记表》，与年度自检报告一并报所在地省、自治区、直辖市出版行政主管部门；

（二）省、自治区、直辖市出版行政主管部门对本行政区域内的网络出版服务单位的设立条件、登记项目、开展业务及执行法规等情况进行全面审核，并在收到网络出版服务单位的年度自检报告和《网络出版服务年度核验登记表》等年度核验材料的45日内完成全面审核查验工作。对符合年度核验要求的网络出版服务单位予以登记，并在其《网络出版服务许可证》上加盖年度核验章；

（三）省、自治区、直辖市出版行政主管部门应于完成全面审核查验工作的15日内将年度核验情况及有关书面材料报国家新闻出版广电总局备案。

第四十条 有下列情形之一的，暂缓年度核验：

（一）正在停业整顿的；

（二）违反出版法规规章，应予处罚的；

（三）未按要求执行出版行政主管部门相关管理规定的；

（四）内部管理混乱，无正当理由未开展实质性网络出版服务活动的；

（五）存在侵犯著作权等其他违法嫌疑需要进一步核查的。

暂缓年度核验的期限由省、自治区、直辖市出版行政主管部门确定，报国家新闻出版广电总局备案，最长不得超过180日。暂缓年度核验期间，须停止网络出版服务。

暂缓核验期满，按本规定重新办理年度核验手续。

第四十一条 已经不具备本规定第八条、第九条规定条件的，责令限期改正；逾期仍未改正的，不予通过年度核验，由国家新闻出版广电总局撤销《网络出版服务许可证》，所在地省、自治区、直辖市出版行政主管部门注销登记，并通知当地电信主管部门依法处理。

第四十二条 省、自治区、直辖市出版行政主管部门可根据实际情况，对本行政区域内的年度核验事项进行调整，相关情况报国家新闻出版广电总局备案。

第四十三条 省、自治区、直辖市出版行政主管部门可以向社会公布年度核验结果。

第四十四条 从事网络出版服务的编辑出版等相关专业技术人员及其负责人应当符合国家关于编辑出版等相关专业技术人员职业资格管理的有关规定。

网络出版服务单位的法定代表人或主要负责人应按照有关规定参加出版行政主管部门组织的岗位培训，并取得国家新闻出版广电总局统一印制的《岗位培训合格证书》。未按规定参加岗位培训或培训后未取得《岗位培训合格证书》的，不得继续担任法定代表人或主要负责人。

第五章　保障与奖励

第四十五条 国家制定有关政策，保障、促进网络出版服务业的发展与繁荣。鼓励宣传科学真理、传播先进文化、倡导科学精神、塑造美好心灵、弘扬社会正气等有助于形成先进网络文化的网络出版服务，推动健康文化、优秀文化产品的数字化、网络化传播。

网络出版服务单位依法从事网络出版服务，任何组织和个人不得干扰、阻止和破坏。

第四十六条 国家支持、鼓励下列优秀的、重点的网络出版物的出版：

（一）对阐述、传播宪法确定的基本原则有重大作用的；

（二）对弘扬社会主义核心价值观，进行爱国主义、集体主义、社会主义和民族团结教育以及弘扬社会公德、职业道德、家庭美德、个人品德有重要意义的；

（三）对弘扬民族优秀文化，促进国际文化交流有重大作用的；

（四）具有自主知识产权和优秀文化内涵的；

（五）对推进文化创新，及时反映国内外新的科学文化成果有重大贡献的；

（六）对促进公共文化服务有重大作用的；

（七）专门以未成年人为对象、内容健康的或者其他有利于未成年人健康成长的；

（八）其他具有重要思想价值、科学价值或者文化艺术价值的。

第四十七条 对为发展、繁荣网络出版服务业作出重要贡献的单位和个人，按照国家有关规定给予奖励。

第四十八条 国家保护网络出版物著作权人的合法权益。网络出版服务单位应当遵守《中华人民共和国著作权法》、《信息网络传播权保护条例》、《计算机软件保护条例》等著作权法律法规。

第四十九条 对非法干扰、阻止和破坏网络出版物出版的行为，出版行政主管部门及其他有关部门，应当及时采取措施，予以制止。

第六章 法律责任

第五十条 网络出版服务单位违反本规定的，出版行政主管部门可以采取下列行政措施：

（一）下达警示通知书；

（二）通报批评、责令改正；

（三）责令公开检讨；

（四）责令删除违法内容。

警示通知书由国家新闻出版广电总局制定统一格式，由出版行政主管部门下达给相关网络出版服务单位。

本条所列的行政措施可以并用。

第五十一条 未经批准，擅自从事网络出版服务，或者擅自上网出版网络游戏（含境外著作权人授权的网络游戏），根据《出版管理条例》第六十一条、《互联网信息服务管理办法》第十九条的规定，由出版行政主管部门、工商行政管理部门依照法定职权予以取缔，并由所在地省级电信主管部门依据有关部门的通知，按照《互联网信息服务管理办法》第十九条的规定给予责令关闭网站等处罚；已经触犯刑法的，依法追究刑事责任；尚不够刑事处罚的，删除全部相关网络出版物，没收违法所得和从事违法出版活动的主要设备、专用工具，违法经营额1万元以上的，并处违法经营额5倍以上10倍以下的罚款；违法经营额不足1万元的，可以处5万元以下的罚款；侵犯他人合法权益的，依法承担民事责任。

第五十二条 出版、传播含有本规定第二十四条、第二十五条禁止内容的网络出版物的，根据《出版管理条例》第六十二条、《互联网信息服务管理办法》第二十条的规定，由出版行政主管部门责令删除相关内容并限期改正，没收违法所得，违法经营额1万元以上的，并处违法经营额5倍以上10倍以下罚款；违法经营额不足1万元的，可以处5万元以下罚款；情节严重的，责令限期停业整顿或者由国家新闻出版广电总局吊销《网络出版服务许可证》，由电信主管部门依据出版行政主管部门的通知吊销其电信业务经营许可或者责令关闭网站；构成犯罪的，依法追究刑事责任。

为从事本条第一款行为的网络出版服务单位提供人工干预搜索排名、广告、推广等相关服务的，由出版行政主管部门责令其停止提供相关服务。

第五十三条 违反本规定第二十一条的，根据《出版管理条例》第六十六条的规定，由出版行政主管部门责令停止违法行为，给予警告，没收违法所得，违法经营额1万元以上的，并处违法经营额5倍以上10倍以下的罚款；违法经营额不足1万元的，可以处5万元以下的罚款；情节严重的，责令限期停业整顿或者由国家新闻出版广电总局吊销《网络出版服务许可证》。

第五十四条 有下列行为之一的，根据《出版管理条例》第六十七条的规定，由出版行政主管部门责令改正，给予警告；情节严重的，责令限期停业整顿或者由国家新闻出版广电总局吊销《网络出版服务许可证》：

（一）网络出版服务单位变更《网络出版服务许可证》登记事项、资本结构，超出批准的服务范围从事网络出版服务，合并或者分立，设立分支机构，未依据本规定办理审批手续的；

（二）网络出版服务单位未按规定出版涉及重大选题出版物的；

（三）网络出版服务单位擅自中止网络出版服务超过180日的；

（四）网络出版物质量不符合有关规定和标准的。

第五十五条 违反本规定第三十四条的，根据《互联网信息服务管理办法》第二十一条的规定，由省级电信主管部门责令改正；情节严重的，责令停业整顿或者暂时关闭网站。

第五十六条 网络出版服务单位未依法向出版行政主管部门报送统计资料的，依据《新闻出版统计管理办法》处罚。

第五十七条 网络出版服务单位违反本规定第二章规定，以欺骗或者贿赂等不正当手段取得许可的，由国家新闻出版广电总局撤销其相应许可。

第五十八条 有下列行为之一的，由出版行政主管部门责令改正，予以警告，并处3万元以下罚款：

（一）违反本规定第十条，擅自与境内外中外合资经营、中外合作经营和外资经营的企业进行涉及网络出版服务业务的合作的；

（二）违反本规定第十九条，未标明有关许可信息或者未核验有关网站的《网络出版服务许可证》的；

（三）违反本规定第二十三条，未按规定实行编辑责任制度等管理制度的；

（四）违反本规定第三十一条，未按规定或标准配备应用有关系统、设备或未健全有关管理制度的；

（五）未按本规定要求参加年度核验的；

（六）违反本规定第四十四条，网络出版服务单位的法定代表人或主要负责人未取得《岗位培训合格证书》的；

（七）违反出版行政主管部门关于网络出版其他管理规定的。

第五十九条 网络出版服务单位违反本规定被处以吊销许可证行政处罚的，其法定代表人或者主要负责人自许可证被吊销之日起10年内不得担任网络出版服务单位的法定代表人或者主要负责人。

从事网络出版服务的编辑出版等相关专业技术人员及其负责人违反本规定，情节严重的，由原发证机关吊销其资格证书。

第七章 附 则

第六十条 本规定所称出版物内容审核责任制度、责任编辑制度、责任校对制度等管理制度，参照《图书质量保障体系》的有关规定执行。

第六十一条 本规定自2016年3月10日起施行。原国家新闻出版总署、信息产业部2002年6月27日颁布的《互联网出版管理暂行规定》同时废止。

司法解释

最高人民法院关于印发《最高人民法院党风廉政建设主体责任和监督责任追究暂行办法》的通知

（2015年12月29日　法组〔2015〕214号）

本院党组成员、副院长、审委会专职委员、各单位：

现将《最高人民法院党风廉政建设主体责任和监督责任追究暂行办法》印发你们，请遵照执行。

最高人民法院党风廉政建设主体责任和监督责任追究暂行办法

第一章　总　则

第一条　为规范和强化最高人民法院党风廉政建设责任追究工作，推动党风廉政建设主体责任和监督责任的全面落实，根据《中国共产党章程》和中央《关于实行党风廉政建设责任制的规定》，结合本院工作实际，制定本办法。

第二条　本办法关于党风廉政建设主体责任追究的规定适用于本院党组、党组成员及其他院级领导干部，院内设机构、派出机构、直属单位党组织及其负责人。本办法关于党风廉政建设监督责任追究的规定适用于本院纪检监察部门、纪检监察领导干部及各内设机构、派出机构廉政监察员。

第三条　党风廉政建设责任追究工作在院党组统一领导下开展。院党风廉政建设责任制领导小组办公室负责协调监督、组织落实。

第四条 党风廉政建设责任追究坚持权责一致、有责必究、实事求是、依规有序的原则。

第五条 党风廉政建设责任追究实行“一案双查”，院纪检监察部门在调查违纪案件时，既要查明违纪人员的直接责任，又要查明相关领导干部履行主体责任和纪检监察领导干部及廉政监察员履行监督责任的情况，并向院党组提出是否应当追究党风廉政建设责任的建议。

第六条 党风廉政建设责任追究要分清集体责任和个人责任、主要领导责任和重要领导责任。

追究院党组及其他党组织和纪检监察部门的集体责任时，主要负责人和直接主管的领导干部承担主要领导责任，参与决策的其他领导干部承担重要领导责任。

对错误决策明确提出反对意见而没有被采纳的，不承担领导责任。

错误决策由领导干部个人决定或批准的，追究该领导干部的个人责任。

第七条 党风廉政建设责任追究的方式：

（一）批评教育，包括提醒谈话、诫勉谈话、责令检查、通报批评；

（二）组织处理，包括调离岗位、责令辞职、免去职务；

（三）纪律处分，包括党纪处分和政纪处分。

涉嫌刑事犯罪的，移送司法机关依法处理。

以上责任追究方式可以单独适用，也可以合并适用。

第八条 有下列情形之一的，应当从重追究责任：

（一）职责范围内不正之风长期滋生蔓延或者多次发生重大腐败案件的；

（二）对职责范围内发生的问题进行掩盖、袒护或者弄虚作假欺骗组织的；

（三）对职责范围内发生的问题推卸、转嫁责任的；

（四）在职责范围内出现问题后不采取补救措施，致使危害后果扩大的；

（五）干扰、阻碍、对抗组织调查处理的。

第九条 有下列情形之一的，可以从轻、减轻或者免予追究责任：

（一）积极配合组织调查处理职责范围内发生的问题，主动承担责任，及时进行整改且成效明显的；

（二）平时注重日常监督管理，发现问题后主动报告、及时纠正，积极挽回损失或者减小影响的。

第十条 党风廉政建设责任追究不因领导干部工作岗位或者职务的变动而免予追究。已退休但按照规定应当追究责任的，仍须进行相应的责任追究。

第二章　责任追究的情形

第十一条　本院党组和院内设机构、派出机构、直属单位党组织违反党风廉政建设责任制规定，并有下列情形之一的，应当追究责任：

（一）未建立分级负责的主体责任落实机制，在党风廉政建设和作风建设中不认真履行主体责任，导致职责范围内的不正之风和腐败现象长期得不到有效治理，群众反映强烈的；

（二）未针对本院、本机构、本单位权力运行特点建立健全监督机制，未结合干警思想实际开展廉洁司法教育，导致在职责范围内发生系统性违纪违法问题的；

（三）违反规定选拔任用干部，在干部推荐、考察、确定拟任职人选等工作中失察失误或者搞不正之风，造成不良后果的；

（四）不支持、不配合执纪执法机关和本院纪检监察部门依纪依法履行职责，对职责范围内的违纪违法问题态度不坚决、措施不得力，导致职责范围内的违纪违法问题没有得到及时查处的；

（五）具有其他不履行或者不正确履行党风廉政建设主体责任的行为，造成不良影响或者不良后果的。

第十二条　本院党组主要负责人违反党风廉政建设责任制规定，并有下列情形之一的，应当追究责任：

（一）未经常研究部署党风廉政建设和反腐败工作，未主动听取纪检监察部门工作汇报，未及时采取措施解决党风廉政建设和作风建设中的突出问题的；

（二）对重要信访举报件不及时阅批，对重要违纪违法案件不亲自督办，导致违纪违法问题线索或者违纪违法案件没有依纪依法得到及时查处的；

（三）不严格落实党的民主集中制，对重大事项决策、重要干部任免、重大项目安排和大额资金使用等事项未按规定程序进行科学民主决策，或者未正确执行集体决策，造成不良影响或者严重后果的；

（四）违反规定选拔任用干部，用人失察失误，造成不良影响或者严重后果的；

（五）对院党组成员和其他院级领导干部疏于监督管理，对已经发现的苗头性、倾向性问题未及时进行教育提醒、督促纠正的；

（六）对院党组和其他中管干部违纪违法的问题线索，不按规定向中央纪委报告，不积极配合中央纪委调查处理的；

（七）对自己的家庭成员和身边工作人员疏于教育管束，导致其发生违纪违法或者不廉洁问题的；

（八）具有其他不履行或者不正确履行党风廉政建设第一责任人责任的行为，造成不良影响或者不良后果的。

第十三条 本院其他院党组成员和其他院级领导干部违反党风廉政建设责任制规定，并有下列情形之一的，应当追究责任：

（一）对院党组关于党风廉政建设和反腐败工作的部署要求不传达贯彻、不研究部署、不组织实施、不督促落实的；

（二）对主管部门负责人疏于监督管理，对已经发现的苗头性、倾向性问题未及时进行教育提醒、督促纠正的；

（三）对职务范围内的纪律作风建设采取措施不力，导致主管部门不正之风得不到有效解决，或者发生严重腐败问题的；

（四）对本院纪检监察部门的监督执纪工作不支持、不配合，对职责范围内的不正之风和腐败现象故意遮掩，对分管部门的违纪违法人员包庇袒护的；

（五）对家庭成员和身边工作人员疏于教育管束，导致其发生违纪违法和不廉洁问题的；

（六）具有其他不履行或者不正确履行职责范围内的党风廉政建设责任的行为，造成不良影响或者不良后果的。

第十四条 本院各内设机构、派出机构、直属单位负责人违反党风廉政建设责任制规定，并有下列情形之一的，应当追究责任：

（一）对上级领导关于党风廉政建设和反腐败工作的部署要求不传达贯彻、不研究部署、不组织实施、不督促落实，或者对上级党组织和纪检监察部门交办的党风廉政建设工作事项敷衍推诿、拒不办理的；

（二）对直接管辖的部门或下属疏于管理监督，对已经发现的苗头性、倾向性问题未及时进行教育提醒、督促纠正的；

（三）对职责范围内的纪律作风建设措施不力，导致职责范围内不正之风和腐败现象得不到有效解决，或者发生严重违纪违法问题的；

（四）对职责范围内发生的违纪违法问题线索，不及时报告纪检监察部门，不配合纪检监察部门调查，或者对违纪违法人员包庇袒护的；

（五）具有其他不履行或者不正确履行职责范围内党风廉政建设责任的行为，造成不良影响或者不良后果的。

第十五条 本院纪检监察部门、纪检监察领导干部及各内设机构、派出机构廉政监察员违反党风廉政建设责任制规定，并有下列情形之一的，应当追究责任：

（一）对中央纪委、中央国家机关纪工委和院党组关于党风廉政建设和反腐败工作的部署要求不传达贯彻、不研究部署、不组织实施、不督促落实，或者对中央纪委、中央国家机关纪工委和院党组交办的职责范围内的事项敷衍推诿、拒不办理的；

（二）不认真履行监督职责，在监督工作中对应当发现的问题未发现，对应当报告的事项不报告，对应当制止、纠正的问题不制止、不纠正的；

（三）对监督中发现的重大问题线索未按规定及时向中央纪委、中央国家机关纪工委和院党组汇报，或者对违纪违法问题线索隐瞒不报、对违纪违法案件压案不查，对应当问责的人员不予问责的；

（四）具有其他不履行或者不正确履行党风廉政建设监督责任的行为，造成不良影响或者不良后果的。

第三章　责任追究的实施

第十六条　院党组在工作中发现需要追究责任的问题线索，对其中事实清楚、责任明确的，可以直接作出责任追究的决定；对事实和责任尚需核实的，应当交由本院纪检监察部门调查核实后再研究决定。

第十七条　院纪检监察部门、组织人事部门在案件审查、司法巡查、审务督察、干部监督及日常监督工作中发现需要追究党风廉政建设责任的问题线索，应当在查明情况、分清责任后提出意见报院党组研究决定。

第十八条　院内设机构、派出机构、直属单位在工作中发现需要追究党风廉政建设责任的问题线索，应当移送本院纪检监察部门查明情况、分清责任后提出意见报院党组研究决定。

第十九条　院党组作出责任追究决定后，由院党风廉政建设责任制领导小组办公室负责印发《党风廉政建设责任追究通知书》，并按照下列分工交付办理：

（一）需要给予批评教育的，由相关院党组成员、其他院级领导干部及相关内设机构、派出机构、直属单位负责按照有关权限和程序办理；

（二）需要给予组织处理的，由院组织人事部门负责按照有关权限和程序办理；

（三）需要给予纪律处分或者移送司法机关处理的，由院纪检监察部门负责按照有关权限和程序办理。

上述人员和机构、单位应当在责任追究事项办理完毕后的 15 个工作日内，向院党风廉政建设责任制领导小组办公室书面报告办理情况。

第二十条 领导干部被追究责任的情况，应当按照干部管理权限及时移送相关组织人事部门存入个人人事档案，并将其作为管理使用干部的重要依据。

第二十一条 受到责任追究的单位和领导干部，取消当年考核评优和评选各类先进的资格。

受到调离岗位处理的，一年内不得提拔；受到责令辞职、免职处理的，一年内不得重新担任与其原任职务相当的领导职务，两年内不得提拔；受到降职处理的，两年内不得提拔。

同时受到纪律处分和组织处理的，按照影响期较长的执行。

第二十二条 实施责任追究应当听取被追究领导干部本人的意见和申辩，并记录在案。

对组织处理决定不服的，可以自收到责任追究决定书之日起15个工作日内向组织人事部门书面申请复议，组织人事部门应当自接到书面申请之日起30日内作出书面答复。

对纪律处分决定不服的，按照有关规定处理。

申请复议期间，不停止处理决定的执行。

第四章　附　则

第二十三条 本办法所称内设机构、派出机构、直属单位负责人，包括该机构和单位的正、副职领导干部；所称纪检监察领导干部，包括纪检监察部门中层正、副职以上领导干部和直属单位纪委负责人。

第二十四条 地方各级人民法院党组可以参照本办法制定本院的党风廉政建设主体责任和监督责任追究办法，并按照相关规定将本院实行党风廉政建设责任追究的情况逐级层报至最高人民法院党风廉政建设责任制领导小组备案。

第二十五条 本办法由最高人民法院党风廉政建设责任制领导小组负责解释。

第二十六条 本办法自2016年1月1日起施行。

最高人民检察院关于印发《人民检察院办理羁押必要性审查案件规定（试行）》的通知

（2016年1月22日）

各省、自治区、直辖市人民检察院，军事检察院，新疆生产建设兵团人民检察院：

《人民检察院办理羁押必要性审查案件规定（试行）》已经2016年1月13日最高人民检察院第十二届检察委员会第四十七次会议通过，现印发你们，请认真贯彻执行。执行中遇到的问题，请及时报告最高人民检察院。

人民检察院办理羁押必要性审查案件规定（试行）

（2016年1月13日最高人民检察院第十二届检察委员会第四十七次会议通过）

第一章　总　　则

第一条　为了加强和规范羁押必要性审查工作，维护被逮捕的犯罪嫌疑人、被告人合法权益，保障刑事诉讼活动顺利进行，根据《中华人民共和国刑事诉讼法》、《人民检察院刑事诉讼规则（试行）》等有关规定，结合检察工作实际，制定本规定。

第二条　羁押必要性审查，是指人民检察院依据《中华人民共和国刑事诉讼法》第九十三条规定，对被逮捕的犯罪嫌疑人、被告人有无继续羁押的必要性进行审查，对不需要继续羁押的，建议办案机关予以释放或者变更强制措施的监督活动。

第三条　羁押必要性审查案件由办案机关对应的同级人民检察院刑事执行检察部门统一办理，侦查监督、公诉、侦查、案件管理、检察技术等部门予以配合。

第四条 羁押必要性审查案件的受理、立案、结案、释放或者变更强制措施建议书等应当依照有关规定在检察机关统一业务应用系统登记、流转和办理，案件管理部门在案件立案后对办案期限、办案程序、办案质量等进行管理、监督、预警。

第五条 办理羁押必要性审查案件过程中，涉及国家秘密、商业秘密、个人隐私的，应当保密。

第六条 人民检察院进行羁押必要性审查，不得滥用建议权影响刑事诉讼依法进行。

第二章 立 案

第七条 犯罪嫌疑人、被告人及其法定代理人、近亲属、辩护人申请进行羁押必要性审查的，应当说明不需要继续羁押的理由。有相关证明材料的，应当一并提供。

第八条 羁押必要性审查的申请由办案机关对应的同级人民检察院刑事执行检察部门统一受理。

办案机关对应的同级人民检察院控告检察、案件管理等部门收到羁押必要性审查申请后，应当在一个工作日以内移送本院刑事执行检察部门。

其他人民检察院收到羁押必要性审查申请的，应当告知申请人向办案机关对应的同级人民检察院提出申请，或者在两个工作日以内将申请材料移送办案机关对应的同级人民检察院，并告知申请人。

第九条 刑事执行检察部门收到申请材料后，应当进行初审，并在三个工作日以内提出是否立案审查的意见。

第十条 刑事执行检察部门应当通过检察机关统一业务应用系统等途径及时查询本院批准或者决定、变更、撤销逮捕措施的情况。

第十一条 刑事执行检察部门对本院批准逮捕和同级人民法院决定逮捕的犯罪嫌疑人、被告人，应当依职权对羁押必要性进行初审。

第十二条 经初审，对于犯罪嫌疑人、被告人可能具有本规定第十七条、第十八条情形之一的，检察官应当制作立案报告书，经检察长或者分管副检察长批准后予以立案。

对于无理由或者理由明显不成立的申请，或者经人民检察院审查后未提供新的证明材料或者没有新的理由而再次申请的，由检察官决定不予立案，并书面告知申请人。

第三章　审　　查

第十三条　人民检察院进行羁押必要性审查，可以采取以下方式：

（一）审查犯罪嫌疑人、被告人不需要继续羁押的理由和证明材料；

（二）听取犯罪嫌疑人、被告人及其法定代理人、辩护人的意见；

（三）听取被害人及其法定代理人、诉讼代理人的意见，了解是否达成和解协议；

（四）听取现阶段办案机关的意见；

（五）听取侦查监督部门或者公诉部门的意见；

（六）调查核实犯罪嫌疑人、被告人的身体状况；

（七）其他方式。

第十四条　人民检察院可以对羁押必要性审查案件进行公开审查。但是，涉及国家秘密、商业秘密、个人隐私的案件除外。

公开审查可以邀请与案件没有利害关系的人大代表、政协委员、人民监督员、特约检察员参加。

第十五条　人民检察院应当根据犯罪嫌疑人、被告人涉嫌犯罪事实、主观恶性、悔罪表现、身体状况、案件进展情况、可能判处的刑罚和有无再危害社会的危险等因素，综合评估有无必要继续羁押犯罪嫌疑人、被告人。

第十六条　评估犯罪嫌疑人、被告人有无继续羁押必要性可以采取量化方式，设置加分项目、减分项目、否决项目等具体标准。犯罪嫌疑人、被告人的得分情况可以作为综合评估的参考。

第十七条　经羁押必要性审查，发现犯罪嫌疑人、被告人具有下列情形之一的，应当向办案机关提出释放或者变更强制措施的建议：

（一）案件证据发生重大变化，没有证据证明有犯罪事实或者犯罪行为系犯罪嫌疑人、被告人所为的；

（二）案件事实或者情节发生变化，犯罪嫌疑人、被告人可能被判处拘役、管制、独立适用附加刑、免予刑事处罚或者判决无罪的；

（三）继续羁押犯罪嫌疑人、被告人，羁押期限将超过依法可能判处的刑期的；

（四）案件事实基本查清，证据已经收集固定，符合取保候审或者监视居住条件的。

第十八条　经羁押必要性审查，发现犯罪嫌疑人、被告人具有下列情形之一，且具有悔罪表现，不予羁押不致发生社会危险性的，可以向办案机关提出释放或者变更强制措施的建议：

（一）预备犯或者中止犯；

（二）共同犯罪中的从犯或者胁从犯；

（三）过失犯罪的；

（四）防卫过当或者避险过当的；

（五）主观恶性较小的初犯；

（六）系未成年人或者年满七十五周岁的人；

（七）与被害方依法自愿达成和解协议，且已经履行或者提供担保的；

（八）患有严重疾病、生活不能自理的；

（九）系怀孕或者正在哺乳自己婴儿的妇女；

（十）系生活不能自理的人的唯一扶养人；

（十一）可能被判处一年以下有期徒刑或者宣告缓刑的；

（十二）其他不需要继续羁押犯罪嫌疑人、被告人的情形。

第十九条 办理羁押必要性审查案件应当制作羁押必要性审查报告，报告中应当写明：犯罪嫌疑人或者被告人基本情况、原案简要情况和诉讼阶段、立案审查理由和证据、办理情况、审查意见等。

第四章 结 案

第二十条 办理羁押必要性审查案件，应当在立案后十个工作日以内决定是否提出释放或者变更强制措施的建议。案件复杂的，可以延长五个工作日。

第二十一条 经审查认为无继续羁押必要的，检察官应当报经检察长或者分管副检察长批准，以本院名义向办案机关发出释放或者变更强制措施建议书，并要求办案机关在十日以内回复处理情况。

释放或者变更强制措施建议书应当说明不需要继续羁押犯罪嫌疑人、被告人的理由和法律依据。

第二十二条 人民检察院应当跟踪办案机关对释放或者变更强制措施建议的处理情况。

办案机关未在十日以内回复处理情况的，可以报经检察长或者分管副检察长批准，以本院名义向其发出纠正违法通知书，要求其及时回复。

第二十三条 经审查认为有继续羁押必要的，由检察官决定结案，并通知办案机关。

第二十四条 对于依申请立案审查的案件，人民检察院办结后，应当将提出建议和办案机关处理情况，或者有继续羁押必要的审查意见和理由及时书面告知申请人。

第二十五条 刑事执行检察部门应当通过检察机关统一业务应用系统等途径将审查情况、提出建议和办案机关处理情况及时通知本院侦查监督、公诉、侦查等部门。

第五章 附　　则

第二十六条 对于检察机关正在侦查或者审查起诉的案件，刑事执行检察部门进行羁押必要性审查的，参照本规定办理。

第二十七条 人民检察院依看守所建议进行羁押必要性审查的，参照依申请进行羁押必要性审查的程序办理。

第二十八条 检察人员办理羁押必要性审查案件应当纳入检察机关司法办案监督体系，有受贿、玩忽职守、滥用职权、徇私枉法、泄露国家秘密等违纪违法行为的，依纪依法严肃处理；构成犯罪的，依法追究刑事责任。

第二十九条 本规定自发布之日起试行。

最高人民法院关于确定人身安全保护令案件及其类型代字的通知

（2016年1月27日　法〔2016〕37号）

各省、自治区、直辖市高级人民法院，解放军军事法院，新疆维吾尔自治区高级人民法院生产建设兵团分院：

2015年12月27日第十二届全国人民代表大会常务委员会第十八次会议通过《中华人民共和国反家庭暴力法》（自2016年3月1日起施行），对人身安全保护令的审查处理作了规定。根据《最高人民法院关于印发〈关于人民法院案件案号的若干规定〉及配套标准的通知》（法〔2015〕137号）第七条、第十五条第一款之规定，现对《人民法院案件类型及其代字标准》修订如下：

一、在民事案件中增设一个二级类型案件即“（十一）人身安全保护令案件”，下设两个三级类型案件：人身安全保护令申请审查案件，类型代字为“民保令”；人身安全保护令变更案件，类型代字为“民保更”。

二、人身安全保护令案件及其类型代字自2016年3月1日起施行。

特此通知。

最高人民法院关于在同一案件多个裁判文书上规范使用案号有关事项的通知

（2016年2月1日　法〔2016〕37号）

各省、自治区、直辖市高级人民法院，解放军军事法院，新疆维吾尔自治区高级人民法院生产建设兵团分院：

为规范案号在同一案件多个裁判文书上的使用，便于区分、识别，以满足审判执行工作实际需要，现就有关事项通知如下：

一、同一案件的案号具有唯一性，各级法院应规范案号在案件裁判文书上的使用。对同一案件出现的多个同类裁判文书，首份裁判文书直接使用案号，第二份开始可在案号后缀“之一”“之二”…，以示区别。

二、在同一案件的多个不同类型裁判文书之间，无需通过上述案号后缀方法进行区分。

三、同一案件不同类型的裁判文书均出现两个以上时，每一类型裁判文书从其第二份开始均可采用上述案号后缀方法加以区分。

四、上述所称裁判文书的类型包括判决书、裁定书、调解书、决定书以及通知书等。

附件：《同一案件多个裁判文书案号后缀示例》

附件：

同一案件多个裁判文书案号后缀示例

一、对同一案件出现的多个同类裁判文书，首份裁判文书直接使用案号，第二份开始可在案号后缀“之一”“之二”……，以示区别。

1. 某法院执行案件第一份裁定：

××××××中级人民法院

执行裁定书

（201×）×01 执8号

2. 某法院执行案件第二份裁定：

××××××中级人民法院

执行裁定书

（201×）×01 执8号之一

3. 某法院执行案件第三份裁定：

××××××中级人民法院

执行裁定书

（201×）×01 执8号之二

二、在同一案件的多个不同类型裁判文书之间，无需通过上述案号后缀方法进行区分。

1. 某法院一审案件管辖权异议裁定：

××××××中级人民法院

民事裁定书

（201×）×01 民初9号

2. 某法院一审案件判决：

××××××中级人民法院

民事判决书

（201×）×01 民初9号

三、同一案件不同类型的裁判文书均出现两个以上时，每一类型裁判文书从其第二份开始均可采用上述案号后缀方法加以区分。

1. 某法院一审案件管辖权异议裁定：

××××××中级人民法院

民事裁定书

（201×）×01 民初10号

2. 某法院一审案件先予执行裁定：

××××××中级人民法院

民事裁定书

（201×）×01 民初10号之一

3. 某法院一审案件中间判决：

××××××中级人民法院

民事判决书

（201×）×01 民初 10 号

4. 某法院一审案件最终判决：

××××××中级人民法院

民事判决书

（201×）×01 民初 10 号之一

最高人民法院关于为京津冀协同发展提供司法服务和保障的意见

（2016 年 2 月 3 日　法发〔2016〕5 号）

为全面贯彻落实《中共中央关于制定国民经济和社会发展第十三个五年规划的建议》和《京津冀协同发展规划纲要》的战略部署，充分发挥人民法院审判职能，为京津冀协同发展提供优质高效的司法服务和保障，制定如下指导意见。

一、充分认识京津冀协同发展战略的重大意义，准确把握司法服务和保障的基本要求

1. 充分认识京津冀协同发展国家战略的重大意义，增强人民法院司法服务和保障的责任感与使命感。京津冀协同发展，是一项重大国家战略，对于协调推进"四个全面"战略布局，实现"两个一百年"奋斗目标和中华民族伟大复兴的中国梦，具有重大现实意义和深远历史意义。为京津冀协同发展提供优质高效的司法服务和保障，是人民法院肩负的重大政治责任和光荣历史使命。京津冀三地法院要统一思想，提高认识，切实增强司法服务和保障的自觉性、主动性。

2. 准确把握服务和保障京津冀协同发展的基本要求，找准切入点、结合点、着力点。要按照《京津冀协同发展规划纲要》确定的目标、方向、思路和重点，特别是围绕有序疏解北京非首都功能，优化提升首都核心功能，推动交通一体化、生态环境保护、产业升级转移三大重点领域率先取得突破，大力促进创新驱动发展，统筹推进协同发展相关任务，持续深化体制机制改革等具体目标，充分发挥人民法院审判职能作用，依法妥善审理、执行各类案件，为京津冀协同发展提供有力司法保障。

3. 积极适应京津冀协同发展的司法需求，切实增强司法服务和保障的能力、水平和实效。坚持党的领导，紧紧依靠京津冀党委、政府，积极运用社会纠纷多元化解机制，共同化解矛盾，维护稳定，促进发展。坚持能动司法、协同司法，创新司法理念，不断改革和完善适应京津冀协同发展的司法体制机制。增强大局意识，在协同发展中谋划人民法院工作，对京津冀协同发展中涉及到的司法问题，提前预判，早做研究，及时应对，妥善处理，努力实现法律效果与社会效果的有机统一。

二、依法履行人民法院审判职能，促进京津冀地区创新、协调、绿色、开放、共享发展

4. 依法惩罚京津冀地区破坏社会稳定、经济发展、金融安全、生态保护的各种犯罪。依法惩罚阻挠破坏承接非首都功能重大项目建设的犯罪，确保重点建设项目的顺利开展；依法惩罚破坏市场秩序、侵犯知识产权和侵吞、挪用企业资金等经济犯罪，保障产业转移升级；依法惩罚非法吸收公众存款、集资诈骗、电信诈骗、操纵证券期货市场等金融领域犯罪，维护投资环境和金融秩序；依法惩罚破坏资源、污染环境犯罪和环境资源监管失职渎职犯罪，促进京津冀地区绿色发展。

5. 依法审理涉及疏解北京非首都功能的民商事案件。围绕疏解北京非首都功能，及时审理因部分企业搬迁和区域性物流基地、区域性专业市场外迁引发的租赁合同、补偿安置、劳动争议纠纷等案件，依法审理因产业结构调整升级、淘汰落后产能引发的企业重组、破产、强制清算、股东权益纠纷等案件，促进京津冀产业优化升级和产业园区建设。

6. 依法审理涉及公共服务、扶贫脱贫的民生案件。围绕疏解公共服务功能，妥善审理京津冀公共服务领域的教育、医疗卫生、文化、社会保障等涉民生案件，保障人民群众生命健康权益，促进就业创业、教育公平和社会保障体系建设。重视对京津冀地区实施精准扶贫、精准脱贫所涉案件的审理，促使贫困地区生产生活条件明显改善，推进实现共享发展。

7. 依法保障京津冀地区金融创新、金融安全。密切关注金融政策、新型融资方式对京津冀社会经济发展的影响，依法审理民间借贷、互联网金融等区域性金融案件，保护金融债权和金融消费者权益，促进缓解中小微企业融资难、融资贵难题，维护金融创新与金融安全，推进金融创新运营示范区的健康发展。注意从司法角度发现和防范区域性、系统性金融风险，及时向有关部门提出司法建议。

8. 进一步加大京津冀知识产权司法保护的力度。加强对京津冀高科技、新能源、新领域、知名品牌以及文化创新产业的司法保护，发挥知识产权司法对激发社会创新动力、创造潜力和创业活力的独特保护、促进作用，营造有利于新兴产业孵化发展、知名品牌的培育和保护以及文化艺术保护、传承、创新的良好法治环境。依法审理好涉及专利、商标和著作权等知识产权案件，保护创新成果，推动科技创新，促进经济转型升级。

9. 依法审理矿产资源、污染环境等环境资源类民商事案件和行政案件。大力推进环境公益诉讼，妥善处理好环境公共利益与私人利益、发展经济与保护环境、开发资源与节约资源之间的关系。坚持预防性和恢复性司法理念，依法引入第三方治理环境污染的损害赔偿责任承担方式，确保环境恢复效果，推动京津冀生态文明建设、低碳循环经济和资源节约高效利用，促进人与自然和谐共生。

10. 依法审理海事案件和海洋环境污染等案件。充分发挥天津海事法院专业性及跨区域管辖的独特优势，通过依法履行审判职责，促进京津冀地区对外开放、自贸区建设，推动海运、物流、仓储等行业发展，保护海洋生态环境，保障互利共赢开放战略和海洋强国战略实施，切实维护国家主权、安全和发展利益。

11. 依法审理京津冀协同发展中的行政案件。通过审理因京津冀交通一体化建设、城市功能区建设、市政公用设施、交通路网等基础设施建设以及住房改造、新居住区建设等引发的工商、税务、土地、城建、交通、环保、劳动保障等方面的行政案件，依法维护行政相对人合法权益，监督和支持行政机关依法行政。

12. 依法执行涉及京津冀协同发展中的重点项目和重点工程案件。充分运用法律规定的各种执行措施，上下联动，多方协同，保障各项工作具体落实。积极开展涉金融执行积案清理，推进金融创新运营示范区的良性发展。加大对涉民生案件执行力度，提高司法救助数额和比例，增强执行案件办理的法律效果与社会效果。

三、建立健全京津冀法院工作联络机制，提升司法服务保障的能力和水平

13. 建立京津冀三地法院联席会议机制。由最高人民法院召集，京津冀三地法院参加。联席会议下设日常工作机构，负责三地法院日常沟通、协调、会商、联动等工作。联席会议重点研究和解决京津冀协同发展中的重大司法事项、司法需求、司法政策和重大疑难法律适用问题，促进司法裁判尺度的统一。

14. 加强京津冀三地法院在信息化软件开发、平台建设和大数据应用等方面的合作。实现三地平台共建、信息互通、资源共享、业务协同。推进京津冀三地诉讼服务和诉讼标准一体化，立案信息共享，建立统一协调的诉讼服务机制。实现京津冀三地法院视频衔接，为远程开庭、执行联动、远程接访等业务提供技术保障。

15. 进一步推动并不断完善京津冀法院执行联动协作。推动三地各级法院执行系统的纵向贯通，执行联动单位的横向联网，实现三地执行指挥中心和财产网络查控系统有效对接和三地法院执行办案的“同城效应”。在执行委托、执行协调、执行协助等方面加强配合，以有效遏制跨区域转移财产、规避执行行为，最大限度地实现资源共享，优势互补，互惠共赢。

16. 积极探索特定类型案件集中管辖或专门管辖。结合京津冀三地法院自身审判特点，对专业性较强的案件实行由特定法院集中管辖，充分发挥三地审判优势资源，推动专业化审判，提高审判质量，统一裁判标准。积极探索知识产权案件、海事海商案件、生态环境保护案件集中管辖或专门管辖制度。进一步推进京津冀设立跨行政区划法院集中审理跨区划重大民事案件、行政案件试点工作。充分运用指定管辖、异地管辖、提级管辖制度，积极破解司法难题。

17. 建立健全京津冀三地法院人员培训和法官任职交流机制。积极推进三地法官统一培训、学习和交流，实现人员资源互通互融。探索实行三地法官异地挂职、任职交流，努力实现三地法官司法能力共同提升。

18. 建立京津冀三地法院常态化调研协调机制。共同调研京津冀协同发展中的法律、司法问题，增强司法工作的系统性、针对性和及时性。通过调研工作，加强与京津冀地区政府法制部门、行政执法机关、信访部门的联系，及时通报涉诉信访情况和存在的问题，充分调动各方面的积极性，有效化解社会矛盾纠纷。

最高人民法院关于对人民法院终结执行行为提出执行异议期限问题的批复

（2015年11月30日最高人民法院审判委员会第1668次会议通过　2016年2月14日最高人民法院公告公布　自2016年2月15日起施行　法释〔2016〕3号）

湖北省高级人民法院：

你院《关于咸宁市广泰置业有限公司与咸宁市枫丹置业有限公司房地产开发经营合同纠纷案的请示》（鄂高法〔2015〕295号）收悉。经研究，批复如下：

当事人、利害关系人依照民事诉讼法第二百二十五条规定对终结执行行为提出异议的，应当自收到终结执行法律文书之日起六十日内提出；未收到法律文书的，应当自知道或者应当知道人民法院终结执行之日起六十日内提出。批复发布前终结执行的，自批复发布之日起六十日内提出。超出该期限提出执行异议的，人民法院不予受理。

此复。

最高人民法院关于适用《中华人民共和国物权法》若干问题的解释（一）

（2015年12月10日最高人民法院审判委员会第1670次会议通过　2016年2月22日最高人民法院公告公布　自2016年3月1日起施行　法释〔2016〕5号）

为正确审理物权纠纷案件，根据《中华人民共和国物权法》的相关规定，结合民事审判实践，制定本解释。

第一条　因不动产物权的归属，以及作为不动产物权登记基础的买卖、赠与、抵押等产生争议，当事人提起民事诉讼的，应当依法受理。当事人已经在行政诉讼中申请一并解决上述民事争议，且人民法院一并审理的除外。

第二条　当事人有证据证明不动产登记簿的记载与真实权利状态不符、其为该不动产物权的真实权利人，请求确认其享有物权的，应予支持。

第三条　异议登记因物权法第十九条第二款规定的事由失效后，当事人提起民事诉讼，请求确认物权归属的，应当依法受理。异议登记失效不影响人民法院对案件的实体审理。

第四条　未经预告登记的权利人同意，转移不动产所有权，或者设定建设用地使用权、地役权、抵押权等其他物权的，应当依照物权法第二十条第一款的规定，认定其不发生物权效力。

第五条　买卖不动产物权的协议被认定无效、被撤销、被解除，或者预告登记的权利人放弃债权的，应当认定为物权法第二十条第二款所称的“债权消灭”。

第六条　转让人转移船舶、航空器和机动车等所有权，受让人已经支付对价并取得占有，虽未经登记，但转让人的债权人主张其为物权法第二十四条所称的“善意第三人”的，不予支持，法律另有规定的除外。

第七条　人民法院、仲裁委员会在分割共有不动产或者动产等案件中作出并依法生效的改变原有物权关系的判决书、裁决书、调解书,以及人民法院在执行程序中作出的拍卖成交裁定书、以物抵债裁定书,应当认定为物权法第二十八条所称导致物权设立、变更、转让或者消灭的人民法院、仲裁委员会的法律文书。

第八条 依照物权法第二十八条至第三十条规定享有物权,但尚未完成动产交付或者不动产登记的物权人,根据物权法第三十四条至第三十七条的规定,请求保护其物权的,应予支持。

第九条 共有份额的权利主体因继承、遗赠等原因发生变化时,其他按份共有人主张优先购买的,不予支持,但按份共有人之间另有约定的除外。

第十条 物权法第一百零一条所称的"同等条件",应当综合共有份额的转让价格、价款履行方式及期限等因素确定。

第十一条 优先购买权的行使期间,按份共有人之间有约定的,按照约定处理;没有约定或者约定不明的,按照下列情形确定:

(一)转让人向其他按份共有人发出的包含同等条件内容的通知中载明行使期间的,以该期间为准;

(二)通知中未载明行使期间,或者载明的期间短于通知送达之日起十五日的,为十五日;

(三)转让人未通知的,为其他按份共有人知道或者应当知道最终确定的同等条件之日起十五日;

(四)转让人未通知,且无法确定其他按份共有人知道或者应当知道最终确定的同等条件的,为共有份额权属转移之日起六个月。

第十二条 按份共有人向共有人之外的人转让其份额,其他按份共有人根据法律、司法解释规定,请求按照同等条件购买该共有份额的,应予支持。

其他按份共有人的请求具有下列情形之一的,不予支持:

(一)未在本解释第十一条规定的期间内主张优先购买,或者虽主张优先购买,但提出减少转让价款、增加转让人负担等实质性变更要求;

(二)以其优先购买权受到侵害为由,仅请求撤销共有份额转让合同或者认定该合同无效。

第十三条 按份共有人之间转让共有份额,其他按份共有人主张根据物权法第一百零一条规定优先购买的,不予支持,但按份共有人之间另有约定的除外。

第十四条 两个以上按份共有人主张优先购买且协商不成时,请求按照转让时各自份额比例行使优先购买权的,应予支持。

第十五条 受让人受让不动产或者动产时,不知道转让人无处分权,且无重大过失的,应当认定受让人为善意。

真实权利人主张受让人不构成善意的,应当承担举证证明责任。

第十六条 具有下列情形之一的,应当认定不动产受让人知道转让人无处分权:

(一)登记簿上存在有效的异议登记;

(二)预告登记有效期内,未经预告登记的权利人同意;

(三)登记簿上已经记载司法机关或者行政机关依法裁定、决定查封或者以其他形式限制不动产权利的有关事项;

(四)受让人知道登记簿上记载的权利主体错误;

(五)受让人知道他人已经依法享有不动产物权。

真实权利人有证据证明不动产受让人应当知道转让人无处分权的,应当认定受让人具有重大过失。

第十七条 受让人受让动产时,交易的对象、场所或者时机等不符合交易习惯的,应当认定受让人具有重大过失。

第十八条 物权法第一百零六条第一款第一项所称的"受让人受让该不动产或者动产时",是指依法完成不动产物权转移登记或者动产交付之时。

当事人以物权法第二十五条规定的方式交付动产的,转让动产法律行为生效时为动产交付之时;当事人以物权法第二十六条规定的方式交付动产的,转让人与受让人之间有关转让返还原物请求权的协议生效时为动产交付之时。

法律对不动产、动产物权的设立另有规定的,应当按照法律规定的时间认定权利人是否为善意。

第十九条 物权法第一百零六条第一款第二项所称"合理的价格",应当根据转让标的物的性质、数量以及付款方式等具体情况,参考转让时交易地市场价格以及交易习惯等因素综合认定。

第二十条 转让人将物权法第二十四条规定的船舶、航空器和机动车等交付给受让人的,应当认定符合物权法第一百零六条第一款第三项规定的善意取得的条件。

第二十一条 具有下列情形之一,受让人主张根据物权法第一百零六条规定取得所有权的,不予支持:

(一)转让合同因违反合同法第五十二条规定被认定无效;

(二)转让合同因受让人存在欺诈、胁迫或者乘人之危等法定事由被撤销。

第二十二条 本解释自2016年3月1日起施行。

本解释施行后人民法院新受理的一审案件,适用本解释。

本解释施行前人民法院已经受理、施行后尚未审结的一审、二审案件，以及本解释施行前已经终审、施行后当事人申请再审或者按照审判监督程序决定再审的案件，不适用本解释。

最高人民法院关于海事诉讼管辖问题的规定

（2015年12月28日最高人民法院审判委员会第1674次会议通过　2016年2月24日最高人民法院公告公布　自2016年3月1日起施行　法释〔2016〕2号）

为推进“一带一路”建设、海洋强国战略、京津冀一体化、长江经济带发展规划的实施，促进海洋经济发展，及时化解海事纠纷，保证海事法院正确行使海事诉讼管辖权，依法审理海事案件，根据《中华人民共和国民事诉讼法》《中华人民共和国海事诉讼特别程序法》《中华人民共和国行政诉讼法》以及全国人民代表大会常务委员会《关于在沿海港口城市设立海事法院的决定》等法律规定，现将海事诉讼管辖的几个问题规定如下：

一、关于管辖区域调整

1. 根据航运经济发展和海事审判工作的需要，对大连、武汉海事法院的管辖区域作出如下调整：

（1）大连海事法院管辖下列区域：南自辽宁省与河北省的交界处、东至鸭绿江口的延伸海域和鸭绿江水域，其中包括黄海一部分、渤海一部分、海上岛屿；吉林省的松花江、图们江等通海可航水域及港口；黑龙江省的黑龙江、松花江、乌苏里江等通海可航水域及港口。

（2）武汉海事法院管辖下列区域：自四川省宜宾市合江门至江苏省浏河口之间长江干线及支线水域，包括宜宾、泸州、重庆、涪陵、万州、宜昌、荆州、城陵矶、武汉、九江、安庆、芜湖、马鞍山、南京、扬州、镇江、江阴、张家港、南通等主要港口。

2. 其他各海事法院依据此前最高人民法院发布的决定或通知确定的管辖区域对海事案件行使管辖权。

二、关于海事行政案件管辖

1. 海事法院审理第一审海事行政案件。海事法院所在地的高级人民法院审理海事行政上诉案件，由行政审判庭负责审理。

2. 海事行政案件由最初作出行政行为的行政机关所在地海事法院管辖。经复议的案件，由复议机关所在地海事法院管辖。

对限制人身自由的行政强制措施不服提起的诉讼，由被告所在地或者原告所在地海事法院管辖。

前述行政机关所在地或者原告所在地不在海事法院管辖区域内的，由行政执法行为实施地海事法院管辖。

三、关于海事海商纠纷管辖权异议案件的审理

1. 当事人不服管辖权异议裁定的上诉案件由海事法院所在地的高级人民法院负责海事海商案件的审判庭审理。

2. 发生法律效力的管辖权异议裁定违反海事案件专门管辖确需纠正的，人民法院可依照《中华人民共和国民事诉讼法》第一百九十八条规定再审。

四、其他规定

本规定自2016年3月1日起施行。最高人民法院以前作出的有关规定与本规定不一致的，以本规定为准。

最高人民法院关于海事法院受理案件范围的规定

（2015年12月28日最高人民法院审判委员会第1674次会议通过　2016年2月24日最高人民法院公告公布　自2016年3月1日起施行　法释〔2016〕4号）

根据《中华人民共和国民事诉讼法》《中华人民共和国海事诉讼特别程序法》《中华人民共和国行政诉讼法》以及我国缔结或者参加的有关国际条约，结合我国海事审判实际，现将海事法院受理案件的范围规定如下：

一、海事侵权纠纷案件

1. 船舶碰撞损害责任纠纷案件，包括浪损等间接碰撞的损害责任纠纷案件；

2. 船舶触碰海上、通海可航水域、港口及其岸上的设施或者其他财产的损害责任纠纷案件，包括船舶触碰码头、防波堤、栈桥、船闸、桥梁、航标、钻井平台等设施的损害责任纠纷案件；

3. 船舶损坏在空中架设或者在海底、通海可航水域敷设的设施或者其他财产的损害责任纠纷案件；

4. 船舶排放、泄漏、倾倒油类、污水或者其他有害物质，造成水域污染或者他船、货物及其他财产损失的损害责任纠纷案件；

5. 船舶的航行或者作业损害捕捞、养殖设施及水产养殖物的责任纠纷案件；

6. 航道中的沉船沉物及其残骸、废弃物，海上或者通海可航水域的临时或者永久性设施、装置，影响船舶航行，造成船舶、货物及其他财产损失和人身损害的责任纠纷案件；

7. 船舶航行、营运、作业等活动侵害他人人身权益的责任纠纷案件；

8. 非法留置或者扣留船舶、船载货物和船舶物料、燃油、备品的责任纠纷案件；

9. 为船舶工程提供的船舶关键部件和专用物品存在缺陷而引起的产品质量责任纠纷案件；

10. 其他海事侵权纠纷案件。

二、海商合同纠纷案件

11. 船舶买卖合同纠纷案件；

12. 船舶工程合同纠纷案件；

13. 船舶关键部件和专用物品的分包施工、委托建造、订制、买卖等合同纠纷案件；

14. 船舶工程经营合同（含挂靠、合伙、承包等形式）纠纷案件；

15. 船舶检验合同纠纷案件；

16. 船舶工程场地租用合同纠纷案件；

17. 船舶经营管理合同（含挂靠、合伙、承包等形式）、航线合作经营合同纠纷案件；

18. 与特定船舶营运相关的物料、燃油、备品供应合同纠纷案件；

19. 船舶代理合同纠纷案件；

20. 船舶引航合同纠纷案件；

21. 船舶抵押合同纠纷案件；

22. 船舶租用合同（含定期租船合同、光船租赁合同等）纠纷案件；

23. 船舶融资租赁合同纠纷案件；

24. 船员劳动合同、劳务合同（含船员劳务派遣协议）项下与船员登船、在船服务、离船遣返相关的报酬给付及人身伤亡赔偿纠纷案件；

25. 海上、通海可航水域货物运输合同纠纷案件，包括含有海运区段的国际多式联运、水陆联运等货物运输合同纠纷案件；

26. 海上、通海可航水域旅客和行李运输合同纠纷案件；

27. 海上、通海可航水域货运代理合同纠纷案件；

28. 海上、通海可航水域运输集装箱租用合同纠纷案件；

29. 海上、通海可航水域运输理货合同纠纷案件；

30. 海上、通海可航水域拖航合同纠纷案件；

31. 轮渡运输合同纠纷案件；

32. 港口货物堆存、保管、仓储合同纠纷案件；

33. 港口货物抵押、质押等担保合同纠纷案件；

34. 港口货物质押监管合同纠纷案件；

35. 海运集装箱仓储、堆存、保管合同纠纷案件；

36. 海运集装箱抵押、质押等担保合同纠纷案件；

37. 海运集装箱融资租赁合同纠纷案件；

38. 港口或者码头租赁合同纠纷案件；

39. 港口或者码头经营管理合同纠纷案件；

40. 海上保险、保赔合同纠纷案件；

41. 以通海可航水域运输船舶及其营运收入、货物及其预期利润、船员工资和其他报酬、对第三人责任等为保险标的的保险合同、保赔合同纠纷案件；

42. 以船舶工程的设备设施以及预期收益、对第三人责任为保险标的的保险合同纠纷案件；

43. 以港口生产经营的设备设施以及预期收益、对第三人责任为保险标的的保险合同纠纷案件；

44. 以海洋渔业、海洋开发利用、海洋工程建设等活动所用的设备设施以及预期收益、对第三人的责任为保险标的的保险合同纠纷案件；

45. 以通海可航水域工程建设所用的设备设施以及预期收益、对第三人的责任为保险标的的保险合同纠纷案件；

46. 港航设备设施融资租赁合同纠纷案件；

47. 港航设备设施抵押、质押等担保合同纠纷案件；

48. 以船舶、海运集装箱、港航设备设施设定担保的借款合同纠纷案件，但当事人仅就借款合同纠纷起诉的案件除外；

49. 为购买、建造、经营特定船舶而发生的借款合同纠纷案件；

50. 为担保海上运输、船舶买卖、船舶工程、港口生产经营相关债权实现而发生的担保、独立保函、信用证等纠纷案件；

51. 与上述第 11 项至第 50 项规定的合同或者行为相关的居间、委托合同纠纷案件；

52. 其他海商合同纠纷案件。

三、海洋及通海可航水域开发利用与环境保护相关纠纷案件

53. 海洋、通海可航水域能源和矿产资源勘探、开发、输送纠纷案件；

54. 海水淡化和综合利用纠纷案件；

55. 海洋、通海可航水域工程建设（含水下疏浚、围海造地、电缆或者管道敷设以及码头、船坞、钻井平台、人工岛、隧道、大桥等建设）纠纷案件；

56. 海岸带开发利用相关纠纷案件；

57. 海洋科学考察相关纠纷案件；

58. 海洋、通海可航水域渔业经营（含捕捞、养殖等）合同纠纷案件；

59. 海洋开发利用设备设施融资租赁合同纠纷案件；

60. 海洋开发利用设备设施抵押、质押等担保合同纠纷案件；

61. 以海洋开发利用设备设施设定担保的借款合同纠纷案件，但当事人仅就借款合同纠纷起诉的案件除外；

62. 为担保海洋及通海可航水域工程建设、海洋开发利用等海上生产经营相关债权实现而发生的担保、独立保函、信用证等纠纷案件；

63. 海域使用权纠纷（含承包、转让、抵押等合同纠纷及相关侵权纠纷）案件，但因申请海域使用权引起的确权纠纷案件除外；

64. 与上述第53项至63项规定的合同或者行为相关的居间、委托合同纠纷案件；

65. 污染海洋环境、破坏海洋生态责任纠纷案件；

66. 污染通海可航水域环境、破坏通海可航水域生态责任纠纷案件；

67. 海洋或者通海可航水域开发利用、工程建设引起的其他侵权责任纠纷及相邻关系纠纷案件。

四、其他海事海商纠纷案件

68. 船舶所有权、船舶优先权、船舶留置权、船舶抵押权等船舶物权纠纷案件；

69. 港口货物、海运集装箱及港航设备设施的所有权、留置权、抵押权等物权纠纷案件；

70. 海洋、通海可航水域开发利用设备设施等财产的所有权、留置权、抵押权等物权纠纷案件；

71. 提单转让、质押所引起的纠纷案件；

72. 海难救助纠纷案件；

73. 海上、通海可航水域打捞清除纠纷案件；

74. 共同海损纠纷案件；

75. 港口作业纠纷案件;

76. 海上、通海可航水域财产无因管理纠纷案件;

77. 海运欺诈纠纷案件;

78. 与航运经纪及航运衍生品交易相关的纠纷案件。

五、海事行政案件

79. 因不服海事行政机关作出的涉及海上、通海可航水域或者港口内的船舶、货物、设备设施、海运集装箱等财产的行政行为而提起的行政诉讼案件;

80. 因不服海事行政机关作出的涉及海上、通海可航水域运输经营及相关辅助性经营、货运代理、船员适任与上船服务等方面资质资格与合法性事项的行政行为而提起的行政诉讼案件;

81. 因不服海事行政机关作出的涉及海洋、通海可航水域开发利用、渔业、环境与生态资源保护等活动的行政行为而提起的行政诉讼案件;

82. 以有关海事行政机关拒绝履行上述第79项至第81项所涉行政管理职责或者不予答复而提起的行政诉讼案件;

83. 以有关海事行政机关及其工作人员作出上述第79项至第81项行政行为或者行使相关行政管理职权损害合法权益为由,请求有关行政机关承担国家赔偿责任的案件;

84. 以有关海事行政机关及其工作人员作出上述第79项至第81项行政行为或者行使相关行政管理职权影响合法权益为由,请求有关行政机关承担国家补偿责任的案件;

85. 有关海事行政机关作出上述第79项至第81项行政行为而依法申请强制执行的案件。

六、海事特别程序案件

86. 申请认定海事仲裁协议效力的案件;

87. 申请承认、执行外国海事仲裁裁决,申请认可、执行香港特别行政区、澳门特别行政区、台湾地区海事仲裁裁决,申请执行或者撤销国内海事仲裁裁决的案件;

88. 申请承认、执行外国法院海事裁判文书,申请认可、执行香港特别行政区、澳门特别行政区、台湾地区法院海事裁判文书的案件;

89. 申请认定海上、通海可航水域财产无主的案件;

90. 申请无因管理海上、通海可航水域财产的案件;

91. 因海上、通海可航水域活动或者事故申请宣告失踪、宣告死亡的案件;

92. 起诉前就海事纠纷申请扣押船舶、船载货物、船用物料、船用燃油或者申请保全其他财产的案件；

93. 海事请求人申请财产保全错误或者请求担保数额过高引起的责任纠纷案件；

94. 申请海事强制令案件；

95. 申请海事证据保全案件；

96. 因错误申请海事强制令、海事证据保全引起的责任纠纷案件；

97. 就海事纠纷申请支付令案件；

98. 就海事纠纷申请公示催告案件；

99. 申请设立海事赔偿责任限制基金（含油污损害赔偿责任限制基金）案件；

100. 与拍卖船舶或者设立海事赔偿责任限制基金（含油污损害赔偿责任限制基金）相关的债权登记与受偿案件；

101. 与拍卖船舶或者设立海事赔偿责任限制基金（含油污损害赔偿责任限制基金）相关的确权诉讼案件；

102. 申请从油污损害赔偿责任限制基金中代位受偿案件；

103. 船舶优先权催告案件；

104. 就海事纠纷申请司法确认调解协议案件；

105. 申请实现以船舶、船载货物、船用物料、海运集装箱、港航设备设施、海洋开发利用设备设施等财产为担保物的担保物权案件；

106. 地方人民法院为执行生效法律文书委托扣押、拍卖船舶案件；

107. 申请执行海事法院及其上诉审高级人民法院和最高人民法院就海事纠纷作出的生效法律文书案件；

108. 申请执行与海事纠纷有关的公证债权文书案件。

七、其他规定

109. 本规定中的船舶工程系指船舶的建造、修理、改建、拆解等工程及相关的工程监理；本规定中的船舶关键部件和专用物品，系指舱盖板、船壳、龙骨、甲板、救生艇、船用主机、船用辅机、船用钢板、船用油漆等船舶主体结构、重要标志性部件以及专供船舶或者船舶工程使用的设备和材料。

110. 当事人提起的民商事诉讼、行政诉讼包含本规定所涉海事纠纷的，由海事法院受理。

111. 当事人就本规定中有关合同所涉事由引起的纠纷，以侵权等非合同诉由提起诉讼的，由海事法院受理。

112. 法律、司法解释规定或者上级人民法院指定海事法院管辖其他案件的，从其规定或者指定。

113. 本规定自2016年3月1日起施行。最高人民法院于2001年9月11日公布的《关于海事法院受理案件范围的若干规定》(法释〔2001〕27号)同时废止。

114. 最高人民法院以前作出的有关规定与本规定不一致的,以本规定为准。

最高人民法院关于印发《人民法院审理人民检察院提起公益诉讼案件试点工作实施办法》的通知

(2016年2月25日　法发〔2016〕6号)

各省、自治区、直辖市高级人民法院,解放军军事法院,新疆维吾尔自治区高级人民法院生产建设兵团分院:

为全面贯彻落实党的十八届四中全会精神,完成中央部署的探索检察机关提起公益诉讼的司法改革任务,保障人民检察院提起公益诉讼案件的正确审理,根据《全国人民代表大会常务委员会关于授权最高人民检察院在部分地区开展公益诉讼试点工作的决定》,我院制定了《人民法院审理人民检察院提起公益诉讼案件试点工作实施办法》。该实施办法已于2016年2月22日由最高人民法院审判委员会第1679次会议通过,现予印发,自2016年3月1日起施行,请各试点地区人民法院认真贯彻执行。对于执行中遇到的重要情况和问题,请及时报告最高人民法院。

人民法院审理人民检察院提起公益诉讼案件试点工作实施办法

为贯彻实施《全国人民代表大会常务委员会关于授权最高人民检察院在部分地区开展公益诉讼试点工作的决定》,依法审理人民检察院提起的公益诉讼案件,依据《中华人民共和国民事诉讼法》《中华人民共和国行政诉讼法》等法律的规定,结合审判工作实际,制定本办法。

一、民事公益诉讼

第一条 人民检察院认为被告有污染环境、破坏生态、在食品药品安全领域侵害众多消费者合法权益等损害社会公共利益的行为,在没有适格主体提起诉讼或者适格主体不提起诉讼的情况下,向人民法院提起民事公益诉讼,符合民事诉讼法第一百一十九条第二项、第三项、第四项规定的,人民法院应当登记立案。

第二条 人民检察院提起民事公益诉讼应当提交下列材料:

(一)符合民事诉讼法第一百二十一条规定的起诉状,并按照被告人数提出副本;

(二)污染环境、破坏生态、在食品药品安全领域侵害众多消费者合法权益等损害社会公共利益行为的初步证明材料;

(三)人民检察院已经履行督促或者支持法律规定的机关或有关组织提起民事公益诉讼的诉前程序的证明材料。

第三条 人民检察院提起民事公益诉讼,可以提出要求被告停止侵害、排除妨碍、消除危险、恢复原状、赔偿损失、赔礼道歉等诉讼请求。

第四条 人民检察院以公益诉讼人身份提起民事公益诉讼,诉讼权利义务参照民事诉讼法关于原告诉讼权利义务的规定。民事公益诉讼的被告是被诉实施损害社会公共利益行为的公民、法人或者其他组织。

第五条 人民检察院提起的第一审民事公益诉讼案件由侵害行为发生地、损害结果地或者被告住所地的中级人民法院管辖,但法律、司法解释另有规定的除外。

第六条 人民法院审理人民检察院提起的民事公益诉讼案件,被告提出反诉请求的,不予受理。

第七条 人民法院审理人民检察院提起的第一审民事公益诉讼案件,原则上适用人民陪审制。

当事人申请不适用人民陪审制审理的,人民法院经审查可以决定不适用人民陪审制审理。

第八条 人民检察院与被告达成和解协议或者调解协议后,人民法院应当将协议内容公告,公告期间不少于三十日。

公告期满后,人民法院审查认为和解协议或者调解协议内容不损害社会公共利益的,应当出具调解书。

第九条 人民检察院在法庭辩论终结前申请撤诉,或者在法庭辩论终结后,人民检察院的诉讼请求全部实现,申请撤诉的,应予准许。

第十条 对于人民法院作出的民事公益诉讼判决、裁定,当事人依法提起上诉、人民检察院依法提起抗诉或者其他当事人依法申请再审且符合民事诉讼法第二百条规定的，分别按照民事诉讼法规定的第二审程序、审判监督程序审理。

二、行政公益诉讼

第十一条 人民检察院认为在生态环境和资源保护、国有资产保护、国有土地使用权出让等领域负有监督管理职责的行政机关或者法律、法规、规章授权的组织违法行使职权或不履行法定职责，造成国家和社会公共利益受到侵害，向人民法院提起行政公益诉讼，符合行政诉讼法第四十九条第二项、第三项、第四项规定的，人民法院应当登记立案。

第十二条 人民检察院提起行政公益诉讼应当提交下列材料：

（一）行政公益诉讼起诉状，并按照被告人数提出副本；

（二）被告的行为造成国家和社会公共利益受到侵害的初步证明材料；

（三）人民检察院已经履行向相关行政机关提出检察建议、督促其纠正违法行政行为或者依法履行职责的诉前程序的证明材料。

第十三条 人民检察院提起行政公益诉讼，可以向人民法院提出撤销或者部分撤销违法行政行为、在一定期限内履行法定职责、确认行政行为违法或者无效等诉讼请求。

第十四条 人民检察院以公益诉讼人身份提起行政公益诉讼，诉讼权利义务参照行政诉讼法关于原告诉讼权利义务的规定。行政公益诉讼的被告是生态环境和资源保护、国有资产保护、国有土地使用权出让等领域行使职权或者负有行政职责的行政机关，以及法律、法规、规章授权的组织。

第十五条 人民检察院提起的第一审行政公益诉讼案件由最初作出行政行为的行政机关所在地基层人民法院管辖。经复议的案件，也可以由复议机关所在地基层人民法院管辖。

人民检察院对国务院部门或者县级以上地方人民政府所作的行政行为提起公益诉讼的案件以及本辖区内重大、复杂的公益诉讼案件由中级人民法院管辖。

第十六条 人民法院审理人民检察院提起的第一审行政公益诉讼案件，原则上适用人民陪审制。

第十七条 人民法院审理人民检察院提起的行政公益诉讼案件，不适用调解。

第十八条 人民法院对行政公益诉讼案件宣告判决或者裁定前，人民检察院申请撤诉的，是否准许，由人民法院裁定。

第十九条 对于人民法院作出的行政公益诉讼判决、裁定，当事人依法提起上诉、人民检察院依法提起抗诉或者其他当事人申请再审且符合行政诉讼法第九十一条规定的,分别按照行政诉讼法规定的第二审程序、审判监督程序审理。

三、其他规定

第二十条 人民法院审理人民检察院提起的公益诉讼案件,应当依法公开进行。人民法院可以邀请人大代表、政协委员等旁听庭审,并可以通过庭审直播录播等方式满足公众和媒体了解庭审实况的需要。裁判文书应当按照有关规定在互联网上公开发布。

第二十一条 人民法院审理人民检察院提起的公益诉讼案件,认为应当提出司法建议的,按照《最高人民法院关于加强司法建议工作的意见》办理。

第二十二条 人民法院审理人民检察院提起的公益诉讼案件,人民检察院免交《诉讼费用交纳办法》第六条规定的诉讼费用。

第二十三条 人民法院审理人民检察院提起的公益诉讼案件,本办法没有规定的,适用《中华人民共和国民事诉讼法》《中华人民共和国行政诉讼法》及相关司法解释的规定。

四、附则

第二十四条 本办法适用于北京、内蒙古、吉林、江苏、安徽、福建、山东、湖北、广东、贵州、云南、陕西、甘肃等十三个省、自治区、直辖市。

第二十五条 本办法自2016年3月1日起施行。

部分法院代字调整事项

(最高人民法院2016年2月26日)

所属高院、中级法院	基层法院	变动事由	原代字	新代字
江苏省高级人民法院				
江苏省无锡市中级人民法院	无锡市梁溪区人民法院	撤销崇安区、南长区、北塘区,合并设立梁溪区	苏0202 苏0203 苏0204	苏0213
	无锡市新吴区人民法院	新设		苏0214

续表

所属高院、中级法院	基层法院	变动事由	原代字	新代字
安徽省高级人民法院				
安徽省铜陵市中级人民法院	枞阳县人民法院	枞阳县从安庆市划归铜陵市所辖	皖0823	皖0722
	铜官区人民法院	官山区、狮子山区合并为铜官区	皖0702 皖0703	皖0705
	义安区人民法院	铜陵县改为义安区	皖0721	皖0706
安徽省淮南市中级人民法院	寿县人民法院	寿县从六安市划归淮南市所辖	皖1521	皖0422
安徽省六安市中级人民法院	六安市叶集区人民法院	新设		皖1504
广东省高级人民法院				
广州铁路运输中级法院	广州铁路运输第二法院	肇庆铁路运输法院更名	粤7102	粤7102

附：

2016年2月份报国务院备案的地方性法规和地方政府规章目录

地方性法规

天津市

天津市人大常委会关于修改《天津市人口与计划生育条例》的决定
（2016年1月14日）

河北省

河北省大气污染防治条例
（2016年1月13日）

山西省

山西省人大常委会关于修改《山西省安全生产条例》和《山西省煤炭管理条例》的决定
（2016年1月20日）

山西省人大常委会关于修改《山西省人口和计划生育条例》的决定
（2016年1月20日）

太原市人大常委会关于集中修改部分地方性法规的决定
（2016年2月2日）

太原市雷电灾害防御条例
（2016年2月2日）

大同市人大常委会关于修改《大同市气象设施和探测环境保护条例》的决定
（2016年1月25日）

大同市人民防空工程建设和管理条例
（2016年1月25日）

内蒙古自治区

内蒙古自治区人大常委会关于修改《内蒙古自治区全民健身条例》的决定
（2015年5月22日）

辽宁省

辽宁省人民代表大会及其常务委员会立法条例
（2016年1月30日）

鞍山市人民代表大会常务委员会讨论决定重大事项的规定
（2016年2月1日）

上海市

上海市老年人权益保障条例
（2016年1月29日）

江苏省

江苏省节约用水条例
（2016年1月15日）

江苏省保护和促进华侨投资条例
（2016年1月15日）
江苏省社会保险基金监督条例
（2016年1月15日）
江苏省人民代表大会关于修改《江苏省制定和批准地方性法规条例》的决定
（2016年1月28日）
苏州市轨道交通条例
（2016年1月25日）
盐城市绿化条例
（2016年1月22日）

安徽省

安徽省消费者权益保护条例（修订）
（2016年2月3日）

福建省

福建省人民代表大会关于修改《福建省人民代表大会及其常务委员会立法条例》的决定
（2016年1月15日）

江西省

江西省人大常委会关于修改《江西省人口与计划生育条例》的决定
（2016年1月20日）

山东省

山东省人大常委会关于修改《山东省人口与计划生育条例》的决定
（2016年1月22日）
济南市湿地保护条例
（2016年1月22日）
济南市人大常委会关于修改《济南市文物保护规定》的决定
（2016年1月22日）
青岛市商品流通市场建设与管理条例
（2016年1月22日）
青岛市人大常委会关于修改《青岛市海洋环境保护规定》的决定
（2016年1月22日）
淄博市城乡规划管理办法
（2016年1月22日）

湖北省

湖北省全面深化改革促进条例
（2016年1月13日）
湖北省人大常委会关于修改《湖北省人口与计划生育条例》的决定
（2016年1月13日）
湖北省土壤污染防治条例
（2016年2月1日）

广东省

广东省林木林地权属争议调解处理条例
（2016年1月21日）
广东省人民代表大会关于修改《广东省地方立法条例》的决定
（2016年1月30日）
广州市历史文化名城保护条例
（2016年1月7日）
深圳经济特区全民阅读促进条例
（2015年12月24日）

深圳市人大常委会关于修改《深圳经济特区人口与计划生育条例》的决定
（2015 年 12 月 24 日）
深圳市人大常委会关于《深圳经济特区和谐劳动关系促进条例》第五十八条的解释
（2015 年 12 月 24 日）
珠海市人大常委会关于废止《珠海市土地管理条例》的决定
（2016 年 1 月 8 日）
佛山市历史文化街区和历史建筑保护条例
（2016 年 1 月 22 日）

广西壮族自治区

广西壮族自治区人大常委会关于修改《广西壮族自治区人口和计划生育条例》的决定
（2016 年 1 月 15 日）
广西壮族自治区人民代表大会关于修改《广西壮族自治区立法条例》的决定
（2016 年 1 月 29 日）
广西壮族自治区乡村清洁条例
（2016 年 1 月 29 日）
南宁市消防条例
（2015 年 4 月 25 日）
南宁市城市轨道交通管理条例
（2016 年 1 月 29 日）

海南省

海南省机动车排气污染防治规定
（2016 年 1 月 14 日）
海南省人民代表大会关于修改《海南省制定与批准地方性法规条例》的决定
（2016 年 1 月 30 日）

四川省

四川省非税收入征收管理条例
（2015 年 4 月 1 日）
四川省农村扶贫开发条例
（2015 年 4 月 1 日）
甘孜藏族自治州藏族语言文字条例
（2015 年 4 月 10 日）
北川羌族自治县自治条例（修订）
（2015 年 4 月 20 日）

贵州省

贵州省大数据发展应用促进条例
（2016 年 1 月 15 日）
贵州省地方立法条例修正案
（2016 年 1 月 31 日）

地方政府规章

内蒙古自治区

呼和浩特市城镇燃气安全管理办法（试行）
（2016 年 1 月 8 日）

辽宁省

沈阳市人民政府关于废止《沈阳市建筑业农民工工资支付管理办法》的决定
（2016 年 1 月 20 日）

大连市城市照明管理办法
（2016 年 1 月 29 日）
鞍山市人民政府规章修正案
（2016 年 1 月 19 日）

黑龙江省

哈尔滨市人民政府关于修改《哈尔滨市荣誉市民称号授予办法》的决定
（2016 年 1 月 29 日）
齐齐哈尔市劳动湖风景区管理办法
（2016 年 2 月 4 日）

浙江省

浙江省人民政府关于修改《浙江省烟草专卖管理办法》等 23 件规章的决定
（2015 年 12 月 28 日）
杭州市餐厨废弃物管理办法
（2016 年 2 月 3 日）
宁波市招标投标管理办法
（2016 年 1 月 15 日）
宁波市居住房屋租赁管理若干规定
（2016 年 1 月 15 日）
宁波市城乡规划编制与审批办法
（2016 年 1 月 19 日）
宁波市地下空间开发利用管理办法
（2016 年 2 月 2 日）

安徽省

安徽省电梯安全监督管理办法
（2016 年 1 月 10 日）
池州市人民政府规章制定程序规定
（2016 年 1 月 31 日）

福建省

福建省“古泉州（刺桐）史迹遗址”文化遗产保护管理办法
（2016 年 1 月 13 日）
福州市市场监督管理机关行政处罚程序暂行规定
（2016 年 1 月 29 日）

山东省

山东省校车安全管理办法
（2016 年 1 月 12 日）
青岛蓝色硅谷核心区管理暂行办法
（2015 年 12 月 9 日）
青岛市市级行政审批事项目录
（2015 年 12 月 31 日）
淄博市餐厨废弃物管理办法
（2016 年 1 月 29 日）

河南省

郑州市城市地下管线管理办法
（2016 年 2 月 5 日）
洛阳市居住证管理暂行办法
（2016 年 1 月 12 日）

湖北省

武汉市电梯安全管理办法
（2016 年 1 月 27 日）

广东省

广东省各级人民政府打击制售假冒伪劣商品违法行为工作责任制规定
（2016 年 1 月 26 日）

广州市居住区配套公共服务设施管理暂行规定
（2016 年 1 月 18 日）
广州市医疗器械经营和使用监督管理办法
（2016 年 1 月 21 日）
珠海市社会保险反欺诈办法（修订）
（2016 年 1 月 9 日）
东莞市城市轨道交通运营管理办法
（2016 年 1 月 27 日）
中山市房屋安全管理规定
（2016 年 1 月 20 日）
中山市公路管理规定
（2016 年 1 月 20 日）

广西壮族自治区

南宁市重大行政决策程序规定
（2016 年 1 月 30 日）

四 川 省

四川省城乡规划督察办法
（2016 年 2 月 3 日）

贵 州 省

贵州省电梯安全管理办法
（2016 年 2 月 7 日）
贵阳市人民政府关于修改《贵阳市人民政府起草地方性法规草案和制定政府规章程序规定》的决定
（2016 年 1 月 6 日）
贵阳市新建改建居住区公益性农产品零售网点建设管理暂行办法
（2016 年 1 月 12 日）

陕 西 省

西安市消火栓管理办法
（2016 年 1 月 27 日）

甘 肃 省

兰州市人民政府关于废止 19 件政府规章的决定
（2016 年 1 月 12 日）
兰州市行政规范性文件制定和备案规定
（2016 年 1 月 26 日）

青 海 省

《青海省人民政府决定取消和调整的行政审批等事项目录》和《青海省工商登记前置审批事项目录》
（2015 年 4 月 18 日）
西宁市人民政府决定取消和下放、承接、保留的行政审批项目目录
（2016 年 1 月 22 日）

宁夏回族自治区

银川市直管公房管理办法
（2015 年 12 月 26 日）

图书在版编目(CIP)数据

中华人民共和国新法规汇编. 2016年. 第3辑:总第229辑/国务院法制办公室编. —北京:中国法制出版社, 2016.3

ISBN 978-7-5093-7344-6

Ⅰ.①中… Ⅱ.①国… Ⅲ.①法规-汇编-中国-2016 Ⅳ.①D920.9

中国版本图书馆CIP数据核字(2016)第050119号

中华人民共和国新法规汇编

ZHONGHUA RENMIN GONGHEGUO XIN FAGUI HUIBIAN

(2016年第3辑)

编者/国务院法制办公室

经销/新华书店

印刷/涿州市新华印刷有限公司

开本/850毫米×1168毫米 32　　印张/13.5　字数/361千

版次/2016年4月第1版　　2016年4月第1次印刷

中国法制出版社出版

书号 ISBN 978-7-5093-7344-6　　定价:18.00元

北京西单横二条2号　　值班电话:66026508

邮政编码 100031　　传真:66031119

网址:http://www.zgfzs.com　　**编辑部电话:66066621**

市场营销部电话:66033393　　**邮购部电话:66033288**

(如有印装质量问题,请与本社编务印务管理部联系调换。电话:010-66032926)